The Archidamian War

阿奇达慕斯战争

[美] 唐纳德·卡根（Donald Kagan） 著
李隽旸 译

华东师范大学出版社

华东师范大学出版社六点分社　策划

献给密耳娜(Myrna)

目　录

地图…………………………………………………………… 1
缩写表………………………………………………………… 1
弁言…………………………………………………………… 1

第一章　计划与资源……………………………………………… 1
第二章　战争第一年……………………………………………… 26
第三章　瘟疫及其后果…………………………………………… 53
第四章　战争第三年：佛缪………………………………………… 83
第五章　列斯堡暴动……………………………………………… 105
第六章　西西里与柯西拉………………………………………… 128
第七章　德摩斯梯尼……………………………………………… 167
第八章　派娄斯与斯伐刻帖里亚………………………………… 199
第九章　墨伽拉与德里昂………………………………………… 240
第十章　和平的到来……………………………………………… 284
结　论………………………………………………………… 328
附录 A　伯利克里与雅典收入…………………………………… 340
附录 B　伯利克里的最后演说…………………………………… 342

译者跋语··· 345
 附表1 专有词汇译名对照表······························· 348
 附表2.1 古代文献引述格式举例······························ 391
 附表2.2 近现代古典学家所编古代文献辑丛引述
     格式举例·· 395
 附表2.3 古代作家及铭文引用索引······························ 397
 附表3.1 近现代古典学家姓名及著述名对照表·············· 402
 附表3.2 古典学期刊刊名缩写与译名对照表················· 410
 附表3.3 近现代古典学家引用索引······························ 411
 附表3.4 参考文献·· 413

地 图

（书中地图系原文插附地图）

地图 1　亚狄珈与彼欧提亚 ············· 28
地图 2　伯罗奔尼撒半岛 ··············· 43
地图 3　希腊中部 ····················· 44
地图 4　爱琴海地区 ··················· 115
地图 5　西西里 ······················· 170
地图 6　派娄斯与斯伐刻帖里亚 ········· 207
地图 7　伯罗奔尼撒半岛东北部 ········· 234
地图 8　卡尔息狄斯半岛与安菲玻里 ····· 272

缩写表

AClass	*Acta Classica*
AFD	B. D. Meritt, *Athenian Financial Documents*
AJA	*American Journal of Archaeology*
AJP	*American Journal of Philology*
ASI	E. Badian, ed., *Ancient Society and Institutions*
ATL	B. D. Meritt, H. T. Wade-Gery, and F. M. McGregor, *The Athenian Tribute Lists*
BCH	*Bulletin de correspondance hellénique*
BSA	*Proceedings of the British School at Athens*
Beloch, Bevölkerung	K. J. Beloch, *Die Bevölkerung der griechisch-römischen Welt*
Beloch, GG²	K. J. Beloch, *Griechische Geschichte*, 2d ed.
Bengtson, GG	H. Bengston, *Griechische Geschichte*, 2d ed.
Bengtson, Staatsverträge	H. Bengtson, *Die Staatsverträge der griechisch-römischen Welt von 700 bis 338 v. Chr.*
Busolt, GG	G. Busolt, *Griechische Geschichte*
CAH	*Cambridge Ancient History*
CIA	*Corpus Inscriptionum Atticarum*
CP	*Classical Philology*
CQ	*Classical Quarterly*
CR	*Classical Review*
Delbrück, Strategie	H. Delbrück, *Die Strategie des Perikles*
Duncker, GdA	M. Duncker, *Geschichte des Altertums*
FGrH	F. Jacoby, *Die Fragmente der griechischen Historiker*
GHI	R. Meiggs and D. Lewis, *A Selection of Greek Historical Inscriptions*
GRBS	*Greek, Roman, and Byzantine Studies*

Gomme, *HCT*	A. W. Gomme, *A Historical Commentary on Thucydides*
Grote	George Grote, *A History of Greece*
HSCP	*Harvard Studies in Classical Philology*
Henderson, *Great War*	B. W. Henderson, *The Great War between Athens and Sparta*
Hignett, *HAC*	C. Hignett, *A History of the Athenian Constitution*
IG	*Inscriptiones Graecae*
JHS	*Journal of Hellenic Studies*
Kagan, *Outbreak*	D. Kagan, *The Outbreak of the Peloponnesian War*
Meyer, *Forsch.*	E. Meyer, *Forschungen zur alten Geschichte*, II
Meyer, *GdA*	E. Meyer, *Geschichte des Altertums*
PA	*Prosopographia Attica*
PACA	*Proceedings of the African Classical Association*
PW	Pauly-Wissowa and others, *Realenzyklopädie der klassischen Altertumswissenschaft*
REG	*Revue des études grecques*
TAPA	*Transactions of the American Philological Association*
Sealey, *Essays*	R. Sealey, *Essays in Greek History*
Westlake, *Essays*	H. D. Westlake, *Essays on Greek Historians and Greek History*

弁　言

　　本书是计划中的伯罗奔尼撒战争（the Peloponnesian War）史论系列中的一卷。完成这项伯战通史计划，还需要再写作一到两卷。自从20世纪以来，这一主题就没有得到过全面研究；然而，重要学术成果迭出，人们对这场战争兴趣不减，试图撰写一部新史的理由是充分的。

　　当前这一卷处理的是战争的前十年，阿奇达慕斯战争（the Archidamian War）。这场始于431年的争斗之所以值得为之单独写作一卷，是因为在那个时代的人看来，这场战争究其本身而言已经完结。只是因为修昔底德有后见之明，有独特看法，所以他才将这场战争与公元前421年《尼基阿斯和约》（Peace of Nicias）时期的外交斡旋、与从西西里远征后重新开始的敌对到404年雅典投降为止期间的事件放在一起，视为长达27年的单独一场战争，并与461至445年间伯罗奔尼撒人（Peloponnesians）与雅典人（Athenians）的另一场战争区分开来。此外，阿奇达慕斯战争由伯罗奔尼撒与雅典的战略家谋划，这场战争考验了这些人的技能与先见。因为这场战争的条件与性质可以被预见——如果说这类事务确实可以被预见的话——，所以我们有可能就每一项政策之构想是否明智、每一项政策之执行是否有效予以一定评估。这一卷的主要目的是，就希腊城邦如何作战写作一部通史，公正评价其军事、政治、外交、经济发展,并阐明它们之间的紧密联系。

关于如何使用除修昔底德(Thucydides)之外的古代史料、(-7,8-)如何解读修昔底德史书中的演说辞,以及如何看待其史书的写作问题,我的观点仍然与我在《伯罗奔尼撒战争的爆发》一书前言中所列出的观点一样。因为这些问题仍陷于争议之中,所以我在本卷的相关地方也对自己的观点进行了论证。

本书写作编排,我仿照修昔底德写作其史书的方法,选择编年写作。这种方法有其短处,修昔底德也因此受到责备。这种方法人为分割了持续的事件,以致无法以最有效的方式呈现这些事件;这种方法可能导致叙事重复,也可能令读者困惑。我有意冒此风险,务求在当事者所见的语境中呈现事件,试图避开后见之明、特别是避开后见之明那种令人麻痹的强大力量。通过这种方法,我希望强调的是,他们的选项是开放的,没有什么对他们而言是命中注定的。我希望,若这种做法在身临其境与真实生动方面能有进益,便可弥补在流畅与文雅方面的不足。

绝大部分读者很快能辨认出了不起的三位德国史学家对我的影响:格奥尔格·布索特(Georg Busolt)、贝洛赫(K. J. Beloch),以及爱德华·梅耶(Eduard Meyer)。其中,智慧、清醒又明断的布索特对我的影响最大。在帮助我形塑关于这一历史时期知识与理解的芸芸当代历史学家之中,我必须单独特别提到戈姆(A. W. Gomme)及其修昔底德历史评注的续作者安德鲁斯(A. Andrewes)与多佛(K. J. Dover);同样还有罗素·密格斯(Russel Meiggs)与戴维·刘易斯(David Lewis),他们编辑的希腊铭文选对历史学家贡献良多;同时还有梅里特(B. D. Meritt)、怀德-嘉利(H. T. Wade-Gery)、麦格雷戈(M. F. McGregor),他们出版的《雅典贡赋表》(The Athenian Tribute Lists)开启了希腊历史研究的新时代。

我感谢诺克斯(B. M. W. Knox)与罗纳德·P. 勒贡(Ronald P. Legon),他们阅读了本书手稿,表达了鼓励。我也要感谢出版社的两位匿名审稿人,他们提出了许多宝贵建议,帮助我避免了一些错误。我还要感谢亚娜琳·吉布(Janalyn Gibb)帮忙打印手稿,感谢约翰·黑尔

(John Hale)帮忙准备地图。最后,我要感谢国家人文基金(National Endowment for the Humanities)和耶鲁大学(Yale University)给予我时间来完成这一卷的写作。

唐纳德·卡根(Donald Kagan)
康州纽黑文(New Haven, Connecticut)

第一章　计划与资源①

431年春,超过300人的一队武拜(Thebans)士兵,趁夜突袭邻邦普拉提阿(Plataea)。因为武拜是斯巴达的盟邦,而普拉提阿与雅典结盟,所以这一行径公开违反了445年的《三十年和约》(the Thirty Years' Peace)。伯罗奔尼撒大战(Peloponnesian War)由是开启,后来持续了27年,中间有数次间断。自古代开始,这场大战的前十年——终结于421年的《尼基阿斯和约》(Peace of Nicias)——曾被视为一个整体,并被称作阿奇达慕斯战争(the Archidamian War),这名字来源于指挥早期征战的斯巴达(Sparta)国王阿奇达慕斯。

将阿奇达慕斯战争与其后所发生的事件区分开来,视之为独立单元,这种做法有用且有启发。在十年进程中,尽管意外频发,但是战争大体是在发动战争的那些人所确立的框架内进行的。偏离原初战略是必需的,但是这些战略偏移都无法与尼基阿斯和约之后的战略大变相提并论。雅典军队418年进入伯罗奔尼撒半岛心脏地带,入侵西西里(Sicily),中心战场从希腊本土转向爱琴海(the Aegean)与海勒斯滂地区(the Hellespont),所有这些事件都未曾被发动战争的那些人预料到。这些人不可能预见到421年之后发生的事情,421年之后,条件与人员致使情况变为全新。尽管阿奇达慕斯战争期间的绝大部分事件在

---

① 这一章在很大程度上依赖于布索特细节周全的精彩叙述,参见布索特,《希腊历史》(GG),第3卷,第2册,第854—902页。

事后看来都并不完全令人意外,(-17,18-)但是,考察一下这几个城邦及其领袖对行动进程的预判质量如何,亦能引发思考。双方所采取的战略是否可靠?雅典人与斯巴达人各自对431年状况的评估是否能成为他们决定冒险一战的适当理由?

成功的战略必定依赖于对所从事之战争的目标的清晰理解,同时还必然依赖于对自身及敌方的资源与弱点的评估。成功的战略力求以己之长、攻敌之短。成功的战略还善用而不受制于历史经验。成功的战略随机应变,无论是在物质方面,还是在心理方面。成功的战略会预先考虑到,最初预期或会遭遇挫折,故早有备选方案。然而,在着手进入战争之时,很少有国家或国务家在战略上已经准备妥当。

斯巴达撕毁《三十年和约》的公开理由是"解放希腊",①也就是说,将自治交还给雅典的属邦。② 修昔底德告诉我们说,斯巴达人真正的动机是他们对雅典权势之增长的恐惧。③ 尽管斯巴达人一向迟于作战,但是雅典使用其权势针对斯巴达盟友,形势已令人忍无可忍,"于是决定发动现在这次战争,企图以全力进攻,如果可能的话,他们想消灭雅典的势力。"④无论斯巴达人发动战争的目的是解放希腊人,是替盟友防御雅典并继续享有斯巴达同盟提供的安全,是重建自己在希波战争期间享有的那无人挑战的霸主地位,还是以上均有,这并没有什么不同。要实现这其中的每一个目标,在斯巴达人看来,都必须先摧毁雅典的权势,也就是雅典的长墙、舰队、帝国——长墙使得雅典无需恐惧斯巴达陆军,舰队给雅典带来制海权,帝国使得雅典有钱支撑其海军。任何战略,在其所欲达至的(-18,19-)和平状态中,如果雅典的长墙、舰队、帝国毫发无损,那这种战略就毫无意义。斯巴达的战争目标决定了她需要采取攻势。

战争爆发后,伯罗奔尼撒军队包含了伯罗奔尼撒半岛上除了中立

---

① Thuc. 2.8.4.
② Thuc. 1.139.3. 布伦特(P. A. Brunt)关于斯巴达在阿奇达慕斯战争中战略的论述,是迄今之最佳者:《凤凰学刊》(*Phoenix*),第19卷,1965年,第255—280页。
③ Thuc. 1.23.6;88.
④ Thuc. 1.118. 谢德风译本,第81页。

国之外的所有城邦，未加入的中立国包括阿尔戈斯（Argos）及亚该亚（Achaea）地区除了佩林（Pellene）之外的城镇。① 斯巴达同盟在伯罗奔尼撒半岛之外的成员包括墨伽拉人（Megarians）、彼欧提亚人（Boeotians）、北部的洛克里司人（Locrians）、佛基斯人（Phocians）；② 斯巴达同盟在希腊西部的成员有科林斯人的（Corinthian）殖民地安布罗西亚（Ambracia），琉卡斯（Leucas），以及安纳沱里坞（Anactorium）。在西西里，斯巴达人与叙拉古（Syracuse）以及除卡马林纳（Camarina）之外的所有多利安人的（Dorian）城邦结盟；在意大利（Italy），斯巴达与罗科里（Locri）和他们自己的殖民地塔剌思（Taras）结盟。③ 斯巴达同盟的强大实力在于由伯罗奔尼撒人和彼欧提亚人组成的杰出的重装步兵。斯巴达同盟部队的规模是雅典的重装步兵方阵（hoplite phalanx）的两到三倍，并且人人都认为，斯巴达同盟部队实力更强、经验更丰富。④

---

① Thuc. 2.9.2.
② Thuc. 2.9.2;戈姆（A. W. Gomme），《修昔底德历史评注》（HCT），第2卷，第11页。布索特《希腊历史》，第3卷，第2册，第854页)认为，与希腊中部城邦的结盟是在战争爆发之前刚刚完成的："是在他们（拉栖代梦人［Lakedaimonier]）与雅典人谈判的时候。"并无证据支持这一假定，我们可以认为，这些盟约当中的一些——例如与忒拜的盟约——可以追溯至第一次伯罗奔尼撒战争。
③ Thuc. 3.86.2；6.34.4；44；104。
④ 伯利克里（Pericles）宣称，在雅典，适于战斗且没有外派驻军任务的重装步兵有13000名（Th. 2.13.6)。修昔底德没有提供伯罗奔尼撒部队之规模的数据，但是普鲁塔克（Plutarch）说，60000名重装步兵于431年入侵了亚狄珈（Attica）（Plut. Per. 33.5)。因为仅有三分之二的分遣队参与入侵，那么根据普鲁塔克的记载，斯巴达同盟就拥有90000名重装步兵。但是这个数目过于庞大。布索特相信，入侵亚狄珈的部队中有22000至23000名伯罗奔尼撒人和7000名彼欧提亚人，总人数是30000人，他的估算比较令人信服《希腊历史》，第3卷，第2册，第858—861页)。贝洛赫（Beloch，《希腊-罗马世界的人口》[Die Bevölkerung der griechisch-römischen Welt]，第152页)，梅耶（Meyer，《古代历史》[GdA]，第4卷，第2册，第26页，注释2)，以及德·桑悌（De Sanctis，《伯利克里》[Pericle]，米兰与梅西纳，1944年，第257页)都同意布索特的观点。现当代学者作出的其他估算数字有以下这些。敦柯（Duncker，《古代历史》[Geschichte des Altertums]，第9卷，第425页)及本岑（Bengtson，《希腊历史》，第221页)的估算是40000人，埃德科（Adcock，《剑桥古代史》[CAH]，第5卷，第193页)的估算是34000人，哈蒙德（Hammond，《希腊历史》[History of Greece to 322 B.C.]，剑桥，1959年，第345页)的估算是50000人，亨德松（Henderson，《雅典与斯巴达之间的大战》[The Great War between Athens and Sparta]，第29页)的估算是60000人。安德罗提昂（Androtion）（FGrH, Frg. 39)记载数字的文本缺损，可能的读法要么为100000，要么为200000，但是这两个数字都不可能符合事实。

在战争刚开始的时候,伯利克里必须承认,在单独一场战役中,其余部分的所有希腊部队加起来才能抵抗伯罗奔尼撒部队,①晚近历史已经表明,雅典人早已意识到己方重装步兵的相对劣势。446年,一支斯巴达部队入侵亚狄珈。雅典人不是选择战斗,而是与之缔结停火协议,并很快签订《三十年和约》,结束了第一次伯罗奔尼撒战争。雅典人放弃了在希腊中部的陆上帝国,在希腊本土承认了斯巴达霸权。② 斯巴达人有充分理由认为,在对雅典的陆地战斗中,他们是不可战胜的。斯巴达鹰派急于开战、不愿听从国王阿奇达慕斯的慎重警告的背后,正是这种看法。对于斯巴达鹰派来说,合适的战略显而易见,胜利必然到来:斯巴达人只需在谷物生长的季节入侵亚狄珈。雅典几乎肯定不可能躲在城墙后面,坐视自己的庄稼、房屋、财产被摧毁而无动于衷。要么,雅典人会像446年一样投降,要么,如果他们鼓足勇气出来应战,那他们就会遭遇战败。无论是哪种情况,战争都将很快结束,斯巴达肯定能够取胜。

诚然,斯巴达人意识到,雅典人或许既不会选择应战,也不会选择立马投降,因为雅典不像其他希腊城邦——她有城墙和比雷埃夫斯港(Piraeus)保护,固若金汤;还有连接城邦与港口的长墙,牢固不输城墙。希腊军队很少能够袭击夺下一座设防的城池,而斯巴达人的围歼战技巧甚至还比不上希腊军队的平均水准。③ 雅典人呢,因为拥有海军和帝国,即便失去了自己的土地,依然能够从海外获取供给,坚持下去。但是斯巴达人不相信有任何人能够在此情形下坚持很长的时间:雅典人或许能够坚持一到两年,但是肯定不能坚持更长的时间。战争开始的时候,斯巴达人的设想是"凭借着摧毁雅典土地的办法,在几年之内,……把雅典的力量完全消灭"。④ 如是设想也并不鲁莽,因为雅典人自己也正处于悲观的心境之中,⑤修昔底德也告诉我们,在战争开

---

① Thuc. 1.141.6.
② 卡根,《伯罗奔尼撒战争的爆发》(The Outbreak of the Peloponnesian War),第124—130页。
③ Thuc. 1.102.2.
④ Thuc. 5.14.3. 谢德风译本,第364页。
⑤ Thuc. 6.11.5.

始的时候,普通的希腊人都认为:如果伯罗奔尼撒人(-20,21-)要入侵亚狄珈的话,"雅典可能支持一年,而另外一些人认为可以支持两三年,再没有人认为它(她)可以支持三年以上的。"①

国王阿奇达慕斯更加慎重。他的设想是,雅典能够无限期坚持下去,既不挑起战斗,也不投降。在这种情况下,军备优势与数目优势将没有用武之地。斯巴达人需要别的战略,但别的什么战略呢?唯一的替代战略是,煽动雅典盟邦暴动,从而剥夺雅典赖以生存的人力、舰船、财政资源。但是,因为雅典帝国首先是个海上帝国,要实施这一战略,斯巴达就得拥有舰船去鼓动和支持诸岛邦叛乱,这些行动需要财政支持。正如阿奇达慕斯指出的,伯罗奔尼撒人财政资源远不如人,"没有公款,从私人来源求得捐款也不是一件容易的事"。②

大战爆发前夕,伯罗奔尼撒人拥有大约100艘三列桨战舰(triremes),③其中大部分是科林斯为了对柯西拉(Corcyra)作战而刚刚建造的。战舰需要划桨手、舵手、舰长,这些人必须熟练掌握当代海战机动方式,而这些机动方式是经由雅典人完善的。伯罗奔尼撒半岛缺乏这种人才;因为在对柯西拉的战争中,科林斯人不得不从希腊各地高价雇来划桨手。④ 这些人当中的绝大部分应当来自爱琴海地区,那里属于雅典的势力范围;现在要对雅典人作战,伯罗奔尼撒人无法再从这一地区雇佣划桨手。在墟波塔(Sybota)战役中,科林斯和柯西拉舰队使用的战术陈旧落后。⑤ 在海战中,伯罗奔尼撒人将在舰船、水手、战术方面处于下风。

阿奇达慕斯意识到这一劣势,建议斯巴达人考虑采取雅典人的仲裁提议,不要直接开战。如果谈判破裂,他敦促他们至少等到海军与财政劣势得到弥补之后再开战。⑥ 科林斯人急于开战,试图争辩伯罗奔尼撒

---

① Thuc. 7.28.3. 谢德风译本,第517页。
② Thuc. 1.80.4. 谢德风译本,第58页。
③ 布索特,《希腊历史》,第3卷,第2册,第863—864页。
④ Thuc. 1.31.1.
⑤ Thuc. 1.49.
⑥ Thuc. 1.82,85.

人在人数、军事经验、作战纪律方面具有优势,轻描淡写地反驳了阿奇达慕斯描述的上述困难。(-21,22-)他们相信,可以用德尔斐(Delphic)和奥林匹亚(Olympian)的金库,以及伯罗奔尼撒盟邦自己的捐款来支付舰队费用。只要在海上胜利一次,雅典的权势就能被摧毁,因为来自盟邦的划桨手和只不过是雇佣兵的那些人会因战败叛逃,逃向取胜那方。此外,如果战争继续下去,时间也对伯罗奔尼撒同盟有利,因为他们将利用这段时间来获取海战经验,同时他们在勇敢方面更胜一等,这将保证胜利。还有,科林斯人争辩说,他们可以说服雅典盟邦暴动,在亚狄珈建立起永久要塞,并且"还有其他的方法,我们在目前不能预见的"。①

最后这句话表明,科林斯人的论辩在阿奇达慕斯这样的斯巴达人看来,是多么没有说服力。他们强调,战争变幻莫测,"在一切事物当中最不依据既有规则,随情势变化生出自有机制",②伯利克里也明白科林斯人怀有的乐观空洞虚无。他指出,伯罗奔尼撒人务农,缺乏海战技巧,也不能长期丢荒田地。他们并不容易用高价就从雅典帝国募得有经验的水手,因为胜利机会渺茫,水手们不愿冒险远离家乡,流亡海外。伯罗奔尼撒人获取海战技巧也前景黯淡,因为这需要多加操练,而在海上战役中,雅典海军的压倒性优势将保证几乎不会有伯罗奔尼撒水手能够从中获得经验、存活下来、继续受益。③ 此外,海军操练也要费钱,而伯罗奔尼撒人没有钱,也很难弄来钱。伯利克里认为不太可能有什么"捐款"。绝大部分伯罗奔尼撒城邦很贫穷;这些城邦没有能力、也不会愿意捐这些款项。此外,"战争经费的支持依靠储金的积累,而不能依靠税收的突增"。④ 科林斯人从神庙借钱的建议根本是妄想。控制奥林匹亚的埃利斯人(Eleans)根本不会允许,而那里和(-22,23-)德尔斐的祭司也不会答应。通过武力夺取金库,那就是渎神,离间希腊人,使得斯巴达人在希腊人中失去信誉,而这信誉对于斯巴达取胜来说是十分必要的。后来,在战争期间,即便情势确实亟须,这一建议也从来没有得到施行。布

---

① Thuc. 1.122.1. 谢德风译本,第84页。科林斯人的论辩呈现在 Thuc. 1.121—122。
② Thuc. 1.122.1.
③ Thuc. 1.141.4;143.2;142.6. 参见布伦特,《凤凰学刊》,第19卷,1965年,第259页。
④ Thuc. 1.141.5. 谢德风译本,第100页。

伦特说:"科林斯人提出这个建议是因为他们比绝大部分伯罗奔尼撒人都要更熟悉智术师的'启蒙'。"①这说法应该没错。

无疑,斯巴达人和他们的盟友希望能够得到来自海外的支援,但这希望缺乏理据。在战争开始的时候,斯巴达人要求他们在西西里的盟邦提供一支舰队和军费,但西西里人拒不提供,他们应该并不意外。在过去,西方的希腊人从来没有干预过希腊本土事务,而在整个阿奇达慕斯战争期间,西方的希腊人也没有干预希腊本土事务。② 斯巴达人也不应当期待波斯大王(Persia)那边会传来佳音。斯巴达人甚至很难将一名信使安全送到苏撒(Susa)的宫廷;而即便信使能够抵达苏撒,之后又会发现,他们与波斯人的歧见不可调和。波斯大王当然有理由害怕雅典海军的权势。他或许乐见雅典遭到强敌打击,但是只要雅典舰队依然毫发无损,波斯大王就不太可能冒险与之作战。不管怎么说,大王与雅典作战的核心利益是要收复希腊人定居的小亚细亚(Asia Minor)领土。斯巴达人要为了"解放希腊"而作战,他们基本上没办法达成一致。③

我们能够看到,斯巴达人也能够意识到,阿奇达慕斯的看法是对的。在战争开始的时候,(-23,24-)斯巴达没有舰队,也没有希望得到一支足够攻打雅典舰队的舰队,所以,斯巴达没有能力去攻击雅典帝国,也没有能力去引发帝国盟邦叛乱。斯巴达人必须面对现实,他们唯一的作战计划——入侵亚狄珈,毁坏雅典人的庄稼和房屋——很有可能因为雅典人不愿出战而触礁。如果雅典人愿意采取这样一种策略,斯巴达人就无法打败雅典人,但斯巴达人仍然选择了开战。理由不难想见。尽管阿奇达慕斯判断完全正确,但是他的同胞却不愿意相信他。

---

① 布伦特,《凤凰学刊》,第19卷,1965年,第261页。
② 修昔底德告诉我们,斯巴达人在战争开始的时候就向西西里人要求500艘舰船(Thuc. 2.7.2)。狄奥多罗斯给出的数字是200艘(Diod. 12.41.1)。这两个数字都不可能符合实情,因为西西里人既没有这样一支舰队,也不可能建造得出这样一支舰队。布索特《希腊历史》,第3卷,第2册,第866页)认为,修昔底德写下这个数字是出于讽刺,但戈姆不这么认为(参见《修昔底德历史评注》,第2卷,第7页)。要疏通此处矛盾,是不可能的了。斯巴达鹰派明知这一要求很荒诞,但仍然提出这一乐观要求,是因为他们的主要目的是回应阿奇达慕斯的论据,并再次向摇摆不定的斯巴达人保证,他们可以期待得到有力的海军支援。
③ 布伦特,《凤凰学刊》,第19卷,1965年,第262—263页。

斯巴达人被恐惧、愤怒、回忆支配了。446 年,斯巴达人入侵亚狄珈,雅典人选择拒不应战,宁愿接受权势损失,也不愿在斯巴达重装步兵方阵的手下被摧毁。在那个时候,雅典人同样拥有长墙、舰船、金钱,但他们也像其他希腊人一样,无法坐视田地被毁。然而,即便阿奇达慕斯预计得没错,即便雅典人那时与其他敌人并不相似,他们也可以躲在城墙之后一年、两年,或许三年,但是接下来,他们就该投降了。如果替代战略有缺陷,那有什么要紧的? 他们根本不需要其他战略。斯巴达人与其他的希腊人就是这样想的。①

伯利克里治下的雅典,战争目标完全是防御性的。她没有野心要去获取领土,没有意图要去摧毁斯巴达的权势或斯巴达在伯罗奔尼撒半岛的霸权。伯利克里在战争前夕向雅典人演说时,清楚表明了这一观点:"只要你们在战争进行中,下定决心,不再扩大你们的帝国,只要你们不自动地把自己牵入新的危险中去,我还可以举出许多理由来说明你们对于最后的胜利是应当有自信心的。"②在战争开始后不久,伯利克里又更加细致地阐述了这一看法,③修昔底德在论及伯利克里之死时,又再次概括了他的政策主张:"伯里克利(伯利克里)曾经说过,如果雅典保持安静,并且注意它(她)的海军的话,如果它(她)在战争过程中不再扩张帝国领土的话,如果它(她)不使雅典城市本身发生危险的话,雅典将来会获得胜利。"④"胜利"到底指的是什么,当然并不清楚。伯利克里计划如能成功施行,起码,战争会陷入僵局,(-24,25-)雅典及其帝国的安全至少是有保障的。然而,布伦特指出:"僵局不仅仅是防御性的胜利。如果斯巴达未能实现其所宣传的目标和真正的谋划,反响将会十分重大。斯巴达声誉若受打击,其联盟就可能解体。雅典或许能够收回对科林斯地峡(the Isthmus)的控制,甚至夺下斯巴达在伯罗奔尼撒半岛的霸权。"⑤这样的指望过于乐观了。在过去,斯巴

---

① 参见上文,第 20—21 页(原书页码)。
② Thuc. 1.144.1;谢德风译本,第 103 页。
③ Thuc. 2.13.2.
④ Thuc. 2.65.7;谢德风译本,第 150 页,有改动。
⑤ 布伦特,《凤凰学刊》,第 19 卷,1965 年,第 259 页。

达曾经遭遇伯罗奔尼撒盟邦叛变脱盟,也总是有办法靖乱平叛。后来在421年,斯巴达再次成功平复了盟邦叛乱。雅典要指望取得如此重大的战果,唯一的办法就是向伯罗奔尼撒半岛派出陆军,直面斯巴达人,但伯利克里不愿采取这种措施。布伦特的这番推测价值几何,我们暂且不论;但我们没有理由相信,这种推测曾经出现在伯利克里的脑海中。在演说辞中,伯利克里从未提及这类看法,即便这类看法或许可以帮助他为自己那不同寻常的战略赢得支持。我们应该认为,在战争开始的时候,伯利克里的目标就是重建445年之局势,在这样一种世界格局中,斯巴达及其同盟,因为意识到无从向雅典强加他们的意志而与雅典帝国和平共处,尊重彼此势力范围的完整。

  伯利克里认为,取得这样一些适度的战争目标,完全在雅典的能力范围之内。在战争爆发之际,雅典人能够自夸说他们拥有开俄斯(Chios)、列斯堡(Lesbos)、柯西拉这样的自由盟邦,这些盟邦提供自己的舰船,加入雅典舰队;雅典人还能夸口说,他们还拥有普拉提阿人、居住在诺帕克都港(Naupactus)的美塞尼亚人(Messenians)、扎金索斯人(Zacynthians)以及绝大部分的阿卡纳尼亚人(Acarnanians)作为盟友,雅典人一声令下,这些盟友就可以提供步兵和军费。① 雅典人还可以指望帖撒利人(Thessalians)的骑兵②,而且如果需要对抗斯巴达的西部盟邦,雅典人自己在西方也有盟友:垒集坞(Rhegium)和林地尼(Leontini)。③ 除此之外,雅典人还可以从纳贡的帝国盟邦那里得到军费和人员,那是可供使用的可观资源。据修昔底德,帝国的范围包括卡里亚(Caria)的沿海城邦,(-25,26·)爱奥尼亚(Ionia),海勒斯滂,色雷斯(Thrace),还有"伯罗奔尼撒半岛和克里特(Crete)中间靠近东边⋯⋯以及弥罗斯(Melos)和塞拉(塞拉[Thera])以外"的各个岛邦。④

---

① Thuc. 2.9.4—6;戈姆,《修昔底德历史评注》,第2卷,第12页。
② Thuc. 1.102.4, 2.22.4。
③ Thuc. 3.86.3;《希腊历史铭文选辑》(GHI),第63、64条。
④ Thuc. 2.9.4—5;谢德风译本,第111页。塞垃迄至430/429年仍然向雅典纳贡,但修昔底德没有告诉我们,塞垃是何时停止纳贡,参见戈姆,《修昔底德历史评注》,第2卷,第12页。

雅典的实力与希望都建立在她宏大华丽的海军之上。在她的造船所内停泊着至少 300 艘适于航海的三列桨战舰；在此之外还有一些老旧舰船，一旦情势需要，随时可以修复出海。① 此外，开俄斯、列斯堡、柯西拉还能够提供总计超过 100 艘的舰船。② 由雅典公民和盟邦公民组成的舵手与划桨手，技巧远比敌方同行精良，墟波塔战役已经表明了这一点，而接下来阿奇达慕斯战争的整个历程也将持续体现这一点。③

雅典人还拥有雄厚的财政资源来供养舰船，支付人员经费。431 年，雅典年入 1000 塔伦特（talents），其中 400 塔伦特来自国内税收，600 塔伦特来自盟邦贡赋及其他帝国资源。④ 尽管每年可供用于战争经费的收入总计达 600 塔伦特之多，但是这很难满足作战需求。雅典需要对其所拥有的资本稍加深入利用，但即便如此，她的资本充裕程度仍然独一无二。431 年春天，伯利克里(-26,27-)鼓励同胞公民时指出，在卫城（Acropolis），他们有储备资金 6000 塔伦特铸银，而在先前某个

---

① Thuc. 2. 13. 8；布索特，《希腊历史》，第 3 卷，第 2 册，第 868 页，注释 1。
② 布索特，《希腊历史》，第 3 卷，第 2 册，第 869—870 页。梅耶，《古代史研究》[Forsch.]，第 2 卷，第 169 页，注释 3)以及密特讷（Miltner，《保-威古典学百科全书》[P. W.]，第 19 卷，1937 年，条目"伯利克里"，第 781 页)都采信老寡头（Old Oligarch)在《雅典政制》（AP 3.4)中记载的数字，认为雅典拥有三列桨战舰 400 艘。色诺芬（Xenophon)在《远征记》（Xen. Anab. 7. 1. 27)和安多基德斯（Andocides)在《论与斯巴达议和》（And. 3. 9)中记载的数目也与此相同。阿里斯托芬（Aristophanes)的《阿卡奈人》（Aristoph. Acharn. 544)和埃斯基涅（Aeschines)的《使团辞》（2. 175)都为 300 艘这个数字提供了佐证。梅耶和密特讷一心要解决此处数目上的矛盾，他们认为，除 300 艘舰船外，还有 100 艘是在 431 年斯巴达入侵之后被留出作为后备力量的。他们或许是对的。
③ 布伦特，《凤凰学刊》，第 19 卷(1965 年)，第 259—260 页。
④ 税收年入的数字来自于色诺芬（Xen. Anab. 7. 1. 27)。修昔底德告诉我们，贡赋收入年均 600 塔伦特（Thuc. 2. 13. 3)。雅典贡赋表表明，如此之高的贡赋年入是不可能符合实情的，所以学界普遍认可，修昔底德此处措辞粗疏，意思是"盟邦提供的所有收入"（戈姆，《修昔底德历史评注》，第 2 卷，第 17 页；同时参见《雅典贡赋表》[ATL]，第 3 卷，第 333—334 页)。其余 400 塔伦特，因为来源一般是租金、关税、市场税、诉讼费等，所支付的是经常费用，故不产生盈余（布索特，《希腊历史》，第 3 卷，第 2 册，第 876 页；《雅典贡赋表》，第 3 卷，第 333 页；然而，同时仍需参见戈姆，《修昔底德历史评注》，第 2 卷，第 19 页。一个不同的观点，参见法兰奇[A. French]，《历史学刊》[Historia]，1972 年，第 1—20 页)。

时候,储备资金最高曾达 9700 塔伦特。① 此外,卫城还储存有未浇铸成币的金银,价值至少有 500 塔伦特,其余神庙也存有不少金银。最后,如果遭遇危急情势,雅典人还可以融掉卫城雅典娜(Athena)神像表面覆盖的金片。这些金片是可以拆除下来的,价值 40 塔伦特。② 这样的收入水平和资金储备,其他希腊城邦无法比拟,伯罗奔尼撒诸邦全部加起来,自然也不是其对手。

这些资源还需要被用来维系雅典的陆上部队,这支陆军尽管不及敌军,但也远非微不足道。这支部队包括 13000 名重装步兵,年龄和身体条件都适合服役。这支部队中还有 16000 名外邦居留民(metics)和因年纪太大或年纪太轻而不适于上战场的人;这些士兵能够守卫亚狄珈边防、雅典城墙、还有比雷埃夫斯港和连接城邦与港口的长墙。③ 雅典人还有包括骑射兵在内的 1200 名骑兵可供驱使,此外还有 1600 名步兵弓箭手。④ 对于伯利克里所设想的防御性战略来说,这些兵员足够了。

但是,伯利克里的战略到底是什么?绝大部分学者同意,雅典人的战争目标是防御性的,不包括征服,但是这些战争目标要如何去实现呢?(-27,28-)修昔底德记载的伯利克里演说辞及修昔底德自己总结的伯利克里战略⑤清楚表明,雅典人将拒绝在陆地上作战,丢荒他们

---

① Thuc. 2.13.3. 我接受史书抄本上记载的数字,不采信阿里斯托芬(Aristophanes)《财神》第 1193 行的那条古代注解所提供的数字(Aristoph. *Plutus* 1193)。但《雅典贡赋表》的作者们采信的是阿里斯托芬剧本的那条古代注解提供的数字(《雅典贡赋表》,第 3 卷,第 118—132 页)。他们的论证牵强附会,要用一条古代注解来反驳修昔底德史书所有抄本提供的一致信息、还有狄奥多罗斯(Diod. 12.40.2)和伊索克拉底(Isocrates)在《论和平》和《论财产交换》(Isoc. 8.69, 15.234)中提供的数字,其论证的分量还不够。戈姆有力地反驳了《雅典贡赋表》作者们此处的论证(《历史学刊》,第 2 卷,1953 年,第 1—21 页;《修昔底德历史评注》,第 2 卷,第 16—33 页)。
② Thuc. 2.13.4—5;古代作者对于神像表面的金片的价值意见不一,戈姆对此有所讨论:《修昔底德历史评注》,第 2 卷,第 24—25 页。
③ Thuc. 2.13.6—7. 狄奥多罗斯(Diod. 12.40.4—5)给出的数字是 12000 名可上战场的重装步兵和 17000 名驻防部队。尽管修昔底德记载的数字与狄奥多罗斯记载的有出入,但仍是经得起考验的,我采信修昔底德的数字。戈姆为修昔底德记载的数字作了辩护:《古典学季刊》(*CQ*),第 21 卷(1927 年),第 142—150 页;《修昔底德历史评注》,第 2 卷,第 34—39 页。
④ Thuc. 2.13.8.
⑤ Thuc. 2.65.7.

的田地，躲入城墙背后，一直等到敌军精疲力尽，准备议和。不过，敌军的精力要如何被耗尽，这一点并不明确。每年夏天都要出征去亚狄珈乡村，磨突劫掠差不多一个月的时间，这当然令人厌倦，但并不会使人精疲力尽。伯利克里曾经提过损害伯罗奔尼撒人的两种方法：在伯罗奔尼撒半岛建立要塞，从海上攻打伯罗奔尼撒沿岸。① 对于在伯罗奔尼撒半岛建立要塞这一计划，我们无需认真对待，因为伯利克里也没有真的打算这么做。这个计划建议是作为一个假设图景的一部分被提出来的："假设敌军确实在亚狄珈建设要塞，并通过劫掠损坏我们的土地，接收我们的逃兵，他仍然无法阻止我们航行到他的土地上去，并建立起要塞，(也无法阻止我们)从海上攻打他们。"② 在伯罗奔尼撒半岛建立要塞这个建议，仅仅是针对斯巴达人的一项可能行动的反应选项。直到阿奇达慕斯战争结束之后，斯巴达人才采取这项行动，所以伯利克里无需考虑要塞事务，除非它原本就是其原初战略计划的一部分。事实上，就我们所知，伯利克里再也没有提过这个设想。更能说明问题的是，伯利克里在战争第一年没有将建设要塞诉诸行动，尽管在战争的一年，他确实马上就开始从海上袭击伯罗奔尼撒半岛了。因此，我们可以把在伯罗奔尼撒半岛建设要塞排除在伯利克里战略的进攻要素之外。

还需要弄明白的是，在迫使斯巴达人议和的过程中，伯利克里意欲使雅典舰队发挥什么样的作用。有些学者或多或少都对伯利克里的战略有所批评，他们认为，伯利克里不管怎样使用舰队都毫无意义。③ 其他人认为，(-28,29-)沿岸登陆和劫掠的目的在于反制伯罗奔尼撒人入侵亚狄珈；这种反制措施如果能够鼓舞雅典士气的话，或许具有一定的

---

① Thuc. 1. 142. 4.
② Thuc. 1. 142. 4.
③ 贝洛赫《希腊历史》，第 2 版，第 2 卷，第 1 册，第 300 页，注释 1)提及"无效的舰队示威"；德·桑悌(De Sanctis，《希腊历史》[*Storia dei Greci*]，佛罗伦萨，1963 年，第 2 卷，第 267—268 页)说雅典人对伯罗奔尼撒入侵的反应"仅仅只是在伯罗奔尼撒半岛进行劫掠和小规模登陆。亨德松《雅典与斯巴达之间的大战》，第 62 页)认为"围绕伯罗奔尼撒半岛的海上示威极其无效"。

战略价值。① 但是，更被广泛接受的看法是，伯利克里所驱策的海上作战，既非不得要领，也非目标琐碎。以下这种看法得到了许多学者的认可：雅典海军的主要任务是施加并维持对伯罗奔尼撒半岛的封锁。② 在这类看法当中，最野心勃勃的观点是，伯利克里意在控制诺帕克都港，封锁科林斯海峡，从而切断伯罗奔尼撒半岛的谷物供给线。③ 这种计谋不可能符合实情。首先，我们根本不清楚，伯罗奔尼撒人的生存是否依赖谷物进口；我们也根本不清楚，切断谷物进口供给对伯罗奔尼撒人来说是否不过是某种不快的滋扰。更重要的是，封锁整个半岛根本不可能实现。"伯罗奔尼撒半岛拥有漫长的海岸线，海岸线上排布着许多港口，可以轻松接纳古代船只；但是三列桨战舰的设计不适于装载大量食物与水，所以三列桨战舰通常紧贴海岸，不能离开其海军基地太远；但商船就没有这些限制，它们可以横跨开阔水域，只要情况需要。"④

对地峡及附近的沿岸城邦——如科林斯、墨伽拉、西叙昂（Sicyon）——施行封锁，或许能取得更有效的成功。⑤ 无论伯罗奔尼撒人对进口的依赖程度如何，这一点是没有疑问的：如果雅典控制爱琴海、小亚细亚及海勒斯滂等地区的市场，不让伯罗奔尼撒人进入，⑥(-29,30-)

---

① 本岑（《希腊历史》，第222页）说在伯罗奔尼撒半岛登陆是"反制措施"；古伦第（Grundy，《修昔底德及他那个时代的史学》[*Thucydides and the History of His Age*]，第331页）为袭击能够鼓舞雅典士气提供了一些论证。同时参见韦斯特莱克（Westlake）的讨论：《希腊史家与希腊历史论丛》(*Essays on the Greek Historians and Greek History*)，第91—92页。
② 布索特（《希腊历史》，第3卷，第2册，第899—900页）和密特讷（《保-威古典学百科全书》，条目"伯利克里"，第781页）的看法，可视作这种推测的某一形态。
③ 密特讷，《保-威古典学百科全书》，条目"伯利克里"，第781页。
④ 韦斯特莱克，《希腊史家与希腊历史论丛》，第88页。
⑤ 科林斯人提到过雅典海军对于包括内陆城邦在内的城邦经济的威胁，参见 Thuc. 1. 120. 2。
⑥ 布索特（《希腊历史》，第3卷，第1册，第588页）与密特讷（《保-威古典学百科全书》，条目"伯利克里"，第781页）特别强调雅典对穿行拜占庭（Byzantium）的谷物运输船的控制，因为这种控制，连雅典的盟邦也只能在特别条款（的准许）下获得谷物：参见《希腊铭文集成》第57则，即《希腊历史铭文选辑》第65则（IG^2 57＝GHI65，11. 35 ff）。没有证据表明这些(-29,30-)条款是任何封锁措施的一部分，事实上更有可能的情况是，设置这些条款的目的是保障雅典的谷物供应。无论如何，这则铭文的时间被推断为426/425年，所以我们没有理由认为，封锁海勒斯滂是战争初期伯利克里战略的一部分。

如果雅典派遣小型部队前往诺帕克都港,并切断他们与西方重要市场的联系,那么,伯罗奔尼撒半岛的经济繁荣将受到严重损害。实行有效封锁将对科林斯这样的城邦造成严重损害,因为科林斯的经济繁荣依靠的是青铜制品、陶器、纺织品等货物出口。我们可以认为,"如果雅典成功施行了封锁,甚至只是在相当程度上干扰贸易,急迫的不满情绪就将逐渐在伯罗奔尼撒半岛生长起来,接着沿岸城邦——特别是科林斯——的经济一定会崩溃,而且还将波及内陆城邦",①但是这种封锁措施不是战争初期伯利克里战略计划的一部分。这种封锁措施中,最为关键的一环是需要在诺帕克都港部署一支舰队,而雅典直到430/429年冬季才向诺帕克都港派遣舰队。② 两个征战季过去之后,伯利克里才开始尝试封锁科林斯海湾。因此,在431年构思其战略计划的时候,伯利克里不可能想到过要施行这样一种封锁。

还有一些历史学家,尽管他们没有提到过雅典要施行封锁,但他们认为伯利克里计划在进攻战略中积极使用舰队。"伯利克里战略在陆上是防御性的,在海上是进攻性的。"③雅典海军将在海上向敌军挑战,在伯罗奔尼撒半岛登陆;"如果情势许可,雅典海军还将在敌军土地上修建设防据点。"④这类观点的另一种版本是:"如果伯利克里意识到有必要打一场防御性战争,并避免一切战役,这并不意味着雅典应该完全陷于被动之中。相反,如果伯罗奔尼撒人蹂躏亚狄珈,雅典就应该带着舰队去登陆并蹂躏伯罗奔尼撒人的沿岸领土,造成的损失至少是同等的。"⑤我们已经论证,伯利克里并未意图在伯罗奔尼撒半岛修建要塞,同时显而易见,蹂躏(-30,31-)伯罗奔尼撒沿岸地区带来的损害,无法与亚狄珈被毁相提并论。⑥

关于伯利克里的进攻意图,韦斯特莱克提供了最可能符合实情的

---

① 布索特,《希腊历史》,第3卷,第2册,第900页。
② Thuc. 2.69.1.
③ 哈蒙德,《希腊历史》,第348页。
④ 哈蒙德,《希腊历史》,第347页。
⑤ 梅耶,《古代历史》,第4卷。第32页。
⑥ 贝洛赫,《希腊历史》,第2版,第2卷,第1册,第300页;德·桑悌,《希腊历史》,第2卷,第268页,以及韦斯特莱克,《希腊史家与希腊历史论丛》,第94页。

解释:"蹂躏敌军领土将是他们行动的主要成果,同时也就是他们最主要的目标,计划就是要造成经济忧难,引发政治后果,从而使得伯罗奔尼撒同盟无心继续战争。"① 这一解释的好处在于,它既无需将伯利克里终身并未实施的战略举措强加到他的战略计划当中,又假定在这一时期所采取的行动自有其目标及其成效。海上袭击可能引发"物质与心理上的"忧难;受到影响的城邦中,政治上的反对力量——特别典型的是民主派的政治反对力量——将试图把雅典人引入城邦,推翻亲斯巴达的寡头派。② 不过,韦斯特莱克用作论据的三个例证都来自于伯利克里去世很久以后的时期,在那一时期,雅典政策被掌握在伯利克里的继任者手中,而这些继任者在修昔底德看来根本无法与伯利克里相比;韦斯特莱克用作论据的第四个例证是 430 年进攻埃皮道鲁斯(Epidaurus),这个例子经不起推敲。伯利克里攻打埃皮道鲁斯的时候,其城邦内政治状况如何,修昔底德没有记载,其他古代信源也没有记载。韦斯特莱克之所以将埃皮道鲁斯用作此处例证,是基于埃德科的一个推测,但是埃德科的推测难以成立。③

韦斯特莱克用作论据的其他三个例证是,试图夺下墨伽拉,雅典与托洛溹(Troezen)和哈烈崖(Halieis)结盟。④ 关于托洛溹和哈烈崖,有史料证据表明雅典劫掠这两个城邦之后,与她们签订了条

---

① 韦斯特莱克,《希腊史家与希腊历史论丛》,第 99—100 页。
② 韦斯特莱克,《希腊史家与希腊历史论丛》,第 95 页。
③ 埃德科,《剑桥古代史》,第 5 卷,第 200 页,转引自韦斯特莱克,《希腊史家与希腊历史论丛》,第 95 页。德尔布吕克(Delbrück)或许是埃德科这番推测的渊源,他提出了同样的看法,理据是很清晰的。德尔布吕克尝试解释,为何伯利克里没有在战争第一年就发动可能会如此重要的一次征战,去攻打埃皮道鲁斯。为此,德尔布吕克提供了两个并无说服力的理据,其中一个是,他编造说,在埃皮道鲁斯有一个革命党派,430 年的时候,这个派别愿意支持雅典,但是在 431 年的时候,这个派别还不愿意支持雅典(德尔布吕克,《伯利克里的战略》[*Die Strategie des Perikles*],第 121—122 页)。我们没有理由相信,攻打埃皮道鲁斯之前,雅典同城邦内的政治反对力量商谈过,也没有理由不认为,这就是一次简单的直接袭击而已。
④ 墨伽拉:Thuc. 3.51;4.66—74;托洛溹:Thuc. 4.45.2,118.4;哈烈崖:Thuc. 4.45.2;*IG* I² 87,本岑,《希腊罗马世界的国际条约:从公元前 700 年到公元前 338 年》(*Die Staatsverträge der griechisch-römischen Welt von 700 bis 338 v. Chr.*),第 2 卷,第 184 页。

约；但我们没有证据表明在这两个城邦内部存在政治争端，也没有证据表明那里有过政变。在所有三个例证中，雅典最终的行动——其中两个例证是雅典与之缔结了条约，另外一个例证是雅典借助叛国者的帮助袭击——都依赖于雅典早先在附近修建的要塞。一个要塞在觅诺崖（Minoa），是墨伽拉附近的一个小岛；另一个要塞在梅瑟纳（Methana），是位于托洛溱和哈烈崖那个地区的一个城镇。也就是说，最后一击所依赖的政策基础，正是伯利克里在指挥战争的那些年极力避免的做法。同时，这些行动中没有一项发生于425年之前；它们全都发生在战争的第七和第八年。其中一个要求，雅典收复托洛溱，是由克里昂（Cleon）提出来的，①对此，我们毫不意外，因为克里昂正是积极进取的进攻战略的信徒。因此，我们没有理由将如此激进的进攻性政策归给战争开始初期的伯利克里。

雅典在海战中不够积极，这一事实导致了对伯利克里的批评。不仅悲叹整个防御性战略的那些学者批评伯利克里，②就连认可其战略整体、试图为这一战略及为伯利克里辩护的那些学者，也就此批评伯利克里。例如，布索特。他对伯利克里战略计划的判断是"基本上正确"。不过，他也承认说，该战略"有些片面和教条，实施过程中缺乏积极步骤及进取精神"。③ 还有本岑。他反对批评伯利克里，捍卫伯利克里的计划，但承认说"在现当代观察者看来，战略计划的进攻部分的实施看起来不够积极有力，也不够坚决果断"。④ 迄今为止，对伯利克里战略最有力、最有影响的捍卫者是德尔布吕克；他有力拒斥了雅典人应该在陆地上发动进攻性战争的观点，认为伯利克里应该进入"世界历史上最伟大的将军"之列，因为他有能力迫使自由的人民去打一场消耗战，这种消耗战略艰难，不得人心，但又是必要的。⑤ 然而，雅典人没有更加进

---

① Thuc. 4.21.3.
② 例如，贝洛赫，敦柯，蒲夫戈-哈敦（Pflugk-Hartung）。
③ 布索特，《希腊历史》，第3卷，第2册，第901页。
④ 本岑，《希腊历史》，第221页，注释5。
⑤ 德尔布吕克，《战争艺术史（第1卷）：古代》（*Geschichte der Kriegskunst* I, *Das Altertum*），柏林，1920年，1964年重印版，第124—133页。

攻性地使用其海军,这一点也困扰德尔布吕克。(-32,33-)

德尔布吕克对伯利克里的辩护基于与腓特烈大帝(Frederick the Great)的七年战争(Seven Years' War)战略的比较。腓特烈大帝有能力采取消耗战略,打一场伟大但艰难的战争。但是,决定那场战争最终结果的关键战役开打之前,腓特烈已经准备妥当。伯利克里的相应准备是什么?伯利克里准备如何去打赢他的战争?[1] 德尔布吕克争辩说,首先,历史情境不同,我们不应当去找严格的平行对比。腓特烈弱于敌军,但是他与敌军拥有同样种类的部队,一支陆军;因此他可以使用消耗战略,在对自己有利的条件下去打一场决定性战役。伯利克里面对的情况是,双方都不能迫使对方战斗,因为一方是海洋权势,另一方是大陆权势;因此伯利克里另有计划摧毁敌军。德尔布吕克首先列出的方法是通过劫掠骚突去蹂躏敌人的土地,同时极度夸大了这一方法的作用。接着,伯利克里可以开辟第二战场,例如后来在阿卡纳尼亚开辟的战场,在那里,局部部队或许敢于在限定条件下去打一场陆上的有限战役。还有,伯利克里可以在敌方海岸修建要塞,例如后来在美塞尼亚的派娄斯(Pylos)修建的要塞。"最后,奇袭敌方的沿海城邦:埃皮道鲁斯,赫尔迈翁(Hermione),旬提昂(Gytheum),或许甚至墨伽拉或托洛瀑。"[2]然后,德尔布吕克回应了这个艰难的问题:如果伯利克里意欲通过以上计谋从物质上消耗敌方,执行消耗战略,那么,为什么伯利克里不在战争第一年就用上全部计谋,反而满足于沿岸劫掠骚突、而这些劫掠骚突似乎毫无成效呢?德尔布吕克的回答没有说服力:"消耗战略中最有力的武器是时间。因此,消耗战略的基本法则之一是节约资源。甚至在第一场征战中就使用上述这些计谋,无论成效如何显著,都无法打败敌军,也无法迫使其议和。"[3]但我们必须要问,从一开始就对伯罗奔尼撒半岛造成实质性损害,比起那些微不足道的侵扰来,难道不是要有效得多吗?在进攻战线得到实质性成效,难道不会更加鼓舞雅

---

[1] 德尔布吕克,《伯利克里的战略》,第101、108页。
[2] 德尔布吕克,《伯利克里的战略》,第112—113页。
[3] 德尔布吕克,《伯利克里的战略》,第113页。

典士气、(-33,34-)从而使在亚狄珈保持被动这一艰难战略得到更多理解与支持吗？如果真能损耗敌方，那么战争的第一年就是认真实施该战略的绝好时机。

德尔布吕克很敏锐，知道这一论点虚弱，所以不止一次返回重申。他提问道，为什么伯利克里决定对埃皮道鲁斯施以重重一击是在430年，而不是在战争的第一年？"如果成功征服了这样一个地方，那么，在阿卡纳尼亚取得任何战绩，劫掠乡村行动——无论多么猛烈——，在美塞尼亚沿海建造要塞，相比之下都不值一提。"雅典人坐拥埃皮道鲁斯之后，托洛溱、赫尔迈翁、甚至西叙昂可能都将面临类似的命运。如果这胜利不能迫使敌方马上议和，至少也有助于削弱伯罗奔尼撒半岛城邦参战的热情。为什么是在430年，而不是在战争的第一年呢？德尔布吕克被迫回答说，"我们不知道"。① 他别无他法，只能尝试提出两种解释，但是这两种解释都无证据支持，也缺乏说服力。② 德尔布吕克还考虑到这样一个事实，那就是(-34,35-)雅典人在429年秋季才向诺帕克都港派出舰队，然而，封锁科林斯海湾却是雅典最有力的战争武器之一。"这个手段看起来如此天经地义，以至于我们要问，为何在战争开始的第一天，这个手段没有被派上用场？"德尔布吕克承认他无法给出

---

① 德尔布吕克，《伯利克里的战略》，第121页。
② 其中一种解释是，雅典人推迟一年才进攻，是因为他们在等待埃皮道鲁斯内部争端发展到一定程度，我们已经在上文注释(中译本第15页注释③)中分析过这种解释了。这种解释不太可能符合实情，原因很简单，因为就我们读到的古代史料而言，不仅没有任何一则提及埃皮道鲁斯在430年的时候有内部争端，也没有任何一则提及埃皮道鲁斯在整个伯罗奔尼撒战争期间有内部争端，即便埃皮道鲁斯在整个战争期间多次成为战场，即便雅典人在该地区曾经修建要塞。这些都是导致内部叛乱的经典条件，但是修昔底德却没有任何一丁点暗示说，在埃皮道鲁斯有内争；但是关于邻邦阿尔戈斯，修昔底德却告诉我们，那里有这样的内部叛乱。此处，默证法是非常有说服力的。德尔布吕克的第二种解释是，伯利克里一直等到430年才攻打埃皮道鲁斯，是因为他不想将征战交给别的将军去指挥，而他自己在431年又承担不起离开雅典的后果。这种解释比第一种解释更加没有说服力。第一，伯利克里经常把重要而艰难的作战任务交给他信任的将军。事实是，攻打埃皮道鲁斯失败后，雅典人把舰队和陆军交到伯利克里的可靠同党哈格浓(Hagnon)的手中，将他派去征服波提狄亚(Potidaea)。此外，要说431年离开雅典对于伯利克里来说确实不够明智的话，那么，在瘟疫爆发之后的一年里，民众焦躁不安，反对势力庞大，此时离开雅典对于伯利克里来说就更加不明智，因为此刻的后方更加需要他的巨大影响力。

正面回答，只好解释说，维系 20 艘舰船的全年费用，据他估算需要 240 塔伦特，这超过了雅典从盟邦那里得到的年度贡赋总额的一半，这笔高额的费用吓退了伯利克里。然而，最终为了开辟阿卡纳尼亚新战场，这些舰船还是被派出去了。大概是可以一箭双雕，雅典才舍得花这笔钱。① 如果伯利克里无法支付舰队封锁科林斯海湾的费用，特别是在战争的第一年，那么，整个消耗战略都是荒诞的。因为没有别的方式更能对地峡城邦造成经济损失，也没有别的方式更能使地峡城邦清楚认识到，与雅典人作战代价高昂。②

这番讨论是为了论证，伯利克里在战争开始的时候所使用的战略中，试图通过部署舰队或通过同时部署舰队与陆军，积极进取，从物质上消耗伯罗奔尼撒人，持有这一观点的任何理论——即便是韦斯特莱克和德尔布吕克作出的如此明智而博学的讨论——都不能成立。在战争第一年，伯利克里没能强有力采取攻势，不是因为他缺乏作为指挥官的能力或胆量，而无法执行自己作为战略规划师所规划的措施；他所规划的战略本身就不包括任何值得一提的进攻尝试。事实是，伯利克里并不试图从物质上消耗伯罗奔尼撒人，而是试图从心理上消耗伯罗奔尼撒人。他意在令斯巴达人这强敌相信，他们是无法赢得一场对雅典人的战争的。斯巴达人相信这一点后，他们就会议和。伯利克里的战略——包括其中占主导地位的防御性质和些微的进攻元素——目标就在于此，埃德科解释得很到位："(伯利克里)必须首先证明，雅典及雅典帝国的存在是无法被摧毁的，然后同样证明，雅典能够损害其敌人……敌人的勇气和意志(-35,36-)将在卫城金库耗尽之前被耗尽，这番计算完全合理；敌军将会承认雅典的权势与决心是无敌的，这番考虑也完全合理。"③

还有一个重要问题仍待解决：伯利克里认为斯巴达人能撑多久？一些学者认为阿奇达慕斯战争的结局说明了伯利克里战略的合理性，这些学者一般不会提出上述疑问；这表明他们的潜在想法是，长达十年

---

① 德尔布吕克，《伯利克里的战略》，第 132—133 页。
② 认为伯利克里战略是进攻性的论述既不透彻，也无说服力，关于对这种看法的讨论，参见结论一章。
③ 埃德科，《剑桥古代史》，第 5 卷，第 195—196 页。

的战事是在伯利克里的计算之内。这一观点无疑部分是来自于伯利克里在战争前夕对雅典人的那篇演说辞。他说伯罗奔尼撒人"没有在海外作战的经验,也没有作长期战争的经验;因为他们彼此间所发生的战争,由于贫穷的原故,都是短期的"。① 至于耕种自家土地的"自耕农"(autourgoi),他们无法远离自己的农田,还必须自行承担远征的费用。这些人宁愿用生命冒险,也不愿用财产冒险,因为"他们有一种刻薄的观念,认为他们自己的生命是会安全地从危险中逃出的,但是他们的金钱在那时候是不是会完全被花光了,他们完全没有把握,特别是当战争出于他们意料之外地延长的时候,战争很可能是会延长的"。②

伯利克里论证说,伯罗奔尼撒人缺乏资源去发动能够威胁到雅典帝国的那种征战,他是对的;但是没有什么能够阻止伯罗奔尼撒人每年入侵并蹂躏亚狄珈。425 年,斯巴达人质在斯伐刻帖里亚(Sphacteria)被俘之后,他们才停止;而在此之前,这就是伯罗奔尼撒人的主要行动。伯利克里不可能预见得到斯伐刻帖里亚这个意外之喜,同时也必然了解这种征战方式就是这场战争的常态,因为没有实质理由能阻止伯罗奔尼撒人将这种征战方式无限持续下去。测算伯利克里所预计的战争时长的更好方式是提出这样一个问题:如果坚持在战争开始时的战略,他认为雅典能够坚持作战多久?布索特似乎是唯一一位细致研究了这个问题的学者。③ 他计算出,"可供使用的金钱供给足够在四到五年的时间里,支持雅典人(-36,37-)以占优实力在海战中积极对抗斯巴达人,而不至于全部耗尽"。④ 他的理由是,根据萨摩司战争(Samian War)的经验,可以将战争经费估算为每年大约 1500—1600 塔伦特;如果这场战争持续 5 年,那就是 7500—8000 特伦特。雅典人开始战争的时候,储备资金有

---

① Thuc. 1. 141. 3;谢德风译本,第 100 页。
② Thuc. 1. 141. 5—6;谢德风译本,第 100 页。关键的那个从句是 τὸ δὲ οὐ βέβαιον μὴ οὐ προαναλώσειν, ἄλλως τε κἂν παρὰ δόξαν, ὅπερ εἰκός, ὁ πόλεμος αὐτοῖς μηκύνηται,"特别是当战争出于他们意料之外地延长的时候,战争很可能是会延长的"。
③ 布索特,《希腊历史》,第 3 卷,第 2 册,第 876—878 页及第 893 页,注释 3;同时参见布索特,《希腊历史》,第 3 卷,第 1 册,第 551 页,注释 1。
④ 布索特,《希腊历史》,第 3 卷,第 2 册,第 878 页;在第 892 页,布索特说,伯利克里"无法隐瞒战争将会持续一段时间,但是他很可能指望在 5 年内打赢战争"。

5000塔伦特,不包括1000塔伦特应急储备,这笔应急储备资金只有在"敌人率领舰队从海上进攻雅典"的时候才可动用。① 在上述储备之外,5年内,雅典还可望收入3000塔伦特,帝国收入每年为600塔伦特。这使得雅典在5年内可动用的战争经费达到8000塔伦特。这样一场战争如果持续到第六年,雅典人就将无力继续支付其作战经费。②

上述算法肯定没有高估这场战争的支出;事实上,就我们刚刚描述的伯利克里战略而言,他所预见到的该战略将产生的费用将超过2000塔伦特一年。铭文证据表明,为了对萨摩司作战及镇压拜占庭,雅典人从雅典娜金库借款1404塔伦特。③ 布索特以该数据为基础,计算出了萨摩司战争的经费总额,但是他的方法假定雅典人在借额外所需款项之前——无论多少——还没有花光帝国收入600塔伦特。这绝不可能。所以我们可以得出结论,萨摩司战争的支出——也就是伯利克里用来计算阿奇达慕斯战争支出的经验基础——大约是每年2000塔伦特。④ (-37,38-) 此外,对阿奇达慕斯战争开始头几年的实际支出的一个合理估算也佐证,每年2000塔伦特的战争预算较为符合实情。

对战争第一年的支出情况作一番考察,也能够证明上述结论。在战争的第一年,雅典采取的防御态势,是她仍处于良好战斗状况下的所能采取的最保守的那种。⑤ 当伯罗奔尼撒人于431年春季入侵亚狄珈时,雅典人派出100艘舰船环航伯罗奔尼撒半岛。⑥ 同时,雅典人向洛克里

---

① Thuc. 2.24.1;谢德风译本,第123页。
② 布索特,《希腊历史》,第3卷,第2册,第893页,注释3。布索特计算的萨摩司战争支出,参阅《希腊历史》,第3卷,第1册,第551页,注释1。
③ IG I² 293 = GHI 55.
④ 敦柯(《古代历史》,第9卷,第215页,注释1)已经指出,在借款总额之上还必须加上帝国贡赋的年均收入,但布索特忽视了他的论点。我们没有必要拒绝采信伊索克拉底在《论财产交换》(Isoc. 15. 111)中记载的数字1000塔伦特,也没有必要拒绝采信奈波斯(Nepos)《提摩塞乌斯传》(Nepos Timotheus 1)和狄奥多罗斯提供的数字(12. 28. 3: τιμησάμενος αὐτὰς ταλάντων ⟨χιλίων⟩ διακοσίων;他在"200"⟨διακοσίων⟩的前面加上了"1000"⟨χιλίων⟩,也就是1200塔伦特,因为根据铭文记载,我们可以知道整场战争的费用更加高昂一些。
⑤ 接下来几年,在伯利克里仍然在世的时候,雅典则采取了一些积极行动:在430年,派遣4000名重装步兵及300名骑兵前往埃皮道鲁斯;在429年,派遣佛缪(Phormio)前往诺帕克都港。
⑥ Thuc. 2.25.1。

司派出 30 艘舰船组成的一支小舰队，向洛克里司采取行动并同时保卫优卑亚(Euboea)。① 在波提狄亚，雅典已经部署了 70 艘舰船从海上进行封锁。② 这样，该年正在服役的雅典舰船总数是 200 艘。一般将一艘三列桨战舰在役维护费用估算为每月 1 塔伦特，如果我们采信这个数字，并采信每年 8 个月的战舰服役期，那么我们就能算出，海军支出为 1600 塔伦特。③ 除此之外，(-38,39-)我们还必须算上陆军支出。这部分支出主要花在波提狄亚。在波提狄亚执行围歼任务的重装步兵从未少于 3000 名，此外，佛缪还带来了 1600 名增援部队，虽然这些士兵并未在波提狄亚执行整个围歼任务。保守估计，在波提狄亚的围歼部队平均人数为 3500。这些人自己领取日薪 1 德拉克马，家仆领取 1 德拉克马，这样算来，这支部队每日至少需领军饷 7000 德拉克马，也就是一又六分之一塔伦特。再将这个数字乘以 360 天，也就是一年天数的约整数，那么，我们就能算出 420 塔伦特这个数字。除此之外，只要斯巴达人入侵亚狄珈，雅典就需要在雅典、比雷埃夫斯港、和长墙的要塞部署 16000 人。④ 他们是否领取军饷，我们不得而知；如果他们领钱的话，大概不会领取

---

① Thuc. 2.26.1.
② 其中 30 艘属于阿奇斯特拉图斯(Archestratus)率领的第一支远征军(Thuc. 1.57)，另外 40 艘归卡利阿(Callias)率领(Thuc. 1.61)。佛缪在增援的时候(Thuc. 1.67)有没有同时率领三列桨战舰抵达，我们不得而知；佛缪有可能同时带来了一些三列桨战舰。
③ 每艘三列桨战舰每月 1 塔伦特这一数字是这样算出来的：每艘三列桨战舰需要配备 200 名船员，乘以每月 30 天，每名船员日薪 1 德拉克马(drachma)(这一日薪经由修昔底德史书证实：Thuc. 3.17.3、6.31.3)，计算结果为 6000 德拉克马或 1 塔伦特每月。根据普鲁塔克的记载(Plut. *Per.* 11.4)，和平时期的海军服役期每年为 8 个月。封锁波提狄亚和守卫优卑亚的舰船很可能全年服役，这样的话，我们计算出来的数字还需大幅提高。埃第(S. K. Eddy)计算出来的三列桨战舰维护费用略低于我们的估算：《希腊罗马拜占庭研究》(*GRBS*)，第 9 卷(1968 年)，第 142—143 页。如果仅付给划桨手 3 鸥帛(obol)，那么这一数字可以减半。柏柯(A. Boeckh,《雅典财政》[*Die Staatshaushaltung der Athener*]，第 3 版，第 1 卷，柏林，1886 年，第 344 页)就是这样计算的，戈姆及其他学者采用了他的这种算法。然而，修昔底德在 6.31.3 明白告诉我们，415 年的时候，划桨手日薪为 1 德拉克马；修昔底德在 3.17.3 也说过，在波提狄亚，重装步兵的家仆日薪也是 1 德拉克马。在 6.8.1，他还告诉我们，塞结司塔人(Segestans)给雅典带来了 60 塔伦特，作为 60 艘舰船一个月的支出，这样算来，日薪也是 1 德拉克马。能够证明在战争期间、甚至战前的划桨手日薪为 1 德拉克马的史料证据很充分。参见多佛(Dover)和安德鲁斯(Andrewes)的精彩讨论：戈姆，《修昔底德历史评注》，第 4 卷，第 293 页。
④ Thuc. 2.13.6—7.

战斗人员的全额薪饷。我们还知道,雅典人每年都入侵墨迦里德(Megarid),并在那里待上一段时间,蹂躏乡村地区。① 431年,入侵墨迦里德的部队有10000人。这些人是否领薪、所领几何、留守多久,我们同样不知道;但是这一任务也会产生支出。综上所述,即便只算海军和围歼波提狄亚的支出,总计也已经超过了2000塔伦特。②

即便我们采取另一种很不一样的算法,结论也相去不远。铭文资料中留存了雅典"调查员"(*logistai*)对城邦在阿奇达慕斯战争期间向神庙金库借款的记录。③ 这则铭文表明,在433至426这七年间,雅典人向各个神庙金库借款大约4800塔伦特。除此之外,其中所记载的利息数目更表明,借款的主要部分落在432至429年期间。铭文学家估算出了一个比较精确的年均借款额,(-39,40-)在战争第一年,雅典借款1370塔伦特。④ 如果这一数字接近实情,再算上帝国岁入600塔伦特,那么,通过一种完全不同的计算途径,我们又得到了接近2000塔伦特这个数字。

显然,伯利克里势必意识到,要打这场仗,年度支出将至少达到1500塔伦特,甚至很可能会达到2000塔伦特。3年战事就将花费6000塔伦特。可供使用的储备资金5000塔伦特,再加上3年帝国收入1800塔伦特,那么就有6800塔伦特。⑤ 这样,伯利克里可以在3年的时间内执行其战略,但第四年就行不通了。其他希腊人也不认为雅典可以支撑3年以上,⑥伯利克里并不会比其他希腊人更加乐观。但

---

① Thuc. 2.31.1—3.
② 修昔底德记载,波提狄亚围歼的支出总额是2000塔伦特(Thuc. 2.70.2)。因为围歼持续了大约两年半,那么围歼的年均支出就大约是800塔伦特。伊索克拉底在《论财产交换》(Isoc. 15.113)中记载的数字是2400塔伦特。如果我们采信伊索克拉底的记载,那么年均支出就是960塔伦特。如果我们所计算的士兵薪饷数字——420塔伦特——没错的话,同时,如果我们再加上560塔伦特作为70艘在役舰船8个月一年的费用支出,那么,这样计算出来的数字就与伊索克拉底所记载的数字十分相近了。粗略看来,这种计算看起来能够佐证我们之前的计算。
③ *GHI* 72.
④ 《雅典贡赋表》(第3卷,第341—342页)与《希腊历史铭文选辑》(第217页)原则上采信了该数字,但"不保证绝对正确"。
⑤ 参见附录A。
⑥ Thuc. 7.28.3.

是，即便伯利克里指望战争只打 3 年，我们仍然会疑惑，为什么伯利克里不在战争一开始就马上采取如此明白有效的举措：向诺帕克都港派遣舰队。

  对伯利克里的期待作更加详尽的考察和更准确的描述之后，我们发现，伯利克里所希望的是能够改变斯巴达的意见，因为斯巴达才是伯罗奔尼撒同盟在战争与和平事务上的真正决策者。① 只要我们还记得，斯巴达被拖入这场战争时有多么不情愿，我们就知道伯利克里这种期待并非不合理。斯巴达试图劝服科林斯将与柯西拉的争端交给仲裁，因为斯巴达人害怕事件发展将导致与雅典的冲突。② 即便监察官（ephors）已经作出承诺，斯巴达人仍然没有派出援兵前往被围困的波提狄亚。③ 斯巴达人投票决议认为雅典人已经违反了《三十年和约》，但这一决议是在联合施压的强大影响之下作出的，施压者包括科林斯，埃基纳（Aegina），墨伽拉，或许还有其他盟邦。即便在那时，斯巴达仍有强大的鸽派——由国王阿奇达慕斯这样重要的人物领导——反对该动议，并且该动议最终不过是依靠极小的差额险胜。④ 甚至到了更晚些时候，战争状态已被确认，(-40,41-)斯巴达人仍然试图商议和平解决方案，而且至少看起来是诚心的。⑤ 最后，斯巴达人在投票决议开战之后、将战争付诸实际行动之前，还耽搁了好几个月。事实上，斯巴达开始战斗是忒拜人的举动导致的结果，是忒拜人强斯巴达所难。同时很清楚的一点是，在 431 年，斯巴达鸽派势必人数可观，且随时可重新夺回政策控制权，而这些人自从 445 年以来就一直控制着斯巴达的对外政策。要说服斯巴达人考虑议和，只需争取到 5 名监察官中的 3 名。

---

① 卡根，《伯罗奔尼撒战争的爆发》(*The Outbreak of the Peloponnesian War*)，第 9—30 页（原书页码）。
② 卡根，《伯罗奔尼撒战争的爆发》，第 225 页（原书页码）。
③ 卡根，《伯罗奔尼撒战争的爆发》，第 279—280 页（原书页码）。
④ 卡根，《伯罗奔尼撒战争的爆发》，第 286—316 页（原书页码）。我在《伯罗奔尼撒战争的爆发》一书中的论点是，在斯巴达公民大会的两次投票中，大部分人都投票决定开战，公民大会召集第二次投票只是为了突出投票结果差额的规模。但是现在，我被(-40,41-)维尔(E. Will)的论述(《历史评论》[*Revue historique*]，第 245 卷，1971 年，第 120 页，注释 5)说服了，他认为第一次投票的结果是非常接近的。
⑤ 卡根，《伯罗奔尼撒战争的爆发》，第 321—324 页。

而要说服斯巴达人接受雅典人所需要的和平,仅仅只需争取到那个"自然的多数支持",而这个自然的多数人口在绝大部分时间都令斯巴达保守而和平地待在伯罗奔尼撒半岛之内。

考虑到这些情况,伯利克里的计划和对这一计划成功的指望可以说是十分有道理的。阿奇达慕斯警告斯巴达人,说他们对目前这场战争之性质的期待是错误的,说雅典人不会去打陆上战役,也就不会被打败,说到了那个时候,他们就没有可行的战略。斯巴达人不相信阿奇达慕斯。伯利克里的计划是要向斯巴达人证明,他们的国王是正确的。伯利克里的主要战术问题是一个防御性的问题:将雅典人限制起来,并阻止雅典人在亚狄珈应战。进攻性行动被刻意淡化处理,因为进攻行动的目标仅仅是去证明,随着战争延续下去,伯罗奔尼撒人自己也将受到损害。更加积极地投入进攻行动,事实上将与战略计划本身相抵触。进攻行动本身不能带来成功,还可能激怒敌军,妨碍阿奇达慕斯的合理政策在斯巴达国内赢得上风。但是,在国内和海外同时保持克制的政策应该迟早能让鸽派在斯巴达重新掌权。

伯利克里或许是指望,他能够很快改变斯巴达的看法,甚至只需要一个征战季。或许他需要在两年的时间内采取类似行动,(-41,42-)但肯定无需第三年,因为斯巴达一拳打在雅典防御战略的石墙上,对自己能有什么好处呢? 当然,我们也不能肯定说,如果斯巴达人顽强不屈,伯利克里不会增加进攻行动、作为后备计划。我们只能说,这种行动将意味着伯利克里自战争初期以来发生了战略转向,而修昔底德没有告诉我们关于这种战略转向计划的内容。相反,修昔底德告诉我们,伯利克里的战略就是"保持安静",未加其他说明,①还告诉我们说他的继任者背离这一政策,导致了灾难性后果。这肯定就是伯利克里在战争初期采取的计划。

---

① Thuc. 2.65.7: ἡσυχάζοντας.

第二章　战争第一年

431年8月，斯巴达盟邦投票决议对雅典开战，但直到432/1年冬季结束，斯巴达同盟都并未采取任何行动。事实上，在耽搁期间，斯巴达人向雅典多次派遣使团，提供不同方案，试图维持和平。① 斯巴达人不着急投入战斗，因为与雅典作战是否明智，斯巴达人意见不一，也因为他们并不担心从陆地上遭到袭击，还因为他们设计的战略需要等到雅典庄稼全然成熟的时候再开始作战。忒拜人的态度大相径庭。他们与雅典人共享很长一段边界，有的是理由惧怕雅典人。忒拜一直渴望统一并主导整个彼欧提亚。在希波战争之前，忒拜作为彼欧提亚同盟（Boeotian League）的主席，几乎就要实现这一目标。忒拜在希波战争中的不光彩举动动摇了她的权势，导致同盟几乎解散。② 在第一次伯罗奔尼撒战争期间，雅典人在战役中打败彼欧提亚人之后，在彼欧提亚各个城镇设立了民主政权，在好些年里主导了忒拜人的家乡。忒拜人并不知道伯利克里的战略是完全防御性的，也不知道伯利克里的战略将陆地作战特意排除在外。忒拜人及其朋党显然认为，雅典人会攻打彼欧提亚；战争一爆发，几座未设防城镇的公民就离开了家园，逃入忒拜求庇护。③ 如果战争即将到来，无论雅典人是否即将入侵，忒拜都必须据有普拉提阿。(-43,44-)

---

① Thuc. 1. 125—139；卡根，《伯罗奔尼撒战争的爆发》，第315—341页。
② 沃尔克（E. M. Walker），《剑桥古代史》，第5卷，第79页。
③ 参见《奥克西林库斯希腊志》(*Hellenica Oxyrhynchia*)；*Hell. Oxy.* XII 3。

普拉提阿是个小城镇,公民人数不足 1000 人。① 然而,一旦忒拜与雅典开战,她将对忒拜形成的威胁是其规模所不能说明的。普拉提阿施行民主政体,因此拒绝被并入寡头制忒拜主导的彼欧提亚同盟。从公元前 6 世纪开始,普拉提阿就与雅典结盟并始终是其坚定盟友。②雅典人可以指望普拉提阿继续效忠,并利用他们的战略位置去损害忒拜。普拉提阿距离忒拜不足 8 英里。从忒拜到雅典的一条通路穿过追鸥斯岐堡路(Dryoscephalae),经埃琉塔莱(Eleutherae)到达雅典,普拉提阿就位于这条路的路旁。从雅典途径斐涞(Phyle)抵达忒拜的另一条通路更短,普拉提阿也毗邻这条通路。③ 雅典人控制的普拉提阿可以作为袭击忒拜和彼欧提亚的基地,还可以用来震慑任何试图进入亚狄珈的彼欧提亚部队。更重要的或许是,忒拜通往墨伽拉和伯罗奔尼撒半岛唯一一条不经过雅典领土的通道,就位于普拉提阿旁边。"在普拉提阿活跃的敌军不仅震慑忒拜,使其不敢入侵亚狄珈,同时还危及雅典南面敌人与北面敌人之间的整体协作。"④因为上述原因,忒拜决意在和平时期趁其不备,夺下普拉提阿。

在一个多云之夜的上半夜,3 月 6 日或者 7 日,⑤超过 300 名的一队忒拜士兵,由两名彼欧提亚邦联将军(Boeotarchs)率领,在瑙克里德(Nauclides)等叛国党人的迎接下,秘密潜入普拉提阿城墙之内。瑙克里德及其同党都是寡头派,意在推翻掌权的民主党人,(-44,45 为地图 1,46-)将他们的城镇交给寡头制的忒拜控制。⑥ 卷入这一阴谋的忒拜

---

① 贝洛赫《希腊-罗马世界的人口》,第 166 页)认为其成年男性公民的人口"不低于 1000 人",而布索特《希腊历史》,第 3 卷,第 2 册,第 905 页,注释 1)认为只有 500。
② 参见希罗多德、修昔底德: Hdt. 6.108; Thuc. 3.55,特别参见"德墨司悌尼",《驳聂阿剌》(Dem. *Against Neaera*) 94—99。
③ 参见地图 1。
④ 亨德松,《雅典与斯巴达之间的大战》,第 73 页。布索特《希腊历史》,第 3 卷,第 2 册,第 905 页)与亨德松《雅典与斯巴达之间的大战》,第 72—73 页)很好地描述了普拉提阿的战略价值。古伦第的《普拉提阿战役地形学》(*The Topography of the Battle of Plataea*, 伦敦,1894 年)十分有用。
⑤ 如果没有特别说明,我在以下的论述中采信戈姆所推断的时序。戈姆将时序列成表格,发表在《修昔底德历史评注》,第 3 卷,第 716—721 页,查阅十分方便。
⑥ Thuc. 2.2—2.3。

地图1　亚狄珈与彼欧提亚

人是列昂提达之子攸里玛库（Eurymachus son of Leontiadas），他十分适宜从事这一阴谋活动，因为他来自一个叛徒无赖辈出的家族。他的父亲列昂提达在温泉关（Thermopylae）背叛了希腊人，他的儿子列昂提达斯（Leontiadas）则在383/382年将忒拜出卖给了斯巴达人。① 忒拜人幻想，只要他们进了城、亮出武器，普拉提阿人就会投降。他们希望和平夺下普拉提阿城邦，接着就公之于众。他们没有威胁普拉提阿人说要报复，只是向所有愿意接受的普拉提阿人提出了结盟的提议。比起大开杀戒、把普拉提阿变成一个由伺机复仇的流亡分子组成的城邦来说，一个既是盟邦又由亲善的寡头政权统治的普拉提阿，显然对忒拜更加有利。

然而，普拉提阿的叛国寡头党人却敦促忒拜人马上对他们的敌人民主党动手。这部分普拉提阿人的主要目的是摧毁其民主党对手，所以他们急于大开杀戒。然而，这部分人对普拉提阿同胞情绪的捕捉显然要比忒拜人更加精准：他们认为，政变带来的震惊一旦消失，同胞们一定会试图抵抗忒拜入侵。但是，他们的建议被无视了。② 开始的时候，普拉提阿人被吓住了，接受了忒拜的提议，但是开始讨论具体条款的时候，他们发现，忒拜入侵者人数不多。普拉提阿人对雅典忠诚，又痛恨忒拜及其寡头党人，同时还强烈地渴望自治，所以普拉提阿人决定抵抗。为了反侦察，他们挖开间隔各家各户毗邻的墙体，集中起来讨论反击措施。天明之前，他们就开始进攻忒拜人，忒拜人在一个陌生的城镇，在黑暗中陷入了被突袭的境地。

此刻，大雨开始倾盆。普拉提阿的妇女和奴隶尖叫着爬上了屋顶，向陷入困惑的忒拜人投掷石块和瓦片。忒拜人惊恐逃命，但他们此刻正在一个陌生的城镇被当地居民追击。他们进来的城门被再次关闭了，(-46,47-)不久幸存者就被迫无条件投降了。

忒拜人并没有指望仅凭突袭政变就将普拉提阿纳入麾下。他们的计划中还有这样一项：如果普拉提阿城内那300名士兵遭遇困难，忒拜

---

① 温泉关：Hdt. 7.33；忒拜：Xen. *Hell.* 5.2.25。
② Thuc. 2.2.4。

就将遣全军前往。根据该计划，主力部队应当做好准备，在300人先遣队进城之后就马上抵达，但是天公不作美。暴雨拖延了忒拜部队的行进速度；更严重的是，暴雨令横亘在忒拜与普拉提阿领土之间的阿索普河（the Asopus River）暴涨，部队无法涉渡。所以主力部队抵达太迟，来不及救援普拉提阿城内的忒拜先遣部队。

然而，普拉提阿人的危险还是没有解除。和平时期无缘无故发动袭击，普拉提阿公民对此深为震惊。在袭击发动的时候，许多人还在田地耕作，这些人的命运落入了忒拜军队的手中。忒拜人计划抓捕他们作为人质，以换取城内的忒拜先遣兵，但是他们被普拉提阿人抢先了一步。普拉提阿人威胁要处死战俘，除非忒拜人立即从乡村地区撤退。关于普拉提阿人的这则消息，修昔底德记录了两个不同版本。忒拜人说，普拉提阿人承诺安全归还战俘，如果忒拜人撤退的话，还说普拉提阿人对这一承诺宣了誓。普拉提阿人则说，他们没有对承诺宣誓，并且，要他们安全归还战俘的话，除非双方能够商议达成全面的协定。两者实际上没有什么差别，因为忒拜人和其他希腊人一样，肯定不愿意放弃数目可观的公民士兵，所以无论普拉提阿人许诺什么，他们都肯定会撤退。忒拜人撤退，普拉提阿人获得安全之后，立即处死180名忒拜战俘，包括臭名昭著的攸里玛库。①

忒拜人一攻入城，普拉提阿人立即向雅典派出信使。雅典人马上下令抓捕亚狄珈地区出现的所有忒拜人。(-47,48-)普拉提阿人重新夺回城邦控制权并俘虏忒拜人之后、在决定忒拜命运之前，他们向雅典派出第二名使节。雅典人很快意识到这些战俘作为人质的巨大价值。忒拜人或许不如斯巴达人那么重视其重装步兵的性命，但是他们在普拉提阿的行为证明，他们也并没有不把自己士兵的性命当回事。此外，被俘的人当中还有攸里玛库，他是当权派别的领袖政客，在当权派别中很有影响力。180名战俘中或许还有其他重要人物。雅典人手中的这

---

① 发生在普拉提阿的事件，主要史料是修昔底德（Thuc. 2.2—5）。希罗多德（Hdt. 7.233）和"德墨司悌尼"（《驳聂阿剌》99—100）没有增补什么有价值的信息。狄奥多罗斯（Diod. 12.42.1—2）与修昔底德在几个细节上有所出入，但在这几个细节上，仍然是修昔底德的版本更加可取。

些忒拜人是价值无法估量的战利品，同时或许还可被用作人质，用以阻止彼欧提亚人入侵亚狄珈，正如后来在425年，差不多数目的斯巴达战俘使得斯巴达人不再入侵亚狄珈。忒拜人试图在普拉提阿掀起政变，但事实已经与期待背道而驰。① 留住这些战俘作人质还将对忒拜人和伯罗奔尼撒人造成灾难性后果，因为战争刚刚开始，忒拜人就被缚住了手脚。雅典人马上向普拉提阿派出传令官，要求他们在与雅典商议之前不要伤害战俘。消息抵达太迟；激情战胜了——甚或是阻止了——理性计算。雅典人无计可施，只能派出一支由80名重装步兵组成的分遣队，带着食物前往普拉提阿，因为忒拜人必将打来。他们将妇女、儿童、还有"不能服兵役的人"送走，留下的人大概全部是重装步兵。守城驻军共480人，厨役妇女110人。②

攻打普拉提阿相当于公开撕毁和约。消息抵达伯罗奔尼撒半岛的时候，斯巴达人下令各盟邦派出三分之二的战斗力量，前往科林斯地峡集结，入侵亚狄珈。剩余的三分之一兵力按照惯例，留作守卫，以防雅典人登陆。这支大军由国王阿奇达慕斯（Archidamus）率领，讽刺的是，正是他反对投票开战，并强调说入侵亚狄珈这一战略根本(-48, 49-)是徒劳。但是，按照惯例，斯巴达军队要由一名国王率领；而在431年的时候，阿奇达慕斯是唯一能够率兵的国王。普雷斯托阿纳克斯（Pleistoanax）在445年遭到放逐，罪名是接受贿赂、从亚狄珈撤退。③ 普雷斯托阿纳克斯的儿子泡珊尼阿斯（Pausanias）年纪太轻，不能服役。同时，在有一名国王可以出任指挥的情况下，让泡珊尼阿斯的叔叔、摄政王科辽门内斯（Cleomenes）出任指挥是不合适的。阿奇达慕斯可以不认可他的任务，但是在爱国心与荣誉感的驱使下，他将竭尽所能。然而，爱国心与荣誉感并没有让阿奇达慕斯草率行动，尽管他认

---

① 修昔底德特别展示了普拉提阿事件没有被预见到的这一事实，以及普拉提阿事件的不可预见性。汉斯-彼得·施塔尔（Hans-Peter Stahl）提供了对该事件的分析，也展示了修昔底德的这一特别兴趣：《修昔底德：历史进程中个人之地位》(*Thukydides, Die Stellung des Menschen im geschichtlichen Prozess*)，慕尼黑，1966年，第65—74页。
② Thuc. 2.6.4; 2.78.3—4；谢德风译本，第160页。
③ Plut. *Per.* 22—23. 参见卡根，《伯罗奔尼撒战争的爆发》，第124—125页（原书页码）。

为拖延或许可以避免这场斯巴达不一定能赢的战争。

阿奇达慕斯对其手下军官作演讲,警告他们要小心防备雅典人在行军过程中袭击他们——虽然这不太可能——,然后他派出使节,问雅典人看见伯罗奔尼撒大军压境、前往亚狄珈,是否愿意现在投降。然而,伯利克里已经预见到阿奇达慕斯的这一步棋。他害怕雅典人在可怕的入侵大军面前丧失勇气,于是提议让公民大会通过一项动议,伯罗奔尼撒人的军队在战场上的时候,雅典禁止接纳来自伯罗奔尼撒的任何传令官或使团。斯巴达使节被遣送出境,没有完成任务。阿奇达慕斯得到消息以后,别无选择,只能向亚狄珈行进。

从地峡前往亚狄珈的最短路径是走海边,穿过墨迦里德,朝着埃琉西斯(Eleusis),路过埃岬琉山(Aegalius),然后就抵达了雅典肥沃的平原。但是,阿奇达慕斯没有走这条路。① 事实上,他走得根本也不快;他在地峡耽搁着,然后从容行进,接着他穿过墨伽拉之后,并没有向南转去雅典,而是向北行进,前去围歼一个名叫奥奈(Oenoe)的城镇,这是雅典在彼欧提亚边境建立的要塞。② 奥奈建有石墙塔哨,虽小但坚不可摧;同时,奥奈还具有一定战略价值:她坐落于从雅典到普拉提阿的主干道旁,占据了通往雅典要塞(-49,50-)埃琉塔莱的通路上的重要位置,同时位于启坮垄(Cithaeron)和大乌傩(Megalo Vuno)之间略微偏西北的位置,是确保与帕尔奈斯山(Parnes)联络的要地。例如,后来在这场战争中,雅典人利用该要塞伏击从德西利亚(Decelea)撤退的一些科林斯人。③ 布索特认为,夺下奥奈对于伯罗奔尼撒人和彼欧提亚人来说十分重要:"夺下奥奈就在彼欧提亚和墨伽拉之间打通了更宽的通路,有利于彼欧提亚人入侵亚狄珈,隔绝了雅典与普拉提阿之间的主要通路,并且使得雅典人很难救普拉提阿于围歼之中。"④

---

① 参见地图1。
② Thuc. 2.18. 关于奥奈的位置和重要性,参见米尔肖佛(A. Milchoefer),《亚狄珈地图》(*Karten von Attika* I),第7—8卷,柏林,1895年。N·G·L·哈蒙德《雅典不列颠学校辑刊》[*BSA*],第69卷,1954年,第112页)认为,奥奈就是今天的维利亚(Villia)。
③ Thuc. 8.98.
④ 布索特,《希腊历史》,第3卷,第2册,第927页。

尽管这些考虑可以解释斯巴达人为什么总有一天会想要夺下奥奈，但是这些理由不足以说明夺下奥奈为何成为了入侵军的第一要务。奥奈对这样一支大军不会形成威胁，与伯罗奔尼撒人眼下的计划也没有冲突。此外，事实还表明，夺下奥奈并不容易，需要长时间围歼，并需要放弃远征的主要目标：蹂躏亚狄珈。如下结论可能显得比较有说服力：阿奇达慕斯攻打奥奈的动机中，政治目的高于战略目的，他还没有完全放弃避免战争的期望。就在一年之前，阿奇达慕斯争辩说，斯巴达人不要急着去蹂躏亚狄珈的土地。"（你们）应当"，阿奇达慕斯说，"把他们的土地当作担保品，土地耕种得愈好，则它的价值愈大"。① 只要亚狄珈的土地还没有被蹂躏，雅典人就还有失去宝贵之物的可能，就有可能因此让步；而一旦亚狄珈的土地遭到蹂躏，雅典人就会失去理智，陷入愤怒。斯巴达人则责备阿奇达慕斯拖延，拖延导致雅典人对入侵做好了准备，牲畜财产已经转移；他们怀疑阿奇达慕斯是有意拖延。②

最终，阿奇达慕斯被迫放弃围歼奥奈，转向伯罗奔尼撒入侵军的主要目的：蹂躏亚狄珈。这时距忒拜人攻打普拉提阿之后，已经过去了80天。这时已经接近5月末，亚狄珈的庄稼成熟了，伯罗奔尼撒军队向南行进，开始蹂躏埃琉西斯和瑟利西亚平原(the Thriasian plain)。雅典骑兵(-50, 51-)出来阻止，但是被轻易打败；伯罗奔尼撒部队继续行进。下一步显然是要经过达孚奈(Daphne)的通路，然后长驱直入雅典的平原，但是阿奇达慕斯却向东走去，抵达阿卡奈(Acharnae)。他安营扎寨，花了一些时间蹂躏那片土地。阿奇达慕斯知道，阿卡奈是个大德谟(deme)，是雅典重装步兵的重要兵源地，③同时这里也必然有大量农田，这次偏航确有所值。但我们原本以为，如果斯巴达人想要造成最大损失的话，他们会首先前往肥沃的雅典平原，因为雅典贵族的土地都在雅典平原上。④ 布索特

---

① Thuc. 1.82；谢德风译本，第59页。
② Thuc. 2.18.5.
③ 修昔底德说，阿卡奈有3000名重装步兵(Thuc. 2.20.4)。许多学者认为，这个数字太大了，他们试图修订并提出了很多种可能的修订方法。这个数字激起了许多争议，但是准确的数字在此并不重要。参见戈姆，《修昔底德历史评注》，第2卷，第73—74页。
④ 戈姆，《修昔底德历史评注》，第2卷，第73页。

认为,阿奇达慕斯对占优的雅典与帖撒利(Thessalian)骑兵的恐惧是行军迟缓审慎的原因,①但是没有证据可以表明,骑兵对伯罗奔尼撒人形成了严重的威胁。第一次遭遇时,骑兵就被击溃了,而且骑兵从来没有对斯巴达人造成过任何实质性伤害。

修昔底德记载了流行于他那个时代的一种解释。这种解释认为,阿奇达慕斯蹂躏埃琉西斯和瑟利西亚是指望骄傲强大的雅典人无法忍受眼前的景象,因为雅典人和他们的庄稼一样正值巅峰,适于战争的年轻人比比皆是。② 但雅典人没有出来应战,他继续向阿卡奈行进,因为这个德谟规模很大,人口众多,"橡树那样坚实";③他们至少不会心安理得地旁观而不被激怒,他们会敦促同胞公民出来应战。即便这个指望不能成真,伯罗奔尼撒人也可以经由该路线,更加安全地抵达雅典的平原,抵达雅典城墙下。这种解释还进一步认为,这条路径很安全是因为,"那个时候,阿卡奈人自己的财产已经丧失,他们更会不愿意为着别人的财产来冒生命的危险;因此,雅典人的意见就不会一致了"。④ 这种解释不能说服人。如果阿奇达慕斯想要对伯利克里的克制政策形成尽可能大的压力的话,他应该马上就长驱直入雅典平原,(-51,52-)接近并攻打雅典最肥沃的土地才最能挑衅到雅典人。我们必须拒斥这一种解释,同时必须重申,修昔底德并没有将之作为自己的看法,他不过是记下了这种解释。或许修昔底德是为了讽刺它。修昔底德及其读者肯定看到过阿里斯托芬在其作于425年的喜剧中所描绘的阿卡奈人形象。即便战争已经开始六年,阿卡奈人仍然被描绘为最急于开战的一群人,他们甚至不愿听见和平,他们对提及要与斯巴达签订停火协议的任何人怒不可遏:

> 我们定要去追赶,别让他目中无人,自夸逃得了我们这些阿卡奈老年人!

---

① 布索特,《希腊历史》,第3卷,第2册,第930页。
② Thuc. 2.20.2.
③ Aristoph. *Acharn.* 180;罗念生译本,第19页。
④ Thuc. 2.20.4—5;谢德风译本,第121页。

宙斯啊,天上的众神啊,他是什么东西,胆敢同我们的敌人议和!

明知我,为了我的田庄,定要同他们进行大战!

我决不罢手,直到我像一根小芦桩,又尖又锋利,直刺进他们的肉里,

叫他们不敢再践踏我的葡萄藤。

我们一定去把这家伙找出来:……躲到天涯海角也把你找出来,绝不放过你;

我们带了石头来,一定要痛痛快快砸了你!①

上述事件显然与阿奇达慕斯对于阿卡奈人心理的理解相抵触。或许修昔底德是想要他的读者理解,战争无常变幻,即便阿奇达慕斯这样一个人——他对战争进程预见得大致准确——也无法准确预见。不管怎么说,对阿奇达慕斯行动的解释中,可能最接近实情的是他还没有放弃希望,希望雅典人能在最后时刻明白事理;他希望尽可能久地将亚狄珈最宝贵的土地"当作担保品"。

如果阿奇达慕斯的指望确实如此,那么他就要失望了,因为雅典人的想法完全是另外一个样子。听闻斯巴达人入侵,雅典人听从伯利克里的计划,开始撤离他们热爱的乡村。妇女与儿童被送入城邦之内,羊群和牛群被送到优卑亚。绝大部分雅典人居住在乡村地区,(-52,53-)而从前见过薛西斯(Xerxes)大军蹂躏乡村地区的雅典人,在世者已经很少。"他们很悲伤,很不愿意抛弃他们的家园和他们祖先遗留下来的古代神庙,很不愿意变更他们整个的生活方式,把每个人所认为是自己的市镇(城邦)加以抛弃。"②这些雅典人进入城邦之后的所见并没有改善他们的心态。开始,他们挤在雅典城邦内。所有空地都被占据了;甚至神庙也不例外。雅典卫城脚下"皮拉斯基人的土地"(Pelargikon)也被占据了,即便此处因为丑闻而遭到了佩提亚的阿波罗(Pythian Apol-

---

① Aristoph. *Acharn.* 221—236;罗念生译本,第21页。
② Thuc. 2.16.2;谢德风译本,第118页。

lo)神谕对教徒的诅咒。雅典城墙的塔楼也被擅自占用。后来，流离失所的雅典人开始向比雷埃夫斯港、向两道长墙之间的土地扩散，但是目前的情形已经极其难以忍受。① 然而，雅典人还记得最近发生的一件事情，指望只要伯罗奔尼撒人局限于蹂躏埃琉西斯和瑟利西亚，就不会大规模入侵，不会彻底摧毁整个亚狄珈。445年的时候，另一支伯罗奔尼撒入侵部队深入埃琉西斯和瑟利西亚平原，但止步不前。431年的时候，雅典人也指望这一情形重演，并觉得稍微好受一点。这种指望是合理的。

然而，当敌军部队抵达阿卡奈并开始蹂躏距离卫城不超过7英里的土地的时候，雅典开始暴怒了。愤怒当然指向斯巴达人，但同样指向伯利克里，因为他是该政策的始作俑者。伯利克里已经预见到这些事件和磨难，并将之作为其战略不可或缺的一个部分，而雅典人也已经接受了这个战略；但这一事实无济于事。伯利克里仔细解释过为什么雅典人要避免陆地上的大规模战役，但那些解释已经淹没在此刻的愤怒和沮丧之中。雅典人控诉伯利克里懦弱，因为他不率领他们出去对抗敌军。② 在指责伯利克里的人当中，肯定有克里昂，他已经反对伯利克里好些年了。③ 赫米普斯(Hermippus)在其喜剧《命运》(Fates)中清楚反映了这一点。这部喜剧可能写于430年春。赫米普斯笔下的克里昂向伯利克里如是说道：“羊人们(Satyrs)的大王，请问你为什么不拿起长矛，(-53,54-)趁你有个特勒斯(Teles)灵魂，停止空谈，去参加战斗？短刀要放到砺石上才能锋利，你快磨刀吧，那凶猛的克勒昂(克里昂)正在咬你。”④克里昂只是攻击伯利克里的众多敌人之中的一个；甚至连伯利克里的朋党也攻击他不出来应战。⑤

反对意见如此喧嚣，这出乎伯利克里的意料之外，但是反对意见

---

① Thuc. 2.17.
② Thuc. 2.21.3；戈姆，《修昔底德历史评注》，第2卷，第75—76页。
③ 卡根，《伯罗奔尼撒战争的爆发》，第199、200、242、319、326页(原书页码)。
④ 赫米普斯残篇第46则(Hermippus frg. 46)，留存于普鲁塔克作品：Plut. *Per.* 33.4。水建馥译本，第495—496页。
⑤ Plut. *Per.* 33.6.

本身并不令伯利克里感到意外。从一开始他就意识到,要雅典人保持克制是其战略中非常艰难的一部分。① 445年,伯利克里决定出来迎战入侵的斯巴达人,只有当我们意识到要雅典人抛弃他们的田地是一个多么艰巨的任务——即便那时长墙已经完工,城邦已处于长墙的保护之中——之后,我们才能理解伯利克里的这一决策。445年,伯利克里还没有能够劝服雅典人克制的权力;431年的时候,他已经有了这样的权力。到431年,他的个人威望已经高到这样一个程度:修昔底德可以说他"是当时雅典人的领导人物;无论在行动上或辩论上,他是最有力量的人",②说雅典"虽然名义上是民主政治,但事实上权力是在第一个公民手中"。③ 伯利克里攫取这等地位,靠的不仅仅是以下这些方式:智慧,辩才,或广受赞扬的爱国心与清廉。伯利克里同时也是位精明的政客,多年来经营起一个由士兵、官员和政客组成的"小圈子,大家志趣相投,一起执政,绝大部分都在多年共事中证明了自己的能力"。④

我们手中所有的雅典将军记录并不完全,但是证据表明伯利克里通常都能够依靠其同僚。431年在任的20名将军中,我们仅有10人的名字。20名将军分为两组,各10人:仲夏的时候,一组离任,一组接任。伯利克里当然既在离任组中,也在接任组中;同时还有佛缪,哈格浓,岸纳居庐德谟的安替格尼之子苏革剌底(Socrates son of Antigenes of Anagyros),埃松德谟的埃庇克勒之子普罗夏(Proteas son of Epicles of Aexone),以及卡利亚德斯之子卡利阿。⑤ 佛缪曾与伯利克里一起征战萨摩司,领军去过波提狄亚;430/429年和429/428年,

---

① Thuc. 1.143.
② Thuc. 1.139.4;谢德风译本,第99页。
③ Thuc. 2.65.9;谢德风译本,第150页。
④ 吉尔伯特(G. Gilbert),《伯罗奔尼撒战争期间雅典城邦内幕考》(*Beiträge zur innern geschichte Athens im zeitalter des peloponnesischen Krieges*),莱比锡,1877年,第105页。
⑤ 贝洛赫,《伯利克里以降的亚狄珈政策》(*Die Attische Politik seit Perikles*),莱比锡,1884年,第290、299—300页;《希腊历史》,第2版,第2卷,第262—263页;佛纳瓦(Fornara),《雅典将军委员会》(*The Athenian Board of Generals*),威斯巴登,1971年,第52—53页。

他也是伯利克里的同僚。哈格浓是伯利克里的老同党,与他一起在萨摩司作战,在伯利克里如日中天的时候,被选为安菲玻里(Amphipolis)的建城者,并在其他政敌攻击伯利克里的时候为他辩解过。① 普罗夏是433年被派往柯西拉的诸将军之一。苏革剌底也与伯利克里共同在萨摩司作战,卡利阿应该就是434年那则著名财政法令的动议者。431年在任的其他将军还有喀齐努(Carcinus),游科拉底(Eucrates),提奥朋普(Theopompus)。此外,或许还可以加上梅里特德谟的欧利披底之子薛诺芬(Xenophon son of Euripides of Melite)的名字。在萨摩司战争中,他是伯利克里的同袍;在430/429年,他再次与伯利克里同袍。我们不清楚431年的时候薛诺芬是不是将军,但是在记录缺失的那些年里,他很有可能也出任了将军;其他人也是一样。以下这个事实也进一步佐证,在将军委员会(strategia)里,伯利克里是被支持者环绕的:伯利克里之死影响了所有这些人的政治生涯。伯利克里死后的4年时间里,在40名将军中,不同名字的数目高达30个。伯利克里的431年同袍中,没有任何一人留在这个30人名单中;没有任何一人再度出现在将军名单上,尽管我们知道其中5人已死,但我们也知道其中至少有两人——哈格浓和普罗夏——后来还活了一些时间。② 尽管不能完全肯定,但我们仍然很难不同意吉尔伯特的观点:我们必须把这些将军们视为"伯利克里的特别同党,伯利克里死后,这些人就从雅典的政治生活中消失了"。③

这样一些人的支持使得我们可以理解,伯利克里如何能够抵抗住他所面临的批评风暴,如何能够使得缺乏经验的雅典热血青年保持克制,这些热血青年连同其他人一起,敦促伯利克里去攻打伯罗奔尼撒部队。修昔底德告诉我们,伯利克里拒绝召开雅典公民大会,也拒绝召开任何非正式会议,因为他担心会议一旦召开,人们就可能"在愤怒之下,而不在理智的影响之下,作出错误的决议来"。④我们或许会疑惑,伯利

---

① 卡根,《伯罗奔尼撒战争的爆发》,第193—202页,特别是第195页和第201页(原书页码)。
② 吉尔伯特,《伯罗奔尼撒战争期间雅典城邦内幕考》,第105—109页。
③ 吉尔伯特,《伯罗奔尼撒战争期间雅典城邦内幕考》,第109页。
④ Thuc. 2.22.1;谢德风译本,第122页。

克里要怎样阻止公民大会召开，(-55,56-)因为"公民大会"(ecclesia)召开例会，并不取决于将军的行动，①同时不管怎么说，伯利克里也只是十将军中的一位而已。有些学者认为，伯利克里是那种"大元帅"(generalissimo)，或者雅典人赋予他战时特权，但我们没有很充分的理由支持这种看法。② 答案的一部分肯定在于，雅典当时处于围歼之中，战略需要使得将军的权限在事实上不同寻常。雅典公民已经武装起来守卫城墙。如果他们被召集去参加公民大会，那么城墙就将无人驻守；如果他们坚守岗位，那么公民大会的代表性又无法保证。不过，修昔底德的暗示很明显，伯利克里不仅仅是没有主动召集会议，他还阻止了会议的召开。即便他和其他将军共同协作，也没有权力这样做，因为公民大会是由"议事会主席团"(prytanies)召集的。③ 我们只能认为，是伯利克里的声望再加上他对其他将军的影响力，两者同时发挥作用，劝服了议事会主席团不要召集会议。用罗马史术语来说，伯利克里达到目的靠的不是特殊的"权力"(imperium)，而是他的"威望"(auctoritas)。④

政治生活暂停，于是伯利克里可以放手坚持自己的战略。他派出骑兵分遣队去阻止伯罗奔尼撒人蹂躏过于靠近城邦的土地，仅仅以此作为对斯巴达人蹂躏亚狄珈的回应。因为雅典人既不应战，又不投降，所以阿奇达慕斯放弃了营地，向东行进，蹂躏帕尔奈斯山和彭特里库斯山(Pentelicus)。从那里出发，部队继续向欧若普司(Oropus)行进，蹂躏鸽籁岐区(district of Graïce)，然后(-56,57-)取道彼欧提亚班师。阿奇达慕斯还没有破坏亚狄珈平原中肥沃的农田，他坚持了自己的计划，

---

① 参见亚里士多德，《雅典政制》；Arist. Ath. Pol. 43.
② 相信伯利克里在将军委员会内有特殊地位的学者名单，参见多佛的精彩论文：《希腊研究期刊》(JHS)，第80卷，1960年，第61页，注释2。认为公民大会在危机时期赋予伯利克里以特权的看法，是由布索特《希腊历史》，第3卷，第2册，第917页)提出来的。多佛对这两种观点都予以了充分讨论。更新的观点是，佛纳瓦《雅典将军委员会》)认为所有将军在法律上是平等的，他的论证具有说服力。
③ Arist. Ath. Pol. 43.3.
④ 这一观点是由喀施戴特(U. Kahrstedt)提出来的：《雅典官吏研究》(Untersuchungen zur Magistratur in Athen)，柏林，1936年，第268页。戈姆采信了他的观点：《修昔底德历史评注》，第2卷，第76页；伊涅特(C. Hignett)也采信了他的观点：《雅典政制史》(A History of the Athenian Constitution)，牛津，1952年，第246—247页。

那就是将其作为担保品,时间越长越好。① 入侵军在亚狄珈待了一个月时间,补给耗尽之后,他们就撤退了。② 斯巴达人没有理由满足于此。他们在战争开始时采取的战略,迄今为止,被证明是有问题的。雅典人几乎毫发无损,甚至开始准备对已经造成的损害进行报复。

伯罗奔尼撒人撤退之后,伯利克里采取若干步骤,加强雅典要塞。他设置了永久卫兵,以防有突袭来自陆地或海上。此外,雅典采取了特别措施,从卫城金库取出 1000 塔伦特,作为特殊储备资金。这笔钱不可用于战争的日常经费,但如果雅典自身遭到敌军舰队的袭击,就可以动用。此外,如果有人提议为其他任何目的使用这笔资金,就将被判死刑。出于同样的目的,雅典人每年抽调 100 艘最佳三列桨战舰用作储备。③ 如何评价这些举措,学者们意见分歧。认为伯利克里战略激进但无效的那些学者,批评这些措施,说它们体现了伯利克里的胆小,不愿用决定一击来寻求胜利。④ 其他学者表扬伯利克里,认为这些措施体现了他的智慧和预见。布索特认为,伯利克里甚至早在这个时期就已经预见到波斯将会干预。⑤ 这种假定似乎有些过了,因为(-57,58-)在雅典舰队还毫发无损的时候,波斯人是没有机会干预的,同时,按照伯利克里的战略,雅典舰队也不可能受损。

无论我们怎样评价他的目标,都必须问这样一个问题:为什么雅典人等到伯罗奔尼撒人撤退以后才颁布这些措施?答案必须从这期间所发生的事件中去寻找。一个可能是,伯利克里害怕伯罗奔尼撒人会在

---

① 布索特(《希腊历史》,第 3 卷,第 2 册,第 930 页)认为,对雅典和帖撒利骑兵的恐惧能够解释阿奇达慕斯的行动。没有什么理由可以说服我们采信这个观点。骑兵与成规模的伯罗奔尼撒部队只有过一次遭遇,但那次,他们被彼欧提亚骑兵和重装步兵方阵联合起来击溃了。参见 Thuc. 2.22.2。

② 布索特(《希腊历史》,第 3 卷,第 2 册,第 931 页)估算,时间大概是 25—30 天。戈姆(《修昔底德历史评注》,第 2 卷,第 79 页)推测是 30—35 天。狄奥多罗斯(Diod. 12.42.7—8)把伯罗奔尼撒部队撤退归因于伯利克里在那时向伯罗奔尼撒半岛派遣了一支舰队。狄奥多罗斯肯定是错的,因为他不止与修昔底德相矛盾,还与常识相矛盾。如果伯利克里派出一支舰队就能把伯罗奔尼撒人赶出亚狄珈,那入侵根本就不会发生。

③ Thuc. 2.24。

④ 蒲夫戈-哈敦,《伯利克里作为将军》,斯图加特,1884 年,第 98 页。

⑤ 布索特,《希腊历史》,第 3 卷,第 2 册,第 932 页。

战争爆发的时候就使用他们的舰队,害怕伯罗奔尼撒人会去攻打优卑亚甚至雅典。如果他们真有这种恐惧的话,那么,一方面雅典人确保了涩罗泥坞(Thronium)、阿塔兰特(Atalante)、埃基纳的安全,另一方面伯罗奔尼撒人又没有采取行动,这样就缓解了这种恐惧,而伯利克里就得以采取他钟意的审慎路线。然而,可能还有另一个原因。敌军的行动使得战争不可能迅速结束;战争将延续下去,雅典人需要节约地使用其资源。

因为克里昂及其他人批评,伯利克里可能因此加倍审慎起来。伯利克里知道随着时间流逝,进攻性远征的需要将与日俱增。这种进攻性远征需要昂贵的大型舰队和士兵部队,同时还会带来风险。伯利克里很有可能是直接针对对他的批评而提议这些措施的。在他仍然能够全面掌控局面的时候,他至少能够保证其防御性战略的一个部分得到执行;而在他的政治权势被削弱的时候,就未必能保证这一点了。

伯罗奔尼撒人还在亚狄珈的时候,雅典人派出一支由100艘舰船组成的舰队,载有1000名重装步兵,400名弓箭手,由喀齐努、普罗夏和苏革剌底指挥。① 一起被派出的还有50艘柯西拉舰船和西部盟友提供的一些舰船。这支可观大军能够轻易在海上打败或击退它可能遭遇到的所有敌军舰队,可以轻易实现登陆并蹂躏敌方领土,甚或夺下并洗劫敌方的小型城邦。这支舰队或许做不了更多事情,但是这支舰队也无意去做更多事情。这次远征的目的就是报复对亚狄珈的蹂躏,并让伯罗奔尼撒人承受这场战争给他们带来的损失——他们所决定要去打的一场战争。雅典部队在伯罗奔尼撒半岛的海岸登陆,或许是在(-58,59-)埃皮道鲁斯和赫尔迈翁地区;② 接着,这支部队在拉戈尼亚(Laconia)的梅所涅(Methone)登陆(参见地图2)。雅典人蹂躏了这片领土,攻打了一些虽有城墙、但防备脆弱的城镇,或许还洗劫了这些城

---

① Thuc. 2. 23. 2—3.
② 修昔底德(Thuc. 2.25.1)仅仅提到ἄλλα τε ἐκάκουν περιπλέοντες,"但他们环航并蹂躏",但是狄奥多罗斯(Diod. 12.43.1)给出了更多细节,提到了阿尔戈里德半岛沿海地区(region of Acte)。狄奥多罗斯此处给出的细节很可能是准确的。参见戈姆,《修昔底德历史评注》,第2卷,第82—83页。

镇。伯拉西达(Brasidas)的积极和勇敢救下了梅所涅。伯拉西达这位斯巴达军官,看到雅典部队部署分散,利用这一点冲入城镇,增援其驻军。斯巴达人公开表彰了他。①

离开梅所涅之后,雅典人驶向埃利斯的斐崖(Pheia)。在斐崖,雅典人继续蹂躏了两天,打败了一支300人的当地部队。接下来的行动提示我们,雅典人当时在梅所涅本来是打算做什么。风暴来袭,但是舰队没有安全港口可以登陆。于是,舰船绕着附近的海岬航行,将一支美塞尼亚分遣队和其他无法回到舰船上的士兵丢在了后面。这些人朝着斐崖行进,夺下了斐崖,但是当雅典舰队一出现,他们就抛弃了斐崖,赶紧登船驶离,"因为这时候,伊利斯(埃利斯)人的主要军队已经跑来抵抗他们了"。② 显然,雅典部队的规模和意图都不能在敌军全力攻打的情况下守住伯罗奔尼撒半岛的一座沿海城邦。我们可以肯定,如果伯拉西达没有来救援梅所涅的话,雅典人或许会洗劫这座城镇,然后驶离。③

雅典无敌舰队进一步蹂躏了伯罗奔尼撒半岛的西岸以后,朝北驶去,经过科林斯海湾的入海口,驶向阿卡纳尼亚。④ 这里不再是伯罗奔尼撒人的领土,但仍然处于科林斯人的利益范围之内,雅典人的举动极为不同,十分惊人。雅典人夺下了娑里坞(Sollium),一座属于科林斯的城邦。雅典人在这场战争余下的时间里,都占据着娑里坞,把她交给亲善的阿卡纳尼亚人占领。崖司塔枯(Astacus)这座城镇那时被僭主游阿库斯(Euarchus)统治。雅典人通过强攻夺下了崖司塔枯,并将之纳入自己的同盟。⑤ 最终,(-59,60为地图2,61为地图3,62-)他们不费一战,就夺下了战略要地塞法伦尼亚岛(Cephallenia)。⑥ 塞法伦尼亚岛之于阿卡纳尼亚、柯西拉和科林斯的琉卡斯岛而言,具有战略价

---

① Thuc. 2.25.1—2.
② Thuc. 2.25.3—5;谢德风译本,第124页。
③ 戈姆,《修昔底德历史评注》,第2卷,第84—85页。
④ 参见地图3。
⑤ 次年冬天,游阿库斯在40艘科林斯舰船和1500名科林斯重装步兵的帮助下,夺回崖司塔枯。他们试图消除雅典此次胜果的其他尝试都失败了。
⑥ Thuc. 2.30.

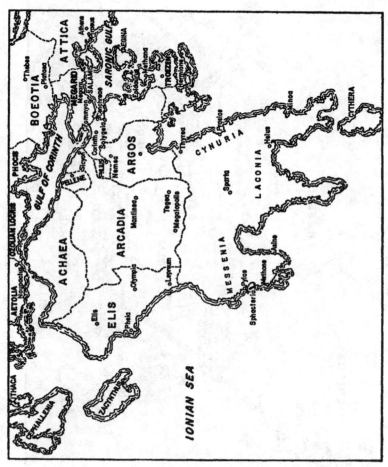

地图2 伯罗奔尼撒半岛

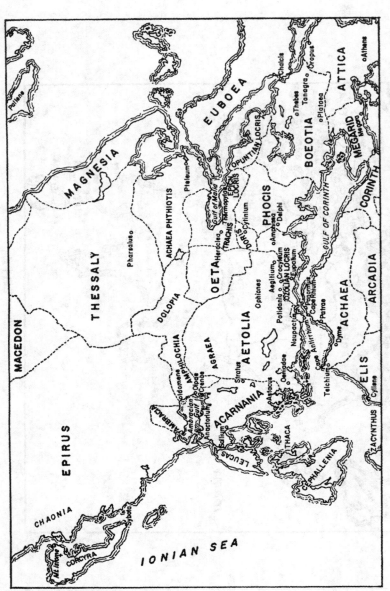

地图3 希腊中部

值。取得这些战果之后,舰队班师,在埃基纳停泊,与雅典主力舰队会师。在那年秋季早些时候,雅典的主力舰队袭击了墨伽拉。这次行动目标有限,控制审慎,他们出色地完成了任务。

这支庞大舰队忙于完成其任务的时候,一支小些的舰队,由30艘舰船组成,在科辽彭普(Cleopompus)的指挥下,被派往洛克里司侵扰该地区的敌军,并保卫优卑亚。雅典人蹂躏了一些领土,在一场战役中打败了一支洛克里司部队,夺下了涩罗泥坞。涩罗泥坞这座城镇坐落在通往优卑亚的战略要地上。① 这年夏季晚些时候,雅典人占据了无人居住的阿塔兰特岛。阿塔兰特岛位于洛克里司离岸。雅典人在此设防并驻军,防止洛克里司沿岸的敌军前来袭击抢劫。② 这两项行动对于保卫优卑亚而言意义重大,而优卑亚现在是雅典的牧场和避难所。

与此同时,雅典人进一步采取措施,提升安全。埃基纳,用伯利克里的话来说,是"比雷埃夫斯港的眼中钉",③此地居民与雅典人素有竞争,积着宿仇。埃基纳人有份挑拨斯巴达人去攻打雅典,现在,雅典人谴责他们对战争爆发负有重大责任。④ 无论这种谴责的真相如何,有一点很清楚:雅典的行动是战略性的,而非司法性的。埃基纳坐落于撒罗尼海湾(Saronic Gulf),从这个位置很方便控制进入比雷埃夫斯港的航道。在埃基纳部署一支伯罗奔尼撒舰队就能干扰雅典人的贸易,威胁比雷埃夫斯港,拴住一支巨大的雅典舰队用于防守。雅典控制此地将有重大意义。雅典人驱逐了埃基纳的所有人口,让自己的殖民者占据该岛。斯巴达人感激埃基纳人(-62,63-)先前的帮助,也十分清楚埃基纳人对雅典的憎恨,将埃基纳人留置在拉戈尼亚与阿尔戈里德(Argolid)边境上的苔黎亚堤(Thyrea)。⑤ 斯巴达人指望,接受留置邀请的

---

① Thuc. 2.26.
② Thuc. 2.32. 参见地图1.
③ 参见亚里士多德,《修辞学》,第3卷,第十章:Arist. *Rhet.* iii. 10, 1411 a 15.
④ 修昔底德(Thuc. 2.27.1)说,雅典人声称οὐχ ἥκιστα τοῦ πολέμου σφίσιν αἰτίους εἶναι,(谴责)"他们对战争负有最大责任"。οὐχ ἥκιστα通常被译为"最",同时雅典人还有可能因为宣传目的,所以夸大了埃基纳人的责任。然而,这里的措辞意思应该是"尤其",我采信"尤其"这种译法。
⑤ Thuc. 2.17.

埃基纳人能够密切监视民主城邦阿尔戈斯,坚决抵抗雅典在该地区的一切登陆行动。然而,这些人自己的家园却被雅典牢牢掌控了。

在战争的第一年,雅典人也成功煽动了一场外交革命,雅典帝国东北要地的安全因此更有保障。在阿布德拉(Abdera),雅典人把先前敌视他们的宁斐多卢(Nymphodorus)争取到自己这一方来了。宁斐多卢是势力强大的色雷斯国王息拓耳奇(Sitalces)的连襟,对后者很有影响力。雅典人使宁斐多卢成了他们的"在邦领事"(*proxenus*),宁斐多卢则上演了奇迹。他来到雅典,带来了息拓耳奇的结盟消息和这位国王的儿子。息拓耳奇的儿子被授予雅典公民权,而这很罕见。雅典在色雷斯地区的主要问题是波提狄亚,波提狄亚正在耗尽雅典的金库,程度超乎预期。宁斐多卢许诺,将令息拓耳奇借给雅典人骑兵和轻装步兵(peltasts),以结束这场战争。好像这还不够,宁斐多卢还使得雅典人与马其顿(Macedon)国王沛耳狄喀(Perdiccas)和解,雅典人乐意地把热城(Therme)交还给沛耳狄喀,作为对其友谊的交换。然后,沛耳狄喀马上加入佛缪的部队,前去攻打波提狄亚的卡尔息狄斯(Chalcidian)盟邦。① 沛耳狄喀先前就被证明是不可靠的盟友,②并且迟些时候他也将继续表现得不可靠,但是雅典人并不挑剔。攻打波提狄亚,雅典人需要帮手;眼下,看起来他们找到了帮手。

431年秋季临近的时候,伯利克里自己率领暂时没有征战任务的雅典全军——大约是10000名重装步兵,3000名外邦居留民重装步兵,还有数目众多的轻装部队——入侵墨迦里德。修昔底德告诉我们,这是有史以来集结人数最多的一支雅典军队,伯利克里带着这支大军蹂躏了墨迦里德。③ 这次入侵很可能是喀里努斯(Charinus)所动议的一则法令的结果。据说,有一名雅典传令官被杀,此举严重亵渎宗教,这则法令要求报复这一行径。据普鲁塔克记载,这则法令说,因为"雅典一方与他们有着不共戴天之仇,所以如有任何墨伽拉人(-63,64-)踏

---

① Thuc. 2.29.
② 卡根,《伯罗奔尼撒战争的爆发》,第276页及以下(原书页码)。
③ Thuc. 2.31.1.

上阿提卡(亚狄珈)的土地,即被处死;雅典的将军每年就职时按照祖传的习惯宣誓,都必须加上每年入侵墨伽拉两次的誓词"。① 雅典人确实每年两次入侵墨迦里德,②直到424年夺下墨伽拉的港口尼赛亚(Nisaea)、因而不再有必要入侵为止。这则法令很可能是真实存在的;如果这则法令真实存在过,那么它应该是431年夏季通过的,而不是在普鲁塔克所记载的那个更早的时间里被通过的。③

若这则法令是真实存在的,那么,这是在雅典人攻打墨伽拉的热情之上又增加了宗教狂热,但是宗教本身并非入侵的动机。雅典人当然想要蹂躏墨伽拉的田地,指望对墨伽拉的贸易禁令以及入侵行动能够令墨伽拉屈服。但是入侵部队的规模表明,雅典人还有别的指望。在伯罗奔尼撒人撤退解散之后,一支小型部队或许就能妥妥当当取得同样的效果。伯利克里清楚意识到,他的防御战略沉重打击了雅典人的士气。强大的敌军蹂躏雅典土地,雅典人却坐视不管,令人沮丧,也使人不安。侵略墨伽拉部队的庞大规模既意在消除雅典人的沮丧,又意在耀武扬威。这次令人满意的征战,再加上雅典舰队对伯罗奔尼撒半岛的劫掠,在东北地区的外交胜利,对埃基纳的占领,这些都巩固了伯利克里在雅典民众中的地位。这一点毋庸置疑。当雅典人为战争第一年的阵亡者举行葬礼的时候,伯利克里被"雅典城市选(为)……他们认为最有智慧和最享盛名的人",发表悼词。④

关于这篇最有名的古代演说,我们毋庸多言,只需重申看起来最明显那一点:(-64,65-)修昔底德所记载的演说辞,与伯利克里真实发表过的演说相比,内容上是接近的,形式上也在一定程度上是接近的。正

---

① Plut. *Per.* 30.3,英译为佩林(B. Perrin)的娄卜译本;中译根据水建馥译本(第492页)增改。
② Thuc. 4.66.1.
③ 康纳(W. R. Connor),《美国古典语文学期刊》(*AJP*),第83卷,1962年,第225—246页。康纳争辩说,这则法令的日期应该被推断为公元前4世纪,但是他的论证被考克韦尔(G. L. Cawkwell)有效地反驳了:《希腊研究评论》(*REG*),第82卷(1969年),第327—335页。考克韦尔和布索特、贝洛赫一样,将这则法令的日期推断为攻打波提狄亚之后。康纳对考克韦尔和其他批评者的回应(《希腊研究评论》,第83卷(1970年),第305—308页)在我看来,没有说服力。
④ Thuc. 2.34.6;谢德风译本,第128页。

如格罗特所指出的:"伯利克里的演说是一篇真实的演说,修昔底德再现它时,当然有所藻饰。"①

我们可以认为,葬礼演说不仅体现了伯利克里的想法,还体现了修昔底德的想法,我们也可以认为,再现这篇演说的原因在于两者想法一致。② 但最起码、最明显的理由是,纳入葬礼演说是(-65,66-)为这场战争写作这部史书的必要部分,因为葬礼演说阐明了伯利克里的一种品质,而这种品质使得他奇特的战略得以施行。正如修昔底德后来说到伯利克里时所指出的那样,一名国务家不仅必须依照对未来的良好判断去正确规划政策路线;他还必须令人信服地把这一政策路线表达出来。③ 伯

---

① 格罗特(Grote),《希腊历史》(A History of Greece),第 6 卷,第 152 页,注释 2。同时参见戈姆(《修昔底德历史评注》,第 2 卷,第 104、126、129—130、136 页),他对这个问题有很好的理解。我们或许会好奇,为什么修昔底德在雅典战败于 404 年之后,决定长篇再现这篇演说,但是我们不应该忽视修昔底德的承诺,他说过会尽可能地接近演说者真实说过的主旨(Thuc. 1.22.1)。任何人,如果想要认为伯利克里的葬礼演说是修昔底德自由创造的话,那么,他也完全可以认为,431 年在雅典根本没有举行公共葬礼,也完全可以认为,斯巴达人在这场战争中从来没有入侵过亚狄狐。把修昔底德史书当作戏剧,诗歌,或演说,因此以对诗人或演说辞作家的批评方式来批评修昔底德,这种错误非常古老,至少从哈利卡纳苏斯的狄奥尼修斯(Dionysius of Halicarnassus)那时就有了。狄奥尼修斯批评修昔底德,说他为了一个微不足道的场合写作了如此之长的一篇演说辞。这种错误延续到现在,无疑将来也还会存在,只要修昔底德仍然被那些习惯于仅仅将其作品视为纯粹的古典文学作品的人在研究。就是因为这样,关于该问题的一位晚近研究者仍然认为:我们必须认为,在演说辞写作时,修昔底德的作用十分重要,他甚至"可能创作整篇演说辞,也可能将不止一篇演说辞压缩为一篇",参见赫尔穆特·弗莱舍(Hellmut Flashar),《伯利克里的葬礼演说》(Der Epitaphios des Perikles),见《海德堡科学院纪要》(Sitzungs-berichte der Heidelberger Akademie der Wissenschaften),海德堡,1969 年,第 6 页。这位学者完全无视修昔底德的如下承诺,也完全不因为这一承诺的存在而感到不安:ὅτι ἐγγύτατα τῆς ξυμπάσης γνώμης τῶν ἀληθῶς λεχθέντων,"尽可能接近演说者真实说过的主旨"。

② 研究这篇演说的绝大部分学者都将之视为修昔底德的创作,这其中又有大部分学者认为,修昔底德的观点与伯利克里非常相近。例如,德·萝蜜莉女史(Mme de Romilly)说,"葬礼演说表达了对伯利克里观点的高度共鸣……这种表达意味着史家与演说家之间的某种合作"(《修昔底德与雅典帝国主义》[Thucydides and the Athenian Imperialism],菲利普·特罗蒂[Philip Trody]英译,牛津,1963 年,第 137 页)。我们可以这样理解这句话的意思:修昔底德试图重现伯利克里说过的话,但是德·萝蜜莉径直说,修昔底德的作用比伯利克里还要重要,说史家为伯利克里的观点"拔高语气,增强分析,而这与伯利克里在民众面前事实上可能达到的高度与强度是非常不同的"(同上)。另一方面,朗格(E. Lange)却认为葬礼演说重现的是伯利克里的观点;这些观点以我们目前所见到的方式被重现,这只能由一位赞同这些观点的史家来重现(《语文学家》(Philologus),第 52 卷,1894 年,第 624 页)。

③ Thuc. 2.60.5: γνῶναί τε τὰ δέοντα καὶ ἑρμηνεῦσαι ταῦτα,"能够说明我所看到的",谢德风译本,第 145 页。

利克里独有的特质——据修昔底德说,这一特质殊为其独有——就是"当他(伯利克里)看见他们(雅典人)过于自信的时候,他会使他们感觉到自己的危险;当他们没有真正的理由而丧失勇气的时候,他会恢复他们的自信心"。① 葬礼演说至少表明,伯利克里是多么希望这个艰巨的任务能够成功:控制雅典人,在这必要时刻坚持这痛苦的战略。

伯利克里的演说产生了持久的影响,但是这演说原本是向其同时代人发言,意在影响同时代人。伯利克里的葬礼演说与一篇标准的雅典葬礼演说并不相似,②正如林肯(Lincoln)的葛底斯堡演说(Gettysburg Address)与爱德华·埃弗里特(Edward Everett)在同一天发表的那篇又长又没劲的演说也不相似。③ 但伯利克里与林肯一样,他们不仅仅是在发表向死者致敬的一篇纯粹纪念演说。相反,他是意图在一场艰难的战争中向生者解释,大家的苦难事出有因,大家的奉献十分必要。

葬礼演说将战争第一年带到了尾声。这篇演说很有力量,十分精彩,势必鼓舞了雅典人,巩固了他们继续战争的决心;在许多人看来,战争确实进行得还不错。在当代批评者中,甚至连敌视伯利克里者如贝洛赫也这样写道:

> 总而言之,(伯利克里)有理由对于第一次征战的结果感到满意。如果说重要的军事胜利并未取得,但是至少,一切严重的灾祸都得以避免。敌军入侵被限制在亚狄珈北部地区;敌军部队没有敢于推进到(-66,67-)城邦的城墙之下,更不敢把雅典丢在侧翼就推进到帕拉里亚(Paralia)。同时更为重要的是,在外来威胁面前,所有内部争端都平息了下来。全体公民比以往任何时候都更加团结在这一个人的周围,这个人现在再次站在了城邦的首脑位置。④

---

① Thuc. 2.65.9;谢德风译本,第150页。
② 标准的雅典葬礼演说,例如吕西阿斯(Lysias)、"德墨司悌尼",伊索克拉底的《泛希腊集会辞》(*Panegyricus*),柏拉图的《美诺科塞努篇》(*Menexenus*),以及海珀雷德(Hypereides)的演说辞。
③ 与葛底斯堡演说之间的恰当比较,是由亨德松作出的:《雅典与斯巴达之间的大战》,第83—84页。
④ 贝洛赫,《希腊历史》,第2版,第2卷,第1册,第307页。

即便学者所持的观点更为折中,他们也不会使用忧郁的色调来描绘雅典在 431/430 年冬季的处境。布索特的陈述更加明智,更有代表性:

> 如果伯利克里为战争第一年算一笔账,他就会发现,一方面,他们对伯罗奔尼撒和拉戈尼亚沿海地区进行了大范围的适度破坏,与埃利斯人和洛克里司人交战时取得胜利,蹂躏了墨伽拉的大部分地区,夺下娑里坞和涩罗泥坞,赢得塞法伦尼亚,夺取埃基纳,在阿塔兰特设防,最后,与沛耳狄喀和息拓耳奇签订和约。另一方面,亚狄珈遭到了相当程度的破坏,部队在梅所涅碰壁,卡尔息狄斯地区暴动不断,围歼波提狄亚所费颇多,为服役中的舰队支付了 300 到 400 塔伦特,雅典海上贸易受损,全体公民日益焦躁。雅典没有遭遇严重失败,也没有获得显著胜利。伯利克里在战争计划中已经预见到这一点,但是从这一年的经验看来,这场战争事实上就其性质而言是摧毁战,战争结束还远未可期。"①

诚然,战争结束远未可期,但是战争第一年支出巨大,而胜利的希望却不如预期。"在一场消耗战中",正如布伦特所说,"造成所有损害的那一方必然最终取胜"。② (-67,68-)雅典遭受了相当的损害。除了坐视庄稼被毁的心理代价之外,他们的葡萄藤和橄榄树被砍伐,房屋被拆毁或被烧毁,雅典人失去了他们所需的粮食。这些粮食可用进口供给替代,但是要多花一些钱。通常被用来维持贸易平衡的

---

① 布索特,《希腊历史》,第 3 卷,第 2 册,第 938—939 页。为了佐证自己的评价,布索特引述了格罗特的结论(《希腊历史》,第 6 卷,第 153 页),格罗特的结论为我们提供了准确理解布索特评论的线索,而布索特的评论原本多少有些模棱两可。格罗特明确指出,即便双方都没有取得决定性成果,即便双方的相对实力并没有变动,但是"朝着诱使伯罗奔尼撒人开战的那些目标,也并没有任何进展"。雅典人没有被迫结束对波提狄亚的围歼,同时"战争第一年的行动令科林斯人及热切煽动战争的其他人希望落空,证明伯利克里和阿奇达慕斯的预期是有道理的"。

② 布伦特,《凤凰学刊》,第 19 卷,1965 年,第 270 页。

出口贸易——橄榄油和葡萄酒出口——也被摧毁。食品进口可能完全由私人资金支付,也可能得到城邦的部分补贴;究竟如何,我们无从得知。无论是哪种情况,雅典公共福利的资源都会有所缩减,雅典坚持下去的能力都会打上折扣。① 相比之下,除了对位于伯罗奔尼撒半岛之外的墨伽拉的袭击以外,雅典人对伯罗奔尼撒人的袭击不痛不痒,虽然使人恼火,但破坏性有限。斯巴达自身毫发无损;她在拉戈尼亚和美塞尼亚的全部领土中,只有梅所涅遭到袭击。科林斯在阿卡纳尼亚失去了一座小城镇,是很恼人,但并不要紧。科林斯无法染指爱琴海地区的贸易,但是她主要的贸易地区是在西方,未受影响。墨伽拉仍然未获允许进入爱琴海地区的港口,她的土地也遭到严重破坏。墨伽拉人无疑遭受了磨难,但即便 10 年过后,这一磨难仍然不足以促使他们寻求和平。

另一方面,对于雅典来说,战争的第一年花费巨大。雅典的胜绩——夺下涩罗泥坞,在阿塔兰特设防,夺下娑里坞,赢得塞法伦尼亚,占领埃基纳——增强了她的防御性姿态。这些胜绩有助于保卫优卑亚,保障对撒罗尼海湾的控制,同时增强与柯西拉和西方的联络。然而,雅典人没有削弱敌人作战的能力和意愿。此外,雅典非常沮丧:卡尔息狄斯叛乱和波提狄亚的昂贵围歼仍然在持续。如果我们计算得没错的话,在战争的第一年,雅典人就已经被迫从神庙金库借款大约 1300 到 1400 塔伦特,而这已经超过了他们所能动用的战争基金的四分之一。② (-68,69-)伯罗奔尼撒人没有气馁的迹象;相反,次年,他们将斗志昂扬地重返亚狄珈,蹂躏他们先前没有触碰的那一大部分土地。没有史料证据表明伯罗奔尼撒同盟内部意见不合;也没有史料证据表明斯巴达鸽派的影响有所提升,而斯巴达鸽派是伯利克里所必须依赖的政治力量。然而,在雅典,分歧已经开始显露。克里昂说伯利克里战略没用的控诉仍是喜剧诗人的题材,但这些控诉只是意见分歧的冰山

---

① 吕西阿斯在《论橄榄树桩》(Lysias 7.6)提到橄榄树被毁,阿里斯托芬(Aristoph. *Acharn.* 221—236)提到粮食和葡萄藤被损坏。参见布伦特,《凤凰学刊》,第 19 卷,1965 年,第 266 页,注释 41,以及第 267 页。

② 参见本书上文,第 38—39 页(原书页码)。

一角；随着磨难继续，意见分歧必然浮出水面。占领埃基纳，攻打墨迦里德，再加上伯利克里的辩才，或许可以暂且安抚反对的声音，但是如果情势不能改善，反对的声音必将喷涌而出。战争第一年结束了，伯利克里及其战略所面临的压力增加了。

第三章 瘟疫及其后果

431年,亚狄珈历的2月或3月,在第七个议事会主席团轮值期间,伯利克里再次被选为将军,同时被选为将军的还有其同党哈格浓,佛缪,薛诺芬,科辽彭普。① 这次选举进一步证明,伯利克里成功地使雅典人平静下来,伯利克里成功劝服他们相信,他的战略是明智的。只要他们坚定不移,运气不赖,就可以更加有力地对伯罗奔尼撒人作战,也就可以更有耐心地经受伯罗奔尼撒人的蹂躏。5月即将到来时,也就是在比前一年入侵行动还早一个月的时候,阿奇达慕斯再次率领三分之二的伯罗奔尼撒重装步兵前去摧毁亚狄珈。②

斯巴达人没有在亚狄珈停留很久。事态已经表明,伯利克里与雅典人无法指望运气一直不错。一场瘟疫爆发了,与此相伴而来的还有430年与429年史无前例的暴行;在(-70,71-)短暂的间断之后,瘟疫再

---

① 格罗特(《希腊历史》,第6卷,第168页)和贝洛赫(《伯利克里以降的亚狄珈政策》,第300—301页),还有其他一些学者,都认为伯利克里这一年没有再次被选为将军,他们指出,按照惯例,选举夏天才举行,而这是在斯巴达入侵亚狄珈之后。格罗特和贝洛赫都没有读到亚里士多德的《雅典政制》(Arist. Ath. Pol. 44.4),亚里士多德的记载告诉我们,选举在第七个议事会主席团轮值期间举行,也就是在冬末春初。参见布索特,《希腊历史》,第3卷,第2册,第939页,注释4。关于日期与儒略历(公历)的对应关系,参见戈姆,《修昔底德历史评注》,第2卷,第183页;梅耶,《古代历史》,第4卷,第39页,注释1。布索特认为选举的时间在一个月之后,他对是年其他日期的推断也都比别人迟一个月。关于将军名单,参见贝洛赫,《希腊历史》,第2版,第2卷,第2册,第263页;以及佛纳瓦:《雅典将军委员会》,第53页。
② Thuc. 1.47.2;戈姆,《修昔底德历史评注》,第2卷,第145页。

次爆发于427年。瘟疫致使4400名重装步兵、300名骑兵、还有难以计数的较低阶层民众丧生,雅典人口损失达三分之一。① 修昔底德自己也患上了这种疾病。修昔底德全面描述了瘟疫的症状,但是学者对于这个疾病的名字,意见分歧。② 然而,在430年5月的时候,瘟疫的破坏性还未展现,瘟疫也还没有对斯巴达人或雅典人的计划产生影响。

这一次,阿奇达慕斯既无畏又无情,没有放过亚狄珈的任何一个部分。他蹂躏了雅典城邦前面的广阔平原,然后移师亚狄珈沿海地区,东边和西边都没有放过。③ 阿奇达慕斯之所以如此大胆,是因为他知道,这一次没有帖撒利骑兵在对付他,也没有雅典骑兵在抵抗他。④ 到了这时,阿奇达慕斯一定明白,再将亚狄珈的土地当作担保毫无意义;雅典人不会向任何胁迫勒索屈服。伯罗奔尼撒部队在亚狄珈停留了40天,这是整个战争期间他们在亚狄珈停留时间最长的一次。他们蹂躏了整个乡村地区,补给耗尽时才离开。⑤

5月临近末尾的时候,斯巴达人还在蹂躏沿海地区,这时,雅典人采取了反制措施。他们派出由100艘雅典三列桨战舰和50艘来自开俄斯和列斯堡的三列桨战舰组成的一支舰队。舰队载有4000名重装步兵;此外,舰队还载有300名骑兵,用以(-71,72-)应付当前情况。伯利克里亲自率领这支部队抵抗伯罗奔尼撒人。⑥ 在人数上,这支部队与415年的西西里远征大军规模相若。⑦ 如此大动干戈,我们不得不

---

① 关于瘟疫,参见 Thuc. 2.47—54 与 3.87。其中,3.87 这个段落给出了死亡人数。人口损失百分比估算是由埃德科给出的:《剑桥古代史》,第5卷,第201页。
② 学者们推测,这个疾病可能是肺炎性鼠疫,斑疹热,天花,麻疹,或斑疹伤寒症。参见本岑,《希腊历史》,第222页,注释1。
③ Thuc. 2.55.
④ 德·桑悌(《伯利克里》,第260页)敏锐察觉到了雅典的财政困难,并指出这次没有帖撒利骑兵,因为雅典人没有钱付给他们军饷。但更有可能的情况是,帖撒利骑兵没有在场是因为雅典人不需要他们。帖撒利骑兵在431年的作用是心理上的,而不是军事上的:阻止伯罗奔尼撒人过于靠近雅典城邦,以防雅典人被激怒而出来战斗。到了430年,雅典无需害怕自己再被激怒而出战,所以也无需骑兵。还有一种可能是,帖撒利人此时陷入了内部分裂,不愿派出骑兵分遣队。参见 Thuc. 4.78。
⑤ Thuc. 2.57.
⑥ Thuc. 2.56.1—3.
⑦ Thuc. 6.31.

问,雅典人目的何在。修昔底德的叙述虽然平铺直叙,不太有用,但仍值得在此原样援引:

> 他们在伯罗奔尼撒的挨彼道鲁斯(埃皮道鲁斯)登陆后,蹂躏了大部分土地,进攻挨彼道鲁斯(埃皮道鲁斯)城。有一个时候,他们似乎就要攻下那个城市了,但是结果,这次进攻没有成功。他们离开挨彼道鲁斯(埃皮道鲁斯),蹂躏托洛湊,哈利依斯(哈烈崖)和赫迈俄尼(赫尔迈翁)——这些都是伯罗奔尼撒沿岸的城市。然后他们继续航行,到达拉哥尼亚(拉戈尼亚)海滨的要塞普拉西依(Prasiae)(浦拉西崖)。他们蹂躏这个地方的土地,攻陷了这个要塞,大肆掠夺。后来他们就回国了;他们发现伯罗奔尼撒人也退军,已经不在亚狄迦(亚狄珈)了。"①

这马上就带来一个问题:为何伯利克里率领如此大军,花费如此之巨,成果却如此贫乏?要劫掠一些海滨领土,洗劫一座像浦拉西崖那样的小城镇,用不着出动如此大军;即便伯利克里真的需要动用这样庞大的一支军队,战果也似乎与其付出不相匹配。现当代学者判定,大军的目标必然是埃皮道鲁斯。埃德科的评论十分典型:"这次行动不是纯粹的洗劫行动,而是夺下埃皮道鲁斯的一次严肃尝试,这样雅典人就在伯罗奔尼撒半岛上弄到了一个据点,或许还可以诱使阿尔戈斯人出手对付他们的宿敌斯巴达人。"②这种观点暗示,雅典人意在夺下埃皮道鲁斯这座城邦并在那里驻军,以防伯罗奔尼撒主力部队从亚狄珈撤退时发动攻击。雅典人派出一支大军前去强攻埃皮道鲁斯城邦,这一任务本身已经不易,同时,雅典人还打算留下一些兵力在当地驻军。

要接受这样一种观点,我们必须仔细考虑其后果,而持有这种观点

---

① Thuc. 2.56.4—6;谢德风译本,第143页。
② 埃德科,《剑桥古代史》,第5卷,第200页。在此,埃德科追随了德尔布吕克那十分有影响力的看法:《伯利克里的战略》,第121页及以下。布索特《希腊历史》,第3卷,第2册,第945页)及密特讷(《保-威古典学百科全书》,第19卷,条目"伯利克里",第785页,注释1)。

的学者并未对后果详加考虑。如果伯利克里意在夺下并控制伯罗奔尼撒半岛的重镇埃皮道鲁斯的话，那他就是放弃了原先的战略，(-72,73-)而在他原先的战略中，在战争期间，他不会继续扩张其帝国，从而为之冒险。① 正如韦斯特莱克所指出的，"即便只是占据很小的一些劫掠行动基地，这种行动与其主要原则——战争期间不应试图征服新的地方——并不严格一致"。② 如果这番话适用于小型军事基地，那么这番话肯定也同样适用于埃皮道鲁斯这样一座城邦。修昔底德没有提到战略发生了这样的改变。此外，在他描述伯利克里的最终颂词中，又一次提及了伯利克里在战争初期概述过的政策，伯利克里在概述其政策时敦促雅典人"保持安静，并且注意它的海军……在战争过程中……不再扩张帝国的领土……不使雅典城市本身发生危险"。③ 以上所有确实不足以完全排除这种可能性：这样大的战略转变确实是有意为之。但我们也有足够的理由拒绝采信这种可能性。

我们也不应该认为，雅典人意在占据埃皮道鲁斯并将之作为袭击伯罗奔尼撒半岛的基地和收容伯罗奔尼撒逃兵的避难所，也就是后来，伯利克里死后，派娄斯和叙铁拉（Cythera）在战争中所发挥的作用。雅典人夺下浦拉西崖又抛弃了她，表明雅典人无此意图。然而，与临近的阿尔戈斯建立更加紧密的关系并劝服她加入这场战争，这种想法很吸引人，这足够令雅典人试图为此夺下埃皮道鲁斯。如果雅典人的真正意图在此，那么，他们选择用来达成这一意图的战略就是最为无效的那种。使用强攻去夺下一座建有城墙的城邦是非常艰难的，而且公元前5世纪少有成功案例。一般来说，围歼成功多半依

---

① Thuc. 1. 144. 1: ἢν ἐθέλητε ἀρχήν τε μὴ ἐπικτᾶσθαι ἅμα πολεμοῦντες καὶ κινδύνους αὐθαιρέτους μὴ προστίθεσθαι:"只要你们在战争进行中，下定决心，不再扩大你们的帝国，只要你们不自动地把自己牵入新的危险中去"，谢德风译本，第103页。
② 韦斯特莱克，《希腊史家与希腊历史论丛》，第90页。韦斯特莱克认为，在战争第一年，雅典夺下娑里坞与崖司塔枯，这两项行动并不违背这一战略原则。他是对的。娑里坞被交给了阿卡纳尼亚人。崖司塔枯与位于洛克里司岸边的涩罗泥坞和洛克里司离岸的阿塔兰特一样，规模很小，本质上没有什么吸引力，只是被当作继续战争的驻地和侵扰敌军的手段，并不是在扩张帝国。
③ Thuc. 2. 65. 7；谢德风译本，第150页，有改动。

靠的是长期围歼后城内出现的叛徒。诚然,雅典袭击的时候,埃皮道鲁斯三分之二的兵力都不在城内,城邦或许只有 700 人守卫。① 但是,伯拉西达(-73,74-)拯救梅所涅、对抗 1000 名雅典士兵的时候,所用兵力不过对方的十分之一,②埃皮道鲁斯的留守部队所面临的敌我人数比,至少强于拯救梅所涅的伯拉西达部队。雅典人夺下埃皮道鲁斯的唯一希望是通过突袭。然而,他们先行蹂躏了埃皮道鲁斯人的领土,也就放弃了突袭的可能;雅典人在梅所涅已经这么干过了,他们在浦拉西崖还将这么干。正如德尔布吕克所指出的:"不是将军你也知道,如果想要突袭,就不能先向房子点一把火作为信号。"③ 如果伯利克里袭击埃皮道鲁斯的目的真的是要夺下并守住她,同时如果这就是登陆的目的,那么我们别无选择,只能批评说伯利克里犯下了战略上的头号大错。④

尽管如此,修昔底德和普鲁塔克还是告诉我们,雅典人差一点就夺

---

① 贝洛赫(《希腊-罗马世界的人口》,第 121—123 页)估算阿尔戈里德半岛沿海地区(Argolic Acte)诸城邦的人口——包括埃皮道鲁斯,托洛溱,哈烈崖,以及赫尔迈翁——为(-73,74-)10000 人。他对该地区重装步兵数目的估算是 3000 人(《克丽娥学刊》[Klio],第 6 卷,1906 年,第 57 页)。到这个时候为止,埃皮道鲁斯是这些城邦中规模最大的,或许提供了其中一半以上的兵力。贝洛赫的估算数字一般偏低,所以我们可以谨慎提高这个数字,半岛沿海地区提供的重装步兵有 4000 人,其中 2100 人来自埃皮道鲁斯。也就是说,这其中有 1400 人随阿奇达慕斯前往亚狄珈,700 人留守城邦。
② Thuc. 2.25.2.
③ 德尔布吕克,《伯利克里的战略》,第 122 页。
④ 敦柯(《古代历史》,第 9 卷,第 451 页)斥责伯利克里犯下这等错误。上面所引述的德尔布吕克陈述虽然是冷嘲,但目的却是反驳敦柯的斥责,为伯利克里作申辩。德尔布吕克不顾一切的辩护很动人,值得在此援引,但并不值得采信:"如果蹂躏其领土确实是攻打这座城邦的前奏的话,那么伯利克里的蹂躏行动与袭击行动之间的联系就与一般状况下的这种联系不一样;这其中必定包含了某种战术诡计,例如埋伏或其他什么诡计。但为什么要如此构想?我们无从得知。我们也无从得知这项行动的失败到底是由于伯利克里、还是其副手出现了失误,由于计算错误、还是由于运气不佳。这也不重要。让我们假定是伯利克里自己出现了失误吧。虽然如此,但我的核心观点不会变:只有勇气过人、积极进取的将军才敢于尝试这样一种行动。以下这种情形很有可能会发生:一队先头兵潜入城邦,然后四处打探——如上一年忒拜人在普拉提阿那样,然后埃皮道鲁斯人在巷战中占了上风,切断他们的去路,全歼他们。我们必须记住,埃皮道鲁斯这个城邦,领土面积超过了墨伽拉。"德尔布吕克的讨论恰好表明,夺下并试图守住这座城邦的行动是多么冒险;德尔布吕克的讨论也恰好强调了——尽管这并非德尔布吕克本意——该行动之于修昔底德所呈现的伯利克里政策,是多么剧烈的一种背离。

下了这座城邦。① 如果(-74, 75-)雅典人成功了，事态将会如何发展？他们必须马上准备好，伯罗奔尼撒大军即将班师，围歼战势在必行。因为雅典人刚刚以一支 4000 人左右的重装步兵部队打败了一支 700 人左右的驻军，那么他们就必须留下一支不少于 1000 人的部队，抵抗一支较先前强大得多的敌军。这些人需要军饷和补给，这将进一步耗尽已经捉襟见肘的雅典金库。

　　修昔底德的沉默表明，伯利克里的意图不可能是夺下并守住埃皮道鲁斯，上述分析捍卫了这一论点。同时，伯利克里也不应该因为战术选择而被批评为军事无能。但我们仍然不知道，这么庞大的远征军，如果它的目的不是夺下如此大的一座城邦，那会是什么。以战争开始头两年雅典人发动的袭击——对梅所涅、埃利斯的斐崖、托洛溱、赫尔迈翁、哈烈崖、浦拉西崖的袭击——作为语境，在这个语境中审视雅典袭击埃皮道鲁斯，应该可以找到答案。每一次袭击行动的第一项任务都是蹂躏那片领土。第一年，在梅所涅和斐崖，雅典人试图进入并洗劫这两座城邦，但是洗劫的企图看起来更像是一时兴起，而非远征目标。梅所涅，我们知道，碰巧驻军不足、防备不够，而这一点雅典人事先是不可能知道的。斐崖，同样地，是被雅典人临时起意夺下的。蹂躏其领土两天之后，雅典人因为遭到风暴而被迫离开他们的锚地。美塞尼亚分遣队和少部分其他兵力无法回到舰船上，于是朝岸上跑去，找地集结。途中，这些人夺下了斐崖，而此前斐崖的大部分兵力几乎全部撤离了城邦，忙于监视着舰船上的雅典主力部队。上述行动都不可能是计划出来的，也不可能被预见到。② 坦白说，雅典部队在 431 年的意图和指令就是，蹂躏敌方土地并尽可能造成损害。430 年远征的目的也大致如此，正如我们从雅典人对托洛溱、赫尔迈翁、哈烈崖、和浦拉西崖的处置方式中看到的那样。对埃皮道鲁斯的攻打是对同一套战略思想的强

---

① Thuc. 2. 56. 4—5：καὶ πρὸς τὴν πόλιν προσβαλόντες ἐς ἐλπίδα μὲν ἦλθον τοῦ ἑλεῖν，"有一个时候，他们似乎就要攻下那个城市了"（谢德风译本，第 143 页）；Plut. Per. 35. 3：πολιορκήσας τε τὴν ἱερὰν Ἐπίδαυρον ἐλπίδα παρασχοῦσαν ὡς ἁλωσομένην，"他把圣城埃皮道罗斯（埃皮道鲁斯）包围，本来大有希望攻下"（水建馥译本，第 497 页）。

② Thuc. 2. 25. 3—5.

化。雅典人在梅所涅惜败,在斐崖进行洗劫,这些行动启发了伯利克里用同样的方法去对付更大、更重要、战略价值更紧要的城邦,如埃皮道鲁斯。(-75,76-)

如果取得胜利,回报亦将不菲。远征军离开亚狄珈的时候,瘟疫还未达到高峰,但是伯利克里清楚,瘟疫令雅典的苦难雪上加霜,战争第一年期间对其战略的批评势将成倍增加。普鲁塔克告诉我们说,伯利克里远征埃皮道鲁斯,是"为了改善这种局面,也为了给敌人制造些麻烦",①这一判断看起来颇为合理。② 洗劫这样一座城邦对雅典士气将有巨大影响,还将对伯利克里在城邦内的政治斗争有所助益。洗劫埃皮道鲁斯也将给邻邦留下深刻印象,从而使得他们不再愿意派兵参加入侵亚狄珈的伯罗奔尼撒部队。在最好的情况下,洗劫埃皮道鲁斯将使得一些伯罗奔尼撒沿岸城邦叛离斯巴达同盟,而这将成为斯巴达积弱的证据,甚至可能将阿尔戈斯卷入这场战争。如果一切顺利,所有这些都是有可能实现的,同时无需承担依靠驻军来占据一座伯罗奔尼撒半岛城邦的一切代价,而伯利克里很可能从不考虑在外驻军。

比起梅所涅和斐崖,这座城邦规模更大,防备更佳,所以进攻这样一座城邦所需要的部队,规模是上一年的四倍。此外,上一年在埃利斯的经验表明,一旦当地人从被突袭的震惊中缓过神来,劫掠部队有可能遭到大军反击。雅典人不能确保在他们登陆以后,一支可观的伯罗奔尼撒大军不会出现。雅典陆军和骑兵部队的规模对于建有城墙的城邦毫无用处,但是在一片开阔战场上则十分有用。雅典部队的规模能够保证雅典人不会遭此灾祸。如果雅典袭击成功,那很好;如果袭击不成功,他们至少洗劫了一座伯罗奔尼撒半岛的沿海城邦,发泄了一番。(-76,77-)

我们可以认为这就是雅典第二次海上远征的目标:这并非新战略的

---

① Plut. *Per.* 35.1;水建馥译本,第 497 页。
② 密特讷(《保-威古典学百科全书》,第 19 卷,条目"伯利克里",第 782—783 页)拒斥这一判断,他只提到了这一判断的前半部分。贝洛赫(《希腊历史》,第 2 版,第 2 卷,第 1 册,第 308 页)当然乐意采信前半部分,因为这一部分诽谤了伯利克里。然而,对伯利克里毫无偏见的德·桑悌也说这次征战"是在海上积极进取,以平息雅典人的怒火"(《伯利克里》,第 261 页)。

开端,而是旧战略的强度被提升到了新的高度。伯利克里被迫将旧战略的实施强度提高到这个新的程度,是因为他原来的战略并不很奏效。斯巴达人,正如我们所见,没有投降的意思。阿奇达慕斯他自己——伯利克里想要让斯巴达人认识到雅典不会屈服,他最大的希望就在于阿奇达慕斯。但是,现在,阿奇达慕斯率领第二支大军入侵亚狄珈,仔仔细细地蹂躏了整片领土。速胜希望渺茫,而与此同时,波提狄亚的顽强又出人意料,正在耗竭雅典的金库。早在瘟疫爆发之前,伯利克里肯定已经意识到,他无法按照原定计划来打这场战争,只得提高赌注。然而,他必须在不放弃防御性战争这一原有战略的前提下,给敌人造成足够的伤害,迫使他们投降。瘟疫的出现使得这一切更加迫在眉睫。

第一年,舰队环绕伯罗奔尼撒半岛航行一整圈,远达希腊西北地区。伯利克里的部队跋涉的范围则没有超过这座巨大半岛的东部沿海浦拉西崖。如此一支大军——再加上自431年以来下海服役的50艘柯西拉舰船——还能做些什么,我们只能猜测。这支部队至少可以对科林斯及其殖民地造成一些伤害。为何这支无敌舰队就这么班师了,战绩如此寥寥?

修昔底德留给我们一条线索——班师的雅典人得到消息,斯巴达人已经离开了亚狄珈。① 斯巴达撤退一旦开始,伯利克里应该马上就得到了消息,因为埃皮道鲁斯及他所到访的其他城镇离雅典只有很短的航行距离。一旦主力部队抵达,雅典人将不得不离开伯罗奔尼撒半岛,因为他们在此登陆将可能遭遇压倒性的敌军;但是他们仍然可以像上一年一样,向西北方向航行。普鲁塔克说,攻打埃皮道鲁斯失败是因为瘟疫。② 这不可能是实情,因为舰队和陆军在埃皮道鲁斯失败以后,仍然能够对敌人造成严重的伤害。

瘟疫在军中爆发的时间确有可能是在(-77,78-)远征期间,远征军确有可能因此匆忙班师。③ 但是,这些士兵和水兵,迟些时候却被派去进行另一项征战任务,所以在此时,瘟疫不可能已经广泛传播,班师的

---

① Thuc. 2.56.6.
② Plut. *Per.* 35.3.
③ 这是德·桑悌的观点:《伯利克里》,第262页。

决定性原因也不是这个。最有可能的结论是,伯利克里中止远征匆忙班师,是因为他得到消息,了解到瘟疫对雅典政治造成的影响。

伯利克里与远征军班师的时间是在 6 月中旬过后不久;雅典发生瘟疫,时间已逾一个月。因为伯利克里的政策,雅典人蜂拥进入城邦,暴露在传染病的危险之中,这病夺去了一部分人的性命,磨灭了所有人的士气。人们惊慌、恐惧,文明最神圣纽带的破碎消亡到了如此一种程度,以至于许多人疏忽了以适当的方式埋葬死者,而葬礼是希腊宗教中最为庄严的仪式。① 磨难难以忍受,民众将这些磨难径直与这场战争联系起来,而正是伯利克里说战争非打不可,力劝他们参战,也正是伯利克里坚持要以目前的战略来打这场战争。在战争的第一年,雅典人忍受了他的战略;那时,他们的土地还只有一部分遭到蹂躏;那时,雅典人的舰队还发动过虽然没有决定性、但亦值得一提的反戈一击。然而,现在,"伯罗奔尼撒人第二次侵入亚狄迦(亚狄珈)之后,雅典人的精神有了一个改变。他们的土地两次遭到蹂躏,他们必须同时跟战争和瘟疫作斗争。现在他们开始谴责伯里克利(伯利克里),说他不应当劝他们作战,认为他们所遭受到的一切不幸都应当由他负责"。② 而伯利克里率领的无敌舰队战绩如此寥寥,雅典人无疑也被这一点激怒了。③

在这样的气氛中,雅典人将自伯罗奔尼撒半岛归来的部队派往卡尔息狄斯,由哈格浓和科辽彭普率领,旨在结束波提狄亚的抵抗,扑灭卡尔息狄斯地区的普遍叛乱。这次征战行动成了一场灾难。尽管雅典人启用了围歼机械,但波提狄亚仍然抵抗住了进攻。更糟糕的是,哈格浓带来的部下感染了原先就在波提狄亚的雅典围歼部队,而这些士兵先前是没有感染瘟疫的。40 天行动无功而返,哈格浓将(-78,79-)残部带离,班师雅典——在原有的 4000 名士兵中,他失去了 1050 人。④ 一些学者质疑,不相信这支部队是由伯利克里作主派出的,贝洛赫将这一决策称为

---

① Thuc. 2.52.
② Thuc. 2.59.1;谢德风译本,第 144 页。
③ 布索特,《希腊历史》,第 3 卷,第 2 册,第 944 页。
④ Thuc. 2.58.

"几乎难以置信的错误"。① 总是热衷于维护伯利克里声誉的德尔布吕克则得出结论说,作主派出这支部队的不是伯利克里,而是他的鸽派政敌,而这些人在远征期间,正与斯巴达人进行和谈。这些人希望在他们所期待的和约达成之际,波提狄亚能够重新被雅典人掌控。② 另一方面,德·桑悌则认为,远征军起航是在鸽派力量上台之前,作主派出这支远征军的则是"谴责伯利克里作战不力的那些人"。③

选择哈格浓来率领这支部队,已经足够说明伯利克里是赞成这次远征的。他的政敌几乎不可能选择几乎可算是伯利克里最亲密同党的哈格浓来指挥这伟大人物不赞成派出的一支远征军。此外,修昔底德提到这支远征军的指挥官哈格浓和提奥朋普时说,他们是"伯里克利(伯利克里)的同僚将军"。④ 这一用法仅见于此,在其他地方,修昔底德从未将将军们称为并未与他们一起参加这次远征的某个人的同僚。修昔底德似乎在强调哈格浓和提奥朋普都是大元帅的同党,或许他们是在他的庇佑下才得以率军出征的。

伯利克里为何要派出这支部队前往波提狄亚,应该没有什么可质疑的,尽管一位学者将这次远征视为"雅典领袖人物明显已经失去理智,不再知道他们在做什么"之证据。⑤ 雅典政治情势凶险。伯利克里及其政策正在遭到来自两个方面的攻击。鸽派力量自从斯巴达入侵以来原本一直沉寂着,这时则迫切希望与敌军达成协议。支持作战更为激进的那些人则可以轻蔑地说,攻打伯罗奔尼撒半岛战果实在乏善可陈。伯利克里需要重大胜利来应对来自这两个方面的挑战,重振雅典的士气。(-79,80-)事件进程表明这场战争会比他所计划和希望的时间要持续得更久。当下的支出水准无法持续,而围歼波提狄亚是预算中的主要支出项目。如果雅典人能够奋力一举、结束围歼,伯利克里就能够指望在国内得到喘息之机,好继续指挥战争。伯利克里完全可能

---

① 贝洛赫,《希腊历史》,第 2 版,第 1 册,第 308 页。
② 德尔布吕克,《伯利克里的战略》,第 130 页。
③ 德·桑悌,《伯利克里》,第 261 页。
④ Thuc. 2.58.1; ξυστράτηγοι ὄντες Περικλέους;谢德风译本,第 143 页。
⑤ 蒲夫戈-哈敦,《伯利克里作为将军》,第 104 页。

意识得到,这是一场赌博;但他别无选择。

哈格浓大约在 8 月初回到雅典。他不在雅典的时候,政敌的怒火烧及伯利克里,多年来,他第一次失去了对雅典政策的控制权。只要斯巴达人还在亚狄珈,雅典人就需要在城墙和要塞部署人员,所以对伯利克里的怨恨局限在私下抱怨,公民大会没有召开过任何正式集会。但是,当斯巴达人撤兵、伯利克里的部队从伯罗奔尼撒半岛班师以后,召开这类会议的障碍就不存在了。他们撤退之后,公民大会肯定召开过一次会议,以投票决定波提狄亚远征的支出安排和指挥官。波提狄亚远征军及将军们出发后,伯利克里的政治支持肯定因此被削弱了,同时肯定也就是在这些人不在雅典的这个时候,对伯利克里的攻击成功了。① 雅典公民大会向斯巴达派出求和使团,伯利克里并不认同这一做法,但他还是将军,他的权力较平时他所拥有的,既没有增多,也没有减少。② (-80,81-)

---

① 这个时期所发生事件的时间顺序无法确定。攻击伯利克里及其政策的史料证据来自修昔底德(Thuc. 2. 59, 65);这点证据根本不完整,也不精确,时序上也很模糊。看起来,没有任何两位学者以同样的顺序和同样的时间点来还原事件的发生过程。我相信我在此处提供的顺序和时间不会与史料证据相矛盾,并且在我看来是最讲得通的。同时,不管怎么说,时序中有两个时间点,在我看来是没有争议的:第一,伯利克里于 431/430 年的冬末春初被选举为 430/429 年将军,虽然贝洛赫与格罗特都不同意这一点(参见中译本第53 页注释①);第二,在议和使团出发前往斯巴达的过程中,以及议和被拒绝之后,伯利克里一直担任将军职务。修昔底德的措辞绝对清晰地说明了第二点(Thuc. 2. 59. 2—3;但是密特讷不同意:《保-威古典学百科全书》,第 19 卷,条目"伯利克里",第 785 页):καὶ πρέσβεις τινὰς πέμψαντες ὡς αὐτοὺς ἄπρακτοι ἐγένοντο. πανταχόθεν τε τῇ γνώμῃ ἄποροι καθεστηκότες ἐνέκειντο τῷ Περικλεῖ. ὁ δὲ ὁρῶν αὐτοὺς πρὸς τὰ παρόντα χαλεπαίνοντας καὶ πάντα ποιοῦντας ἅπερ αὐτὸς ἤλπιζε, ξύλλογον ποιήσας (ἔτι δ' ἐστρατήγει))……"他们渴望和斯巴达讲和,事实上,他们也派遣了大使们到那里去,但是这些大使没有得到任何结果。因此,他们完全失望,他们把他们所有的愤怒情感转移到伯里克利(伯利克里)身上了。伯里克利(伯利克里)很清楚地知道他们在这种形势下对他的恶感;事实上,他知道他们现在的举动正如他事先所预料到的一样。(因为当时他还是将军,)所以他召集……";谢德风译本,第 144 页。

② 修昔底德对这一点的记载极为疏阔模糊,实在恼人,他只说:"事实上,他们也派遣了大使到(斯巴达人)那里去"讲和(Thuc. 2. 59. 2;谢德风译本,第 144 页)。修昔底德没有直接说雅典使节是去求和的(Thuc. 2. 59. 2),但是伯利克里在接下来的演说中清楚说明了(-80,81-)这一点,而修昔底德也明白说明了这一点:οὔτε πρὸς τοὺς Λακεδαιμονίους ἔτι ἔπεμπον ἔς τε τὸν πόλεμον μᾶλλον ὥρμηντο(Thuc. 2. 65),"没有再派使团到斯巴达去了,同时表现对战争的进行增加了力量"(谢德风译本,第 149 页)。狄奥多罗斯也明确提到了使团的目的:μετὰ δὲ ταῦτα πρεσβείας ἀποστείλαντες Λακεδαιμονίοις ἠξίουν καταλύσασθαι τὸν πόλεμον·"在这些事情之后,他们认为有必要向拉栖代梦人派出使节以放弃战争"(Diod. 12. 45. 5)。

没有什么比这更能说明雅典情势之绝望、雅典士气之崩溃了。同时碰巧,也没有什么比这更能清楚说明修昔底德这一说法是错误的:在伯利克里的时代,"虽然雅典在名义上是民主政治,但事实上权力是在(或正在给到)第一个公民手中"。① 伯利克里积极反对任何形式的和约,他肯定也意识到,在雅典看起来无法继续作战因而没有议价实力的时候求和,不啻是疯了,同时这也不符合雅典的真正实力。修昔底德既没有告诉我们雅典人提出了什么要求,也没有告诉我们斯巴达人是如何回应的。我们对这一疏漏困惑不解,因为很多东西都取决于双方分别说了什么。② 雅典鸽派提出的条件,对于普通雅典人来说是合情合理、可以支持的吗?如果是合情合理、可以支持的,那么我们就要质疑伯利克里为什么反对,质疑他为什么没有在早前时候提出议和。雅典鸽派提出的条件,对于普通的斯巴达人来说是合情合理、可以接受的吗?如果是合情合理、可以接受的,那么我们就应该谴责斯巴达人拒绝这些条件,同时或许得把我们对伯利克里继任者更加积极地继续战争的批评收起一些。又或许,如果我们知道雅典提出的条件,我们就会知道这些条件看起来是不合理的。如果是那样,我们就会知道,赞成打仗的人和赞成和平的人之间,分歧并不很大,同时或许我们还应该谴责鸽派,说他们在这样一个倒霉的时刻提出条件议和,实在是愚蠢。我们对谈判的了解对于我们去理解战争后续进程极为重要,但是既然修昔底德在此选择缄默,那我们只能竭尽所能还原谈判图景了。(-81,82-)

雅典人很可能像一般的战败方那样,没有提出和约条件,而是向斯巴达人询问议和条件。希腊人在胜利以后可能非常严酷,他们会逼迫战败者接受这样一些严苛的条件,例如逼迫战败者离开自己的城邦;有时他们甚至处死男人,鬻妇孺为奴隶。我们可以不用考虑这样残酷的

---

① Thuc. 2.65.9;谢德风译本,第 150 页;有改动。
② 哈利卡纳苏斯的狄奥尼修斯(第 843 页)批评修昔底德,说他的叙事过于疏阔;狄奥尼修斯批评得有道理。同时,我们难以理解为何爱德华·梅耶——通常情况下精明又有洞察力的他——会这样解释修昔底德的疏漏:"人们期待修昔底德会让伯利克里在与斯巴达商议时发言——接着,修昔底德本应告诉我们雅典提出了什么条件,斯巴达又要求了什么;但是修昔底德没有记载这些内容,此事并无历史价值;只有这个事实有历史价值:雅典议和了,但是被拒绝了。"(《古代史研究》,第 390 页)

极端条件,因为后来在 27 年的战争结束以后,在他们的敌人完全无助的时候,斯巴达也没有强迫雅典人接受这样的条件。在那样的情况下,斯巴达人提出议和,"条件是雅典人拆除长墙及护卫比雷埃夫斯港的港墙,将舰船全部交出,只保留 12 艘,流亡者可以归国,与斯巴达人同敌共友,在陆地上和海洋上都惟斯巴达人马首是瞻"。① 雅典无能为力,成为斯巴达的卫星城邦,就像斯巴达的其他盟邦一样。这样的议和条件在 404 年是可能的,因为羊河口(Aegospotami)战役已经摧毁了雅典海军,任何抵抗希望都已经化为泡影;但是在 430 年,尽管倍遭磨难,但雅典人的处境仍然安全,甚至可以说是坚不可摧的。雅典海军毫发未损,称霸海洋,雅典金库仍然充裕,收入来源仍旧安全。430 年的时候,最好战的斯巴达人也不可能想到这种议和条件。

或许阿里斯托芬《阿卡奈人》中的一个段落能够给我们一点提示。诗人走上前来,滑稽地谈论了他自己的英勇和他对城邦的贡献。"他这勇敢的声名已经远播到四方。有一天,波斯国王接见斯巴达使节的时候,他首先问他们这两个城邦哪一个在海上称雄,其次就问起这个诗人到底在时常讽刺哪一个城邦;他说谁听取了他的劝诫,谁就会变得聪明强大,会在战争里必胜无疑。也就因此斯巴达人提出了和平建议,要求你们割让埃癸那(埃基纳);他们并不是在乎那个海岛,无非要夺去这个诗人。"② 这里假定诗人与埃基纳有关联,同时喜剧的剧情设定是如果埃基纳岛倒向斯巴达,那么阿里斯托芬也会倒向斯巴达。那么,除非该剧是在斯巴达人提出议和条件之后上演的,除非斯巴达在议和条件中提到过埃基纳,不然这个笑柄就无法使人发笑。因为该剧上演于 426/425 年冬天的小酒神节(the Lenaean festival)(-82,83-),是在斯伐刻帖里亚俘虏斯巴达士兵之前,所以这里提到的议和条件不可能是斯巴达人在那一次提出、雅典人在那一次拒绝的那些议和条件。③ 有些学者想象,这几行喜剧诗指的是斯巴达人在该剧上演前不久刚刚提出的某

---

① Xen. *Hell.* 2.2.20. 卡根,《雅典帝国的覆亡》,第 457 页(中译本)。
② Aristoph. *Acharn.* 646—654;罗念生译本,第 49 页。
③ Thuc. 4.15—22.

些议和条件。因为修昔底德认为没必要提到这些,所以如果不是阿里斯托芬,我们就不知道这些议和条件。① 修昔底德因为这一和平提议没有成功,所以很不重视它,这是有可能的;但是要说修昔底德完全不提某次议和,那几乎是不可能的。阿里斯托芬的措辞并不意味着斯巴达的和平提议是非常晚近的事情。所以,剧作所指的目标最有可能的就是我们所知道的、在此之前的最后一次议和讨论:430 年夏季。②

如果斯巴达人在 430 年的和平提议中提到了埃基纳,那么他们的要求很可能是让埃基纳恢复自治,正如他们在战争爆发前夕的协商中所要求的那样。③ 在 430 年,斯巴达人可能向雅典人提出了在战争爆发之前倒数第二个使团所提出的那些要求:从波提狄亚撒兵,让埃基纳恢复自治,废除墨伽拉法令。因为目前条件有利,所以斯巴达人肯定还加上了在战前最后一次派出的使团所提出的那些条件:让希腊恢复自治,意思是雅典人要放弃雅典帝国。④

为了理解雅典使团及其断然遭拒,有必要按照如下情节还原事实。我们可以推测,有许多雅典人是愿意放弃墨伽拉禁令的;有一些雅典人能够考虑放弃波提狄亚,甚至不顾一切放弃埃基纳;少数雅典人可以想象放弃雅典帝国,而这意味着雅典将沦为二流城邦,从此对敌军的入侵无能为力。斯巴达拒绝雅典议和使团,对于鸽派来说是沉重一击,数年无法恢复元气。鸽派的提议考虑欠周,(-83,84-)只能证明伯利克里的主要观点是正确的:如果不令斯巴达人相信雅典是不会投降的、不会被打败的,那么雅典人就无法获得满意的和约。然而,此刻,大家对这一点看得还不很清楚。鸽派很可能认为,继续谈判将能够带来胜利,与此

---

① 贝洛赫《希腊历史》,第 2 卷,第 2 版,第 1 册,第 323 页)将阿里斯托芬的指涉与 427/426 年斯巴达国王普雷斯托阿纳克斯的回归联系起来。埃德科《剑桥古代史》,第 5 卷,第 226—227 页)采信了贝洛赫的观点,并且加上了另外一重考虑因素:那年,伯罗奔尼撒半岛发生地震,所以他们没能去侵略亚狄珈。布索特《希腊历史》,第 3 卷,第 2 册,第 1079 页)推断,斯巴达在 426 年秋季提出议和,原因是伯罗奔尼撒部队在安斐罗库(Amphilochia)战败。
② 戈姆《修昔底德历史评注》,第 2 卷,第 391 页)认为这是可能的。
③ Thuc. 1.139.
④ Thuc. 1.139;同时参见卡根,《伯罗奔尼撒战争的爆发》,第 321—325 页(原书页码)。

同时,政策辩论仍在继续。寻求和平的主要障碍是伯利克里,他的影响力或许有所削弱,但他的辩才毫发未损。想要通过战斗来光荣结束战争的鼓吹者实在难以对付,寻求立即停战、无论长期代价几何的计划只好暂停,直到伯利克里去职。

斯巴达人的情绪只能从他们的行动中去推断,因为修昔底德没有留下相关记载。斯巴达人拒绝雅典使团,这明白表明阿奇达慕斯所领导的那个派别——赞成审慎政策,赞成在战争爆发前维持和平——仍然没有上台。雅典人不出来应战,也不保卫他们的田地,这并没有让斯巴达人觉得——如伯利克里所希望的那样——他们的战略徒劳无功。相反,这让斯巴达人觉得,雅典人怯懦胆小,如果持续施压,甚或加强施压,他们就会投降。雅典人对伯罗奔尼撒半岛的袭击虽然相当恼人,但没有造成严重损害。在雅典发生的瘟疫只会鼓舞斯巴达人的好战情绪,因为瘟疫削弱了雅典人,不啻是速胜和易胜的许诺。我们完全可以理解,为何斯巴达人提出那些完全不可接受的条件,并以此促成战争。我们应该可以理解他们的行动,但我们不能赞许他们的行动。斯巴达人心胸狭窄,并不明智。瘟疫重创雅典,但是瘟疫并没有摧毁雅典的战斗能力、御敌能力,以及给敌方造成严重伤害的能力——只要他们愿意。然而,瘟疫确实打击了雅典的意志。目前,雅典暂时孱弱分裂,士气消沉;如果斯巴达人一反常态,集结兵力,在同一年夏季第二次入侵亚狄珈,那么雅典人甚至可能被迫接受最严苛的条件。[①] 斯巴达人(-84,85-)却坐失良机,因为他们害怕瘟疫,无法说服盟邦行动起来,也缺乏想象力。如果斯巴达人不愿利用如此良机来结束这场战争,那么他们就应该提出更加慷慨宽宏的议和条件,通过协商结束这场战争。对战争迄至那时为止的进程进行一番合乎情理的考察,能令斯巴达人明白,他们没有什么理由去期待可以获得一场漫长战争的胜利。如果雅典人能够从瘟疫中恢复过来、重振旗鼓,他们就能够再次凭着舰队和城墙,刀枪不入。斯巴达人或许能够在430年劝服雅典人放过墨伽拉,放弃柯西拉,甚至交出埃基纳和波提狄亚。提出这样一些条件,至少有

[①] 这是爱德华·梅耶的观点:《古代历史》,第4卷,第42页。

助于在当时的雅典造成意见分歧。爱德华·梅耶的如下观点应该是正确的:"如果斯巴达人在那个时候拥有一位伯利克里那样的国务家,那么他们就能保障最大的胜利。"爱德华·梅耶的如下观点肯定是正确的:"但是斯巴达人认为,雅典已被降服,只需推他们一把。他们提出了雅典人即便在当前状况下也无法接受的条款,从而自己亲手强迫已经丧气的敌军重整旗鼓,齐心协力,努力作战。"①

然而,雅典还没有决定行动步骤。失败主义者仍然希望通过谈判来寻求和平,而伯利克里继续阻拦他们。因此,伯利克里的政敌集中精力攻击他,最终,伯利克里不得不站出来维护自己和自己的政策。

在其政策事业处于谷底的时候,要为自己和自己的政策作辩护是很困难的;但是这一任务对于伯利克里来说,或许比对于别人来说要容易一些。伯利克里是民主国家里那种罕有的政治领袖,他将真相告诉民众,同时推行备受争议、甚或不被认可的政策路线。他清晰坦率地陈述了情况,带领他们进入一场战争。一个人可以不赞同他的政策,但是没有人可以声称,这些政策没有经过充分的自由讨论,也没有人可以声称,民众的意见没有得到听取。伯利克里陈述了他期待胜利的原因,并没有夸大其词;他考察了敌方的前景,也并不贬抑对手。即便他低估了斯巴达仇恨与决心的来势之凶猛,(-85,86-)然而,在投票决议其政策的时候,民众是可以自主选择赞同还是质疑他这番评估的。在因为误算而遭受苦难的时候,人们总是忘记自己的责任,寻找替罪羊;雅典人正是典型。伯利克里先前足够直率,他的听众们十分愤怒,但是没有理由逃避自身的责任,因为他们无法声称自己信息不全,抑或遭受欺骗。他直白地表明,他们有责任,他也有责任。"如果",他对雅典人说,"你们在采纳我的意见而进行战争的时候,你们曾经考虑到,在这些品质方面,我的成绩比其他的人,哪怕只是略胜一筹的话,那么,现在你们谴责我做错了,无疑地,这是很不合理的"。②

这篇演说辞是对无视斯巴达冥顽不灵、仍然寻求直接和平的所有

---

① 爱德华·梅耶,《古代历史》,第 4 卷,第 42 页。
② 参见附录 B;谢德风译本,第 145 页。

雅典人的驳斥。雅典人遭受的苦难和他们晚近遭到的军事挫败令鸽派的支持者大增,伯利克里的话正是说给这些人听的。伯利克里再次重申,当下这场战争是必要的。选择不外乎两者,要么听从斯巴达人及其盟友的命令,维持和平,要么接受一场不得人心的战争,争取保住行动自由。在这样的情势之下,坚持抵抗的人,比投降的人罪过要少。伯利克里是民众交付了信任的人,他的政策得到了民众的支持。他的看法没有改变过,但是未经预见的意外灾祸瘟疫使得他们对先前的决定感到后悔。这是可以理解的,但是与伯利克里在葬礼演说中描述过其伟大和个性的那个城邦的公民相比,却格格不入。个体不幸必须为城邦安全让路。①

伯利克里先前已经论证过,没有理由担忧这场战争的最终后果。②他们同时还有另外一个理由自信起来:雅典帝国的庞大与权力。帝国的庞大和权力与雅典城邦的伟大与个性不是同一个东西,但前者却对后者大有贡献。那个帝国及她所依赖、所训练的那支海军,使得雅典不仅能控制盟邦,还能控制帝国的整个海域。没有人——甚至包括波斯大王——能够(-86,87-)在海上限制雅典人的行动,唯一的限制在乎雅典人自己的欲望。与此相比,土地沦陷、房屋损毁不算什么,"不过和那些与财富俱来的花园和其他奢侈品是一样的。你们也要知道,如果我们自己努力,保全自由的话,自由会使我们很容易地恢复我们旧日的地位;但如果屈服于他人意志的话,这就意味着我们现在还有的东西也会丧失"。③

这番话与伯利克里先前采取的态度相比,是重大转折。从445年签订《三十年和约》以来,伯利克里的建议一直是克制。他总是向雅典人建议说,要满足于手中已有,不要试图去扩张他们的帝国。在战争期间,他特别强调这一主题,我们没有理由认为,伯利克里改变过他的如下想法:雅典帝国已经够大了;试图扩张帝国——特别是在战争的时

---

① Thuc. 2.61.
② Thuc. 1.140—144; 2.13.
③ Thuc. 2.62;谢德风译本,第147页。

候——就是疯狂。不过,伯利克里在这篇演说辞中的言辞看起来像是在鼓励扩张主义情绪。伯利克里自己这样解释他语气的转变:"在我过去的发言中也从来没有提到过(这个利益)。真的,因为听来几乎是吹牛,所以如果不是我看见你们有这种不合理的沮丧情绪的话,我现在也不会用这个论证。"①伯利克里情愿冒险唤起这种情感,因为当下的威胁来自另一个方向,他所没有预期到的那个方向。早前针对他的攻击来自想要更加积极作战的政治力量。在目前的灾祸中,这部分人的声音平息下来了。上述这番声明势必经过了精心计算,意在抚慰扩张主义者,把这部分雅典人争取到伯利克里阵营中来,一同对抗鸽派的攻击。

伯利克里不仅仅满足于提醒雅典人说,当下他们有何优势、将来他们有何希望。他还想提醒他们,应该对议和及放弃帝国这种政策感到害怕。这种政策不仅会使雅典在斯巴达的更强实力及其盟邦面前沦为二流,还会使雅典人骑虎难下:"你们维持这个帝国如同维持僭政:过去取得这个帝国可能是错误的,但是现在放弃这个帝国一定是危险的",因为"你们管理这个帝国时……引起……仇恨"。② 很明显,鸽派质疑帝国,说应该放弃帝国。帝国的存在阻碍了和约的达成,如果我们推测的斯巴达议和条件大致没错的话。肯定还存在这样一些雅典人——其中一些属于美莱西亚斯之子修昔底德斯(Thucydides son of Melesias)那个古老的派别,(-87,88-)还有其他一些人——,他们敌视帝国主义理念,想要趁此良机,将迄今为止都不受待见的政见公之于众。③

伯利克里说下面这番话时,针对的一定就是这部分人:"虽然也许

---

① Thuc. 2.62.1;谢德风译本,第146页。
② Thuc. 2.63.2;2.63.1;谢德风译本,第148页,有改动。
③ 德·萝蜜莉女史还有其他一些学者认为,这篇演说中提到的反帝国主义情绪可以证明,这篇演说辞写于伯罗奔尼撒战争结束之后,那时"对帝国主义的谴责甚嚣尘上,因为谴责帝国主义很容易,而为帝国主义辩护又很必要"(《修昔底德与雅典帝国主义》,第150页)。诚然,修昔底德在430年的时候没有提到这种反帝国主义情绪,但是他几乎在任何时候对雅典内政都是不置一词的。然而,我们从其他史料证据得知,雅典的政治冲突一直存在;同时,即便没有这些史料证据,我们也应该知道,没有政治冲突才稀奇。我们有充分理由将这些被归诸伯利克里的评论视为对真实存在的政治问题的回应,也就是说,在430年这篇演说发表时,雅典确实存在这些政治问题。

有些在突然恐慌状况中,对政治漠不关心的(apragmosyne)人真的认为放弃这个帝国是一种好的和高尚的事,但是你们已经不可能放弃这个帝国了。……主张放弃帝国,并且劝别人采纳他们的观点的那些人,很快将使国家趋于灭亡;纵或他们自己孤独地生活着,也会使国家趋于灭亡。因为这些对政治冷淡的人(apragmon)也只有在采取行动的人的支持下,才能够生存的。虽然他们在一个被别人控制的城市中,可以安稳地做奴隶;但是他们在一个控制着帝国的城市中,是毫无用处的。"[1]

伯利克里的评论表明,反对派重拾道德辞令作为武器,来攻击帝国政策和这场战争。美莱西亚斯之子修昔底德斯的支持者们在十多年以前曾经控诉说,帝国使用盟邦的资金仅服务于雅典,是靠暴力统治的,因此是不道德的。那一次,伯利克里驳斥了帝国是靠暴力统治的这一论调,但他乐于强调雅典民众从帝国当中获益。[2] 这一次,他(-88,89-)没有反驳将帝国比作僭政这一控诉。相反,他使用这一控诉作为武器,为自己的政策辩护——讲道德的时候已经过去了;现在要讲的是生存问题。因此,伯利克里力促雅典人拒斥"对政治冷淡"之人的建议,不要因为敌人的行动正如他所预料,也不要因为瘟疫的发生带来的苦难未曾预见,而调转头来反对伯利克里及其政策。雅典人必须以配得上他们城邦的方式来行动,必须勇敢地承受不幸,因为他们的城邦"之所以在全世界享受最大的名誉是因为它从来不向困难低头"。[3]

---

[1] Thuc. 2.63.2—3;谢德风译本,第148页。
[2] Plut. *Per.* 11—12;同时参见卡根,《伯罗奔尼撒战争的爆发》,第142—145页(原书页码)。德・萝蜜莉女史(《修昔底德与雅典帝国主义》,第127页)指出"对政治冷淡的人们"(apragmones)一词适用于"敌视帝国的人,他们因为恐惧而更愿意以有德行的方式行动",这是正确的;她还将这些人与从根源上就不赞同帝国主义的那一政治势力联系起来,这也是正确的。戈姆(《修昔底德历史评注》,第2卷,第177页)误读了她的评论,批评她,说她提到的不过是"一小撮极端寡头党"。德・萝蜜莉指的不是这些人,她在自己所校勘编定的修昔底德史书,布岱法译本,第2卷(*La guerre du Péloponnèse*, II, the Budé edition)的一个注释和译文中都清楚说明了这一点(巴黎,1962年)。她的辩驳颇为恰当(第100页),我也赞同她的观点:"伯利克里在此处的论辩,在我们看来,针对的是相当坚决的一群反对者。"
[3] Thuc. 2.64.3;谢德风译本,第148页。

有一些学者认为,接下来这个部分不是伯利克里所说的,而是修昔底德在伯罗奔尼撒战争结束之后才写的,因为作者清楚了解雅典战败的事实。然而,这些话看起来与 430 年的伯利克里并无矛盾:

> 纵或现在我们被迫而屈服的时候到了(因为一切东西生成就要衰坏的);但是,同时,你们也还要记着:在希腊一切国家中,我们所统治的希腊人人数最多;在对抗他们的联合军队和对抗他们各别国家的大战役中,我们是站得很稳的;我们住在一个各方面设备完美和希腊最大的城市中。无疑地,对政治冷淡的人(a pragmon)会轻视这一切;但是那些和我们一样,宁愿采取积极行动来生活的人会努力仿效我们;如果他们没有得到我们所已经得到了的东西的话,他们会嫉妒我们。所有那些以统治别人为自己的责任的人,暂时会引起仇恨和不得人心;但是如果一个人有伟大的目标去追求的话,这个被人嫉妒的负担是应当接受下来;同时,接受这个负担也是聪明的。仇恨是暂时的;但是目前的显耀和将来的光荣会永远保存在人们的记忆中。你们要保卫将来的光荣,不要现在做出不光荣的事情来。因此,现在是你们表现你们的精力,达到这两个目标的时候了。不要派使团到斯巴达去;不要给人一个印象,以为你们在目前的痛苦下低头了!尽可能用开朗的心情,承担起灾难来,并且迅速地反抗它——无论对于城市或个人,这都是真正的力量。①

伯利克里赢得了政策辩论;在这个过程中,斯巴达人的不妥协和严苛条款无疑是在推波助澜。雅典人没有再向斯巴达派遣使团,反而重振旗鼓,投入战斗。② 但是,鸽派没有放弃,他们仍然视伯利克里为成功的主要障碍,决意除掉他,好开启通往和平的道路。鸽派在政治舞台上无法击败他,于是转向法庭。雅典政客常常通过腐败控

---

① Thuc. 2.64.3—6;谢德风译本,第 148—149 页。
② Thuc. 2.65.1。

罪来攻击一个人和他所主张的政策。伯利克里开启其公职生涯的时候，正是通过用这样的方法来攻击客蒙(Cimon)，而埃斐亚提斯(Ephialtes)为自己推行的战神山议会(Areopagus)改革扫清道路的方式，也是用这种方法逐个攻击战神山议员。现在，政敌又故技重施。或许是在9月，在这一届议事会主席团会议召开的时候，伯利克里被废黜公职，接受挪用公款的控罪审判。①

"对政治冷淡"的人不够强大，还发动不了对伯利克里的指控，但时局推波助澜。议和谈判以及伯利克里针对鸽派的再度兴起而发表演说的那次公民大会(-90,91-)大概是在7月。后来，哈格浓及其伤亡惨重的部队从波提狄亚战败而归。雅典人得到消息肯定十分震惊，因为他们不仅没有取胜，而且这支大军伤亡如此惨重、被如此削弱。这一败绩对于修昔底德记载的人心之惶惶，肯定有推波助澜的作用："但是在私人方面，他们还是感觉受到沉重的灾难。人民大众的财产在过去就是很少的，现在连这一点也被剥夺了；富有的阶级丧失了他们美好的地产

---

① 因为修昔底德几乎没有记载，只说雅典人罚了伯利克里一笔钱(Thuc. 2.65.3)，所以我们很难用特别肯定的语气去讨论这次审判。普鲁塔克的记叙(Plut. Per. 35)略完备一些，在我看来基本上也符合实情。即便狄奥多罗斯(Diod. 12.45.4)提供的记载内容比修昔底德更完整，即便狄奥多罗斯提到的罚款金额——80塔伦特——过于高昂，但他所记载的其他部分大致可信。我对于这次审判的历史还原基于上述史料证据，并使用亚里士多德对诉讼程序的技术性描述(Arist. Ath. Pol. 43.4, 61.2)来进行细节填充。在此，我拒绝采信普鲁塔克《伯利克里传》第32节(Plut. Per. 32)作为证据，虽然大多数学者用这个段落来阐明430年的这次审判。这种错误做法的肇始者明显是贝洛赫，《伯利克里以降的亚狄珈政策》，第330页及以下。贝洛赫提出，普鲁塔克在第32节所记载的、发生在战前的针对伯利克里及其朋党的攻击，实际上发生在430年；在战前，没有发生过对伯利克里及其朋党的攻击，当然也没有什么审判。贝洛赫的论证核心是伯利克里在战前那些年中，没有、也不可能被褫夺公职。我同意这一点，但是普鲁塔克从来没有说伯利克里被褫夺了公职。普鲁塔克仅仅是说，德拉孔提德(Dracontides)提出动议，公民大会通过动议，"责成伯里克利(伯利克里)向议事会主席团交代账目"(水建馥译本，第493页)；普鲁塔克同时提到，这一审判将以特殊形式进行。哈格浓修订了法案，以保证作出的判决几乎肯定是无罪判决。普鲁塔克从来没有说伯利克里离开公职位置，也从来没有说过这次审判真的举行过。我已经论证过(《伯罗奔尼撒战争的爆发》，第193—202页[原书页码])，所有这些事情都发生在438年。在我看来，普鲁塔克将那一次的情形与430年的审判分开，是十分正确的；同时，在我看来，普鲁塔克对两次事件的记叙，也都是可信的。关于这一次审判的举行时间，我追随布索特的推理方式(《希腊历史》，第3卷，第2册，第955页，注释2)，但是我会按照先前的做法，将日期推断得比布索特的推断早一个月。柏拉图在《高尔吉亚篇》揭示了这次审判的性质：Pl. Gorgias 516 a。

和乡村中富丽堂皇、设备优良的房屋;而最坏的,是他们生活在战争中,而不是在和平中。"① 或许,针对伯利克里的攻击虽然主要是由那些厌倦战争的人发起的,但同时也得到了那些想要更加积极推进战争的人的支持。克里昂这样的人肯定已经意识到,伯利克里妨碍了他们的计划,甚于鸽派妨碍他们的计划。他们或许认为斯巴达的态度将使和约无法达成,那么只要除掉伯利克里,他们就能大权在握。

反对伯利克里的情绪前所未有地强烈,因为他不仅罪成,而且还被处以一笔沉重的罚款。② 多年来,伯利克里担任公职从未间断。我们完全可以想象在此期间,因为他的威望,同时也因为他清廉的名声,对其账目的例行调查是很敷衍的。在430年,要交出账目给吹毛求疵的政敌,准备任务势必艰巨。普鲁塔克讲述了伯利克里的外甥、受监护人,年轻的阿尔喀比亚德(Alcibiades)的故事。"看到他的舅舅遭此麻烦,他问他忧虑的原因。伯利克里回答说:'我被要求为我对公共资金的使用进行辩护,我得找到个办法去对公民们进行辩解。'阿尔喀比亚德说:(-91,92-)'更好的辩解方式是不去进行这种辩解。'"③ 这则掌故绝非真事,但编得足可乱真。然而,伯利克里在为自己辩护的时候,似乎使用了他习惯的奥林匹亚诸神之做派。当他被问及某笔钱的去向时,他简单回应说是"作为急需之用"。④ 我们只

---

① Thuc. 2. 65. 2;谢德风译本,第149页。
② 普鲁塔克说,他的信源对于罚款金额是多少,意见不一,最少15塔伦特,最多50塔伦特(Plut. Per. 35. 4)。狄奥多罗斯记载的金额是80塔伦特(Diod. 12. 45. 4)。这其中最低的数字看起来是最可信的,但这个金额作为罚款对于个人来说,依然是一笔巨款。普鲁塔克还告诉我们,他的信源对于原告是谁,意见也不统一。伊铎墨纽斯(Idomeneus)说是克里昂,迢弗拉司忒(Theophrastus)说是西美亚斯(Simmias),黑海的赫拉科拉得(Heracleides Ponticus)说是拉卡拉提德(Lacratides)。因为最后这两个名字在历史上籍籍无名,因此不太可能是捏造出来的,所以这两个人可能确实与控诉有关。然而,我们也没有足够理由拒绝采信克里昂的名字。
③ Diod. 12. 38. 3;Plut. Alc. 7. 3.
④ Plut. Per. 23. 1;εἰς τὸ δέον;水建馥译本,第484页。阿里斯托芬在《云》中引用了这话(Aristoph. Clouds 859):"(正如伯里克理斯[伯利克里]所说的),为了那不得已的缘故"(罗念生译本,第65页;译注:希腊文是一样的)。这表明εἰς τὸ δέον这话已经成为伯利克里的名言。古代注疏家是这样解释εἰς τὸ δέον的:"雅典将军伯利克里,当他被要求交代经费支出情况的时候,事实上,他已经把这笔钱给了斯巴达的布政司(harmost)克廉追达(Cleandridas),让他叛国;伯利克里没有清楚说明这一点,只是说这笔钱已'作为急需之用'"。这里所指的应该是据普鲁塔克记载发生在445年的事件:伯利克里通过贿赂克廉追达,确保斯巴达部队从亚狄珈撒退(Plut. Per. 22. 2)。迢弗拉司忒说,伯利克里每年付10塔伦特怀柔斯巴达人,以争取时间备战(Plut. Per. 23. 1)。

能这样解释，这话指的一定是那种必须要秘密进行的支出，或许是为城邦利益贿赂外邦人，正如我们的古代信源所述的，同时也很有可能是为情报、间谍之类的活动所支付的费用。①

很明显，陪审团并不完全认为伯利克里确实有罪，因为针对挪用公款的量刑最高是死刑。② 然而，伯利克里不仅被入罪、被罚款，似乎同时还被剥夺公民权，③而这意味着这项裁定将伯利克里从公共生活中赶了出去。伯利克里，无疑，或许(-92,93-)得到朋党帮助，很快缴清了罚款，但是被剥夺的公民权并没有随之恢复。④ 我们没有理由像一些学者那样，想象伯利克里很快就通过特别选举再度当选将军；更可能符合实情的是，大约从430年9月到429年仲夏，也就是在下一个行政年度开始之前，伯利克里都未曾出任公职，无力直接影响决策。⑤

430年夏末，雅典人困于瘟疫和政治内争，舰队又被耽搁在卡尔息狄

---

① 整个事件令我们回想起1712年政敌们针对马尔博罗公爵（Marlborough）的攻击。马尔博罗公爵像伯利克里一样，作为核心人物推动着当下这场已经变得不受待见的战争继续进行。因为用政治手段无法撼动他，所以他被控诉侵吞公款。其中一项具体控罪是，他挪用了一部分外籍士兵——这些人为英格兰作战——军饷，未用于其应有用途。屈勒味林（Trevelyan）告诉我们，这项控罪轻浮草率："公爵说总司令替情报部门公开收取这一金额用于战争乃是惯例。公爵还表明安妮女王（Queen Anne）特别批准了；而且确实有女王的签字！"（G·M·屈勒味林，《安妮女王治下的英格兰［第3卷］：和约与新教王位继承》[England under Queen Anne vol III: the Peace and the Protestant Succession]，伦敦，1934年，第200页）。我们可以推断，伯利克里的消息与马尔博罗公爵一样灵通，而那笔钱肯定也是用于了城邦，但是他运气不及马尔博罗公爵。他没办法说自己拥有授权，而他的政敌正是利用了他这一局限。
② 参见吕西阿斯，《驳尼各马可》(Lysias 30.25)。
③ 参见安多基德斯，《论密仪》(Andoc. de Myst. 74)。
④ 关于缴清罚款，参见"德墨司悌尼"，《驳阿里斯托戈同第二演说辞》(Second Speech Against Aristogiton): Ps. Dem. 26.6；关于被剥夺公民权的时间长度，参见布索特，《希腊历史》，第3卷，第2册，第955页。
⑤ 认为举行过这样一次特别选举的学者有密特讷（《保-威古典学百科全书》，第19卷，条目"伯利克里"，第787页），他还给出了与此相关的史料证据。整个论证都依赖于修昔底德的如下措辞：ὕστερον δ' αὖθις οὐ πολλῷ, ὅπερ φιλεῖ ὅμιλος ποιεῖν, στρατηγὸν εἵλοντο，"但是不久之后（群众方式总是这样的），他们又选举他作将军"(Thuc. 2.65.4；谢德风译本，第149页)。我们没有理由认为，在这个语境下，"不久之后"的意思一定是几天或几周后，如此之快的意见转变实在是难以想象。审判和430/429冬末重新选举之间所间隔的5个多月时间，就措辞而言，似乎与修昔底德也没什么冲突，就情势而言，则相当相宜。罢黜伯利克里公职、向他罚以如此巨款的雅典人，需要一些事件来平复他们的愤怒，他的政敌要声名扫地，也需要同样长的一段时间。

斯,这时,斯巴达人对扎金索斯发动袭击。扎金索斯岛位于埃利斯海岸之外,是雅典盟邦。这支远征军由100艘三列桨战舰组成,载有由斯巴达海军主将(navarch)克涅莫斯(Cnemus)率领的1000名拉栖代梦重装步兵,规模惊人。① 这一行动表明斯巴达战略发生了转变。想要通过一场战争摧毁雅典权势的鹰派已经大权在握,因为他们拒绝雅典的和平提议,强迫雅典人接受无法接受的条件。但是,这些人最开始怀有的速胜信念已经动摇。两年来,雅典人坐视土地和家园遭到蹂躏,但既不以重装步兵部队出来应战,也不投降。即便受到瘟疫困扰,即便推动战争、负责战略的主要领袖蒙羞、下台,但是,雅典人仍在顽强抵抗。雅典人在第二年发动的海上袭击,尽管受到瘟疫和城邦内政治的同时影响,但仍然比早前那次袭击要更具威胁。斯巴达的沿岸盟邦遭到损害,(-93,94-)有理由对未来心生恐惧。如果斯巴达不能给予这些盟邦以足够的支持,那么就必须面对盟邦叛乱的危险。诚然,整饬伯罗奔尼撒同盟的叛徒,只需斯巴达军队抵达,但是这种远征行动将很昂贵,也很艰难。通过夺取雅典人在西北方所需要的海军基地来压制雅典人在海上作战,要更加有效。如果能够确保伯罗奔尼撒半岛西部从此不受雅典袭击侵扰,那么,伯罗奔尼撒部队就可以专注于在半岛东部更加有效地抵御雅典袭击。攻打扎金索斯岛是这样一个计划的一部分,但是他们失败了。斯巴达人没能夺下扎金索斯城邦,仅仅洗劫了一番土地,然后就起航班师了。②

即便斯巴达人的这番计划取得了成功,他们也只能凭此防卫伯罗奔尼撒半岛不受攻击。如果斯巴达意在赢得决定性胜利,那就需要采取新的进攻战略;而决定性的胜利是斯巴达鹰派一直坚持的目标。现在,斯巴达政策转向了阿奇达慕斯在和平时期提倡过的政策——在对雅典的斗争中寻求财政与海军支持,甚至求助于蛮族,如果有需要的话。③ 于

---

① Thuc. 2.66.
② Thuc. 2.66.2. 同时参见 Thuc. 2.80.1 与布伦特《凤凰学刊》,第19卷,1965年,第272页)。夏季行将结束的时候,安布罗西亚人同样试图利用雅典人顾此失彼的时候攻打安斐罗库的阿尔戈(Amphilochian Argos)。安布罗西亚人攻打阿尔戈城邦,也无功而返(Thuc. 2.68)。
③ Thuc. 1.82.1.

是，扎金索斯远征失败以后，斯巴达人向波斯大王派出使团。这个使团中有3名斯巴达人，其中两人与波斯王国有着独特联系；此外，还有科林斯的亚里斯忒乌(Aristeus)，铁该亚的蒂玛革剌(Timagoras of Tegea)，以及阿尔戈斯的波利斯(Pollis)。因为阿尔戈斯是中立的，所有波利斯和其他人不一样，他是以私人身份随团出访的。① 这个使团的目的是"到亚细亚去……想说服波斯国王供给金钱，参加战争，以帮助斯巴达人"(Thuc. 2.67.1；谢德风译本，第152页)。波斯人不是(-94,95-)斯巴达外交所瞄准的唯一目标。他们途中拜访了色雷斯的息拓耳奇，试图劝服他放弃与雅典人的结盟，加入伯罗奔尼撒人一方。他们指望息拓耳奇将派兵解波提狄亚之围，并在他们前往小亚细亚的路上提供保护。②

　　瘟疫袭击雅典的消息和雅典军队在卡尔息狄斯的消息势必已经传到了息拓耳奇那里。他很可能同时也意识到了伯利克里的遭遇和雅典积弱的情况。伯罗奔尼撒人肯定认为，对于息拓耳奇来说，是时候放弃与雅典的共同事业了，因为它注定要失败。然而，伯罗奔尼撒人的希望落了空。修昔底德告诉我们，两名雅典使节正巧在息拓耳奇那里。雅典人很可能一直有意留人在息拓耳奇的宫廷，以通有无，确保息拓耳奇忠于他们共同的事业。雅典使节劝服息拓耳奇之子萨多库(Sadocus)抓捕伯罗奔尼撒人，然后将他们交给雅典人。伯罗奔尼撒人抵达以后，未经审判就被立即处死。尸体被抛入深坑，没有得到安葬。修昔底德说，雅典人犯下此等暴行，是因为他们恐惧亚里斯忒乌，害怕这个勇敢机智的人逃脱之后会给雅典人带来更大的损害。官方的辩解则是，处死这些人是为了报复斯巴达的暴行。战争爆发以来，斯巴达人处死了所有海上俘虏，雅典的，雅典盟邦的，还有中立城邦的；这已成为斯巴达人的惯例。③ 这两个理由都有影

---

① Thuc. 2.67.1. 这里提到的两名斯巴达人，阿内利斯图(Aneristus)和尼革劳(Nicolaus)，他们的父亲都曾在希波战争期间被派往薛西斯的宫廷。他们是自愿参加使团去赎罪的：斯巴达人谋杀了前来要求土和水的波斯使节。薛西斯慷慨饶恕了他们的性命(Hdt. 7.131—7)。阿尔戈斯在希波战争期间保持中立，其使节当然可望在苏撒得到款待。波利斯或许是亲斯巴达的寡头派，他乐意伸出援手。参见卡根，《古典语文学》，第57卷，1962年，第209—217页。
② Thuc. 2.67.1.
③ Thuc. 2.67.2—4.

响。我们应该也能看到,战争拖延已久,超乎预期;在这样一场战争中,在人们受到恐惧、愤怒、沮丧影响的时候,这类行为屡见不鲜。

出于恐怖和报复的这一行径发生在伯利克里并不掌权的时候,它不可能是鸽派犯下的,因为暴行只会煽动敌对双方之间的仇恨。责任径直指向了希望更加积极推动战争的那些人。他们是最有可能痛恨斯巴达人的,同时,处死伯罗奔尼撒人的这一举动也破坏了鸽派的努力,而鸽派的努力原本就因为斯巴达人的严苛条件要求而受挫。事实上,鹰派正是为了这一意图有意犯下这一暴行的。爱德华·梅耶的观点很正确,他说,在和约谈判破裂之后,(-95,96-)"战争必须继续,无论好歹——领导权落入到激进派手中。接下来几个月的一切证据都表明,鹰派掌控了局势"。①"鹰派"这个头衔仅仅是为了方便速记,并不说明这些人与现当代政治党派有何相似之处。在雅典,政治团体不断变化重组,很多时候是围绕一个人,有的时候是围绕一个议题,间或同时围绕一个人和一个议题而形成。不存在现代意义上的政党纪律,团体持续时间也很有限。然而,在战争期间,议题比和平时期更加清晰可辨,公民对某一政策的偏好和忠诚也比和平时期更加明确和强烈。当然,人们的立场有微妙差别;同时,无疑,随着情势变幻,个体观点也会变化。然而,在阿奇达慕斯战争的整个头几年里,政策观点还是可以被清楚地分为三个类别:(1)渴望与斯巴达立即议和;赞成这种政策的人,我们称之为"鸽派";(2)决意对斯巴达发动侵略战争,决意冒险,决意要打败而非损耗斯巴达;赞成这种政策的人,我们称之为"鹰派";(3)愿意支持伯利克里的政策,避免冒险,努力损耗斯巴达人,在"战前状态"(*status quo ante bellum*)的基础上议和;这些人我们称之为"温和派"。②

---

① 爱德华·梅耶,《古代历史》,第 4 卷,第 46 页。
② 我们不应该认为,这些政治团体与雅典社会中的经济、社会、甚至地理团体有联系,像有些学者所认为的那样。史料证据不足以证明任何此类假想。例如,学者们通常假定城里人赞成战争,而农民反对战争,但阿卡奈人,他们都是农民,根据阿里斯托芬在 425 年的描绘,他们甚至不愿听见任何赞成和约的话。克里昂是城里人,是推动战争的头号人物,但是对于城邦内的"民众"(*demos*),我们却没有什么有用的史料信息。贵族,哪一方面都有他们的人,正像我们常常见到的那样。对政治行为进行社会学分析,无论有多可取,在这里都是不适用的。

430年秋季,温和派蒙羞,鸽派失势,掌控局面的是鹰派。

鹰派很可能是由克里昂等一些人领导的。这些人采取措施积极应对雅典的问题。因为斯巴达攻打扎金索斯岛、安布罗西亚攻打安斐罗库的阿尔戈,他们警觉起来,派出佛缪(-96,97-)率领20艘舰船前往诺帕克都港。显然,该行动部分是为了保卫诺帕克都港,保护其不被突袭。然而,新的政策超越伯利克里计划的部分在于,他们还试图封锁科林斯海湾。① 与此同时,雅典人还采取措施保障财政收入和帝国安全。他们对盟邦贡赋进行了重新核定。尽管记录并不完整,但是我们仍然知道,海勒斯滂地区的核定金额从74塔伦特增加到了98塔伦特。② 该举措看起来能够证明雅典对纳贡城邦普遍施压,因为这一年实收贡赋金额似乎与433/432年完全一样,③但是在那一年,埃基纳和波提狄亚一共缴纳了45塔伦特,而这一年,这两个城邦已经不再纳贡。核定金额增加必定也是墨棻桑德(Melesander)率领6艘三列桨战舰前往卡里亚和吕西亚(Lycia)收取贡赋的部分原因,因为这支部队似乎比往常规模大一些,而修昔底德除了这次之外,也很少提到这类远征行动。④墨棻桑德使团还有一重目的,那就是阻止伯罗奔尼撒舰船在该地区建造海军基地,阻止伯罗奔尼撒人在该地区攻击洗劫从东方来的商船。这个使团的结局很悲惨,墨棻桑德及其部下在吕西亚登陆,朝着内陆行进,在交战中被打败。将军墨棻桑德及部分部队被歼。⑤

430/429年冬季,波提狄亚陷落,这足以弥补墨棻桑德使团的灾祸。伯罗奔尼撒人没能将息拓耳奇争取到自己一方来,波提狄亚的灭亡就已经是注定的结局。两年半的围歼之后,食物耗尽,人性沦丧至人类相食。最终,波提狄亚人向雅典将军薛诺芬、赫休多鲁(Hestiodorus)、法诺玛库(Phanomachus)请求有条件投降。将军们没有理由犹

---

① Thuc. 2. 69. 1. 佛缪的任务是:ὁρμώμενος ἐκ Ναυπάκτου φυλακὴν εἶχε μήτ' ἐκπλεῖν ἐκ Κορίνθου καὶ τοῦ Κρισαίου κόλπου μηδένα μήτ' ἐσπλεῖν,"驻扎在诺帕克都,设立封锁线,以防止任何船舰从科林斯和克利塞湾(the Crisaean Gulf)出进"(谢德风译本,第154页)。
② 《雅典贡赋表》,第3卷,第339页。
③ 《雅典贡赋表》,第3卷,第339页。
④ 《雅典贡赋表》,第3卷,第69—70页,第352页。
⑤ Thuc. 2. 69.

豫;他们的军队暴露在严寒中,疾病肆虐,有些士兵已经离家多年。更加重要的一点是,雅典人已经为这次围歼行动花费了超过 2000 塔伦特,而围歼每持续一天,就要再多花 1 塔伦特。① (-97,98-)基于审慎,雅典人提出了对方可以接受的条件,但这些条件并不过分宽柔:"波提狄亚人和他们的妻子、儿女和雇佣军队离开波提狄亚,男子每人可以携带外衣一件,妇女两件;他们也可以携带一定数量的金钱,以作旅费。"波提狄亚人四散在卡尔息狄斯半岛的各个城镇中,但是去往哪里则可以自由选择。② 尽管这种战后安置方式合情合理,尽管雅典人应该也乐见这种安置方式,但是城邦内的鹰派抱怨说应该迫使波提狄亚无条件投降,我们也并不感到意外。鹰派肯定会指出,现在波提狄亚人和伯罗奔尼撒人的雇佣兵自由了,游荡在卡尔息狄斯半岛的反雅典部队规模将因此扩大。或许他们甚至还会争辩说——就像其他人在其他场合会说的那样——宽大处理就是鼓励叛乱。

这样,鹰派——或许是在克里昂的领导下——对将军们进行了控诉和正式审判。③ 将军们的罪名似乎是在议和中没有咨询雅典贵族议事会与公民大会的意见,逾越了职权范围。④ 这种控罪或许确实空穴来风,因为一般而言,将军们在战场上确实只被授权签订停火协议,而无权缔结和约。但是,波提狄亚人及其雇佣兵已经被允许离开、四散于野;木已成舟,无法挽回。他们未经雅典公民大会同意,便擅自行事。

---

① 关于从围歼开始到那个时候为止的花费,参见 Thuc. 2.70。每天 1 塔伦特这个数字是这样算出来的:假定日薪是 2 德拉克马,同时假定围歼部队至少有 3000 人。
② Thuc. 2.70.3—4;谢德风译本,第 154 页。
③ 如往常一样,对于城邦内政治中所发生的事情,修昔底德极为吝啬笔墨。他仅仅说 Ἀθηναῖοι δὲ τούς τε στρατηγοὺς ἐπῃτιάσαντο ὅτι ἄνευ αὐτῶν ξυνέβησαν,"但是雅典人责备将军们,没有得到本国政府的同意,擅自订立这个协议"(Thuc. 2. 70. 4;谢德风译本,第 154 页)。此处措辞毫无疑问地表明,雅典人对将军们提出了正式控诉。阿里斯托芬在《骑士》中似乎在暗示,克里昂也卷入了此事(Aristoph. *Knights* 438)。参见布索特《希腊历史》,第 3 卷,第 2 册,第 962 页,注释 1)和吉尔伯特《伯罗奔尼撒战争期间雅典城邦内幕考》,第 122—123 页)。
④ 吉尔伯特说,控罪要么是叛国,要么是受贿(《伯罗奔尼撒战争期间雅典城邦内幕考》,第 122 页)。一方面,叛国或受贿都毫无史料证据支持,另一方面,这两种推测完全忽视了修昔底德的明确声明,无论这声明有多简要:ὅτι ἄνευ αὐτῶν ξυνέβησαν,"没有得到本国政府的同意"(Thuc. 2. 70. 4;谢德风译本,第 154 页)

这种控罪或许也含有政治动机，因为这些将军们是在头一年冬季与伯利克里一起当选的，而那时伯利克里的政治影响还如日中天。① 或许他们全部都是伯利克里的支持者；薛诺芬肯定是伯利克里旧党。对这些将军们的攻击就是对伯利克里及其温和派别的攻击，而这种攻击失败了。(-98,99-)漫长而昂贵的波提狄亚围歼结束了，雅典人解脱了；他们不想纠缠诉讼细节。将军们被无罪释放，这应该也证明，敌视伯利克里的公众情绪正在减轻。雅典派出殖民军团，前去接管被丢荒的波提狄亚城邦；从此以后，这里成为雅典在色雷斯地区的重要军事基地。②

　　战争的第二年行将结束的时候，雅典人比第一年战事结束时要羸弱得多了。伯利克里战略取胜的希望之渺茫，前所未有。雅典人在敌人的两次入侵行动中都体现了克制。他们坐视自己的田地和房屋被毁，没有出来应战。既然亚狄珈全境已遭蹂躏，那么斯巴达人就没有理由再认为将来再入侵该地还能造成什么更有效的后果。此外，雅典舰队表明，舰队有能力在自身相对毫发无损的情况下，损伤和侵扰伯罗奔尼撒半岛的沿岸城邦。根据伯利克里的计划，现在应该是斯巴达人意识到雅典不会受到伤害、继续战斗将徒劳无功的时候了。根据伯利克里的计划，现在应该是斯巴达鹰派名誉扫地、向阿奇达慕斯及其通情达理的同僚让步并以可接受的条件议和的时候了。

　　然而，斯巴达人的决心不改，甚于以往。没有陆地战役，他们就转向海洋，威胁雅典在西部海域的制海权，甚至威胁诺帕克都港的安全。这些举措与伯利克里充满信心的预言完全背道而驰。伯利克里曾预言说，伯罗奔尼撒人不堪一击，困于陆地，没有人员去装备任何值得一提的舰队，他们将"无法涉足海上"。③ 前景黯淡。前往波斯的那个斯巴达使团被阻截，但是雅典人无法保证在将来阻截一切斯巴达使团。雅典羸弱，波斯大王完全有可能被斯巴达人劝服。那样的话，基于雅典舰

---

① Thuc. 2.34.6—8.
② Thuc. 2.70.4—5；Diod. 12.46.7；戈姆，《修昔底德历史评注》，第2卷，第204页。
③ Thuc. 1.141.2—5.

船优势和财政优势的一切计算都将毫无意义。斯巴达人受此前景鼓舞,已经表明他们不愿缔结和约,除非按照他们自己提出的条件。

情势即便算不上好,但是只要雅典人能够取得大捷、削弱斯巴达的信心,那就也算不上惨淡。(-99,100-)然而,要取得如此胜利一击,困难却比任何时候都要大。瘟疫仍在重创雅典的人力资源和士气。雅典的财政状况也是一个严重制约因素。战争开始的时候可供支配的5000塔伦特当中(除去紧急储备资金1000塔伦特),大约2700塔伦特已被花掉。战争支出已经超过储备资金的一半。① 昂贵的波提狄亚围歼战已经结束,这次行动对雅典金库的消耗也结束了。然而,斯巴达在海上的行动意味着雅典可能需要花费更多资金,用于装备舰队,保护盟邦。按照前两年的支出水准,雅典人最多还能再战斗两年。甚至连鹰派也肯定意识到,雅典无力在来年进行大规模军事行动,但是无所作为亦很危险。尽管斯巴达的拒不妥协重燃了雅典的斗志,尽管雅典的城邦、舰队、帝国都毫发无损,但是,雅典的未来看起来并不光明。

---

① 《雅典贡赋表》,第 3 卷,第 341—344 页。

第四章　战争第三年：佛缪

429年春初,伯利克里再次当选雅典将军。① 修昔底德是这样解释民意变化的："但是不久之后(群众方式总是这样的),他们又选举他作将军,把他们一切事务都交给他处理。那时候,人民对于自己私人的痛苦感觉得没有过去那么厉害了;以国家公共的需要而论,他们认为伯里克利(伯利克里)是他们所有的人中间最有才能的人。"②这一解释比较能说明修昔底德对雅典民主政体的看法,而不是那么能说明雅典人意见转变的原因。时间流逝无疑使得雅典人逐渐习惯了他们的苦难,也证明把伯利克里当作替罪羊铲除是没有用的。同样,他们无疑怀念他杰出的才能,他的经验和信心,还有他带给他们的安全感。然而,务实的政治考虑或许也可以部分解释意见的转变。前文已经提出,对伯利克里的非难来自政治谱系上两个极端——伯利克里的政敌同时位于这两个极端——在特定时期的结盟。③ 这样一种"不自然的结盟"④断然无法持久。随着斯巴达拒绝谈判的重要性逐渐得到理解,随着战争的持续推进,鸽派的希望逐渐褪色。鸽派曾加入克里昂及其同党一方去打倒伯利克里,但是如果(-101,102-)不能缔结和约,他们宁愿选择

---

① 关于日期,参见布索特,《希腊历史》,第3卷,第2册,第963页,注释2。
② Thuc. 2.65.4;谢德风译本,第149—150页。普鲁塔克(Plut. *Per*. 37.1)的记载与之十分类似。
③ 参见本书上文,第89—91页(原书页码)。
④ 这个说法来自贝洛赫,《希腊历史》,第2版,第2卷,第1册,第312页。

伯利克里的温和战略和策略,而不愿选择伯利克里那些更加激进的政敌所赞成的战略和策略。在429年的选举中,他们肯定把票投给了伯利克里,而没有投给更加危险的人,因为在那个时候,他们自己没有希望当选。

伯利克里再次担任公共职务。往常,他执掌雅典事务和政策时,一直方向稳健,执行有力,但是这一次,这样的情况却没能得以恢复。到了429年仲夏,伯利克里重新出任公职的时候,他沉疴缠身,只剩下几个月的寿命。① 普鲁塔克告诉我们,使伯利克里致死的疾病——或许就是瘟疫——不是突然袭来,而是使其缠绵病榻良久,"慢慢地消耗着他的体力,损害着他的心灵"。② 因此,这一年的事务没有体现出伯利克里的影响,对此,我们无需感到意外。古代作家没有清晰洞察政治形势,但是我们可以推测,除了瘟疫的影响之外,雅典还出现了政治领导权真空,政策动荡随之而来。429年,没有任何一名领袖、也没有任何一个派别能够完全掌控雅典;在不同的情势下,是不同的团体在掌控局面。多年来,雅典人第一次真正经历了民主政体在战争时期管理国家事务的不便之处。

大约在5月中旬,伯罗奔尼撒人发动了他们一年一度的作战行动。然而,这次,他们朝着普拉提阿行进。③ 伯罗奔尼撒人不再入侵亚狄珈,理由充分。他们前一年入侵亚狄珈时,蹂躏已经很彻底,不剩什么可供蹂躏的了。更重要的是,瘟疫仍然肆虐亚狄珈,入侵军将冒着感染疾病的风险。斯巴达的这次陆上征战却是有问题的。普拉提阿是战略要地,但是没有证据表明雅典占据普拉提阿影响了(-102,103-)彼欧提亚与伯罗奔尼撒半岛之间的通讯,也没有理由担心通讯会在将来被中断。

---

① 将军履职始于执政官年度的开始,是在仲夏。参见伊涅特,《雅典政制史》,第347页及以下。根据梅里特(Meritt)的研究(《美国哲学学会会刊》[*Proceedings of the American Philosophical Society*],第115卷,1971年,第114页),429年执政官年度于7月14日开始。伯利克里死于这场战争开始后的两年又6个月之后(Thuc. 2. 65. 6),如果完全按照字面意思来理解,那么伯利克里应该死于9月初。即便模糊理解这一字面意思,伯利克里应该也没有活到10月以后很久。所以,他这次担任将军的时间不可能达到3个月。

② Plut. *Per.* 38. 1;水建馥译本,第499—500页。

③ Thuc. 2. 71. 1.

普拉提阿最多算个麻烦,但不值得伯罗奔尼撒部队在此浪费整个征战季。我们完全可以相信,夺下普拉提阿的决策来自忒拜,是忒拜迫切想要利用当前情势,达成自己的目的。斯巴达人接受了忒拜的提议,是因为他们看到了普拉提阿的战略价值,也因为瘟疫妨碍了他们进行惯常征战,但是无疑也是因为斯巴达人需要怀柔忒拜人。在斯巴达同盟当中,领袖城邦不能迫使其他城邦言听计从。像忒拜这样的一个城邦大体是独立的,斯巴达人不能指望他们会听从斯巴达的命令,也不能指望他们会执行斯巴达的政策,除非忒拜人自己愿意听从或执行。① 攻击普拉提阿或许就是斯巴达为了赢得忒拜的持续支持所要付出的代价。②

攻打普拉提阿对于据说是要"解放希腊"的斯巴达人而言,极不光彩。普拉提阿是个无害小城,没有伤害过斯巴达,忒拜虎视眈眈,但她多年来仍保持自由。除此之外,斯巴达人自己还曾经许诺要保卫普拉提阿的独立:就在479年普拉提阿战役之后,斯巴达国王泡萨尼阿斯(Pausanias)令参战的全部希腊人发誓。泡萨尼阿斯把"土地和城市"交还给普拉提阿人,"让他们作为一个独立国家而存在着",同时,泡萨尼阿斯要求希腊人发誓保证"永远不许他们无故受人攻击,不许他们受外人的统治;如果(任何人这样对待普拉提阿的话),他号召当时在场的同盟者,按他们的力量来援助(他们)"。③ 普拉提阿人与率部逼近、准备洗劫其领土的阿奇达慕斯对峙时,理所当然提到了这则誓言。

阿奇达慕斯的回应——如果他的措辞与他实际说过的话很接近的话——表明,斯巴达人对诡辩术并不陌生。阿奇达慕斯要普拉提阿人行使(-103,104-)泡萨尼阿斯赋予他们的自由,加入到对雅典的战争中来,因为是雅典奴役了希腊人。普拉提阿人只有通过这种方式才能遵守自己的誓言。若非如此,他们就应该保持中立。④ 479年的誓言中

---

① 参见卡根,《伯罗奔尼撒战争的爆发》,第9—30页(原书页码)。
② 绝大部分学者忽视了攻打普拉提阿这一征战行动,或者像布索特(《希腊历史》,第2版,第3卷,第964页)和埃德科(《剑桥古代史》,第5卷,第211页)那样,只提到战略考虑,而我认为战略考量不是全部。目前,就我所知,只有敦柯(《古代历史》,第9卷,第472—473页)指出攻打普拉提阿是忒拜的主意。
③ Thuc. 2.71.2;谢德风译本,第155页,有改动。
④ Thuc. 2.72.1.

当然没有任何要求普拉提阿人放弃与雅典结盟的内容,因为那个时候他们与雅典并没有结盟。只要普拉提阿人没有对斯巴达及其盟邦采取进攻行动,伯罗奔尼撒人就没有借口攻打她。未受挑衅而发动进攻,要求对方保持中立就不再可能;普拉提阿人很难"允许双方军队(作为友军)进入你们的城市"。① 普拉提阿人指出他们不仅面临忒拜进攻的危险,还面临着雅典的威胁:手握普拉提阿城妇孺的雅典人不会接受这种安排。无论是两种情况中的哪一种,普拉提阿都会失去自由。阿奇达慕斯立即以宽柔条件回应:普拉提阿人可以在战争期间离开他们的城邦;斯巴达人会替他们保管土地和财产,付给租费,并在战争结束之后完璧归赵。② 这一提议与其他提议一样,不过是装腔作势。城邦一旦落入伯罗奔尼撒人之手,忒拜人就不会再允许将其交还原主。修昔底德在别处曾经清楚说明了斯巴达人的动机:"斯巴达人对待普拉提亚(普拉提阿)人这样残酷,主要地或完全地是为了底比斯(忒拜)人的缘故;他们认为在这个战争(刚刚开始的)阶段中,底比斯(忒拜)人对于他们是有用的。"③

然而,普拉提阿人没有径直拒绝这项提议,而是要求停火,然后去寻求雅典人的同意。普拉提阿的困境是小型希腊城邦在大国夹缝中感到无助的一个例解。普通人如此珍视的独立,在一个由强大同盟构成的世界中,却如梦幻泡影。他们只能寄望于霸权城邦的保护和善意。这一次,普拉提阿人应该期待过,雅典人可能会允许他们与斯巴达人共同达成某种处置方案,因为伯利克里战略无法拯救他们的城邦。任何围歼企图都会导致大规模重装步兵战役,而伯利克里决意避免这种战役。然而,雅典人要求普拉提阿人遵守誓言,忠于同盟,(-104,105-)并许诺说,正如雅典人在过去从未遗弃过普拉提阿人那样,"现在他们也不会遗弃你们,使你们受到侵略者的损害。他们一定要尽力帮助你们"。④ 我们可以肯定,如果伯利克里还控制着局面,雅典人就不会给

---

① Thuc. 2.72.2;谢德风译本,第156页,有改动。
② Thuc. 2.72.3。
③ Thuc. 3.68.4;谢德风译本,第230页,有改动。
④ Thuc. 2.73.3;谢德风译本,第157页。

出这样的回应。该回应反映了鹰派的短暂得势：雅典人情感上忠于曾在马拉松(Marathon)向他们伸出援手的这个小城邦，愤怒于斯巴达人的诡辩和伪善，鹰派利用这两种情绪短暂得势。这番承诺是真心的，但雅典人无力兑现。

现在，普拉提阿人别无选择，只能拒绝斯巴达人的提议。无疑，阿奇达慕斯已经预见到回应会是这样。现在，他可以自由宣布——还请求神祇与英雄作证——是普拉提阿人而非斯巴达人有错在先，因为是普拉提阿人拒绝了所有合理的提议。这样，斯巴达人的行动就没有违反誓言，因此也没有违反宗教和法律。① 当然，斯巴达人十分虔敬，在进行一项他们害怕有渎神可能的行动时，他们确实关心神祇是否同意。但同时，阿奇达慕斯的这番宣告亦是在向全希腊的公众意见辩解。他试图用保卫希腊自由这一理由，为这直白的侵略行动和侵犯自治法则的举动辩解。

准备既毕，斯巴达人使用独有的围歼战法——而非漫长且昂贵的饥馑战术——发动了夺城尝试。② 然而，斯巴达人的所有尝试都失败了。9月，斯巴达人撤退，留下一部分军队建造一道城墙，并守卫之。一支小型驻军驻守在城邦之内，由400名普拉提阿人和80名雅典人组成，还有110名厨役妇女。③ 普拉提阿城镇战略位置如此良好，小小一支驻军当关，整支伯罗奔尼撒大军都不能攻下。④ (-105,106-)

5月行将结束，就在斯巴达攻打普拉提阿之后不久，雅典人对卡尔息狄斯发动了攻势。波提狄亚的陷落没有终止该地区对雅典人的叛乱；波提狄亚守军四散于野，事实上增加了战场上的叛军人数。起义令雅典失去急迫需要的财政收入，还可能鼓励盟邦效仿。鹰派和温和派肯定都支持薛诺芬和其他两名将军率领远征军作战，这支部队由2000

---

① Thuc. 2.74.3
② Thuc. 2.75—77；对于斯巴达人所使用的新型机械和普拉提阿人的巧妙反应，修昔底德委实着迷。关于一种可能的解释方法，参见 G·B·古伦第，《希腊研究期刊》，第18卷，1898年，第218—231页。
③ Thuc. 2.78.
④ 关于该地及修昔底德叙述的一个讨论，参见古伦第，《普拉提阿战役地形学》，第53—72页。

名重装步兵和 200 名骑兵构成。考虑到雅典资金已经很紧张,这次行动算是大手笔,但是他们也有理由相信,行动要不了太久就能成功。攻击目标是波堤喀(Bottice)地区的斯巴陀庐(Spartolus),方法是联络城邦内的叛党。修昔底德没有这么说,但是这些叛党一定属于民主派别,因为整个战争期间的模式都是如此。爱国情绪有时能够胜过党派利益,但是一旦对党派的忠诚胜过对独立的热爱,民主党人就会背叛城邦、倒向雅典,寡头党人就会背叛城邦、倒向斯巴达。雅典人像往常那样,砍下成熟的庄稼,然后开始作战,但是他们的速胜希望被挫败了。反对党得知有人即将叛变,便向奥林索斯(Olynthus)求援。奥林索斯人派出士兵作为驻军,挫败了叛变。他们发动战役打败了雅典人,因为他们在骑兵和轻装步兵方面胜过雅典部队。这些是雅典人不擅长的兵种,因为在通常的重装步兵战役中,雅典人很少使用这些兵种。在这场战争期间,重装步兵部队因为不适应条件而被打败,这不是最后一次。

　　雅典在该地区的两个盟友,马其顿的沛耳狄喀和色雷斯的息拓耳奇,都没有出手相助。沛耳狄喀固然是最不可靠的盟友,他没有派出援军,我们丝毫不感意外。然而,息拓耳奇,他在伯罗奔尼撒使团事件中表现得那么好,他也没有来,这一定令雅典人感到失望。这些同盟都是权宜之盟,息拓耳奇应该也不愿坐视雅典在色雷斯沿岸重新夺权。雅典战败,代价巨大。所有将军阵亡,另有 430 人阵亡,雅典从此再也不往东北方向采取主动。① (-106,107-)

　　雅典人在斯巴陀庐战败,敌人愈加果敢;然而,挑战雅典对西部控制权的计划更是蓄势待发。色雷斯地区上述事态发生后不久,开俄尼亚人(Chaonia)和安布罗西亚人向斯巴达人提议,组织一支舰队和来自盟邦的 1000 名重装步兵组成的部队,去攻打阿卡纳尼亚。开俄尼亚人和安布罗西亚人的动机是自利的——他们想要在这一地区消除雅典人的影响,然后自己控制这一地区。② 但是,他们将这一想法呈现给斯巴

---

① Thuc. 2.79.
② Thuc. 2.80.1: βουλόμενοι ... καταστρέψασθαι καὶ Ἀθηναίων ἀποστῆσαι, "想要征服……和使之脱离雅典人"。

达人的时候,却包装成阻止雅典侵扰伯罗奔尼撒半岛的大战略的一部分:阿卡纳尼亚唾手可得,接着是扎金索斯和塞法伦尼亚,甚至可以垂涎诺帕克都港。① 斯巴达人常常因盟友而采取危险行动,此处又是一例。这一次,呼吁很有说服力,前景看起来不错。

上一次对扎金索斯的失败攻击,②已经预示了他们会采取这一新战略。这一新战略还未经充分试炼,现在正是时候试炼一番。雅典人仍然缺乏有效领导,他们被瘟疫和最近的败绩削弱。在西部海域,他们仅有 20 艘舰船;因为瘟疫和资金短缺,还能有多少增援也是个问题。安布罗西亚人和开俄尼亚人的邀请保证了斯巴达人在此地能拥有狂热且熟悉当地情况的盟友。这场战争爆发之前,科林斯人嘲笑过阿奇达慕斯对雅典海军优势那令人沮丧的刻画。他们说伯罗奔尼撒人能够组织起来的舰队比雅典舰队更强大,因为这支舰队配备的人员是伯罗奔尼撒城邦的公民,而不是雇佣兵。"如果他们一旦在海上打了一个败仗,他们的一切很可能都完蛋了。"③现在,是时候试炼这个理论了。

科林斯人积极支持他们在安布罗西亚的殖民者的提议,对此,我们并不感到意外。这主意甚至可能原本就是科林斯人想出来的;不管怎么说,科林斯人都有充分理由赞成这个提议。雅典在西方的存在,首先威胁的就是科林斯。如果这一计划能够成功,科林斯将能借此扩大影响,保卫殖民地,得到通往希腊西北地区和西西里的陆上和海上通道。斯巴达再一次让海军主将克涅莫斯负责这次行动。克涅莫斯躲过佛缪舰队的视线,驶向琉卡斯(Leucas),(-107,108-)与琉卡斯人、安布罗西亚人和安纳沱里坞人的军队会师。他们还得到了素与科林斯亲善的埃披庐(Epirus)蛮族部队的增援,数目可观。④ 科林斯与西叙昂狂热地

---

① Thuc. 2.80.1.
② 参见本书上文,第93—94页(原书页码)。
③ Thuc. 1.121.4;谢德风译本,第83页。
④ Thuc. 2.80;关于埃披庐人与科林斯的友好关系,波芒特(R.L. Beaumont)提供了史料证据:《希腊研究期刊》,第72卷,1952年,第64页以下。波芒特认为,科林斯对阿卡纳尼亚感兴趣,是因为阿卡纳尼亚位于通往北方阿波罗尼亚(Apollonia)的陆地通道上。关于阿卡纳尼亚、安布罗西亚、安斐罗库的阿尔戈之地理情况的讨论,参见 N·G·L·哈蒙德,《雅典不列颠学校辑刊》,第32卷,1936—1937年,第128页以下。

预备着他们的舰队,但是克涅莫斯及其千人重装步兵团起航的时候,他们还没有准备好。佛缪诡计多端,他或许是有意让克涅莫斯从眼前溜过去,这样,在接下来的战斗中,他就只需要面对伯罗奔尼撒部队的一部分。如果佛缪阻止了克涅莫斯的话,他或许就得去对付科林斯和西叙昂的增援部队,而最终,当他决定与增援舰队作战的时候,斯巴达人却在阿卡纳尼亚作战。

克涅莫斯没有等待还在科林斯的增援部队,径直行进通过了安斐罗库的阿尔戈,途中洗劫了一座村庄。如果克涅莫斯稍微等待一阵,他或许能够得到沛耳狄喀变节后派来的1000名马其顿士兵的增援。沛耳狄喀显然已经因为雅典人的斯巴陀庐败绩而转换阵营。然而,克涅莫斯却在没有增援的情况下,径直攻打了阿卡纳尼亚地区最大的城邦斯特垃涂(Stratus),因为他认为斯特垃涂是这次行动的关键。① 阿卡纳尼亚人很聪明,他们没有在实力悬殊的战役中与斯巴达人为敌。相反,阿卡纳尼亚人利用对地形的熟悉、投石技巧,以及蛮族部队的薄弱纪律,击溃了进攻者。克涅莫斯被迫停火,收回阵亡部下的尸体,把战场丢给敌军,回到了伯罗奔尼撒半岛。②

当克涅莫斯抵达斯特垃涂的时候,阿卡纳尼亚人已经向诺帕克都港传信,要求佛缪前来救援,但是只要科林斯人和西叙昂人的舰队还在海湾,佛缪就分身乏术,无法离开海军基地。③ 佛缪只能尽量防止援军穿行抵达,但是这也并不容易。佛缪的20艘舰船,需要对抗敌军的47艘。伯罗奔尼撒人从来没有想象过,雅典人会以数目劣势如此明显的一支舰队前来挑战,但是这样想就是无视了(-108,109-)雅典水兵和将军的勇敢和自信。此外,伯罗奔尼撒人还有一重缺点。他们的舰船是用来将部队运抵阿卡纳尼亚的运兵船,所以他们那本来就比雅典人慢的船只,就更加不适合那个时代的海战了,而雅典人是如此擅长他们那个时代的海战。④ 舰载重装步兵人数如此庞大,如果是打一场老式海

---

① Thuc. 2.80.7—8.
② Thuc. 2.81—82.
③ Thuc. 2.81.1.
④ Thuc. 2.83.1—3;戈姆,《修昔底德历史评注》,第2卷,第217页。

战——例如科林斯人和柯西拉人在墟波塔打的那场战役——,那么伯罗奔尼撒人就会拥有优势。在墟波塔战役中,双方的甲板上都有许多重装步兵、弓箭手、标枪手。舰船靠近然后静止不动,这时双方士兵一决雌雄。他们并没有使用雅典人采取的诸多精妙海战战术,"用勇气和单纯的气力,(而非用科学方法在战斗)"。那场战役更像一场陆战。①当然,佛缪不会允许使用这样的战术,其舰船的速度和机动性能够部分抵消敌军的数目优势。

就在克涅莫斯向斯特垃涂行进的那天,增援他的部队驶入了科林斯湾。佛缪允许敌军舰队沿着伯罗奔尼撒半岛沿岸航行了一些距离,没有干涉。他想要等到敌军离开黎坞(Rhion)与对黎坞岬(Antirrhion)之间的狭窄海峡,因为他的战术需要一片开阔海域(参见地图3)。最后,当伯罗奔尼撒人试图航行穿过从帕隁崖(Patrae)前往大陆的那片开阔海域的时候,雅典人前来挑战了。显然,伯罗奔尼撒舰队是在晚上抛锚停泊在此,然后试图趁夜色溜走,但是佛缪在海峡中央阻截了他们,迫使伯罗奔尼撒人在开阔水域上应战。伯罗奔尼撒人摆出防御阵型,这个阵型非常类似479年斯巴达海军将领游里比亚德(Eurybiades)在月神岬(Artemisium)应对波斯人时摆出的阵型;②他们摆出很大一个圈,船首俱朝外。舰船相互靠得足够紧密,以防雅典人冲破阵线;速度最快的5艘舰船被安排在中央,一旦雅典人从任何方向上冲破阵线,这些舰船就可以及时救援。(-109,110-)在当前条件下,这个计划是不错的;如果技巧、自信和运气都不坏,这个计划或许行得通。

佛缪回应这一战略的方法是,将舰船排成一列,驶向船首朝外的敌军舰队圈。这可以很危险,因为雅典舰船脆弱的两侧就暴露在敌军舰船的金属撞角之下。伯罗奔尼撒人如果发动迅猛攻击,或许就能撞击到雅典舰船,让它们还来不及转向就被撞沉。然而,佛缪派出

---

① Thuc. 1.49;谢德风译本,第37页,有改动。
② Hdt. 8.11. 使我注意到两者之相似的是约翰·黑尔(John Hale),对希腊海军战术十分敏锐有洞见的研究者。

的舰船围绕着敌舰形成的圆圈越缩越小,"和敌舰渐相接近,佯作正要向敌舰撞击的样子",①伯罗奔尼撒舰队的空间越来越小。对于其部下,佛缪显然信心十足;而对于敌军,佛缪显然十分藐视。他指望伯罗奔尼撒人在近距离情况下无法保持位置,以致桨桨相缠。他还知道,黎明即将来临,海湾里将吹来一阵微风,致使波浪涌动,伯罗奔尼撒人将很难设法稳住自己的船只,而他们船上装载的士兵人数又太多了。修昔底德对这场战役的记叙已经很好了,我们无需再有增补:

> 当风真的刮起来了的时候,伯罗奔尼撒人已经拥挤在一起了,一方面要应付风,另一方面要应付他们自己的那些轻船,他们的秩序马上就纷乱了。船舰互相碰撞,必须用篙竿把船推开;因为船和船间彼此的呼唤声、叫喊声、诅咒声,以致船长们所要做的,或舵手们所下的命令都不能听见;因为事实上,他们缺少经验,他们的桨手们不能在有风浪的海中划行,因此舵手们更难应付他们的船舶了。正在这个危急的时候,福密俄(佛缪)发出信号。雅典人进攻了。他们首先击沉了海军大将的一条船,然后破坏他们所遇着的每一条船。敌人在普遍纷乱中,没有任何抵抗,逃入亚加亚(亚该亚)的培特利(帕陲崖)和岱米(Dyme)。②

雅典人追击并俘获了12艘舰船及船上的大部分船员。他们竖起战胜纪念碑,胜利班师诺帕克都港。幸存的伯罗奔尼撒舰船沿着岸边缓行,(-110,111-)回到位于埃利斯圩林(Cyllene in Elis)的海军基地。在基地,他们会师了从斯特垃涂大败、跛足而归的克涅莫斯。伯罗奔尼撒人第一次发起水陆两栖攻势的尝试,以令人难堪的失败收尾了。

对于伯罗奔尼撒舰队第一次海战失败——而且还是应对一支较弱的敌军舰队——的消息传来,斯巴达人实感意外,非常震惊。斯巴达人

---

① Thuc. 2.84.1;谢德风译本,第165页。
② Thuc. 2.84.3;谢德风译本,第166页。

确信,失败的缘由在于领导废弛,"没有考虑到双方的对比:雅典人有长期的经验,而他们自己的水手只受到短时的训练"。① 斯巴达人被克涅莫斯的失败激怒——因为克涅莫斯作为海军主将,要对整个作战行动负责——,派出3名"参谋"(*xymbouloi*)前去监督克涅莫斯。这其中就有自信满满的伯拉西达。参谋团领受的命令是准备再次发起战斗,并且"在海上不要被寥寥几艘船赶走"。②

备战时,他们装备舰船,向盟邦派人求助。佛缪马上就意识到敌军正在备战,于是向雅典派出信使,一方面宣布大捷,另一方面要求援兵,越多越好,越快越好,因为战斗一触即发。雅典公民大会的回应非常迅速,但很怪异。公民大会拨船20艘,命令指挥官率领这支舰队前去援助佛缪,但是途中,援军舰队的指挥官要在克里特的圩冬尼崖(Cydonia)停留,夺下这座敌视雅典的城镇。这一支线任务是应歌提斯(Gortys)某个名叫尼西亚斯(Nicias)的人的请求,而这个尼西亚斯是雅典人的在邦领事。他有不可告人的自利动机,这很典型;但是修昔底德所记载的克里特支线任务的公开动机也很令人费解。雅典人到底为什么要向克里特派出舰队? 尤其是,雅典人为什么要在此时派出舰队,而目的仅仅是夺取一座无足轻重的小城镇? 修昔底德没有给出线索,因为他对这一事件的记载甚至比往常对其他事件的记载还要更加疏阔;例如,他就没有给出这次远征的将军的名字,尽管他肯定知道是谁。

这样一次远征不可能得到伯利克里的支持,肯定是在他反对的情况下得到批准的,或者更可能的情况是,在他缺席的情况下得到批准的。有些学者据此得出结论说,愚蠢的庸众一旦没有了明智的领袖去节制他们,就只会发泄出欠缺周详考虑的贪婪野心,(-111,112-)危害城邦安全。③ 一位军事史学家走得更远:"这一命令之愚钝无能……难以置信。在整个战争期间,关于战略愚钝与愚蠢,此事乃最刺眼的例

---

① Thuc. 2.85.2;谢德风译本,第166—167页。
② Thuc. 2.85.1—3。
③ 甚至连格罗特这样为雅典民主政体不懈说话的人也给出了这样的解释:《希腊历史》,第6卷,第203页。

证……很有可能是平民(而非军人)中的某个庸人抓住了对他而言十分难得的机会来犯蠢。"① 在雅典,平民与军人的区别并不是很明显,同时雅典人在这场战争期间犯下了无数别的错误。但是通常情况下,他们都能貌似有理地解释他们的错误,甚至是那些灾难性的错误。对于这一案例,我们只能揣测其动机。戈姆认为,雅典人干涉克里特,是出于与腓尼基(Phoenicia)黎凡特地区(Levantine)的贸易考虑,与这些地区的贸易"容易受到来自克里特的私掠船的干扰"。② 克里特与斯巴达有密切联系,雅典人或许认为,利用岛上的当地争端或许能够使得斯巴达失去这一岛屿的支持,进而意味着在与雅典作战时,代价更加高昂。或许,如果克里特岛上爆发大规模叛乱,斯巴达人就不得不从西方水域和科林斯海湾的海上行动中抽身前来援助。所有这些都只是一种猜想,因为没有这样的起义发生,但是正如戈姆进一步提示的,雅典人或许是试图一石二鸟。③ 那么,为什么雅典人不派出一支舰队径直交给佛缪,然后派出另一支舰队径直驶向克里特,同时处理两件事情、互不干扰妨害呢?考虑到伯罗奔尼撒人可用的舰船数目,即便雅典人向诺帕克都港派出了 20 艘舰船,看起来也太少了。我们只能得出结论说,雅典人已经尽全力了,他们无力做得更好。到底是瘟疫引起的人员短缺,还是金库缩水引起的资金短缺,我们并不清楚;或许两者都有。在一些学者看来,当下不是承担额外责任的适当时机。对于雅典鹰派和绝大多数雅典人而言,此刻看起来正是分散伯罗奔尼撒人兵力的时机。不是雅典人选择了这个时刻,而是邀约此刻到来;要么立即接受,要么立即拒绝。后来,雅典人部分失败了,但这一结果(-112,113-)并不会在此时就影响雅典人对这个双重任务前景的判断。雅典人显然认为,这支舰队能够同时完成这两项任务。如果我们仔细阅读修昔底德史书,就能注意到,舰队耽搁良久,不是因为舰队在克里特的行动,而是因为"逆风和恶劣的天气"。④ 设想一下,如果雅典人成功在克里特岛煽动了大规

---

① 亨德松,《雅典与斯巴达之间的大战》,第 103—104 页。
② 戈姆,《修昔底德历史评注》,第 2 卷,第 221 页。
③ 戈姆,《修昔底德历史评注》,第 2 卷,第 221 页。
④ Thuc. 2.85.6;谢德风译本,第 167 页。

模叛乱,斯巴达人就不得不分心前来。再设想一下,如果天气适宜,舰船及时抵达,给佛缪提供了援助。那么,这次任务就将被视为战略想象力的漂亮一击。或许上述这些期待过高,但是我们的印象也不应该过于被既成事实(fait accompli)完全主导。这次任务完全可能是一个错误;但是并不荒谬。

然而,援军困在克里特岛被耽搁了,佛缪不得不以 20 艘舰船应对斯巴达军队的 77 艘舰船。这一次,伯罗奔尼撒不仅在数目上占据了压倒性优势,同时,他们还急于开战。这一次,舰船没有因为装载人员过多而变慢和受拖累。这一次,他们的指挥更加有力,更有想象力,也更富于技巧。伯罗奔尼撒舰船在圩林集结并装备妥当之后,沿着伯罗奔尼撒半岛岸边航行,抵达位于黎坞岬东边的帕诺木(Panormus),这里是科林斯海湾最狭窄的地点。伯罗奔尼撒舰队在帕诺木与己方重装步兵会师。

佛缪当然无需回应这一威胁。他可以留在诺帕克都港,守卫着自己的海军基地,拒绝应战,拒绝面对数目差不多四倍于己的一支敌军部队。然而,如果那样做的话,通往西方的无障碍通道就将落入敌军之手,雅典封锁就会溃败,而雅典人自己也将被围困起来。同时,如果那样做的话,雅典海上女王的形象则将被摧毁,敌军将受到鼓舞,甚至可能令雅典那些焦躁不安的盟邦得到勇气,发动叛变。佛缪被迫应对比自己强大的敌军,尽量避免失败。佛缪率领舰队前往对黎坞岬,修昔底德称对黎坞岬为"陌昌珂黎渝(Molycrian)黎坞",这里离黎坞仅有不到一英里的距离。① 在那里,佛缪就在海峡之外抛锚停泊。佛缪又一次想要在开阔水域上作战,因为在开阔海域,雅典人的战术优势可以展现出最大效果。斯巴达人因为有了更有能力的指挥,所以想要(-113,114-)在海峡的狭窄水域之内作战,理由与雅典人恰好相反。整整一个星期,双方在狭窄水域的两侧彼此虎视眈眈,都拒绝在对方的优势领域内主动发起挑战。

然而,雅典人在战斗地点选择方面处于劣势。他们人数不敌敌

---

① Thuc. 2. 86;戈姆,《修昔底德历史评注》,第 2 卷,第 222 页。

军,更重要的是他们必须保卫诺帕克都港,这是他们在科林斯湾的海军基地。斯巴达人完全清楚这一点,于是他们开始向东航行,沿着伯罗奔尼撒半岛岸边。斯巴达舰队的右翼是 20 艘最精锐的舰船,朝着诺帕克都港驶去。佛缪别无选择,为了监视这些敌军,他不得不往回航行,驶入科林斯湾比较狭窄的水域。佛缪迅速但不情愿地移动着他的舰队的时候,陆地上一支美塞尼亚重装步兵随同行进。美塞尼亚人居住在诺帕克都港,他们是雅典人的盟友。一切都按照斯巴达人的计划进行着。当他们看到雅典人的舰船列成单列、急匆匆沿着岸边向北驶去的时候,于是突然转向,冲去进攻。20 艘雅典舰船中的 9 艘被阻截开来,为了逃脱,被迫靠岸。剩下的 11 艘雅典舰船被迫面对 20 艘最精锐的伯罗奔尼撒右翼舰队。即便雅典人能够击败或成功避开右翼舰队,他们仍然面对着剩下的 57 艘伯罗奔尼撒舰船。看起来,这注定是一场灾难。

　　这 11 艘雅典舰船利用速度逃脱了敌军,其中 10 艘成功抵达诺帕克都港。这 10 艘舰船在港口等待,船首朝外,准备迎战即将到来的大军——这支大军的数目优势是压倒性的。还有一艘雅典舰船逃脱了第一轮猛攻,但是仍在艰难跛足航行,设法回港,伯罗奔尼撒人紧追不舍,已经唱起了凯歌。一艘商船碰巧停泊在诺帕克都港外海的深水之中;这艘商船成为了工具,战局得到惊人扭转。这艘落单的雅典舰船没有冲入诺帕克都港寻求保护,相反,它急转回头,以这商船为枢轴,撞击了领头的追击舰,使其立即沉入海底。此举技巧独特,勇气惊人,伯罗奔尼撒人茫然不知所措。他们在追击中放弃了一切阵型,认为既已胜利。一些舰船因为不知水域深浅,搁浅了。其他一些舰船陷入迷茫,把桨沉进水里,中止前进,等待舰队的其余舰船。这是一个可怕的错误:在迅速移动的敌军面前,这些舰船停止了运动,陷入无助。

　　这些情况鼓舞了雅典人。他们(-114,115-)攻击数目仍然两倍于己的敌军部队,但是伯罗奔尼撒人已经无心恋战。他们逃入帕诺木,不再追击剩下的 9 艘雅典舰船,已方则损失 6 艘。双方都竖起战胜纪念碑,但是胜利属于谁,显而易见。雅典人保住了自己的舰队,诺帕克都港的海军基地,还有海上的自由行动权。伯罗奔尼撒人害怕雅典援军抵达,班师驶回,大多数人回到科林斯,琉卡斯人则回到自己的岛上。此后不久,20艘雅典援军取道克里特抵达,没有赶上战役;援军的抵达至少削弱了敌军再次挑战的勇气。①

佛缪的这场胜利意义重大。雅典人成功保卫了他们在诺帕克都港的重要基地,从而有能力在阿卡纳尼亚和西部其他地区采取迅速行动,挫败野心勃勃的伯罗奔尼撒人在那一地区的行动计划。更重要的是,此役鼓舞了士气。雅典人从来没有如此确信自己在海上的优势。他们的敌人和属邦也从未如此确信雅典人在海上的优势。斯巴达人从事海上征战的时候,将更加胆怯;属邦考虑暴动的时候,将三思而行,并且属邦会发现她们很难找到响应者。领会佛缪这场胜利之重大意义的最好办法,是想象一下失败的后果。如果失败,雅典将失去诺帕克都港,失去在西部的据点,失去侵害科林斯商业、侵害伯罗奔尼撒半岛其他城邦与西方贸易的机会。因为瘟疫,因为战争支出,因为敌军蹂躏自己的领土而不受挑战,雅典的自信已经被动摇,失败将进一步减损雅典的自信。然而,另一方面,敌军则会受到鼓舞,会采取更大规模的海上行动,或许还将在爱琴海地区挑战雅典人。雅典在海上失败的消息可能鼓舞雅典在帝国内的敌人暴动。所有这些都可能将波斯大王卷入这场战争。难怪雅典人深切怀念佛缪,在他死后,将他葬在通往学园(the Academy)的道路边的国家公墓,长眠于伯利克里的墓旁。② (-115,116-)

斯巴达指挥官们战败之后,不愿带着失败的消息回到城邦,决定放手一搏。墨伽拉人建议去攻打比雷埃夫斯港。这个主意之大胆令人难以置信,因为雅典人仍然拥有制海权,并且刚刚才展现了他们的战术优势。然而,他们指望依靠突袭。还有什么行动能比刚刚战败蒙羞的伯罗奔尼撒人在11月航行季已经结束的时候③从海上攻打雅典自己的港口更加不可能的事情呢?此外,雅典人自信满满,疏于防备。港口既

---

① Thuc. 2.90—92.
② 参见保塞尼亚斯(Pausanias),《希腊游记》:Paus. 1. 29. 3。关于佛缪后来的军事生涯,参见戈姆的明智讨论:《修昔底德历史评注》,第2卷,第234—237页。
③ 戈姆,《修昔底德历史评注》,第2卷,第237页。

没有关闭,也没有守卫,"这自然是",修昔底德如是说,"因为雅典海军有绝对优势的原故"。① 这粗心大意合情合理,但却不可原谅,因为海上优势也不能保证抵抗得了伯罗奔尼撒人所计划的突袭。斯巴达指挥官们确信墨伽拉人的诡计是可行的,他们做好了预备,准备一试。

伯罗奔尼撒人的计划是从位于科林斯的舰队里派出划桨手,令这些划桨手通过陆路前往墨伽拉位于撒罗尼海湾的港口尼赛亚。在尼赛亚,这些划桨手将登上 40 艘未配备人员的墨伽拉三列桨战舰,马上驶向毫无防备的比雷埃夫斯港。第一步如计划实现:划桨手抵达尼赛亚,没有被侦察到,找到了事先约定的船只。然后,斯巴达指挥官的勇气消失了。修昔底德说:"他们害怕这样做所引起的危险;同时,据说,风的方向阻碍了他们。"②修昔底德或许对于斯巴达人过于严厉了。毕竟伯拉西达也在他们之中,而伯拉西达并不是容易被当下行动吓退的人。或许将军已经意识到墨伽拉船只明显状况糟糕。③ 另一方面,伯拉西达或许在投票中输给了他更为审慎的同袍。

伯罗奔尼撒人没有径直驶向比雷埃夫斯港,他们反而驶向了萨拉米斯岛(Salamis)。他们袭击了萨拉米斯的港口,俘获准备防备墨伽拉进攻的 3 艘舰船,洗劫了萨拉米斯岛。火光信号提醒了雅典,雅典马上陷入恐慌。雅典人相信,斯巴达人已经夺取了萨拉米斯岛,还认为斯巴达人正准备前往无人守备的比雷埃夫斯港,(-116,117-)而修昔底德认为,斯巴达人或许原本是可以攻下比雷埃夫斯港的。④ 黎明时分,雅典人鼓起勇气,派出一支步兵前去守卫港口,又派出一支舰队前往萨拉米斯岛。伯罗奔尼撒人一看到雅典人,马上就逃跑了;他们驶向尼赛亚,从尼赛亚走陆路前往科林斯。雅典安全了,雅典人采取措施,确保将来的突袭不会再成功。⑤

这一插曲因为其失败而变得无足轻重。不过,这次突袭一旦成功,就会对这场战争产生实质性影响;可以想见,伯利克里留在比雷埃夫斯

---

① Thuc. 2.93.1;谢德风译本,第 173 页。
② Thuc. 2.93.4;谢德风译本,第 174 页。
③ Thuc. 2.94.3.
④ Thuc. 2.94.1.
⑤ Thuc. 2.94.4.

港的储备舰队因为无人装备,可能会被这次突袭摧毁。更重要的是,突袭成功将对雅典人和伯罗奔尼撒人的士气产生影响;如此大胆一击,可能会使得佛缪的胜利白忙一场。然而,突袭失败的原因与其说是无法预计的运气,不如说是佛缪的斯巴达手下败将试图有效利用数目优势而未遂。① 无论是哪种情况,在海上缺乏经验都是伯罗奔尼撒人失败的原因,是缺乏经验使得他们犯下错误,感到害怕。在估算雅典在这场战争中胜利的机会有多大的时候,伯利克里正确地算上了伯罗奔尼撒人的这些缺点。在海上,雅典人甚至犯得起错,因为她的优势是如此明显。

然而,伯利克里无法再享受他这些洞见的成果了。战争爆发两年半之后,在429年9月,他死于长期困扰他的疾病,在他死前不久,这疾病又再次复发了。② 他最后的日子过得并不幸福。他曾经是雅典第一公民,那时却被公开谴责,因此蒙羞,去职,被罚款,甚至失去了公民权。所有这些或许在他重新当选之后就被忘却了,但有些损失却再也无法弥补。伯利克里的许多友人死于瘟疫,其中有许多人是他在政权中最亲近的同党。他还失去了更亲近的家人,他的妹妹和他的嫡子,刻桑提普斯(Xanthippus)和帕拉卢(Paralus)。③ 在面临绝嗣危险的时候,他向(-117,118-)雅典人请求豁免权,以避开一项公民权法律的制约,而讽刺的是,这项法律正是他自己在20多年前所立的。这项法律仅仅承认雅典公民的婚生子女为雅典公民,所以伯利克里与米利都(Milesian)妇女阿斯帕西娅(Aspasia)结合所生下的孩子们不是合法公民。伯利克里请求豁免他与阿斯帕西娅所生的儿子——名字叫作小伯利克里(Pericles)——能够豁免于这项法律。雅典人出于对重新上任的领袖的尊敬,应允了他的请求。④

显然,当生命行将结束之时,公共事务仍然占据了伯利克里内心更

---

① 汉斯-彼得·施塔尔《〈修昔底德:历史进程中个人之地位〉,慕尼黑,1966年,第86—94页)认为,修昔底德的叙述恰恰是为了反讽人们往往去算计无法计算之事。
② Thuc. 2.65.6.
③ Plut. *Per.* 36.
④ Plut. *Per.* 37.

重要的部分。他试图不让雅典人扩张,试图让雅典人转向维持帝国、与斯巴达人和平共处的保守政策,但他已经见证了自己的政策是如何导致了战争的爆发。他曾经希望那场战争能够令人满意地早早结束,但它却一直延续到现在,看不到结束的可能。他计算了一个保守战略,节约雅典的人命,而现在看起来这战略却无法赢得这场战争,同时,未曾预料到的瘟疫造成了雅典人前所未有的伤亡。讽刺的是——他肯定还认为,不公平的是——现在,战争和战争带来的苦难的责任被归咎于他本人。在这样的语境中,我们肯定能够理解普鲁塔克所记载的貌似可信的那则掌故。在他生命的最后时刻,一些朋友在照看伯利克里的时候,以为他已经睡着了,于是谈起了他的伟大,他的权力,还有他的成就。他们特别谈到了他在军事上的勇猛,谈到了他为雅典赢得的许多场胜利。然而,伯利克里听到了他们的谈话内容之后,对于他们选择赞扬他的内容表示惊讶,因为这些成就都是由于运气而得到的,同时有许多人都取得过这样的成就。"而他的最大的优点,他们却不曾提及,他说:'那就是雅典人从来没有一个是因为我而穿上丧服的。'"[1]对于带领雅典士兵和水兵作战的将军而言,这是一个古怪的评价,因为在战役中肯定会有一些士兵阵亡。然而,我们可以这样解释:一些人对控诉他有意发动一场他原本可以避免的战争,他背负着沉重的思想包袱,想要回应这些人。

伯利克里之死对于雅典人是沉重的打击。要领会他的重要性,我们无需不加批判地接受修昔底德对他的颂词;(-118,119-)要领会他的重要性,我们无需相信伯利克里进入战争时所设想的原本战略一定能够保障胜利;要领会他的重要性,我们无需认为伯利克里治下的雅典是一个仁慈的独裁政体,无需认为在他死后,领导雅典的人都自私而无能。伯利克里的智识不同寻常,经验浩瀚无边,他合情合理地估算了雅典的需求与雅典的实力。他并非永远正确,但他是明智的,同时,攻打埃皮道鲁斯的行动似乎表明,他还是一个随机应变的人。一旦他原本的期待落了空,他会根据新的实际情况调整战略和战术。比他所拥有

---

[1] Plut. *Per.* 38.3—4;水建馥译本,第500页。

的这些品质更为重要的,是他所掌握的权力。他是军人,是了不起的战略家,更是圆熟成功的政客。他能够决定政策,说服雅典人采取政策,在必要的时间内坚持政策,并节制雅典人,不让他们陷入过于野心勃勃的行动中。或许,重新出山的伯利克里拥有足够的权力,可以令雅典人坚持政策,始终如一;除了伯利克里之外,没有人可以做到这一点。政策分歧将在整个战争期间困扰雅典。

修昔底德记载了伯利克里的一则演说,在这则演说中,伯利克里列举了国务家所需的品质:"知道应该做什么,有能力解释应该做什么;爱国而清廉。"① 没有人在上述品质方面胜过伯利克里他自己,而如果他犯了所有凡人都会犯的错,那么在所有雅典人当中,他是最有可能改正错误的那一个。他的人民将沉痛怀念他。

斯巴达人在攻打撒罗尼海湾的时候,一支大军正在东北地区行进。雅典人的盟友色雷斯国王息拓耳奇率领 150000 名士兵和自己三分之一的骑兵,攻打沛耳狄喀的马其顿王国及卡尔息狄斯半岛诸城邦。他们攻打马其顿是出于私人恩怨;目的是扶持沛耳狄喀的侄子阿闵塔(Amyntas)成为国王。攻打卡尔息狄斯人是履行息拓耳奇与雅典人盟约条款,是与雅典人协同进行的。他们派出(-119,120-)使节与国王同行,使节中包括哈格浓,他原本是要指挥雅典人将要派出的舰队和军队的。② 修昔底德的记载留下了许多没有答案的问题。我们不知道这位色雷斯国王为什么没有参与雅典在夏季对斯巴陀庐的袭击。在雅典人与息拓耳奇讨论当前这次作战行动的时候,作战是谁的主意,为何他们决定在冬季开始、在作战效率最低的时候发动攻击,这些我们都不知道。这些问题的答案或许还能解释另外一件更加令人瞠目结舌的事情:雅典人没能完成他们在这次行动中应该承担的那部分任务。

---

① Thuc. 2.60.5: γνῶναί τε τὰ δέοντα καὶ ἑρμηνεῦσαι ταῦτα, φιλόπολίς τε καὶ χρημάτων κρείσσων.
② 修昔底德描述了这次征战(Thuc. 2.95—101)。狄奥多罗斯的记载几乎完全依赖修昔底德,但是他所记载的息拓耳奇军队人数与修昔底德不同,是 12 万名步兵和 5 万名骑兵(Diod. 12.50—1)。关于息拓耳奇收上来了多少贡赋,修昔底德和狄奥多罗斯记载的数字也不一样:修昔底德说是每年 400 塔伦特银币和 400(塔伦特)货物;狄奥多罗斯仅仅简单地说多于 1000 塔伦特。

息拓耳奇入侵马其顿，猛攻一些堡垒，接受了其他一些人的有条件投降，然而，他行进的步伐被一些要塞和马其顿骑兵阻挠了。很快，他就只能诉诸洗劫策略——而在冬季，洗劫相对不起什么作用——并被迫与沛耳狄喀开始谈判。对卡尔息狄斯的袭击则被耽搁了，因为息拓耳奇还在等待雅典舰队抵达。很明显，计划是雅典人从海上发动攻击，色雷斯人从陆地上发动攻击。然而，雅典舰队从未抵达。相反，雅典人派出了使节，送上了礼物，但是要对付顽强的卡尔息狄斯人，这无异于杯水车薪。修昔底德解释说，这是因为雅典人认为息拓耳奇并不会来；或许，雅典人曾经期待更早一些开始作战，甚至与攻打斯巴陀庐的行动相互呼应。到了11月，雅典人或许已经放弃希望，不再期待色雷斯人还会移师于此。① 绝大多数学者并没有被修昔底德的解释说服。学者们的普遍看法是，雅典人被息拓耳奇军队的规模吓住了，(-120,121-)"息拓耳奇看起来过于强大，于是放弃了与他共同作战的计划"。②

这种解释看起来有可能符合实情，但理由不是特别充分，因为雅典人肯定在息拓耳奇募集大军之前，就对于息拓耳奇的实力有一定认识。他们在色雷斯地区活跃了几十年，修昔底德这样的雅典人在这一地区有财产，有熟人。修昔底德记载疏阔，其他史料证据阙如，我们只能进行一番推测。在计划卡尔息狄斯地区大规模作战的时候，雅典人还自信满满，或许鹰派正占了上风，很可能就在他们允诺援助普拉提阿人的那个时候。启用哈格浓作为雅典部队的指挥官，这一选择耐人寻味。哈格浓是伯利克里及其温和政策的支持者，同时，人们常常——虽然并不总是——选择赞成作战行动的将军们去指挥这些行动。伯利克里或许是支持这次行动的，因为这看起来纯粹是攻打波提狄亚的延续。哈格浓被推选，应该也是因为他在色雷斯地区特别有经验，所以特别有资格在此指挥作战。他是安菲玻里的建城者，还曾经在波提狄亚作战。

---

① 格罗特说："或许听说他的军队已经开始行动，但是等待良久无功之后，雅典人开始绝望，认为他不可能会来了，并且认为，不值得为此派出自己的部队前去作战。"《希腊历史》，第6卷，第220页。
② 埃斯科，《剑桥古代史》，第5卷，第206页；布索特所持的观点与此大致一样：《希腊历史》，第3卷，第2册，第973页，他在注释1中还援引了其他一些持相同观点的学者。

然而，计划构思好之后、色雷斯大军开始行进之前，斯巴达攻打安布罗西亚，挑战诺帕克都港，匪夷所思地突袭比雷埃夫斯港，最后，沛耳狄喀变节。尽管斯巴达人所有的海上行动都失败了，但是这些行动还是令人惊恐。如果他们可以攻打雅典的港口，出乎所有人的意料，那么还有什么是他们不会尝试去做的？海上主动权暂时落入了斯巴达人的手中。雅典人应该会判定，此时不适于远离城邦、大规模远征。同时，在429/428年秋季，人力缺乏，资金短缺。这些困难加起来或许可以解释，为什么雅典人没有履行他们对息拓耳奇的承诺。

不管色雷斯人集合的这支大军有没有吓到这一地区的雅典盟邦，这支大军肯定吓坏了从马其顿边界到温泉关的希腊人。流言四散，(-121,122-)有人说雅典人有意放开蛮族人的束缚，以便一起对付希腊本土，这些希腊人信以为真，开始备战自卫。类似的恐惧应该也在息拓耳奇没有控制的色雷斯部落中扩散开来。所有这些恐惧都没有必要，因为这支庞然大物的食物开始短缺——他们或许原本是指望雅典舰队为他们供给食物的——，他们无法在冬季依靠这片土地生存下去。精明狡诈的沛耳狄喀把塞乌提斯（Seuthes）争取到了自己一方。塞乌提斯是息拓耳奇的侄子，在亲雅典的萨多库死后，他成为了息拓耳奇的法定继承人。塞乌提斯得到许诺，沛耳狄喀会把妹妹嫁给他，还给她嫁妆，于是塞乌提斯说服息拓耳奇撤退。但是，我们应该可以认为，雅典人未能履行承诺是更重要的原因。

中途流产的色雷斯作战计划将战争的第三年带到了终点。① 尽管亚狄珈免遭蹂躏，雅典在陆地上和海洋上都没有遭遇失败，但是雅典的前景并不明朗。贝洛赫的悲观评估，触及了许多真相：

> 这场战争已经持续了3年，没有任何决定性成果。雅典成功守住了其势力范围，但付出了艰苦牺牲，而敌方的资源几乎毫发未损。雅典海上优势的主要依靠——军费金库——已经多半耗尽。

---

① 大约与此同时，佛缪率领一支小型远征军前往阿卡纳尼亚，目的是在此扬威，"亮明旗帜"，鼓励该地区雅典盟邦继续忠于雅典（Thuc. 2.102—3）。

瘟疫在役龄队伍中撕开了惊人的大口子,造成的损失比最糟糕的战败所能造成的还要惨重。更加严重的是,这些事态有损盟邦士气,损害了雅典在盟邦中的威信。因此,即便伯罗奔尼撒人同样没有取得显著的军事胜利,即便伯罗奔尼撒人甚至不能阻止在波提狄亚的损失,即便伯罗奔尼撒人试图在海上与雅典人一决胜负而不幸战败,但是,即便发生了以上种种事态,交战双方的权力关系仍然朝着对伯罗奔尼撒人有利的方向发生了实质性变化。雅典帝国根基飘摇;危机正在逼近。①

贝洛赫描绘的图景有些过于灰暗了。雅典金库还没有到枯竭的临界点。雅典人似乎(-122,123-)仅仅从429年的储备资金中动用了600塔伦特,按照估算,可用余额还有1450塔伦特。② 这预示着未来有危险,但并不会马上引发危机。雅典人能够全力以赴,以前两年那样的作战水平再撑一年,或者以一半的作战强度再撑两年。然而,毫无疑问的是,如果他们要战斗得更久,那就必须找到新的收入来源。此外,在盟邦眼中丢掉的威望,应该被佛缪那惊人的胜绩和斯巴达人优柔怯懦的海战表现挽回不少;但是,盟邦不可能看不见雅典的羸弱。布索特清楚注意到了雅典人的困境:"对于雅典人在这场战争中的表现而言,他们放弃了海上攻势、拱手让给敌人,这是个令人疑惑的预兆。诚然,瘟疫持续,金库资金急遽缩水,这些都严重削弱了行动,但是如果雅典人限制自己、在海上也采取守势的话,……我们无法想象,他们如何能迫使敌人求和。"③

---

① 贝洛赫,《希腊历史》,第2版,第2卷,第1册,第316页。
② 《雅典贡赋表》,第3卷,第343页。
③ 布索特,《希腊历史》,第3卷,第2册,第984页。

第五章　列斯堡暴动

伯利克里去世，雅典政治出现真空。没有重要人物能够施展伯利克里曾经拥有的巨大影响。"他的继承人"，修昔底德说，"彼此都是平等的"（谢德风译本，第150页），所以无法提供连贯一致的政治领导，而这种领导在战时极为必要。人们常常批评伯利克里，说他没有留下一位同等水准的继任者。例如，贝洛赫说："雅典那个依赖个人的政权和其他这类政权一样，只允许拔擢庸才。伯利克里的副手们智识庸碌，没有独立主动施政能力。"①这一评价基于修昔底德那句著名论断：在伯利克里治下，"虽然……在名义上是民主政治，但事实上权力是在第一个公民手中"。②布索特这样解释这一论断，说这个论断的全部含义是：这是"这样一个政权，名义上是民主政府，但事实上是由第一公民统治，是民主基础之上的君权领导，这一现象往往是庇西斯特拉图家族（Peisistratids）民主君政之传统的重现"。③让我们暂时先抛开修昔底德对伯利克里之后的雅典政客的描述是否精确这个问题。首先，要说伯利克里时代的雅典政体像君主政体一样，领导可以将控制局面的权力传给某一特定继任者，就是完全错误的。

与庇西斯特拉图类比特别有启发性。(-124,125-)伯利克里不断出

---

① 贝洛赫，《希腊历史》，第2版，第2卷，第1册，第313页。本岑持同样的观点：《希腊历史》，第224页。
② Thuc. 2.65.9；谢德风译本，第150页。
③ 布索特，《希腊历史》，第3卷，第1册，第499页。

任公职，依靠的是选举，在完全没有政治高压的氛围中，他一年中接受检查和被召回的次数至少十次。不同于伯利克里，庇西斯特拉图攫取权力靠的是军事力量，靠的是在一次战役中打败雅典军队。此后，他解除了全体公民的武装，用雅典唯一一支军事力量控制了全体公民，而这支部队是他自己的武装雇佣兵。伯利克里显然没有任何自己的武装部队，与此同时，全体民众都拥有武器。法律对庇西斯特拉图如此没有制约，以致于他可以仅凭一时兴起就豁免一位大胆农民的税赋，而这税赋又是他本人所订立征收的。① 而如果没有公民大会的批准，伯利克里就寸步难行；他有可能被迫去职，被审讯，被处罚——他也确实遭遇了这些事情。庇西斯特拉图是个以宽柔出名的僭主，但是亚里士多德记载的以下这则事件证明了宽柔僭政与真正民主之间的鸿沟："特别是有一次，他被控犯杀人罪，传他到阿勒俄琶菊斯（Areopagus）（战神山议会）受审，他也亲自出庭，自行辩护，而传讯的人怕了，反而离开了。"② 在这样一个政权里，得民心的僭主是可以将权柄传给儿子们的，就像庇西斯特拉图所做的那样。不过，对于伯利克里来说，这种做法连想一想都是不可能的。③

在雅典的直接民主政体中，"政策事实上是由公民的大规模集会决定的，任何人只要能引起民众的注意，公民们就会听取他的建议"。④ 直接民主政体中的一名政客对继任者的选择能够施加的影响，还不如现当代代议制民主政体中的总统和首相。这些人至少能够使用有组织政党所提供的武器：纪律以及庇护。伯利克里则没有这种政治组织可用，因为雅典民众自行提供一切庇护，但即便在伯利克里治下的雅典，有威望的政治领袖仍然是有影响力的，同时也没有人拥有比他还大的影响力。如果伯利克里无法指定继任者，至少他可以告诉

---

① Arist. *Ath. Pol.* 16.6.
② Arist. *Ath. Pol.* 16.8；日知、力野译本，第 20 页。
③ 令人惊讶的是，清醒有洞见的史学家如布索特，也会把伯利克里治下的雅典称为某种类型的"君主政体"。爱德华·梅耶更为激进，他认为如果伯利克里还活着，他将会指派阿尔喀比亚德为他的直接继承人，在雅典建立阿克美翁岱家族（Alcmaeonid）政权，就像后来迦太基的马戈家族（Magos）和佛罗伦萨的美第奇家族（Medici）一样（《古代历史》，第 4 卷，第 48 页及以下）。
④ 琼斯（A. H. M. Jones），《雅典的民主》（*Athenian Democracy*），牛津，1957 年，第 132 页。

友人和支持者他信任什么人。我们有一定的理由相信,伯利克里这样做了。

尽管我们很难确信他提供的证据,但是阿里斯托芬或许为伯利克里刚刚去世后的雅典政治情势提供了一条线索。阿里斯托芬提到了在克里昂之前"掌管城邦的政事"的两个人,第一个是卖碎麻的,第二个是卖羊的。① 对这几行诗的一则古代注疏告诉我们,卖碎麻的小贩指的是游科拉底。据其他古代文献记载,游科拉底开了间磨坊,被称为梅里特德谟的熊或者野猪。② 游科拉底亦是432/431年被派往马其顿的那位将军的名字,我们有充分理由认为这就是那位将军。③ 他很有可能是狄奥多图斯(Diodotus)的父亲,而狄奥多罗斯就是与克里昂就密提林(Mytilene)进行辩论的那个人。④ 羊贩子被认为是吕西克勒斯(Lysicles),他曾于428/427年担任将军。根据古代注疏,在伯利克里死后,吕西克勒斯与阿斯帕西娅结了婚。因为他与伯利克里的其他同党如尼基阿斯(Nicias)和佛缪之子阿索皮尤(Asopius)一同当选,所以他很有可能也与伯利克里走得很近。⑤

阿里斯托芬暗示这两个人都是克里昂的前辈,但根据修昔底德、亚里士多德和其他古代史料,我们知道,克里昂是民众煽动家,而伯利克里不是,这样,他们就不太可能是伯利克里党,从而也不太可能被指派为伯利克里政策的接班人。⑥ 但是,就我们所知,伯利克里与其继任者之间的巨大差别是由修昔底德首先提出的,而这一点并没有为其他古

---

① Ar. *Knights* 128—137;罗念生译本,第117页。
② 与游科拉底有关的古代文献,参见约翰内斯·柯仕纳(Johannes Kirchner),《亚狄珈群英传》(*Prosopographia Attica*),第5759项。
③ 这位将军的名字记载在《希腊铭文集成》:IG I² 296,第5行。关于这位将军与卖碎麻的小贩是同一个人的论证,参见艾伦·B. 韦司特(Allen B. West),《古典语文学》(*CP* XIX),第19卷,1924年,第130—132页。
④ 韦司特,《古典语文学》,第19卷,1924年,第130—132页。
⑤ 关于吕西克勒斯的相关文献可以在《亚狄珈群英传》第9417项及布索特,《希腊历史》,第3卷,第2册,第988页,注释1找到。关于吕西克勒斯与伯利克里关系密切的论述,参见韦司特,《古典语文学》,第19卷,1924年,第132—134页。
⑥ 有一种常见解释认为,游科拉底和吕西克勒斯是敌视伯利克里的民众煽动家,我在《伯罗奔尼撒战争的爆发》,第200页(原书页码)中采信了这种解释,但是我错了。韦司特已经清楚论证了如何更准确地理解这两个人的政治倾向。

代作家所普遍接受。亚里士多德，尽管他没有使用民众煽动家这个术语，(-126,127-)尽管他认为伯利克里时代好于后来，但是他也将伯利克里列为"人民领袖"的一员，与"贵族""高尚阶级""富有者"相对（日知、力野译本，第28、31、33页）。亚里士多德将伯利克里列入梭伦（Solon）、庇西斯特拉图、克里斯提尼（Cleisthenes）、地米斯托克利（Themistocles）、埃斐亚提斯、克里昂和科辽丰（Cleophon）之列，与之相对的是以撒革剌（Isagoras）、米太亚德（Miltiades）、美莱西亚斯之子修昔底德斯、尼基阿斯和塞剌墨涅斯（Theramenes）这样的上流人物。①亚里士多德这份名单比较武断，无视他们之间的微妙差别，缺乏具体细节，我们无需太当回事，但是这份名单显示了公元前4世纪熟悉情况的智识之士的普遍看法。根据亚里士多德留下的观点，我们可以相信，游科拉底和吕西克勒斯是伯利克里的追随者，尽管阿里斯托芬将他们和克里昂算成一伙。

这两个人被叫做小贩，我们对此也无需过于困惑。诚然，过去的绝大部分政客都拥有继承而来的土地财富，但是在公元前5世纪晚期，事情正在发生变化。希波尼库斯之子卡利阿斯（Callias son of Hipponicus），他就是有名的"签约者"，是伯利克里的亲密同党，②也是雅典古老贵族家庭的后代。但卡利阿斯的钱却是靠采矿和奴隶租赁赚来的，因此也得到了个"富可填坑"的名声。③尼基阿斯，他作为伯利克里同党和继任者的资格无可置疑，但他也是通过同样的方式赚钱的。④显然，伯利克里并没有放弃他与土地贵族的联系，但他同时也在寻求较低阶层的支持，他愿意与这类新政客结盟，这类政客富有又能干，但没有贵族血统，就像游科拉底、吕西克勒斯和尼基阿斯这样。就我们目前所知，将伯利克里与这样一些人团结在一起、并反对克里昂和海珀布鲁斯

---

① Arist. *Ath. Pol.* 28.
② 卡根，《伯罗奔尼撒战争的爆发》，第108页，注释27（原书页码；中文校译本第110页，注释1）。
③ 康纳，《公元前5世纪雅典的新政客》（*The New Politicians of Fifth-Century Athens*），普林斯顿，1971年，第153页，注释38。
④ Plut. *Nic.* 4.2.

(Hyperbolus)的,不是阶级、财富,也不是教育,而是政策意见分歧,而政策意见之所以产生分歧,是因为人们常常有这样那样的不同。

我们对于游科拉底和吕西克勒斯所知甚少,仅有阿里斯托芬那难以理解的调笑指涉。我们不知道游科拉底后来命运如何,①但是吕西克勒斯在与4名同袍一起指挥一支12艘舰船组成的舰队(-127,128-)在卡里亚作战时阵亡。他领受的是一项传统任务:在帝国版图内收集贡赋;派出将军的数目表明,这是一项重要任务,同时修昔底德在一众将军中只提到了他的名字,这表明他是领导人物。② 如果吕西克勒斯活着,他或许会填上伯利克里去世之后留下的领导真空,尽管我们没有理由认为,修昔底德对他的评价会好于对伯利克里其他继任者的评价,因为伯利克里之所以了不起,有些原因是偶然的,难以复制。

客蒙和伯利克里这两个人分别主导了希波战争结束后、伯罗奔尼撒大战开始前的雅典政治。除了他们的才干之外,这两个人拥有非凡影响力的关键是,他们都在年纪很轻的时候就争取到了领袖地位。客蒙以年轻而成功的士兵身份开始了他的政治生涯,雅典帝国的建立,他居功至伟。而原本他可能会在争取雅典政治领导权的过程中遭遇强敌,但是地米斯托克利这可怕的对手却被他自己的政敌联手陶片放逐(ostracized),被逐出了雅典的政治舞台。其他领袖人物,如刻桑提普(Xanthippus)和阿里斯提德(Aristeides)都是上一辈人了,很快就淡出了政治舞台。雅典的政治领袖位置上只剩下客蒙,因为他事业开始得早,也因为他备受爱戴。③ 伯利克里开始政治生涯的时候,作为客蒙的反对者,他的地位无足轻重,这是很自然的。然而,两项事态使得他有机会很早就争取到领袖地位。斯巴达人向雅典人求助又拒绝了雅典人的帮助,从而冒犯了雅典,这使得亲斯巴达的客蒙声望扫地,也使得客

---

① 吉尔伯特《伯罗奔尼撒战争期间雅典城邦内幕考》,第125—126页)编造了一个审判,这完全是他自己的想象。在这场审判之后,游科拉底离开了公共舞台;布索特《希腊历史》,第3卷,第2册,第988页)采信了这个编造出来的审判,但犹疑不决。这种观点完全经不起推敲。
② Thuc. 3. 19.
③ 卡根,《伯罗奔尼撒战争的爆发》,第57—65页(原书页码)。

蒙的政敌能够借此将他陶片放逐。接着，民主派别的领袖埃斐亚提斯还没有来得及享受成功果实就遭到了暗杀，给伯利克里留下一片坦途。事实证明伯利克里是有能力的领袖，也是有才华的政客。他巩固自己的影响，到了战争前夕，他已经成为"当时雅典人的领导人物；无论在行动上或辩论上，他是最有力量的人"。① 生活在 429 年的任何雅典人都会记得，雅典一直在一位强有力而受爱戴的政客的领导之下，虽然这种情况并不(-128,129-)是民主国家的常态。意外和运气给雅典人带来了一个在长时间内都保持惊人稳定的政府，但不可避免的是，终究有一日，局势会变得更富有竞争性、更加平等、更加不稳定，而这才更符合民主政体的常态。伯利克里的继任者必定要忍受局势的这种落差，但是错不在他们。他们所继承的政治世界不会再出现一位客蒙或是一位伯利克里了。

吕西克勒斯的去世将两位政客推上了雅典的领袖位置，直到阿奇达慕斯战争结束：尼基拉图(Niceratus)之子尼基阿斯和克廉内图(Cleaenetus)之子克里昂。修昔底德及绝大部分当代学者都断定，尼基阿斯与克里昂很不一样：尼基阿斯追随伯利克里政策路线，是鸽派，廉洁正直，缄默含蓄，是个有教养的人；克里昂则是伯利克里的反对者，是鹰派、民众煽动家、粗俗不堪；当然，与伯利克里相比，这两个人差得不是一点半点。他们都从来没有像伯利克里那样有战斗力，也从来没有取得任何伟大持久的成就；他们都与雅典的重大失败密切相关。但是，这些事实仅仅是这一对比的部分真相。伯利克里不仅拥有我们刚刚所描述的种种难以估量的政治优势，同时，他的接任者继承的问题根本就是无解的。与伯利克里接手的那个财富、人口、实力、自信不断增长的雅典不一样，其继任者接手的这座城邦，军事实力和士气因为瘟疫仍旧肆虐而严重动摇，金库不断枯竭缩水，她正在进行一场战争，但原有战略业已失败，目之所及却找不到替代战略。投降是不可想象的；敌军拒绝谈判议和；消耗战略消耗雅典的速度快于消耗敌人。雅典在这些人的领导下没能取得辉煌胜利，也没能赢得持久和平，对此我们无需惊讶；

---

① Thuc. 1.139.4；谢德风译本，第 99 页。

相反，我们倒是应该赞叹这些人居然设法避免了灾祸，取得了体面的和约。虽然事实证明，这和平转瞬即逝。

我们还应该细想一下，这两个人是否真如大家所描述的那样，彼此那么不同。这两个人都来自同样的"新人"阶层，没有贵族血统，像游科拉底和吕西克勒斯一样。尼基阿斯，正如我们所见，他通过向亚狄珈银矿租赁奴隶来赚钱。克里昂的(-129,130-)父亲经营制革作坊，把兽皮制成皮革。他经营成功，赚了大钱，因为只有有钱人才有能力出任戏剧节庆的歌队赞助人（choregus），而克廉内图460/459年就出任了歌队赞助人。① 这两个人的财富来源都与贵族无关。这两个人的父亲都是他们家族中第一个为我们所知的人物。② 康纳追溯了这两个人的宗谱之后总结道："两份宗谱如出一辙。据我们所能知道的，尼基阿斯和克里昂是各自家族中第一个出类拔萃之辈；他们的父亲很可能都比较富有，但在城邦中都无甚地位。尽管克里昂和尼基阿斯成功崛起，但与他们联姻的家族都不怎么显赫；直到下一代或再下一代，他们的子孙才开始与这样一些家族联姻：即便这些家族本身不是特别有名，但至少都与古老显赫的其他家族有联系。"③这两个人对待战争的态度，也没有我们通常所认为的那么不同。这两个人都倾向于与斯巴达进行和谈，但伯利克里是反对和谈的。因此，在伯利克里去世之后的这些年里，这两个人都试图找到一种能够赢得战争的方式，而尼基阿斯还经常出任将军。在425年派娄斯事件之前，④没有任何明确证据可以证明两人之间存在意见分歧。当然，一般认为，427年的时候，尼基阿斯势必反对克里昂提出的严苛处理方式——要把密提林叛徒全数处死——，这种看法很有可能是对的。

---

① *IG* II²: 2318, 第34行。
② 有一脉信源记载，尼基阿斯有一位祖先，在公元前6世纪的时候曾经将厄庇墨尼德（Epimenides）从克里特带到雅典，但是我们有理由拒绝采信这则掌故。正如康纳（《公元前5世纪雅典的新政客》，第162页）所说："这个故事很有可能是在公元前5世纪的时候，尼基阿斯为了巩固自己的虔敬名声和宗教奉献而散播的伪史。"
③ 康纳，《公元前5世纪雅典的新政客》，第162页。
④ Thuc. 4.27.5. 修昔底德说在425年，克里昂是尼基阿斯的政敌，但是他没有告诉我们敌对关系开始于何时，也没有告诉我们这两个人为什么成了对手。

事实上,尼基阿斯似乎是阿奇达慕斯战争期间最活跃的将军:427年,他指挥一支雅典部队,夺下了墨伽拉外海的一个小岛觅诺崖,①426年,他指挥攻打了弥罗斯,攻打塔纳格拉(Tanagra),洗劫了拉戈尼亚海滨,②425年,他指挥攻打了科林斯,③424年,他夺下了叙铁拉岛,④423年,他收复了蒙岱(Mende),并试图(-130,131-)从伯拉西达手中夺下司基昂(Scione)。⑤ 在雅典,没有任何其他将军进行过数量如此繁多、形式如此多样的征战;并且至少,攻打科林斯就已经违反了伯利克里最初的战略。雅典人不可能将自己不信任的人反复选为将军。⑥ 要根据派娄斯事件之前的战略来区别尼基阿斯与克里昂是很难的;而派娄斯的好运使得权力平衡发生剧变,雅典人开始重新考虑他们的战争计划和目标。尼基阿斯与克里昂在派娄斯事件上的争执不足以决定我们对这两个人的全部看法。

所有上述内容,都不是要论证克里昂和尼基阿斯是一路人。从伯罗奔尼撒战争开始、甚或在伯罗奔尼撒战争爆发之前,克里昂就公开批评伯利克里及其温和政策。⑦ 尼基阿斯,我们可以肯定他不是伯利克里的批评者。很少有人能在品质、性格、风格方面存在这么大的差异。然而,在428年的时候,既然议和已经不可能,克里昂和尼基阿斯就有了相同的关切。为了雅典,必须保全帝国,必须向雅典人灌输继续战斗的精神,必须开源节流;要想胜利结束战争,就必须找到重启攻势行动的办法。克里昂和尼基阿斯有合作的动机,而我们没有理由认为他们没有合作。

428年春初当选的将军们——就我们所知道的那几位——看起来

---

① Thuc. 3.51.
② Thuc. 3.91.
③ Thuc. 4.42.
④ Thuc. 4.53—54.
⑤ Thuc. 4.129—131.
⑥ 415年尼基阿斯被选为西西里远征军指挥官是一个特例,修昔底德对此进行了详细解释。在此之前,修昔底德从未给过任何暗示说,尼基阿斯曾经不愿接受指挥任务。
⑦ 一些人曾经批评伯利克里派遣拉栖代梦尼乌斯(Lacedaemonius)前往柯西拉时率领的舰船数目太少,克里昂很可能是其中一员(Plut. Per. 29.3;卡根,《伯罗奔尼撒战争的爆发》,第242页[原书页码])。赫米普斯的一则残篇(Plut. Per. 33.4)证明,在战争爆发后,克里昂公开批评了伯利克里。

都与伯利克里有着直接或间接的联系。尼基阿斯曾担任过将军,是伯利克里的同袍,①阿索皮尤是伯利克里长期同袍佛缪之子,②吕西克勒斯娶了伯利克里钟爱的阿斯帕西娅,帕其斯(Paches)往往与尼基阿斯意见一致,尽管证据(-131,132-)薄弱。③ 很明显,令伯利克里恢复地位的政治回潮,在他去世之后仍然在持续。鸽派在雅典仍未成气候,温和政策的批评者也无法再要求更加激进的政策,因为雅典已经在尽全力重新积聚力量了。

428 年的征战季以惯常方式开始,斯巴达人于 5 月中旬入侵了亚狄珈。入侵军安营扎寨,系统性地蹂躏了亚狄珈。雅典人克制自己,仅以骑兵侵扰敌军。大约一个月之后,伯罗奔尼撒人补给耗尽,就撤退了。④

然而,在这一个月中,对雅典而言更为凶险的一项事态,正在列斯堡岛上酝酿。⑤ 列斯堡岛上头号重镇是密提林,次要一些的有安提撒

---

① Plut. *Per*. 2.2.

② Thuc. 3.7.

③ 贝洛赫《伯利克里以降的亚狄珈政策》,第 30 页及第 33 页,注释 1)与追随他观点的布索特《希腊历史》,第 3 卷,第 2 册,第 1002 页)称帕其斯与尼基阿斯"意气相投"。他们的判断很有可能是正确的,但是贝洛赫支持他们之间联系密切的论证,分量不够。贝洛赫《希腊历史》,第 2 版,第 2 卷,第 2 册,第 263 页)将攸里梅登(Eurymedon)和尼各司忒拉图(Nicostratus)列为这一年的将军,但他并没有证据。正如韦司特《古典语文学》,第 19 卷,1924 年,第 134 页,注释 2)指出的,我们没有任何证据可以证明攸里梅登是那一年的将军。贝洛赫援引修昔底德(Thuc. 3.75)说,尼各司忒拉图 427 年指挥一支雅典舰队在柯西拉作战,贝洛赫以此为证据,认为尼各司忒拉图在 428/427 年担任将军,说尼各司忒拉图"显然自是年年初开始,就在诺帕克都港指挥着这支分遣队"。但是,柯西拉事件发生的时间是在 427/426 行政年度开始以后。佛纳瓦《雅典将军委员会》,第 56 页)认为尼基阿斯这一年没有当选;我认为他这一看法是错误的。

④ Thuc. 3.1;戈姆《修昔底德历史评注》,第 2 卷,第 252 页。

⑤ 关于列斯堡暴动的第一部重要专著是贺柏司忒的《密提林变节》(W. Herbst, *Der Abfall Mytilenes*,科隆,1861 年)。从那时开始,该事件得到了学术界的广泛关注,但是直到最近之前,大部分学术讨论都集中于 427 年雅典关于如何处理这个战败岛屿的辩论上。(关于相关文献,参见基历[D. Gillis],《美国古典语文学期刊》,第 92 卷,1971 年,第 40—41 页,注释 5。)G·E·M·德·圣·克洛瓦(G. E. M. de Ste Croix)的一篇论文(《历史学刊》,第 3 卷,1954 年,第 1—41 页)激起了关于雅典帝国性质的学术争论,这使得学界开始对暴动的起因和过程进行更加细致的研究。(在这个问题上,基历又一次提供了很好的文献目录:《美国古典语文学期刊》,第 92 卷,1971 年,第 40 页,注释 4。)勒贡(R. P. Legon)对于该问题的洞见最为敏锐:《凤凰学刊》,第 22 卷,1968 年,第 200—225 页。我采信他的大部分观点。

（Antissa）、庇耳剌（Pyrrha）、埃列绪司（Eresos）等，她们都追随密提林。但是，梅岫姆纳（Methymna），一座位于列斯堡岛北岸的小城镇，却采取独立政策，有时甚至敌对密提林（参见地图 4）。密提林在雅典诸盟邦中与众不同，(-132, 133 为地图 4, 134-) 她施行的显然是寡头制。三座卫星城镇似乎也施行寡头制，而梅岫姆纳则施行民主制。① 列斯堡岛的这些城镇还有一个不同之处在于，她们与开俄斯一样，履行同盟义务的方法仍然是提供舰船，而非纳贡。② 这些城邦在他们自己眼中、在修昔底德眼中、甚至可以推测是在所有希腊人眼中，都是自治城邦，大家都不相信雅典人会以任何方式干涉其独立。尽管在同盟中地位超然，但是密提林仍然从这场战争爆发之前就开始考虑退出雅典同盟。③ 但是，伯罗奔尼撒人拒绝接受密提林加入伯罗奔尼撒同盟，密提林人打了退堂鼓。不过，那是在和平时期，而在战争期间，雅典的敌人一定乐见列斯堡岛叛乱。

起义时机再好不过。列斯堡叛军依靠自己装备了一支可观的舰队。伯罗奔尼撒人已经表明，他们有能力建造一支庞大舰队出海，即便这支舰队的技巧并不特别优越。暴动一旦成功，就有可能煽动其他盟邦变节暴动，削弱雅典人，增强敌军。此外，这一次，伯罗奔尼撒人及其盟友几乎一定会与之合作，因为彼欧提亚人与斯巴达人都卷入了暴动谋划中。④ 雅典的处境令他们更受鼓舞，密提林人说，雅典已经"到了民穷财尽的地步"。⑤

密提林人向集会的伯罗奔尼撒人陈述了暴动的理由。⑥ 密提林人声称，他们的主要动机是恐惧，害怕雅典人会迫使他们像除了开俄斯之

---

① 勒贡，《凤凰学刊》，第 22 卷，1968 年，第 200 页。
② Thuc. 1.19；2.9.5。
③ Thuc. 3.13.1；3.2.1。关于日期，参见布索特，《希腊历史》，第 3 卷，第 1 册，第 545 页，注释 3；卡根，《伯罗奔尼撒战争的爆发》，第 170 页，注释 1（原书页码和注释码；中译校译本第 173 页，注释①）。
④ Thuc. 3.2.3。
⑤ Thuc. 3.13.3；谢德风译本，第 191 页。
⑥ Thuc. 3.8。修昔底德肯定没有出席这次集会，我们也不知道他的信源是什么。修昔底德记载的或许不是发言人的真实所说，但是我们没有理由质疑，修昔底德给出的确实是发言人真实使用过的那类理据。

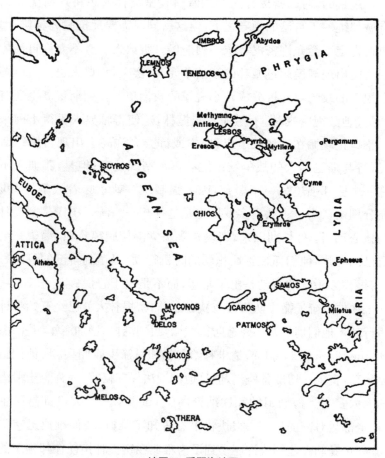

地图4　爱琴海地区

外的其他盟邦那样臣服于雅典。他们已经看到,盟邦一个接一个被剥夺了自治,提洛同盟逐渐变成了一个帝国;他们认为,(-134,135-)雅典迟早将以相同的方式处置列斯堡,一切只是时间和机运问题。① 暴动还有一重目的,对此密提林人有意缄口。密提林人想将列斯堡岛上的所有城邦统一于自己的领导之下,但这就同时需要反抗脱离雅典,因为雅典人肯定不会允许密提林统一列斯堡。雅典人一直不允许自己势力范围之内出现规模超过城邦的政治单元,事实上,雅典人也一直试图把较大规模的政治单元拆分成较小规模的政治单元。列斯堡岛上还有梅岫姆纳,她敌视密提林,不愿加入密提林,这使得雅典人不得不前来干涉。雅典正耽搁在一场战争里,原本或许会允许岛上出现自愿结盟的情况,待与斯巴达人的战争结束之后再视情况处理;但是,雅典人不能允许一个盟邦强迫另一个盟邦,因为强制统一就意味着战争。② 我们有充分理由认为——狄奥多罗斯也是这样想——统一图谋是密提林暴动的核心动机。③ 长期以来,密提林寡头党渴望脱离雅典,渴望完全控制自己的岛屿,他们抓住雅典积弱的时机行动,以达到自己的目的。所以,密提林寡头党的行动是出于希望,而不是出于恐惧。

早在伯罗奔尼撒军队入侵亚狄珈之前,密提林人就已经开始将计划付诸行动。他们悄然开始建造防御城墙,封锁港口,增加海军,并向黑海地区(the Black Sea region)请求补给谷物和弓箭手雇佣兵。④ 他们指望推迟暴动,直到一切准备停当,但是他们没法保守秘密,因为急于泄露计划的人太多了。梅岫姆纳和铁纳铎岛(Tenedos)——大概都是民主城邦,肯定都敌对密提林——很快将事态告知了雅典,敦促雅典迅速采取行动,制止暴动。他们或许还得到了为雅典在密提林担任在邦领事的一些密提林公民——他们不是密提林政权的成员——的帮助和情报。⑤

---

① Thuc. 3.9—12.
② 当下情势有些类似于迫使雅典干预萨摩司与米利都争端时的情势。参见卡根,《伯罗奔尼撒战争的爆发》,第170—171页(原书页码)。
③ Diod. 12.55.1.
④ Thuc. 3.2.2.
⑤ Thuc. 3.2.3;ἰδίᾳ ἄνδρες,"某些私人"(谢德风译本,第184页)。

修昔底德说，这些人的行动是出于政治动机（Thuc 3.2.3：κατὰ στάσιν，"出于党派"），而亚里士多德①则告诉我们说在邦领事铎科珊德（Doxander）成为反对派领袖是出于私人(-135,136-)理由：他的儿子向提谟芬尼（Timophanes）的一个女儿求婚，但遭到了拒绝；提谟芬尼十分富有，大概是寡头政权的成员。这两种解释并不必然相互矛盾。事情既已暴露，叛党不得不马上行动，但准备还未妥当。

消息抵达雅典的时候，雅典人已经因为战争和苦难而痛苦疲倦不堪。雅典人先是拒绝相信暴动的消息，"他们偏重于自己的愿望着想，起初他们不相信这些密告是真的"。② 然而，他们派出前去密提林打探事态的使团很快发现，密告所言不虚：密提林人正在推进统一进程，进行其他准备工作，而且拒绝停下来。先前，密提林人或许还没有完全坚定暴动的决心，他们可能指望，当列斯堡岛统一木已成舟，雅典人为了在此艰难时期避免麻烦，将接受这一既成事实。因为密提林人先前与彼欧提亚人和斯巴达人的谈判并非正式谈判，也还没有约束性，所以如果雅典人默许这些事态，密提林人或许就将止步于此。但是，雅典早早得知了暴动计划，上述指望全部落空——如果密提林人真的曾经有此指望的话。在此之前，雅典已经备好了每年环航伯罗奔尼撒半岛的那支舰队，由 40 艘舰船组成。比起 431 年和 430 年执行同一项环航任务的 100 艘舰船，这支舰队规模很小，充分说明雅典资源承压甚大。这支舰队由科秉披底（Cleippides）和其他两个人指挥，舰队放弃原本航线，转头奔向密提林。密提林正在举行宗教节庆，雅典人以为他们可依靠突袭俘获叛党。雅典人扣留了帝国舰队里的 10 艘密提林舰船，逮捕船员，以防消息走漏到列斯堡岛去，但是在雅典民主政体中，秘密无所遁形，因为一切政策都必须由庇尼刻斯山（the Pnyx）的全民大会决定。有人走漏了风声。密提林人得到预先警告，中止庆典，备战自卫。雅典将军命令他们放弃舰船，拆毁城墙。命令被拒之后，雅典人开始攻击。

双方都没有准备好去战斗。战斗开始的时候，密提林人的(-136,

---

① 参见亚里士多德，《政治学》；Arist. *Pol.* 1304 a。
② Thuc. 3.2.1；谢德风译本，第 185 页。

137-)补给和弓箭手还没有抵达,要塞还未完工,与伯罗奔尼撒人和彼欧提亚人的结盟还没有正式通过并产生效力。另一方面,雅典人清楚他们自己军队和储备的弱点,"不相信他们自己有对付整个列斯堡的能力"。① 因此,密提林人仅用舰队作象征性抵抗,然后要求停火,试图与雅典取得合理协议。修昔底德告诉我们,他们"希望,如果可能的话,在任何合理的条件下,使雅典的舰队暂时撤回"。② 他们的计划无疑是要拖延到斯巴达同盟前来援助。科末披底完全清楚自己部队的弱点,但很可能没有意识到斯巴达人也卷了进来,他同意了密提林人的要求。

他们向雅典派出一个使团。其中有一个使节,当初向雅典密报密提林密谋,现在——据修昔底德记载——却又后悔了。我们可以假定,这个人是雅典在密提林的一名在邦领事,而在邦领事的职责正是代表该城邦在另一城邦的利益。密提林使团要求雅典人撤回舰队,条件是列斯堡岛会忠于同盟,同时不会煽动任何暴动。他们没有提到暴力统一列斯堡岛,但统一进程肯定已经完成了一部分,因为雅典之前派去的使节要求密提林人终止统一进程,但密提林人不听。③ 密提林人是在要求雅典接受统一现实,以换取将来的忠诚。密提林人意识到雅典人不一定会应允,于是也派出秘密使团前往斯巴达,商讨从斯巴达同盟那边取得援助,④这行动合理明智,因为雅典人确实拒绝了。如果雅典人坐视不管,把梅岫姆纳丢给(-137,138-)密提林,那么,拒绝提供保护就等于放弃领导权,因为雅典人控制帝国的保障和理据就是为盟邦提供保护。这样一来,其他地方的叛党就会受到鼓舞,叛乱就会显得有理有据,而雅典人自身的安全就会陷入危困。因为修昔底德没有强调这一

---

① Thuc. 3. 4. 3;谢德风译本,第 186 页。
② Thuc. 3. 4. 2;βουλόμενοι τὰς ναῦς τὸ παραυτίκα, εἰ δύναιντο, ὁμολογίᾳ τινὶ ἐπιεικεῖ ἀποπέμψασθαι,谢德风译本,第186 页。
③ Thuc. 3. 3. 1.
④ 勒贡(《凤凰学刊》,第 22 卷,1968 年,第 206 页)说,在邦领事肯定不知道有使团被派往斯巴达。但是,在我看来,在邦领事所要求的条件是很有可能招致雅典拒绝的,虽然雅典也不是一定会拒绝这些条件。一旦雅典拒绝,战争就势在必行,这时从斯巴达取得援助就十分必要。我认为,没有理由假定他不知道,也没有理由假定他会不赞成遣使斯巴达这样一项审慎的行动。

点,所以我们要强调这一点:密提林提出的要求和后来因为雅典拒绝这些要求而发生的暴动,完全不讲道理;而雅典的回应,根据合理的判断来看,都是必要的。

雅典人的回应迫使密提林人全力开始暴动,但他们还没有准备好。列斯堡岛上密提林的卫星城镇加入了暴动,但梅岫姆纳人、雅典人、还有雅典人的一些盟友反对暴动。叛党对雅典军营发动攻击,但他们没有信心坚持下去,从战场撤退了。他们决定,除非援军抵达,否则不再冒险作战。同时,他们再度派出使团前往斯巴达,这次的使团中带上了战役结束之后才抵达的拉戈尼亚(Laconian)和忒拜使节,敦促援军早些到来。叛党无所动作,雅典人受到鼓舞,雅典的盟邦亦然。他们很快对列斯堡岛实施了有效的海上封锁。密提林人在岛上几乎不受约束,因为雅典陆军规模实在太小,无法控制整座岛屿,只能控制梅岫姆纳和雅典军营周围的一小片土地。①

雅典人认为列斯堡局势已在掌握之中。海上封锁迟早将令叛党陷入饥馑,迫使他们屈服。与此同时,雅典人可以腾出手来,继续对伯罗奔尼撒半岛进行海上侵扰。敌军新近的海上行动使得雅典人必须重申自己的海上霸权。当阿卡纳尼亚人请求雅典人派出佛缪的一个儿子或者其他亲戚来援助他们的时候——因为佛缪自己不能去——,②雅典人就派出了他的(-138,139-)儿子阿索皮尤,率领30艘舰船前往。阿索皮尤洗劫了拉戈尼亚的海岸,试图与阿卡纳尼亚人一起夺下澳泥亚岱(Oeniadae),最终在琉卡斯战斗中阵亡。雅典资源短缺再现端倪:攻打拉戈尼亚结束之后,阿索皮尤先将18艘舰船遣回雅典,只率领诺帕克都港剩下的12艘舰船继续执行任务。③

---

① Thuc. 3.6.2. 修昔底德说,密提林和他们的同盟者"控制了陆地上",τῆς δὲ γῆς τῆς μὲν ἄλλης ἐκράτουν(谢德风译本,第187页),没有提到梅岫姆纳,修昔底德的叙述清楚表明,梅岫姆纳是独立的,并且敌视密提林。
② 修昔底德再一次遗漏重要内容,令人费解:他完全没有告诉我们佛缪命运如何,也没有告诉我们他为什么不能前往。佛缪可能病了,甚或已经去世,但是要说佛缪不能参与行动的原因是他在法庭遭到起诉、被罚款、被剥夺公民权,这在这个时间点是说不通的。参见戈姆,《修昔底德历史评注》,第2卷,第234—237页。
③ Thuc. 3.7.

阿索皮尤在执行这些任务的时候，第一支密提林使团抵达斯巴达，时间大概是在7月中旬，①但是斯巴达人没有立即采取行动。诚然，这是因为密提林使节们说与雅典还在谈判、军事行动还没有展开，但是前往斯巴达的这支使团的意义就在于，密提林人认为谈判将会破裂，战斗将展开。第二支使团抵达斯巴达的时间，比战斗和封锁的消息抵达斯巴达的时间要晚，但也不会超过一个礼拜。然而，斯巴达人仍然等到8月的第二个星期②才采取行动。即便到了这时，斯巴达人也只是要密提林人去参加奥林匹克赛会(the Olympic games)，然后在赛会上把他们的事情讲给前来集会的斯巴达同盟成员听。斯巴达的犹疑不难理解。暴动并不是斯巴达人的主意，而是彼欧提亚人提出来的，是密提林人自己热切抓住这一提议的。一个城邦为了一己利益而试图将斯巴达卷入危险之中，在此又是一例。要援助密提林，就意味着要装备庞大而昂贵的一支舰队，意味着要在海上作战。最近在科林斯海湾的耻辱败绩犹历历在目，前景委实不乐观。要使海上作战效用最大化，就必须辅以在同一年中第二次进攻亚狄珈，而这对于斯巴达及其盟邦而言太不寻常，他们也不情愿。基于上述理由，斯巴达并不着急行动，特别是在盟邦还未同意的情况下。

奥林匹克赛会结束后，密提林发言人要在奥林匹亚宙斯(Olympian Zeus)的神所面对伯罗奔尼撒同盟大会发言，他任务艰巨。按照惯例，他要证明，密提林人已经采取的行动是正义的，不包含错误，也没有自私自利，他还要证明这行动是无从避免的。为了这个目的，他说，雅典人侵蚀盟邦自治是不好的兆头，(-139,140-)密提林最终被奴役是不可避免的，除非密提林人选择时机，发动叛变。他自然没有提及自己的城邦要通过暴力手段统治列斯堡岛的勃勃野心，只提到自己的城邦保卫自由和自治的需要和决心，而这正是斯巴达及其盟邦公开宣称的作战理由。尽管这一理据也是个宣传口号，但仍然不失为一个重要理据。陈述完这一理据之后，他就可以转向演说中更有说服力的那个部分了。他强调说，暴动

---

① 戈姆，《修昔底德历史评注》，第2卷，第259页。
② 戈姆，《修昔底德历史评注》，第2卷，第259页。

时机绝佳,不仅对密提林而言是如此,对斯巴达及其盟邦来说也是如此。根据雅典目前的状况看,采取这一行动和当前战略的时机已经成熟:"这是你们所从来没有过的机会。由于瘟疫和战费的负担,雅典人已经到了民穷财尽的地步;他们的舰队一部分正在环绕你们的海岸航行,其余的在封锁我们。他们不可能还有船舰留在国内,如果在这个夏季里,你们第二次用海陆军同时进攻的话,他们一定不能抵抗你们,或者他们不能不从你们的沿海一带和我们国家里撤退他们的舰队。"①

密提林人最后一个理据更有说服力:无论你们是否赞成我们暴动,一旦暴动开始,你们就无法承受我们暴动失败的后果。别以为我们是在请求你们卷入与你们无关的一场遥远争端。你们自己在这场战争中的胜利依赖于你们对我们的支援:

> 决定战争胜负不是在亚狄迦(亚狄珈),如有些人所想象的,而是在于亚狄迦(亚狄珈)所以从那里吸取它的力量的那些国家。它的财力来自同盟国所缴纳的贡款;如果我们被征服了的话,它的财力会更大了。因为没有其他暴动,我们的资源就会加入到它的资源中,他们对待我们,会比对待那些在我们之前被奴役的人更加苛刻些。但是如果你们支援我们的话,你们自己会获得一个有强大海军的国家(海军是你们所最需要的);你们所处的地位会好得多,可以分散雅典的同盟国,以摧毁雅典的势力,因为别的国家会受到很大的鼓舞而转到你们一边来了;同时,你们也可以避免人家对你们的责难,说你们是不支援暴动者的。一旦你们以解放者的身分而出现的话,你们会发现你们在战争中的力量将大大地增加了。② (-140,141-)

密提林人对战争接下来进程的估计和他们对打败雅典所需战略的描述,准确得惊人,这与他们对雅典战斗能力的描述的准确程度不一样,但这并不意味着这些理据来自修昔底德,也不意味着这些理据来自后

---

① Thuc. 3.13.3—4;谢德风译本,第 191 页。
② Thuc. 3.13.5—7;谢德风译本,第 191—192 页。

见之明。战争进行到了那个时间点,密提林人所说的一切对于所有人来说,都是显而易见的。

密提林人的演说对斯巴达人起到了预期效果。斯巴达要求诸盟邦当场接受密提林为盟邦,命令各个盟邦尽快在科林斯地峡集结,按照常规各自派出三分之二的兵力,按照计划前去入侵亚狄珈。斯巴达人最为狂热,第一个到达集合地点。他们马上就着手建造机械,将舰船从科林斯拖过地峡、拖到撒罗尼海湾,准备对雅典从海上和陆上进行联合攻击。但是,盟邦的行动却表明,伯利克里估算得没错,伯罗奔尼撒同盟装备欠缺,只能发动最简单的那种战争。① "他们来得迟些,因为他们正在忙着收获他们的谷物,同时也厌恶军役。"②

雅典人得知了密提林的行动,也得知伯罗奔尼撒人愿意援助他们是因为他们认为雅典目前耗损颇多,实力虚弱,无力面对新的挑战。在这个时候,雅典人展现了果断与坚韧的志气,他们曾在马拉松和萨拉米斯表现过同样一种志气,而在战争的晚些时候,当境况愈加危急的时候,他们将再一次展现出这种志气来。雅典人决定,除了他们已经部署在列斯堡岛和其他地区的海军力量之外,再投入一支由 100 艘舰船组成的舰队下海。这支舰队将环航伯罗奔尼撒半岛,像过去一样侵扰袭击沿岸地区,以表明雅典人有信心抵抗斯巴达人即将发动的攻击。这支远征军几乎耗尽了雅典的资源。以往,划桨手来自于雅典最低的日佣级(thetes)公民,必要时则补充来自属邦的雇佣划桨手。这一次,具有重装步兵军籍的雅典公民——他们通常只作为重装步兵服役——和外邦居留民都不得不担任划桨手服役。③ 所募(-141,142-)新兵不可能如训练有素的日佣级划桨手那样高效,而招募行动则表明,瘟疫造成的伤亡情况十分严重。④ 如果伯罗

---

① Thuc. 1.141.4.
② Thuc. 3.15.2;谢德风译本,第 192 页。
③ Thuc. 3.16.1;戈姆,《修昔底德历史评注》,第 2 卷,第 271 页。
④ 使用拥有重装步兵军籍的公民作为划桨手,同时还表明雅典金库负担沉重。在 430 年的时候,雅典军队拥有配备常规划桨手的舰船 100 艘,同时还有 4000 名重装步兵。如果这些重装步兵领取的军饷仍然不超过他们原本就领取的金额——每天 1 德拉克马——但既需要划桨又需要战斗的话,那么,雅典每天就能节约军费 4000 德拉克马,而 3 周航程就可以节约 13 塔伦特。

奔尼撒人此时派出舰队与雅典人作战的话，他们的运气可能会比以前好一些，因为这些船员不再是佛缪的那些部下了。但是，雅典人可以碰碰运气，因为敌军之前从来没有挑战过他们的环航，现在也没有挑战他们。雅典人沿岸行动不受限制，"随意在伯罗奔尼撒沿岸登陆"。①

雅典人炫耀武力起了作用。斯巴达盟邦明显不愿振作参战，雅典人对伯罗奔尼撒半岛的袭击接踵而来，斯巴达人相信，密提林人说雅典业已积弱，是歪曲事实。斯巴达人终止行动，回到城邦。雅典舰队达到目的之后，也驶回城邦。密提林人和他们在列斯堡岛上的盟友暂且只能独力对抗雅典人。

在斯巴达人依照承诺计划着要攻打雅典的时候，密提林人继续推进，试图完全控制全列斯堡岛。他们开始对付梅岫姆纳，期待来自梅岫姆纳城邦内的一个党派会叛变城邦。策反计划失败后，接下来，他们对梅岫姆纳的攻打也失败了。密提林人撤退，返回城邦的路上经过安提撒、庇耳剌、埃列绪司，顺道树威于这些城镇。梅岫姆纳攻打安提撒，但是也失败了，列斯堡岛局势与上述行动开始之前并无二致。密提林控制全岛，除了梅岫姆纳。驻留岛上的雅典人人数太少，无法阻止密提林人自行其是。雅典的海上封锁也没有完全成功，密提林人在暴动开始的时候请求的雇佣兵抵达了列斯堡岛。雅典需要采取一些行动；雅典不能(-142,143-)将梅岫姆纳的友人丢给密提林人，因为一旦再遭袭击，梅岫姆纳可能就保不住了。斯巴达攻势既已终止，显然已经撤出密提林事务，这给了雅典亡羊补牢的机会。他们派出1000名重装步兵前往列斯堡岛，由将军帕其斯指挥。这支军队得以在密提林周围建起了要塞城墙，将密提林从海上和陆上同时封锁起来。这样建立起来的封锁能够保护梅岫姆纳，将来不会再遭到攻击，同时，这样的封锁或许能够令密提林屈服得更快一些。②

冬季甫一开始，对密提林的围歼就开始显现出成效。围歼密提林绝对必要，但这行动令业已缩水的雅典财政资源压力倍增，而这种

---

① Thuc. 3. 16. 1—2；谢德风译本，第193页。
② Thuc. 3. 18.

压力之大，超出了伯利克里在战争初期的所有预计；于是，雅典人不得不采取非常手段。与帕其斯一同到来的重装步兵和环航伯罗奔尼撒半岛的那些士兵一样，也被迫充任划桨手。无疑是为了省钱，士兵们才被迫承担双重任务。① 到 428/427 年冬季的时候，储备金库中的可用资金似乎已经少于 1000 塔伦特。② 正如布索特所说，如果雅典人不开源，即便雅典人只是以保守方式重启海上行动，即便不再有紧急情况出现，"金库耗尽只需三到四年"。③ 列斯堡的暴动和斯巴达的反应证明，雅典人需要频繁又大量地利用海军，同时也证明，雅典人必须对紧急情况有所准备。财政危机并非远在几年之后，它迫在眉睫。

为此，雅典人采取了两个措施，(-143,144-)这两个措施都不是伯利克里公开宣称的计划的一部分。在 428 年的泛雅典娜赛会（the Panathenaic games）上，雅典人很可能公开宣布要对盟邦贡赋进行重新核定，目标是增加收入。④ 一般情况下，缴纳贡赋的截止日期是春天的大酒神节（the Dionysiac festival），但是在 428/427 年冬季，雅典人亟需用钱，所以他们派出由 12 艘舰船组成的一支舰队，由吕西克勒斯和其他 4 名将军率领，前去收取新核定的贡赋。⑤ 吕西克勒斯及同袍也可能

---

① 布索特说，"重装步兵必须自行划桨，显然是因为缺钱"《希腊历史》，第 3 卷，第 2 册，第 1015 页）。戈姆认为，使用重装步兵的原因不是缺钱，而是缺人（《修昔底德历史评注》，第 2 卷，第 277 页）。在这个问题上，戈姆肯定错了，因为到这个时候，环航伯罗奔尼撒半岛的那 100 艘舰船上划桨的人——他们当中，绝大部分肯定是日佣级公民，而非拥有重装步兵军籍的人——又可以充任当前这支舰队的划桨手了，而这支舰队的任务是向列斯堡岛运送 1000 名重装步兵，规模肯定比环航舰队小得多。

② 《雅典贡赋表》，第 3 卷，第 343 页，这里给出的数字是 945 塔伦特。布索特《希腊历史》，第 3 卷，第 2 册，第 1015—1016 页，以及第 1016 页，注释 1)在估算的时候不掌握《雅典贡赋表》所掌握的）铭文证据，但他算出的数字也没有比这高太多。

③ 布索特，《希腊历史》，第 3 卷，第 2 册，第 1016 页。

④ 梅里特，《雅典财政文献》（Athenian Financial Documents），第 3—25 页；《雅典贡赋表》，第 1 卷，第 196—199 页。该核定列表的时间被推断为 427 年春季《雅典贡赋表》，第 2 卷，列表 27），但这一推断并非最终结论，《雅典贡赋表》的编辑们也承认这一点。然而，《雅典贡赋表》作者们的如下观点是正确的：一切理据"都指向一个方向，这种累积效应相当可观"（第 198 页）。一旦我们接受了这个日期，就很容易相信贡赋收入有一定提高，因为海勒斯滂地区有了新的纳贡城邦，也因为科拉佐门奈（Clazomenae）的核定额度提高了。

⑤ Thuc. 3. 19.

是被派出去征收一笔特别贡款的，这笔特别贡款与例行缴纳的贡赋不一样，如戈姆指出的那样。① 他们去了几个城邦，最终抵达卡里亚。那里是帝国最边远的地区，也是贡赋征收最困难的地区。在那里，雅典人遭到袭击，吕西克勒斯及其麾下许多士兵被杀死。我们不知道他们征收的贡款中有多少最终流向了雅典，也不知道这笔贡款是不是全部损失了。

从帝国盟邦增加一点儿收入，不能解决雅典的财政问题。特别是在短期之内，贡款征收需要时间，所征收的贡款也不足以满足围歼密提林的需要，雅典人只能再行借贷，储备金库将更加捉襟见肘。因此，雅典人不顾一切，采取了这样的措施：“第一次从他们自己的公民中征收了 200 塔连特（塔伦特）的捐税（直接战争税，*eisphora*），……以供围城之用。”②修昔底德的意思到底是不是这是雅典人第一次对自己的公民征收这样一种捐税，存在大量学术争议，但是可能最符合实情的解释是，这是雅典人在伯罗奔尼撒战争期间第一次征收这样一种捐税。③没有人怀疑，雅典人已经很久没有征收过这样一种捐税，也没有人怀疑，这样一种捐税被视为(-144,145-)特别手段，令人痛苦，特别是在有产阶层看来，因为直接战争税只会落在这些人的头上。④ 对盟邦增税可能会引致暴动，暴动将削弱雅典权势的来源。对自己的公民施加直接战争税则可能损伤有产阶层的作战热忱，而这些人构成了温和派别支持者中的大部分。伯利克里就从来没有在自己对雅典资源的公开讨论中提议过这种权宜之计。对此，我们无需感到意外。

这番推理使得许多学者猜想，这两项措施都是鹰派的杰作，而且很有可能是鹰派最有名的成员克里昂的作品。⑤ 然而，我们并无理由认为

---

① 戈姆，《修昔底德历史评注》，第 2 卷，第 279 页。
② Thuc. 3. 19. 1：Προσδεόμενοι δὲ οἱ Ἀθηναῖοι χρημάτων ἐς τὴν πολιορκίαν, καὶ αὐτοὶ ἐσενεγκόντες τότε πρῶτον ἐσφορὰν διακόσια τάλαντα, 谢德风译本，第 194 页。
③ 参见附录 A。
④ 汤森(R. Thomsen)，《直接战争税》(*Eisphora*)，哥本哈根, 1964 年，第 118 页。
⑤ 例如，吉尔伯特，《伯罗奔尼撒战争期间雅典城邦内幕考》，第 129 页及以下；韦司特，《古典语文学》，第 19 卷, 1924 年，第 139 页及以下；格罗茨(Glotz)与柯恩(Cohen)，《希腊历史》(*Histoire Grecque*)，第 2 卷，巴黎, 1929 年，第 636 页。

克里昂与引入直接战争税有关。没有古代作家将这一举措归于克里昂，修昔底德也没有提到他与这一举措有关联，阿里斯托芬在其喜剧中对他的提及只能证明克里昂对于收税热情高涨，而他对于为城邦募集一切财政收入都热情高涨，阿里斯托芬提到的内容不能证明是克里昂发明了这一举措。① 诚然，克里昂成为重要政治家，已经有几年时间了，同时，对有产阶层征税也与他推进战争这一关切相吻合，但我们没有证据可以证明，克里昂在 428 年已经权势煊赫，甚至足以强行推动通过把持着将军委员会的温和派所不同意的施政措施。那时他还不是将军，甚至没有证据可以证明克里昂是贵族议事会成员。② 事实上，很少有人讨论 428 年极端激进派和温和派之间的政策差异。这两个派别都会认为，继续战争十分必要，但是雅典无力负担新的攻势。在雅典同时遭到海上和陆上攻击的可能威胁之下，召集雅典人采取重大举措的人肯定主要是雅典的将军们：吕西克勒斯，尼基阿斯，帕其斯等等。和克里昂及其同党一样，这些人同样能够意识到，要把密提林的暴动镇压(-145,146-)在雅典金库耗尽之前、盟邦暴动蔓延到整个帝国之前，因为这关乎雅典的安全。要达到这个目的，就必须立即取得金钱流入，保障围歼继续，所以他们肯定发起并批准了相关的措施。如果可能的话，伯利克里自己也会采取同样的行动。这些将军们批准引入直接战争税，他们是在对自己征税、对自己所属的阶层征税，包括克里昂。史料证据表明，在投票批准直接战争税的时候，雅典人没有重大分歧。这项举措不是出于政党政治，也不是出于阶级斗争，而是出于审慎的爱国主义，目的是解决一项紧急事态。

这年冬季迟些时候，或许是在 427 年 2 月，一名斯巴达人萨籁修斯（Salaethus）在列斯堡岛秘密登陆，前往密提林。他通知密提林主事者，原计划在 428 年进行的两栖作战计划，将于 427 年展开。他们将入侵亚狄珈，并派出阿尔西达（Alcidas）率领的 40 艘舰船组成的一支舰队前来援助密提林。萨籁修斯自己将停留在密提林，主持局面。③ 不

---

① 关于阿里斯托芬给出的证据，汤森提供了很好的讨论：《直接战争税》，第 168—170 页。
② 康纳，《迢彭浦斯与公元前 5 世纪的雅典》（*Theopompus and Fifth-Century Athens*），麻省剑桥，1968 年，第 50—51 页。
③ Thuc. 3.25.1; 3.16.3.

管盟邦是多么不情愿，至少斯巴达人自己是迫切希望利用列斯堡暴动所提供的良机的。萨籁修斯的到来和他带来的消息给密提林人撑了腰，使得他们更加不愿意向雅典人屈服了。① 冬季行将结束，雅典人面临在这场战争中前所未有的重大挑战。他们必须镇压强大盟友发动的这场暴动，同时，他们还遭到陆上侵略和海上挑战的反复侵扰。雅典人必须尽快行动，因为围歼一旦拖延下去——像在波提狄亚或者萨摩司那样——，金库就可能耗尽，继续抵抗的能力也将随之消失。

---

① Thuc. 3.25.2.

第六章　西西里与柯西拉

　　428/427年冬季,斯巴达人有了时间详细计划如何兑现他们对密提林民众的承诺,如何解除雅典对该岛的围歼。斯巴达同盟成员国每年入侵亚狄珈一次,想借此阻止雅典人向列斯堡岛派出舰队。阿奇达慕斯大约已经缠绵病榻,不久于人世,因为他没有像往常一样率领入侵军行动,他的儿子阿吉斯也没有率领入侵军出征。而替代国王普雷斯托阿纳克斯之子泡珊尼阿斯率领军队行动的是普雷斯托阿纳克斯的兄弟科辽门内斯,泡珊尼阿斯此时年纪尚幼。① 斯巴达海军主将阿尔西达率领42艘舰船组成的一支舰队——其中有2艘舰船来自密提林——即将驶向列斯堡岛,这时,雅典人还因为他们自己的领土遭到入侵而被耽搁在本土。② 对于那些敌视雅典的斯巴达人来说,这样一个计划是他们自465年塔索斯(Thasos)叛离雅典③以来所怀梦想之巅峰,而他们可能从公元前5世纪70年代以来就怀有这一梦想了。自信、好战、敌视雅典的斯巴达人一直都相信,雅典人无法同时抵抗针对亚狄珈的入侵与针对其帝国的海上远征。这些斯巴达人势必是希望,两栖攻击能够煽动雅典盟邦叛变,星星之火将会燎原,雅典将因此屈服。432年,当阿奇达慕斯警告他们、但他们仍然投票赞成开战的时

---

① Thuc. 3.26.2;戈姆,《修昔底德历史评注》,第2卷,第289页。同时参见梅耶,《古代史研究》,第2卷,第508页。
② Thuc. 3.26.1;戈姆,《修昔底德历史评注》,第2卷,第288—289页。
③ Thuc. 1.101.1—2。

候，这样一种计划想法应该就已经占据了他们的头脑。在过去，这部分斯巴达人郁郁不得志，从未能将其战略付诸实践一试：(-147,148-)塔索斯暴动期间，地震发生，他们没能发动侵略；萨摩司暴动期间，鸽派在科林斯的帮助下占了上风，他们没能发动侵略；在战争的头几年里，雅典海军实力过人，而爱琴海地区又缺乏机会，他们没将战略付诸实践；428年夏季密提林人暴动以后，因为盟邦不情不愿，他们没能将此计划付诸实施。现在终于是时候了。

这次侵略亚狄珈大约开始于5月初，①持续了很长时间，破坏力或许仅次于430年那次非常漫长的侵略。在先前的侵略行动中未受影响的一切，还有地里已经成熟的一切，都被砍了下来。侵略部队期待着伯罗奔尼撒舰队的捷报，他们幻想着舰队已经抵达了列斯堡岛。② 海上远征成功取决于突袭和行动保密，因为42艘舰船是没有指望能够在雅典海军面前杀出血路的；正如修昔底德告诉我们的，速度很重要。然而，阿尔西达行动审慎又迟缓。阿尔西达可能是从圩林出发的，出发后，伯罗奔尼撒舰船"在环绕伯罗奔尼撒半岛本身的航程中，浪费了许多时间，然后从容地前进"。③ 舰队受到幸运眷顾，他们完全逃过了雅典人的视线，成功抵达提洛岛(Delos)。但是，这耽搁是致命的。在邻邦伊卡鲁斯(Icarus)和迈康逊(Myconus)，他们听说密提林已经投降；但他们仍然继续航行，驶向开俄斯对岸小亚细亚沿岸的埃吕忒莱(Erythrae)，以便进一步打探局势。密提林陷落之后一个星期，人们不再怀疑这个坏消息了。伯罗奔尼撒人集会商议下一步如何行动。

他们的境况算不上糟糕，他们仍然有很多机会对雅典造成损害。伯罗奔尼撒陆军这时还在亚狄珈蹂躏土地，这吸引了雅典人的部分注意力。该行动可以一直持续到补给耗尽的时候，这个时间大概会在6月初。④ 帕其斯所率领的那支停留在列斯堡的雅典舰队(-148,149-)无

---

① 戈姆，《修昔底德历史评注》，第2卷，第288页。
② Thuc. 3.26.2—4.
③ Thuc. 3.29.1；谢德风译本，第200页。
④ Thuc. 3.26.2—4. 布索特《希腊历史》，第3卷，第2册，第1021页）推断的日期，总是比其他人的推断要晚一个月。

法轻易离开列斯堡岛,因为该岛刚刚投降,还远未平靖。但进取无畏精神的实践途径不止这一种。埃利斯分遣队的指挥官透夏蒲卢(Teutiaplus)明显是个进取无畏的人。透夏蒲卢提议伯罗奔尼撒人立即发动对密提林的攻击。在取得海上胜利之后立即遭到攻击,这将是雅典人最想不到的事。雅典人现在肯定没有防备,他们的部队散落在岛上各处。在斯巴达友人的支持下,夜间突袭列斯堡会令雅典人大吃一惊,他们会取胜。① 这一提议在阿尔西达看来实在太过冒险,他拒绝了该提议。

接着,一些爱奥尼亚流亡者想利用这支斯巴达舰队出人预料的抵达,服务于他们自己的目的。爱奥尼亚流亡者的提议得到了舰队中一些列斯堡流亡分子的支持。他们希望阿尔西达在爱奥尼亚地区或伊奥里亚(Aeolia)的叙姆(Cyme)地区夺取一座城邦,作为反对雅典的爱奥尼亚总起义的基地。总起义会成功的,因为斯巴达人的到来受到了一致欢迎。起义成功后,雅典金库将失去收入来源,而金库本身现在已经接近耗竭。即便总起义没有马上爆发、而雅典人只是向被夺下的那座城邦派出一支封锁舰队,这也将对雅典造成损害。有理由相信,波斯节度使(satrap)庇苏司涅(Pissuthnes)将再次出手帮助雅典的敌人,因为在440年萨摩司暴动中,庇苏司涅就发挥了作用。因此,这样行动的话,最不尽如人意的结果也不过是一场旷日持久的封锁行动,而在这样一场封锁行动中,伯罗奔尼撒人将得到波斯的支持,而雅典的金库则将弹尽粮绝。

这番建议自私得这么明显,阿尔西达当然要起疑。这些流亡者明显是想拉斯巴达下水,深度卷入该地区事务,指望借此收复他们自己的家园。这些流亡者无疑夸大了雅典盟邦的暴动意愿和波斯的援助可能。即便如此,他们的建议还是不错的,如果采纳该建议,伯罗奔尼撒人在大陆上夺下一个城镇的希望还是很大的,因为爱奥尼亚人(-149,150-)完全没有料到会有一支伯罗奔尼撒舰队到来。修昔底德告诉我们,大陆上的居民看到舰船的时候,"并没有逃跑,反而跑近他的船舰

---

① Thuc. 3.30.

来，他们以为这些船舰一定是雅典人的，他们从来没有想到，雅典人控制海上，而一个伯罗奔尼撒人的舰队可以渡海到爱奥尼亚来的"。① 在这座被夺下的城邦里，斯巴达人至少可以指望波斯人会持仁慈中立的立场。

围歼即便只持续短短几个月，也会使雅典人付出高昂的代价。帕其斯对局势认识得很清楚。帕其斯没能在公海上邂逅这些逃亡中的伯罗奔尼撒人、没能在公海上发动一场战斗摧毁他们，他反倒庆幸不是在一个港口中发现这些伯罗奔尼撒人的，因此也就不用就地围困这些伯罗奔尼撒人。② 即便雅典围歼行动最终取得成功，伯罗奔尼撒人也还是可以朝内陆逃跑，然后班师。在这种情况下，伯罗奔尼撒人将失去的仅仅是42艘舰船，比照雅典因此付出的代价，那是完全划得来的。事实上，到了425年，斯巴达已经完全放弃了海上作战。

然而，阿尔西达完全无心冒险。他拒绝了爱奥尼亚流亡者的提议，一心只想自己和自己的舰船尽快安全回到伯罗奔尼撒半岛。③ 阿尔西达因为惊慌所以起航班师。他先前在小亚细亚沿岸俘虏了不少人。现在这些俘虏成了负担，妨碍他奔袭回家，于是他处死了绝大部分俘虏。阿尔西达途中在以弗所（Ephesus）作停留时，住在附近的一些萨摩司人告诉他说，这种行为是没有办法解放希腊人的；这种行为也不会为斯巴达赢得朋友，还会使得原本对斯巴达亲善的希腊人疏远斯巴达。阿尔西达让步了，他释放还活着的俘虏，但是这已经对斯巴达的事业造成了损害。④

此时，消息传到了帕其斯那里，说一支伯罗奔尼撒舰队正在爱琴海地区为所欲为，还在小亚细亚沿岸登陆了。消息令爱奥尼亚极为恐惧；爱奥尼亚城邦均未设防，因为没有人想象得到一支伯罗奔尼撒舰队能够突进得如此深入。整个沿岸地区的作物都已成熟，敌人可以径直占领，或者至少可以洗劫一番。防御性战争打了4年，(-150,151-)雅典

---

① Thuc. 3.32.2；谢德风译本，第201—202页。
② Thuc. 3.33.3.
③ Thuc. 3.31.2.
④ Thuc. 3.32.

资源如此耗竭,以致于斯巴达人愿意在爱琴海冒险一试。此时,如果伯罗奔尼撒人采取更大攻势、同时得到更有效的指挥,那么,雅典人就将真正面临危险了。在 427 年的夏季,伯罗奔尼撒人绝大部分在握之资源强于 20 年后;而 20 年后,伯罗奔尼撒人资源还不如当下,雅典却屈服于那时的伯罗奔尼撒人。雅典资金短缺,帝国的一部分正在暴动,小亚细亚地区未经设防的沿岸城邦可能遭到策反,而所有这些情况都可能将波斯卷入战争,同斯巴达一起对抗雅典。① 斯巴达人需要的只是像莱山德(Lysander)一样的一位领袖。但是,现在,他们没有莱山德,只有阿尔西达。阿尔西达拒绝良机,从开阔的公海上逃跑,直到帕其斯在帕特莫(Patmos)放弃追击,然后,舰队安全回到了伯罗奔尼撒半岛。② 斯巴达人,正如修昔底德在评价后来的情势时所说的,是雅典人最为便宜的战斗对象。③

阿尔西达的拖延对于密提林叛党来说是致命的。来自伯罗奔尼撒半岛的援助没有抵达,连被派去鼓舞叛党士气的斯巴达人萨籁修斯也放弃了希望,他认为舰队不会抵达了。萨籁修斯判断,现在唯一的机会是攻打包围密提林的雅典军队,突破重围,得到食物,因为密提林城邦的补给已几近耗尽。为此,他需要的重装步兵比一般情况下所需的更多,所以他心生一计,准备冒险。在被围歼的城邦之内有较低阶层的密提林人,武器显然也足够,他可以把这些人中的一部分武装成重装步兵。于是,他决定把武器提供给平民,尝试突围。这一决策必须得到密提林寡头政权的批准,这同时也说明,(-151,152-)平民此前从来没有

---

① 庇苏司涅在萨摩司暴动中的举动已经说明,波斯人有意愿趁雅典之危(参见卡根,《伯罗奔尼撒战争的爆发》,第 172—173 页[原书页码]);430 年春季,波斯人再次显露了这一意愿。在 430 年,庇苏司涅自己前去干涉柯罗丰(Colophon)党争。庇苏司涅支持其中一个派别,提供雇佣军,将亲雅典的另一个派别驱逐出柯罗丰城邦。自此,柯罗丰被波斯人及其朋党统治,而倾向于雅典的柯罗丰人则被困在诺提昂(Notium),直到 427 年。427 年,诺提昂爆发了又一次党争,波斯人又一次应邀卷入。这一次,输掉党争的那个派别向帕其斯请求援助,帕其斯应邀干涉这次党争(Thuc. 3.34)。我们有充分理由相信,如果斯巴达人于 427 年在爱奥尼亚登陆,他们一定会得到波斯人的支持。
② Thuc. 3.33.
③ Thuc. 8.96.5.

对城邦的政权表示过不满,也没有表示过对雅典的青睐。① 然而,这一次,平民一旦取得武装就背叛了上层阶级,他们要求上层阶级拿出现有食物,分给所有公民。不然的话,他们威胁会把城邦交给雅典,与雅典单独议和,将上层阶级排除在外。②

我们没有办法知道密提林的当权者是否满足了平民的这一要求,也无从得知平民是否因此忠于政权、愿意继续战斗。很有可能的情况是,粮仓已经空空如也,没法广泛分发食物,所以当权的寡头党放弃了继续抵抗的希望,与帕其斯达成协议,因为他们意识到,如果被排除在协议之外的话,他们就会陷入巨大的危险。③ 密提林人与帕其斯达成的协议基本属于无条件投降:雅典军队将被迎入城邦,雅典人将有权力"自由处置密提林的人民"。帕其斯允许密提林派出一支使团前往雅典,去协商最终处置方案,并且承诺在这支使团回来之前,不会监禁、奴役、杀害任何密提林人。这些条件并不是什么重大让步,因为帕其斯没有得到授权可以订立最终处置方案,也没有得到授权可以惩罚单个叛党。

最为亲近斯巴达人、为了取得斯巴达对暴动的支持而卷入最深的那些密提林叛党,自然陷入了惊惶。雅典军队已经进入城邦,于是他们奔向神坛,寻求避难所。帕其斯的举动极为正确,极为(-152,153-)周到。他向乞援者们保证不会伤害他们,还说会将他们送去临近的铁纳铎岛,保护起来。这一举措既仁慈,又明智,因为这些乞援者很可能会面临来自政敌甚或私敌的危险。④ 这时,为了追击阿尔西达率领的伯罗奔尼撒舰队,帕其斯不得不暂停他在列斯堡岛的行动。正如我们已

---

① R•P•勒贡(《凤凰学刊》,第 22 卷,1968 年,第 206 页)强调了这一点,他是对的。丹尼尔•基历(《美国古典语文学期刊》,第 92 卷,1971 年,第 44 页)认为,在平民之中隐藏着民主革命情绪。他论证说,民众(demos)是可以负担得起重装步兵的武器装备的,但是"城邦基于政治理由,禁止他们拥有重型武器"。没有证据可以证明这一点,而且这种观点不符合我们所了解的希腊惯例。如果密提林民众能够负担得起一副全幅盔甲,他们肯定已经拥有一副。退一步说,一个政权是很少向其公民发放武器的。只有在 427 年,危机造就了惊慌,该政权因为惊慌失措而向其公民发放了武器。即便到了这个时候,如果该政权对其平民的忠诚有任何一丁点怀疑的话,他们也是不会发放武器的。

② Thuc. 3.27.3.
③ Thuc. 3.28.1.
④ Thuc. 3.28.

经看到的,帕其斯没有在开阔的公海追上阿尔西达,他在帕特莫放弃了追击。当帕其斯回来的时候,他控制了列斯堡岛上敌视雅典的其他城镇,俘虏了躲起来的萨籁修斯。帕其斯把萨籁修斯送去雅典,同时送去的还有铁纳铎岛上亲斯巴达的那些密提林人和"那些他认为和组织暴动有关的人",尽管修昔底德没有明确说明,但是这很可能是应雅典公民大会的一道法令的要求而决定的。① 把对雅典不满的这些密提林人都遣返之后,就没有必要再在列斯堡岛维持如此规模的雅典部队了,所以帕其斯将大部分部下也遣回雅典。在等待雅典作出最终决定的这段时间里,他率领剩余部队维持秩序,承担了临时布政司的职责。②

为商议密提林命运而召开的这次雅典公民大会,必须置于这一特定历史时刻之中来加以考察。雅典人已经进入了一场战争的第四年,有人曾告知他们,只要坚持防御战略,他们就能赢下这场战争。雅典人知道,他们的力量在于拥有金钱储备,在于舰队优势无人匹敌,在于帝国安全,在于城墙坚不可摧。雅典人曾经认为,仅仅依靠显示决心、表明攻击不起作用,就会令斯巴达人恢复理智。一切信心,一切乐观的期待,现在都被动摇了。他们的金钱正在被快速耗尽,他们的舰队因为人员和资金短缺而逐渐积弱,甚至无法阻止一支敌军舰队刺进帝国心脏。一位大胆的敌军指挥官就能够煽动总起义,还可能把波斯的势力也卷入到对雅典的战争中来。因为采取防御战略而引起的人口集中加重了疫情,而瘟疫蔓延越过城墙,造成的人员伤亡比敌军部队造成的还要严重。430 年以来,瘟疫不断肆虐,(-153,154-)断断续续,或许还将卷土重来。与此同时,敌人却没有受到严重损失,也没有表示出任何一丁点放弃战斗的意愿。雅典人采取的唯一战略分明是失败的,但看起来也没有其他替代战略可供选择。雅典被迫坚守防势,但千钧一发之际,是因为敌军指挥官优柔寡断才逃过一劫。下一次,好运未必会再次眷顾雅典人。斯巴达人航行远至爱奥尼亚,未受阻拦,回航时也毫发未伤,雅典人在海上表现出来的这一弱点马上就会广为人知,可能会鼓舞更

---

① Thuc. 3.35.1;谢德风译本,第 203 页;戈姆,《修昔底德历史评注》,第 2 卷,第 297 页。
② Thuc. 3.35.2。

多盟邦暴动。雅典处境岌岌可危,集会决议密提林命运的雅典公民大会对此十分清楚。

雅典人未经审判,就决定处死斯巴达人萨籁修斯。从这一决定中,我们已经多少能觉察到雅典人所感到的恐惧和愤怒。公民大会的决策似乎是一致通过的,即便萨籁修斯提出他可以去劝服斯巴达人放弃普拉提阿围歼,以此换取雅典人饶自己一命,也没有用。① 关于密提林命运的争议则更加激烈,所以雅典人就此展开了辩论。修昔底德没有选择详细记载这次会议,也没有复述任何演说,但是他记载的信息已经足够我们还原决策过程。或许,自密提林来的使团被允许首先发言,就像433年在商议是否要与柯西拉结盟的那次公民大会上,科林斯人和柯西拉人被允许首先陈述自己的观点一样。这支密提林使团组建的时候,两个派别都在与帕其斯谈判,所以这支使团中应该既有寡头党人,又有民主党人。②

修昔底德没有告诉我们密提林人说了什么,但是密提林人的一些理据能够从雅典人后来对暴动责任的决断中反推出来。(-154,155-)在雅典公民大会第二次集会的辩论中,一个主要的议题就是,到底是所有的密提林人都有罪,还是只有寡头政权有罪。勒贡提到,这一议题是由密提林使团在第一次大会上提出来的,这很有可能。③ 如果我们采信勒贡的这一观点,我们就可以认为,在愤怒的雅典人面前,密提林使团分裂了;寡头党人试图把责任摊到所有人的身上,指望雅典人不会杀死所有密提林人民,但是民主党人——发言的可能是民众的领袖,对政治问题更清醒,也更积极活跃——势必争辩说,暴动是当权的寡头派别

---

① Thuc. 3.36.1.
② 勒贡,《凤凰学刊》,第22卷,1968年,第208页;奎恩(Quinn)(《历史学刊》,第20卷,1971年,第408页,注释18)不认为 ποιοῦνται κοινῇ ὁμολογίαν,"与大多数人一起订立协议"(Thuc. 3.28.1)的意思必然是密提林"民众"与雅典人有勾连。但是,此处文本的意思,显然就是奎恩所否认的这个意思。与此同时,奎恩自己的看法是"政权和民众对外签订的是同一个协议,而不是分别签订了两个协议"。这种看法太过勉强。勒贡的看法更有说服力,我采信勒贡的看法。
③ 勒贡,《凤凰学刊》,第22卷,1968年,第208—209页;奎恩(《历史学刊》,第20卷,1971年,第408页)没有接受这个观点,他推断,罪责在谁的问题是由雅典人提出来的。

发动的,他们强迫民众遵守命令。"他们应该会要求,只惩罚真正有罪的那些人。"①

密提林使团发言之后,轮到雅典人来作决断了。辩论围绕克廉内图之子克里昂提出的动议展开:杀死密提林的所有男性成年公民,把所有妇孺鬻为奴隶。我们可以想象,发言的人不止一位,甚至提案也不止一个,但是修昔底德仅仅记载了克里昂的动议和反对这一动议的主要发言人游科拉底之子狄奥多图斯的发言。这场辩论似乎是两个派别之间的分歧,其中代表温和派发言的是狄奥多图斯,他采取了伯利克里的审慎政策,代表激进派发言的是克里昂。430 年,斯巴达拒绝了和平提议,鸽派由此名誉扫地,但因为人员和资金短缺,雅典又无法采取任何攻势行动,所以两个派别此前没有重大分歧,温和派仍然控制局面。然而,在鹰派看来,自从 433 年向柯西拉派出第一支援军之后,伯利克里及其继任者的政策不过是折中之计,鹰派对温和路线的不佳后果感到失望灰心,对这种政策路线感到不满。密提林暴动将这种失望灰心变为了愤怒,修昔底德告诉我们,所有(-155,156-)雅典人都感到愤怒。他们愤怒是因为密提林已经地位超然,但还是暴动了;他们愤怒也是因为,这次暴动不是突然的一时之举,而是经过了长久的严密谋划;最后,他们愤怒还是因为,正是由于密提林暴动,一支伯罗奔尼撒舰队穿过爱琴海,抵达了爱奥尼亚的海岸。②

克里昂或许就是利用了这些理据,再加上其他一些理据。我们不知道狄奥多图斯说了什么来反驳克里昂。克里昂赢得了这一天的辩论,一艘三列桨战舰被派到帕其斯那里去,传达决议,下达命令,要他立即执行判决。与此同时,雅典人却重新考虑,改了主意。狂怒一消散,雅典人就开始考虑,将无辜者与犯罪者同等对待的举措,既不合情理,又非常可怕。来自密提林的使团——其中很可能有几位是雅典的在邦领事——,连同密提林人在雅典的支持者——狄奥多图斯,以及其他温和派雅典人——,

---

① 勒贡,《凤凰学刊》,第 22 卷,1968 年,第 209 页。
② Thuc. 3.36.2;我认为,此处的 οὐκ ἐλάχιστον (not the least,一点儿也不)是间接肯定法(litotes)的一例。

察觉到了群情之变。他们很容易就说服了将军们——而我们知道,这时在任的将军都是温和派①——,要求议事会主席团召开公民大会特别集会,重新商议这一问题。② 在决定了密提林命运的那次公民大会召开的第二天,第二次集会就召开了。

尽管克里昂在雅典政坛活跃已经有些年头了,但在此处,修昔底德还是第一次在其史书中介绍克里昂,说"在雅典人中,他是最激烈的;这时候,他对人民的影响最大"。③ 修昔底德很少直接刻画个人性格,而如此严厉的性格刻画也仅见于他对克里昂的刻画。接下来的这篇演说辞,足以证实这番刻画。④ 抛开恐吓与修辞不谈,克里昂的主要观点是这些:密提林人必须得到严厉惩罚,因为他们的暴动没有理由且不正义,没有预见到的好运——依照惯例——带来了"无节制的暴力"(hybris);(-156,157-)因此,正义就是迅速严厉地惩罚他们。不应该区分普通民众和寡头党人,因为双方都参与了暴动。惩罚必须严厉,这不仅是正义的要求,也是权宜之要求。克里昂相信,宽大处理将鼓舞暴动,而不加区分的严厉惩罚将遏制暴动的念头。最后这一点不仅仅是对犯罪理论的运用,也不仅仅是克里昂在给自己的激情披上理性的外衣。这是克里昂论据的核心要点,体现了对伯利克里帝国管理政策的重大背离和严肃批评:"我们就应该对待密提林人和对待所有其他同盟者一样;那么,他们就不会这样傲慢了的,因为一般人性都是轻视那些待他们好的人而敬畏那些不让步的人。"⑤这番话暗示,雅典人先前不应该允许密提林人保持自治,而应该将她——或许还有开俄斯——削弱到属邦的地位。克里昂把以下情况视为既往的错误,说得更加直白:"现在你们想想你们的同盟者吧!如果你们对于那些受敌人压迫而暴动的人和对于那些自动暴动的人给以同样的处罚的话,那么,他们都会利用

---

① 参见本书上文,第131—132页(原书页码)。
② Thuc. 3.36.5. 关于程序问题,参见戈姆,《修昔底德历史评注》,第2卷,第298页。
③ Thuc. 3.36.6;谢德风译本,第204页。
④ 关于对这篇演说辞的有趣评论,参见A·安德鲁斯,《凤凰学刊》,第16卷,1962年,第64—85页。
⑤ Thuc. 3.39.5;谢德风译本,第207页。

很小的借口举行暴动,因为如果成功了,他们可以获得自由;如果失败了,也没有可怕的后果,难道你们没有看到这一点吗?"① 克里昂提到的这种情况无疑是普遍的,这是因为即便在第一次伯罗奔尼撒战争的阴暗日子中,伯利克里治下的雅典也从来没有向盟邦施加过如此严厉的惩罚。② 那时,帝国内暴动猖獗,特别是优卑亚的暴动威胁着雅典的安全;那时,《克雷尼亚法令》(Decree of Cleinias)和《柯烈库货币法令》(Decree of Clearchus)收紧了雅典对盟邦的控制;那时,雅典人在暴动的柯罗丰殖民,并强行用民主政权替代了柯罗丰人本来的政体;那时,雅典人的军事殖民地(cleruchy)散布帝国版图各处。即便在那样的时候,雅典人曾经向其他城邦施加过最严厉的处置方案,是第一次伯罗奔尼撒战争期间他们对希斯提亚(Histiaea)的处置方案,而色诺芬将这一处置方案列为雅典犯下的诸多暴行之一,与雅典人在弥罗斯、司基昂、坨落堄(Torone)、埃基纳等地犯下的暴行并列。③ 雅典人剥夺了(-157,158-)他们的土地,但是没有夺去他们的生命,而克里昂这时却建议杀光所有密提林人。④ 雅典440年对萨摩司和拜占庭的处置方案并没有过去多长时间,所以这一处置方案在克里昂的听众看来仍历历在目。尽管萨摩司暴动给雅典造成了严重威胁,尽管镇压萨摩司暴动颇为不易,但是萨摩司人不仅保住了自己的性命,还保住了自己的财产。他们失去了城墙和舰船,被迫接受一个民主政权,但是他们无需忍受驻军,也无需接受雅典人在此军事殖民。萨摩司人甚至无需缴纳贡赋,只需缴纳一笔比较合理的战争赔款。拜占庭几乎就毫发无伤。她被允许恢复其暴动前的地位,所不同的只是贡赋金额轻微上调。⑤ 我们很容易想象,接受波提狄亚投降、但允许波提狄亚公民离开的那些将军们被提起诉讼,克里昂及其朋党就是提起控诉的原告。⑥

---

① Thuc. 3.39.7;谢德风译本,第207—208页。
② 参见卡根,《伯罗奔尼撒战争的爆发》,第116—119页(原书页码)。
③ Xen. Hell. 2.2.3.
④ 关于雅典446年对优卑亚的处置方案,参见卡根,《伯罗奔尼撒战争的爆发》,第126—127页(原书页码)。
⑤ 卡根,《伯罗奔尼撒战争的爆发》,第176—177页(原书页码)。
⑥ 参见本书前文,第98—99页(原书页码)。

克里昂暗示说,这样宽大的处理就是导致密提林暴动的原因。如果雅典人继续执行这种怀柔政策,误付怜悯,浪费仁慈,就"将花费我们的金钱,冒着生命的危险,向一个一个的国家进攻;如果我们胜利的话,我们须要恢复一个破坏了的城市,因而丧失了这个城市将来的收入,而这种收入是我们的力量所倚赖的;如果我们不能征服它的话,那么,除了我们已有的敌人之外,我们必须对付更多的敌人,我们会花费那些我们应当用来抵抗我们目前敌人的时间来和我们自己的同盟者作战了。"①

克里昂的论辩并不只是针对密提林的命运;这全面攻击了伯利克里及其追随者的帝国政策路线。克里昂的政策建议是,至少在战争时期,对帝国叛党施行有计划的恐怖政策。423 年,司基昂暴动之后,也是克里昂提出动议并执行动议处死司基昂民众的;②422 年,在平靖坨落坭暴动之后,也是克里昂提议将该城妇孺鬻为奴隶的。③ 克里昂的演说辞是(-158,159-)统一战线出现的一道裂痕。自 430 年雅典的议和提议遭到斯巴达拒绝以来,这道统一战线一直非正式地存在于伯利克里的温和派和更激进的克里昂党之间。这是一个信号,它表明克里昂及其朋党不再愿意接受温和派的政策和领导,从此以后,他们同时向温和派的政策路线和政治领导两个方面发动了攻击。

修昔底德直接引用并记载了克里昂和狄奥多图斯之间的辩论。这场辩论常常被当作证据,用来证明雅典人因为这场战争而心志更加粗粝、士气不断下降,但是我认为这不能证明这一点。④ 修昔底德对这场辩论的呈现过于戏剧化,反倒使得他自己的评论变得难以理解。⑤ 修昔底德说克里昂和狄奥多图斯只是几名发言人当中的两位,还说他们代表了最极端的两种立场。⑥ 但其他发言人显然也致力于说明正义和人性

---

① Thuc. 3.39.8;谢德风译本,第 208 页。
② Thuc. 4.122.6.
③ Thuc. 5.3.4. 被俘房的坨落坭男人开始被送往雅典,缔结和约之后被遣返回家。如果克里昂还活着,他很有可能会要求执行更加严厉的处置方案。
④ 例如,约翰·芬力(John Finley),《修昔底德》(*Thucydides*),麻省剑桥,1942 年,第 177 页。
⑤ 安德鲁斯(《凤凰学刊》,第 16 卷,1962 年,第 64—85 页)已经指出了这一点。我对于辩论发生时的周遭情势的理解,很大程度上得益于他的这篇论文。
⑥ Thuc. 3.36.6,3.49.1.

问题,而克里昂的演说明显是反驳这些发言内容的。最后我们也不应该忘记,公民大会召开第二次集会是因为雅典人担心自己的行动既残酷又不正义。狄奥多图斯的策略是强调权宜,同时避免用情感来唤起仁慈等人道情绪。要理解狄奥多图斯的策略,首先就必须将其放在整场辩论中去理解,而关于这场辩论,大部分内容我们是不知道的。要理解狄奥多图斯的策略,其次还必须将其视为对克里昂演说的明确回复。

克里昂暗示说,仁慈宽大的倾向起码算是软弱,甚至算是腐败,最多可以算作叛国。在这样一种进攻的面前为人性辩护,无疑是糟糕的策略。在这样的情形下,人们通常试图将自己可能持有的所有人道理据掩盖起来,摆出强硬姿态,甚至比敌人姿态还要强硬。这令人回想起迪安·艾奇逊(Dean Acheson)和哈里·杜鲁门(Harry Truman)为马歇尔计划(the Marshall Plan)辩护时所使用的理据。孤立主义者和共和党人指责马歇尔计划,说这是空想慈善家的想法,为了人道主义怀柔而损害美国利益。事实上,马歇尔计划有一部分动机确实是出于人道主义愿望的:为饥馑的大陆提供食物,重建这个破碎的大洲;但赞同马歇尔计划的人们在为之辩护时,却几乎全部(-159,160-)依靠强硬的自利措辞。① 狄奥多图斯使用同样的办法,劝雅典人把票投给他的提议,他不是要他们考虑怜悯和仁慈,而是劝他们仅仅出于权益算计也要这么做。②

在对克里昂的理据进行必要辩驳之后,狄奥多图斯的主要任务是为伯利克里制定他自己和其他温和派所支持的这种帝国政策路线进行辩护。他的辩护有力而富有技巧,主要依靠以下两个理据。第一,他声称,对暴动未遂者动用死刑,不能有效遏制将来的暴动。人们暴动是因为他们认为自己可以成功;因此,依靠惩罚来威胁,阻止不了这些人。更好的政策做法是"不要在他们叛变之后,处以严重的

---

① 戈姆《希腊历史与文学补论》[*More Essays in Greek History and Literature*],牛津,1962年,第158页)提到了一个类似的现象:"1945年,在柏林的英国新闻记者强调,该地居民正在遭受饥馑,需要送来食物,并且向我们保证这不是出于对邪恶战败敌人的怜悯或仁慈,而是因为营养不良很容易引发伤寒流行,而伤寒流行可能会传染给盟军。"

② Thuc. 3.48.1.

惩罚；而应当在他们叛变之前，特别注意他们，使他们连叛变的思想都不会产生"。① 戈姆说，这番声明本身"合理充分，但是说起来容易，做起来难"，这很有道理。戈姆还指出，这番声明与伯利克里在战争爆发的时候提出的建议很像："对他们的同盟者要紧紧地抓住"，②这一观察也是正确的。提出这番建议的人相信，当前帝国体系的原则健全合理，需要的只是提高管理水平。狄奥多图斯实际上直接重申了他对当前帝国体系的信心。"你们要考虑到这一点：现在如果有一个城邦已经叛变，后来知道它不能成功了，当它还能够给付赔款和以后继续缴纳贡款的时候，它就会投降。"③雅典人肯定想起了萨摩司和拜占庭投降的情境，这两个城邦都在被摧毁之前就让步屈服了。萨摩司人仍然缴付战争赔款，拜占庭人仍然缴付他们那笔可观的贡赋，两个城邦都在为(-160,161-)雅典的势力作贡献；两个城邦都没有试图再次暴动。狄奥多图斯的听众完全可能相信，密提林投降的时候，受到了雅典先前的温和处置案例的影响。

狄奥多图斯将这些良好的结局与克里昂新方案所可能造成的后果作对比。"每个城邦不但在叛变时作更充分的准备，而且在被围攻的时候，将抵抗到底，因为迟早投降是一样的，难道你们还不能看到这一点吗？无疑地，这对于我们是不利的——我们要花费很多金钱去围城，因为它不会投降；如果我们攻陷了那个地方，我们也只取得一个破坏了的城市，因而丧失了将来从这个城市可以取得的收入，而这种收入正是我们战时的力量所依靠的，(难道你们还不能看到这一点吗)？"④

狄奥多图斯的第二个理据，基于克里昂自己断言当中的明显矛盾。克里昂断言，就暴动责任而言，密提林普通民众与寡头党一样有罪。狄奥多图斯的反驳表明这一议题先前已经被辩论过，要么是在公民大会第一次集会上，克里昂和狄奥多图斯辩论过，要么是其他发言人就此辩论过；同时，这一议题应该是由密提林人自己提出来的。在克里昂一方

---

① Thuc. 3.46.6；谢德风译本，第214页。
② Thuc. 2.13.2；谢德风译本，第114页；戈姆的评论针对的是Thuc. 3.46.4和Thuc. 3.46.6，在《修昔底德历史评注》，第2卷，第322页。
③ Thuc. 3.46.2；谢德风译本，第213页。
④ Thuc. 3.46.2—3；谢德风译本，第213页，有改动。

看来,没有证据能够表明民众在受到饥馑驱动之前,曾经抵制暴动。而在狄奥多图斯一方看来,事实就是民众叛离了寡头政权后,密提林才有条件投降,克里昂也没有否认这一点;事实就是民众是被迫加入暴动的。① 我们很难简单判断狄奥多图斯这个看法是否正确。从修昔底德的叙事中,我们并不能推断出雅典封锁造成损害之前,曾有人反对暴动;但是克里昂说普通民众加入暴动,"认为和贵族分担危难是比较安稳些",②这就表明如果民众拒绝加入暴动,就会被处罚。

雅典帝国是否在较低阶层中更得人心,这是一个更大的问题,对于狄奥多图斯来说,这个问题同样重要。他断言说,"在目前的情况下,各城邦的人民对你们是友好的,他们拒绝和贵族一起来叛变,或者,如果被迫而参加了叛变的话,他们还是时常仇视叛变者,因此,当你们和叛变者作战的时候,(-161,162-)人民是帮助你们的"。③ 在这个问题上,我们同样无法肯定狄奥多图斯就是正确的;正反双方都有证据,现当代学者争议不断。④ 当下这个案例——密提林叛乱——并不能明确说明,狄奥多罗斯是对的。狄奥多罗斯似乎意识得到,对他有利的证据远远不能说是决定性的,但是这没有太困扰他,因为在开政策处方的时候,他的重点并不是描述事实。总的来说,暴动被镇压下去以后,雅典责备惩戒的人应该越少越好。把普通民众和暴动的贵族起事者一起杀掉,那正中寡头党之下怀。一旦大家知道,无论贵族还是平民、起事者还是不知情的追随者、有罪之人还是无辜之辈,面临的都是同样的命运,那么在将来的暴动中,普通民众也会起来反对雅典。"事实上,纵或他们是有罪的,你们也应当装作他们是没有罪的,使这个没有反对你们的唯一阶级能够帮助你们。"⑤

狄奥多图斯提出的政策是牢牢地、但温和明智地控制盟邦,这一政

---

① 狄奥多图斯:Thuc. 3. 47. 2;克里昂:Thuc. 3. 39. 6。同时参见勒贡的分析:《凤凰学刊》,第 22 卷,1968 年,第 209—210 页。
② Thuc. 3. 39. 6;τὸν μετὰ τῶν ὀλίγων κίνδυνον ἡγησάμενοι βεβαιότερον,谢德风译本,第 207 页。
③ Thuc. 3. 47. 2;谢德风译本,第 214 页。
④ 参见上文,第 132 页,注释 37(原书页码和注释码;中译本第 113 页,注释⑤)。
⑤ Thuc. 3. 47. 4;谢德风译本,第 214 页。

策建议被包裹在"权力政治"(Realpolitik)措辞的外衣之下。但是,尽管他选择这种措辞或许是迫于情势,不得不为,同时尽管我们可以赞颂他的人道主义考虑,但狄奥多图斯的主要担忧还是政治问题,关键还是在于他深信自己建议的这个政策会行之有效。他赞成伯利克里的计划,到密提林暴动这时候为止,该计划进行得不错。在狄奥多图斯看来,没有理由认为密提林不是个案。克里昂所提出的有计划的恐怖政策不仅太过激进,而且事实上毫无必要,还很有可能弄巧成拙。因此狄奥多图斯提议说,雅典人应该只判决帕其斯押回雅典的那些人为罪犯,雅典人不应该伤害其他密提林人。①

当我们意识到被帕其斯当作"最有罪"而抓捕的那些人比1000人还要略多一点②的时候,我们应该更加容易相信,这里的问题在于政策,而不在于人道。这一数目或许不少于(-162,163-)列斯堡岛上参与暴动的所有城镇里成年男性人口的十分之一。③ 狄奥多图斯没有提议将这些人判处死刑,但是他应当知道这会是结果。投票结果极为接近;举手表决几乎打平,但是最终狄奥多图斯的提议胜出了。克里昂抓住当下时机,立即提议公民大会投票决议,判处"有罪"的这1000人死刑,然后,他的动议被通过了。这一次,修昔底德没有说投票票数是否接近。④ 布索特将这些议程与在阿吉努赛(Arginusae)战役后对雅典将军的审判作对比,他是对的。⑤ 列斯堡人没有得到应有的审判,个人没有,作为一个集体也没有。公民大会以帕其斯的意见为基础,径直假定他们有罪,投票决议判处这些人死刑。我们不知道狄奥多图斯是怎么投票的;没有记录能证明狄奥多图斯投了反对票。

与此同时,在前一天的公民大会之后被派往列斯堡的那艘船,正在去往列斯堡岛的路上,带着判处所有人死刑的命令。第二艘三列桨战

---

① Thuc. 3.48.
② Thuc. 3.50.1. 这个数目被许多学者质疑,他们认为这个数字实在太大了。参见布索特,《希腊历史》,第3卷,第2册,第1030页,注释2。
③ 贝洛赫,《希腊-罗马世界的人口》,第235页。
④ Thuc. 3.50.1.
⑤ 布索特,《希腊历史》,第3卷,第2册,第1030页,注释1。

舰被立即派出，前去取消先前的命令。第一艘船已经启程大约 24 小时，但是在雅典的密提林使团向第二艘船的划桨手们提供了食物和水，向他们许诺说，如果他们能够先一步抵达列斯堡，将获得丰厚回报。划桨手受到两个强大因素的激励——一个是行善的机会，一个是获益的希望——，第二艘船的划桨手们高速起航，甚至拒绝按照惯例吃饭和睡觉。运气眷顾了他们，他们没有遭遇逆风。第一艘船速度不快，因为船员并不着急去完成他们那可怕的任务；不过，第一艘船先抵达了密提林。我们必须允许修昔底德用他自己的戏剧方式来讲完故事的余下部分。"帕撒斯（帕其斯）刚刚看完了命令，准备执行的时候，第二条战舰进了港口，阻止了这次屠杀。密提林的逃脱危险是间不容发的。"①

处决超过 1000 名叛党，这种做法前所未有。此外，雅典对列斯堡的处置也非同寻常。按照往常的做法，雅典人拆除叛变城邦的城墙，夺走其舰船，但是不会迫使该城邦纳贡或缴纳战争赔款。然而，雅典人把整个列斯堡岛——除了忠于雅典的梅岫姆纳之外——变成了雅典的一个军事殖民地，分为 3000 块份地。其中 300 块份地被单独拿出来，"贡献为神的圣地"（谢德风译本，第 216 页），这意味着这些土地上的收入要捐入神庙金库，而其余的份地就用抽签的方法，交给雅典派来的军事殖民者。雅典的军事殖民地当然不止这一处，但是这处军事殖民地特殊的地方在于，列斯堡人自行安排土地耕种，每年向军事殖民者缴纳 2 米纳（mina）作为租金。② 实际上，军事殖民者在密提林只待了几年，在 412 年之前就撤退了，甚至他们有可能早在 424 年之前就撤离密提林了。③ 我们没有理由认为，在帕其斯及其部下撤退以后，雅典还在

---

① Thuc. 3.49.4；谢德风译本，第 215 页。
② Thuc. 3.50.2.
③ 至少从柏柯和格罗特的时代开始、从 19 世纪开始，这处军事殖民地的历史就激起了许多学术讨论。修昔底德的证据与安提丰（Antiphon）在《论西罗德斯谋杀案》一文中给出的证据（Antiph. *Murder of Herodes* 77）、与一则铭文残片（*IG* I² 60 = Tod 63 =《雅典贡赋表》D22）之间都存在矛盾，很难疏解。戈姆《修昔底德历史评注》，第 2 卷，第 326—332 页）和梅里特（《美国古典语文学期刊》，第 75 卷，1954 年，第 359—368 页）给出了有用的讨论，但是我认为布伦特的观点（《古代社会与机制》（*Ancient Societies and Institutions*），第 71—92 页）是最有说服力的。

干涉新政权的组建过程。因为所有已知的雅典之敌都已经不在了,所以新政权是民主政体,还是寡头政体,基本上就无所谓了。① 因此,列斯堡岛的叛乱城邦至少保住了有限自治,雅典人没有给他们安排新政权,也没有逼迫他们缴纳贡赋,他们还得到允许可以耕种自己的土地。另一方面,列斯堡对岸的亚细亚大陆上曾由密提林控制的那些城镇,被雅典人悉数取得,沦为属邦,被迫缴纳贡赋。②

雅典人为什么做出这样独一无二的安排,理由完全不清楚,修昔底德也没有告诉我们。拆除城墙、摧毁舰队、建立军事殖民地是常见的处置方式。允许有限自治、免除贡赋,或许可以被视为狄奥多图斯的温和政策例证,源于伯利克里的政策先例。但是,在财政需求如此紧迫的这个时刻,雅典人为什么没有要求一笔庞大的战争赔款——也就是萨摩司人所支付的、用来替代贡赋的那种战争赔款——呢?同时,为什么雅典人建立的军事殖民地采取了这样一种独特的形式,而没有采取(-164,165-)那种常见的形式——把当地人从他们的土地上赶走,雅典殖民者取得土地的完全所有权并自行耕种——呢?对于这个问题,格罗特说得很好:"看起来很值得注意的是,在他们累积的财富已经枯竭的时候,在他们开始用自己的私有财产直接捐税的时候,雅典人还会每年牺牲5400米纳(90塔伦特)的年度收入——而这部分收入可以被城邦用作拨款——,除非,维持军事殖民者作为当地驻军的运作和维持列斯堡的秩序,需要这样一笔钱。"③

但是,雅典军事殖民者在列斯堡岛上仅仅停留了数年,这个谜题仍然未决。雅典人肯定是认为,在暴动结束后最初几年里,有必要在列斯堡岛维持一支驻军,直到该岛安全有所保障以后。我们知道,即便处决了1000名寡头叛党,一些密提林人对于战后安排仍然非常不满,以至于宁愿选择流亡,还有一些人试图收复密提林先前控制的大陆城镇。④

---

① 奎恩(《历史学刊》,第13卷,1964年)认为这是一个寡头政权,但是现有证据不足以得出十分确定的结论。
② Thuc. 3.50.3;《雅典贡赋表》,第2卷,第43页。
③ 格罗特,《希腊历史》,第6卷,第297页,注释1。
④ Thuc. 4.52.

但是,如果驻军是永久性的,那么当地人就会被驱赶殆尽,一如在喀耳基司(Chalcis)那样。这种战后安排似乎是暂时性的,对雅典既有外交价值,也有内政价值。一方面,这种安排立即能够确保列斯堡在战后的安全,能够在将来的危险时刻遏止诸岛邦暴动;另一方面,这种安排还为许多雅典人提供了避难港:许多雅典人被迫离开自己的农地,涌入瘟疫肆虐的雅典城内。因为斯巴达人的例行侵略,这些雅典人无法安居于自己的乡村家园,失去了以为生计的庄稼。头一年春季的斯巴达侵略又格外严重,依靠进口谷物维持这部分人口粮,想必也很困难。在这场战争的第五年,战争的绝大部分受害者应该已经耗尽了自己曾经所有的储备,指望着国库救济,而国库业已虚空。移民到富饶的列斯堡这样一种解决方式,有如天赐良机;然而,雅典的农民不愿离开亚狄珈故土。(-165,166-)被迫抛下农田、移居雅典的那些人十分悲痛,修昔底德为此描绘过一幅动人的情景,而我们可以想象,要永久移居外邦,这悲痛势必加倍。①

战后处置方案在政治上是理想的。流离失所的雅典人将在列斯堡担任临时驻军,由列斯堡劳动力维持,无需浪费雅典国库。财政压力和政治压力都能够有所缓解,因为城内那一大群饥馑悲惨的农民可能会反对温和派那防御态势的战争政策,要么,他们会再度向温和派施压,以求得不那么令人满意的一份和约,要么,他们会转向更加激进的克里昂及其同党的政策路线。与此同时,被单独划出的300个份地还能为雅典国库带来10塔伦特的收入。战争结束以后,或者局势有变、回到雅典不再危险的时候,这些军事殖民者可以回家,与此同时,他们并未丢下密提林的富饶土地不加开垦,而雅典也不会丢失这样一个收入来源,这种考虑已经很明显地体现在狄奥多图斯的论证中了。布伦特认为,这样一个回家的时机最终在425年到来了:斯伐刻帖里亚俘获斯巴达战俘以后,亚狄珈不会再遭到入侵。② 布伦特的观点看起来非常有道理。

---

① Thuc. 2.16.2.
② 布伦特,《古代社会与机制》,第83页。

有一则非常残破的、涉及密提林战后处置方案的铭文残片,①或许可以被推断为这个时期的作品。在解读这则铭文的时候,我们需要非常审慎,但是这则铭文似乎至少表明:一是密提林人将保持自治,二是在428年以前主导雅典与密提林关系的原有协定继续有效。绝大部分学者还达成一致意见,认为该法令也表明密提林人收回了自己的土地。② 而先前的军事殖民者被如何处置了,我们并不清楚;这些人是仍然留在列斯堡岛、但是另觅住处,还是回到了亚狄珈的家中、但继续向密提林人收租,又或者是回到亚狄珈并完全放弃了在列斯堡岛的收入?③ 关于这些军事殖民者,我们再也没有任何消息,(-166,167-)而我们原本期待还有来自这些人的更多消息。因为没有相关信息,所以我们能够排除第一种可能性。第二种可能性不可能是真的。425年,雅典冒险大幅提高了属邦贡赋的核定额度。我们无法相信就在这个时候,雅典还会允许其公民中的2700人——刚刚回到家乡——继续接受一笔可观的补贴、无所作为,而不把这90塔伦特收归国有。如此特别优待,雅典公民不会喜欢;更重要的是城邦正置身绝望战事,所需甚多,城邦也不会允许如此特别优待部分公民。我们应该重拾格罗特那被忽视了很久的观点:在此之后,租金被收归国库,以替代贡赋。④ 在427年安排战后事宜的时候,雅典人应当已经预见到事态会这样发展。

还有一则与密提林暴动相关的轶闻也比较重要,尽管修昔底德没有提到这件事。帕其斯卸任以后,到雅典法庭作例行述职,但遭到了起诉,最后裁定不利于他,帕其斯当庭拔剑自刎。⑤ 一些学者将这一事件与阿迦遐思(Agathias)写于1000年以后的一则诗铭联系起来,⑥认为

---

① 《希腊铭文集成》:*IG* I² 60。梅里特(《美国古典语文学期刊》,第25卷,1954年,第359—368页)以及《雅典贡赋表》(D 22)和《希腊铭文集成》都将该铭文的日期推断为427/426年,但是正如戈姆所说:"这个结论没有保障"(《修昔底德历史评注》,第2卷,第330页)。戈姆自己的推断是424年,布伦特简洁漂亮地驳斥了戈姆的推断:《古代社会与机制》,第83页。
② 参见布伦特,《古代社会与机制》,第82页;戈姆,《修昔底德历史评注》,第2卷,第329—331页;以及梅里特,《美国古典语文学期刊》,第25卷,第361页。
③ 第一种可能情况是梅里特的看法,第二种是布伦特的看法,第三种是戈姆的看法。
④ 格罗特,《希腊历史》,第6卷,第257页,注释1。
⑤ Plut. *Nic.* 6;*Arist.* 26.
⑥ 参见《选帝侯诗选》:*Anth. Pal.* vii. 614。

帕其斯此举是因为私下不轨被公之于众时的羞愧。"他似乎在密提林迷上了两个美丽的女子,荷腊妮(Hellanis)和腊玛茜(Lamaxis),他杀掉她们的丈夫,靠武力强占了她们。"① 还有一些学者认为,帕其斯此举的原因是他在履职时行为不检。② 帕其斯在任内肯定曾作出一些重要决定而无法及时得到雅典公民大会这一最高主权机构的允许。他所采取的行动和他的安排肯定提供了——如布索特所言——"攻击和控诉他的丰富材料"。③

无论哪个说法符合真实情况,对帕其斯的审判肯定至少部分是出于政治理由。④ 绝大部分学者都认为帕其斯是一个温和派。在427年夏季,帕其斯是温和政策的一位杰出又脆弱的代言人。克里昂在公民大会第一次集会中胜出,第二次集会投票结果又如此接近,同时克里昂杀死1000名密提林叛党的动议又得到通过,所有这些都表明,虽然克里昂及其同党还未掌控局面,但庇尼刻斯山的政治平衡十分微妙,一击即碎。雅典的激进派力量不满作战情况,也不满帝国管理,于是求助于一项古老策略:把法庭用作政治角力场。激进派成功扳倒了敌对派别的一位领袖,但这并不意味着他们的整体政策路线赢得了雅典人当中可靠多数的支持。帕其斯很可能确实有一些做法可以被提起诉讼,陪审团也一定在某种程度上考虑了此案的是非曲直。然而,在427年夏季该案表明,克里昂及其朋党已经取得了前所未有的权力。

绝大部分学者没有理解雅典这时的政治局势。常见的观点是,在427年的春季选举中,围绕着克里昂的那些较为激进的雅典人仍

---

① 格罗特,《希腊历史》,第6卷,第258页;戈姆《修昔底德历史评注》,第2卷,第332页)同样采信了这则轶闻。
② 布索特,《希腊历史》,第3卷,第2册,第1034页,以及埃德科,《剑桥古代史》,第5卷,第218页。
③ 布索特,《希腊历史》,第3卷,第2册,第1034页。
④ 贝洛赫(《伯利克里以降的亚狄珈政策》,第33页)指出此次审判是政治性的,这是对的。尽管我认为,贝洛赫完全误解了这个时期的雅典政治。我们不得不同意的一点是,这则桃色轶闻无论是否真实存在,"政治上都是无足轻重的",我们应当像贝洛赫一样,更加倾向于采信一个浪漫色彩较少的版本。

然没有政治权力和影响。贝洛赫说:"鸽派的胜利甚至比前一年更有决定性;反对派几乎全数被排除在将军委员会之外。"① 布索特告诉我们:"鸽派在427年3月或4月的将军委员会选举中赢得显著胜利。"② 甚至还有韦司特。尽管韦司特认识到鸽派此时完全被排除在外,还认识到427/426年的所有将军都坚信要继续战争,同时也认识到这些将军中没有寡头党人。但他的结论却不可靠。他认为"是年选举中不存在真正的分歧",还得出结论说,"在427年春季,民主党人占了上风,团结了起来"。③ 韦司特驳斥了一个错误观点,那就是雅典政治生活是(-168,169-)被鸽派的寡头党人和鹰派的民主党人之间的权力斗争所支配的;证据表明,这些人之间的区别没有那么明显。

在427年当选的将军之中,我们能够判断其政治立场的有尼基阿斯,剌喀司(Laches),尼各司忒拉图,希波尼库(Hipponicus),德摩斯梯尼(Demosthenes)和攸里梅登。我们已经论证过,尼基阿斯很大程度上是个温和派,而剌喀司和尼各司忒拉图与尼基阿斯关系密切,路线相近。④ 希波尼库是传说中的雅典首富,是"签约的卡利阿斯"的儿子,伯利克里同党,与伯利克里的家族有多重联系。⑤ 这四名将军都是温和派,代言自这场战争开始以来就指导雅典政策的派别,忠于伯利克里的计划。然而,德摩斯梯尼和攸里梅登却不一样。德摩斯梯尼将会证明,自己是阿奇达慕斯战争期间雅典最激进、最有想象力的雅典将军,创造并执行了一套完全背离伯利克里战略的作战计划。⑥ 关于攸里梅登的政治观点,我们所知更不清楚,但是绝大部分学者都认为他是克里昂及其政策的支持者。⑦ 他支持民主党对柯西拉的严厉政策,与德摩斯梯

---

① 贝洛赫,《伯利克里以降的亚狄珈政策》,第31页。
② 布索特,《希腊历史》,第3卷,第2册,第1018页。
③ 韦司特,《古典语文学》,第19卷,1924年,第143页。
④ 布索特,《希腊历史》,第3卷,第2册,第1018页,注释9;第1044页,注释2。
⑤ 韦司特,《古典语文学》,第19卷,1924年,第143页。
⑥ 贝洛赫,《伯利克里以降的亚狄珈政策》,第31页)提到他的"辉煌阵亡"和"不加拘束的好战"。布索特将他和攸里梅登同样列为"好战民主政体的支持者"。
⑦ 贝洛赫,《伯利克里以降的亚狄珈政策》,第35页;布索特,《希腊历史》,第3卷,第2册,第1019页,注释2。

尼联系频繁,合作密切,①多次参与西西里作战。这些事实使得这一观点看起来有一定道理。

布索特相信,德摩斯梯尼和攸里梅登的当选,"在政治上不重要",②因为这两个人都是军人而非政客。但是,在 427 年,军事问题争议不断,具有重要政治意义。③ 在政治上(-169,170-)分裂雅典人的问题,既涉及赢得这场战争——或者,至少要取得可接受的结果——所要使用的战略,又涉及到雅典的帝国管理。将军们是最有可能影响与这些议题相关的决策的人,即便是被认为缺乏政治才能的那些军人们。德摩斯梯尼和攸里梅登在 427 年春季当选,或许就是人们对温和派政策日益不满的最早证据。④ 在密提林辩论中,这种不满情绪已经明显出现,或许在帕其斯审判及定罪过程中,这种不满情绪也有迹可循。人们对旧有战略越来越不耐烦,对新人新路线的需求越来越强烈。

---

① 韦司特,《古典语文学》,第 19 卷,1924 年,第 143 页。然而,在派娄斯问题上,攸里梅登与德摩斯梯尼的观点差异很大(Thuc. 4.3.1—3)。
② 布索特,《希腊历史》,第 3 卷,第 2 册,第 1020 页。
③ 贝洛赫和布索特政治分析的不足是很明显的,他们的分析都自相矛盾。贝洛赫说,427 年,他称之为"鸽派"的那些人的胜利,甚至比前一年更有决定性,但是在头一年的选举中,没有证据表明曾有任何好战分子当选将军,同时贝洛赫自己也没有指出前一年有哪位鹰派当选。而对于 427 年,他承认,(-169,170-)有两名鹰派当选将军。布索特提到,"鸽派"获得"显著胜利",但是将克里昂同时当选提洛同盟财政官(Hellenotamias)这一事实视为证据,认为这可以证明"城邦的平民派别仍然拥有可观的影响力",还可以证明"各个派别之间差不多达成了平衡"(《希腊历史》,第 3 卷,第 2 册,第 1020 页)。既然没有证据可以证实前一年反对派别的任何影响力,更没有证据可以证实前一年的派别平衡情况,那么,427 年的选举就很难说是鸽派的"显著胜利",因为鸽派一直以来就是大权在握的。
④ 一些学者认为克里昂在 427/426 当选提洛同盟财政官。如果真是这样,那么这就是反对势力增长的又一项证据。这一看法最开始是由布索特提出来的。他在还原 427/426 年提洛同盟财政官委员会名单的时候,把克里昂的名字也列入了其中(《赫尔墨斯学刊》(Hermes),第 25 卷,1890 年,第 640—645 页),他所认为的克里昂名字出现的具体位置,在《亚狄珈铭文集成》(Corpus Inscriptionum Atticarum, CIA)第 4 卷第 161 页第 179b 条的第 17 行。不过,我们没有什么理由去采信布索特的这种史实重构,因为支持这一重构的证据不过是:这则铭文显示,在这一年当选的提洛同盟财政官中,有一个人来自克里昂那个德谟。尽管如此,布索特还是将克里昂当选视为事实,并以之为证据去证明"城邦中的民主派别仍然掌握了决定性的影响力"(《希腊历史》,第 3 卷,第 2 册,第 1020 页)。贝洛赫《希腊历史》,第 2 版,第 1 卷,第 2 册,第 324 页)和韦司特《古典语文学》,第 19 卷,1924 年,第 139 页)采信了布索特的观点。然而,后来,这则铭文的日期却被重新推断为 414/413 年(参见《希腊铭文集成》IG I² 297 与《希腊铭文补遗》SEG X 229)。我们没有很充分的理由认为克里昂在 427/426 年或是其他任何时候曾经出任提洛同盟财政官。

大约在427年仲夏,很有可能是在新任将军委员会正式上任之前,尼基阿斯率部攻打了墨伽拉外海的小岛觅诺崖。① 这个小岛被用作雅典人的前哨基地,并被用来驻军。首先,雅典人想要将觅诺崖岛用作观测点,以防再有(-170,171-)针对比雷埃夫斯港的海上攻击自墨伽拉港而来,虽然之前那次来自海上的攻击并没有成功。其次,雅典人还想阻止有人利用墨伽拉港对雅典及盟邦船只发动海盗式抢劫。最后,雅典人还想借助觅诺崖收紧对墨伽拉的封锁。尼基阿斯的任务完成得迅速又巧妙。寥寥数日之内,他就在觅诺崖岛上建起了要塞,然后率军撤退,留下一支雅典驻军。这一行动很巧妙,规模又不大,符合防御性的雅典战略。该行动没有风险,特别是在阿尔西达率领的那支斯巴达舰队表现得那么可怜无能之后。它干脆漂亮地达到了目的。

这一胜绩鼓舞了雅典士气,但来自普拉提阿的消息令士气很快又消沉下去了。在前一年冬季,普拉提阿城邦内的部分雅典驻军与普拉提阿人供给耗尽,又对于雅典援助不再抱有希望,想突围逃难;212人成功了。② 列斯堡岛沦陷以后,大约与觅诺崖行动在同一时间,普拉提阿余下的守城者向斯巴达人投降。普拉提阿沦陷既有深意,又很重要。斯巴达人原本可以靠强攻轻易夺下这座城邦,因为守卫城邦者数目稀少,而且一个个饥肠辘辘。然而,斯巴达部队的指挥官得到命令,不要通过武力夺取城邦,而要寻求让普拉提阿有条件投降。斯巴达人打算,"有鉴于将来和雅典订立和约时,有条款规定:双方都要退还在战争中所征服的地方。这样,因为普拉提亚(普拉提阿)是自愿参加斯巴达一边的,它就不一定要退还了"。③ 事实上,这个似是而非的理由确实在421年议和的时候被用上了,靠着这个虚伪的条款,伯罗奔尼撒人保住了普拉提阿,雅典人则保住了墨伽拉的港口尼赛亚。④ 斯巴达人早在

---

① 关于日期,参见贝洛赫,《伯利克里以降的亚狄珈政策》,第301页。这是修昔底德第一次提到尼基阿斯,尽管这一年他从头到尾都担任了将军,而且普鲁塔克告诉我们,他曾与伯利克里共事(Plut. *Nic.* 2.2)。
② Thuc. 3.20—24.
③ Thuc. 3.52.2;谢德风译本,第217页,注释3。
④ Thuc. 5.17.2.

427 年就想到了这样的计划,这表明他们已经意识到,希望速胜轻取是过于乐观了,这也表明他们还意识到,他们的战略显然是不起作用的。瘟疫,诸神派来的强大盟友不期而至,但并没有让雅典人屈服。伯罗奔尼撒海军在科林斯湾遭遇失败,没能援助列斯堡叛党很不光彩,这都表明,指望(-171,172-)雅典帝国叛乱、指望在海上取得与雅典平起平坐的地位、甚或取得对雅典海军的优势,是没戏的。这时的斯巴达政局肯定已经发生了改变,但是布索特说"如果斯巴达基于'战前状态'设想过一份和约,那就意味着他们已经放弃了战争的最初目的:摧毁雅典帝国"。① 但是,布索特这一观点还是过于激进了。

没有证据表明斯巴达人已经放弃希望,不再指望大获全胜后主导和约制定,毁灭雅典帝国。如果斯巴达人愿意像布索特所说的那样、接受议和和约,那么他们可以提议议和,就是他们在 430 年已经粗暴拒绝的议和。没有理由认为,雅典人会抵死不同意这种提议。430 年,谈判协商的大敌伯利克里已经不在了,而雅典的状况却没有好转。瘟疫结束了,但是已经造成可怕的损害,在一个拥挤的城邦中,瘟疫随时可能再次爆发。列斯堡暴动已经被镇压,但是却进一步耗尽了原本就在不断缩水的雅典金库。如果"列斯堡暴动显然增强了鸽派势力",②像布索特认为的那样,那么为什么没有人提议议和?答案就是,鸽派在斯巴达并没有掌权,斯巴达人还不愿意接受议和。局势的初步扭转给了他们一个教训,那就是有一天他们可能不得不接受议和。与此同时,斯巴达人追求的仍然是原有的战斗目标,没有变过。

为了确保普拉提阿投降,斯巴达人许诺会公正审判驻军,并根据必要程序从斯巴达派来了 5 名法官。然而,事实上并不公正,因为普拉提阿人没有被起诉。每个人都只是被询问,在这场战争中是否曾经为斯巴达人及其盟友效力过。③ 受到惊吓的普拉提阿人请求作一个较长的发言,他们得到了允许。普拉提阿人控诉他们受到了欺骗,因为被欺骗

---

① 布索特,《希腊历史》,第 3 卷,第 2 册,第 1035 页,注释 4。
② 布索特,《希腊历史》,第 3 卷,第 2 册,第 1035 页,注释 4,
③ Thuc. 3.52.4.

他们才投降,他们还暗示说斯巴达人可能因为受到忒拜人的影响,已经拿定了主意。他们提到了希波战争期间普拉提阿人的英勇表现,提到他们在希波战争期间为所有希腊人所做的一切,还提到了斯巴达人为此给予的特别肯定——这与(-172,173-)叛徒忒拜人形成了对比。普拉提阿人提醒法官说,他们曾经在40年前向斯巴达伸出援手,就在那次伯罗奔尼撒大地震和黑劳士(helots)暴动期间。①

这些理据尽管令斯巴达人难堪,却并不起作用。忒拜人害怕斯巴达人心软,站出来回应。接着,法官对普拉提阿人重复了最开始的问题,普拉提阿人当然都只能回答:"没有。"至少200名普拉提阿人和25名雅典人被处死,仍然留在城邦内的妇女被卖为奴隶。忒拜人发言的理据并没有说服力;如修昔底德记载的,他们自私自利,歪曲事实,强词夺理,难以令人信服。正义或修辞都不能解释斯巴达人的举动;正如修昔底德明白指出的,权力政治可以解释斯巴达人的行动:"斯巴达人对待普拉提亚(普拉提阿)人这样残酷,主要地或完全地是为了底比斯(忒拜)人的缘故;他们认为在这个战争(刚刚开始的)阶段中,底比斯(忒拜)人对于他们是有用的。"②如果这些话实代表了斯巴达人的想法,那么斯巴达人就并不是在准备谈判议和,而是在为一场漫长的战争做准备。在这样一场战争里,获得彼欧提亚强大城邦的支持比获得公平正派的名声更要紧。但是,即便战争仍然处于刚刚开始的阶段这一点是修昔底德指出来的,③斯巴达人的残酷同样也能表明,鸽派

---

① Thuc. 3.53—9.
② Thuc. 3.68.4;谢德风译本,第230页;有改动。
③ τὸν πόλεμον ... ἄρτι τότε καθιστάμενον,"在这个战争刚刚开始的阶段中"(Thuc. 3.68.4)与修昔底德用来描述雅典人在列斯堡暴动开始时的想法的措辞重复了。雅典人不愿把列斯堡当作敌人,因为当时他们正受到瘟疫困扰,καὶ τοῦ πολέμου ἄρτι καθισταμένου καὶ ἀκμάζοντος,"在这个战争刚刚开始的阶段,而且战争正是激烈的时候"(Thuc. 3.3.1)。戈姆(《修昔底德历史评注》,第2卷,第358页)假定修昔底德在这两处都是在表达自己的观点,于是推断这两段文字都是他后来才写的,写作时间至少在《尼基阿斯和约》签订以后。戈姆在这两处的假定可能都是正确的,但我还是觉得这两段文字有些模棱两可。或许在第一段中,修昔底德是在用自己的语言复述雅典人的想法,第二段是在复述斯巴达人的想法。也就是说,参战双方都意识到,战争不会很快结束,而只不过刚刚开始。在427年,有这种想法并不是很难想象。

没有掌权,也没有什么重要影响力。如此暴行只能令他们的心更硬,令和平更加无望。

对普拉提阿城邦和领土的处置分为两个阶段。在大概一年的时间里,普拉提阿名义上由斯巴达人控制,因为普拉提阿是向斯巴达投降了的,但是实际上,普拉提阿由一些墨伽拉流亡者和一些亲忒拜的普拉提阿人居住。(-173,174-)显然,真正的控制权在忒拜手中,普拉提阿的战后处置与他们有重大利益关联。在这一短暂时期之后,忒拜人将整个城镇夷为平地。他们建起一座石头神庙献给赫拉(Hera),还在赫拉圣所的旁边建起一座居所,建造材料部分就来自于普拉提阿人被摧毁的房屋。或许这些虔敬之举意在谋求赫拉的帮助,以对抗来自宙斯的正义。普拉提阿的土地被分配给有功的忒拜人,以 10 年为租期。到了 421 年,忒拜人谈起普拉提阿时,就像谈起自己的领土一样。① 普拉提阿彻底灭亡了,雅典人连举手之劳都不愿为她付出。②

普拉提阿被雅典人抛弃继而灭亡是难以避免的。任何人如果具有理智,就不会指望雅典会派出一支军队解救一座战略上难以防守的城邦,我们也没有理由认为,在雅典有人会对此不满。然而,雅典人肯定难堪,如果他们不为此感到羞耻的话。普拉提阿不仅仅是长期的忠实盟友;在 429 年,如果不是雅典人与她结盟并许以援助的话,普拉提阿一遭到攻击,就完全可以在得到合理条款的基础上投降。③ 雅典人的这一承诺,我们已经论证过了,很可能是在鹰派短暂得势的时候作出的权宜之计,而鹰派此时已经失去了控制权,④但是这一权宜之计也肯定是在作为最高统治机构的公民大会里由民众投票通过的,对于城邦在

---

① Thuc. 5. 17. 2.
② 前述历史还原基于修昔底德史书的 Thuc. 3. 68. 3—5,同时基于采信所有抄本的读法:在 Thuc. 3. 68. 3 的 "Μεγαρέων" 一词前面,确实存在 "Θηβαῖοι" 一词。克拉森(Classen)和史度普(Steup)的校勘本删去了 "Θηβαῖοι" 一词,因为在同一个段落的最后还有一个 "Θηβαῖοι",他们的看法赢得了大量肯定。我赞同戈姆对此表示的怀疑:《修昔底德历史评注》,第 2 卷,第 357 页。我自己的历史还原进一步发展了戈姆的论证。同时参见布索特,《希腊历史》,第 3 卷,第 2 册,第 1037 页,注释 3。
③ Thuc. 2. 73. 3.
④ 参见本书前文,第 104—105 页(原书页码)。

法律上和道德上都有约束作用。雅典人清楚知道自己对幸存的普拉提阿人负有责任。在伯利克里的侄子希波克拉底斯(Hippocrates)①的动议下,雅典人授予普拉提阿人以罕见——几乎是独见——的特权:雅典公民权。② (-174,175-)

　　普拉提阿的重要性主要是象征上和情感上的。然而,在普拉提阿灭亡之后不久,雅典人的同盟面临着真正严重的挑战:这次是战略上高度重要的岛屿柯西拉。柯西拉爆发内乱,经有数月,柯西拉可能与雅典断交并招致伯罗奔尼撒人干涉,她甚至有可能与敌人结盟。433 年,墟波塔战役之后,科林斯人俘获的 250 名柯西拉战俘回到柯西拉,麻烦从此开始。③ 这 250 名战俘与那 800 名奴隶战俘不一样,科林斯人立即卖掉了那些奴隶,却对柯西拉的这些自由民战俘给予了十分宽厚的关怀。修昔底德告诉我们,这些人中的大部分地位很高、十分富有,科林斯人希望利用这些柯西拉人,在将来的某一天把柯西拉城邦争取到自己的阵营里来。④ 科林斯人等待时机,收获了这些柯西拉战俘对科林斯的忠诚。很可能是在 428/427 年冬季或是第二年春天的时候,科林斯人认为时机成熟,于是将这些柯西拉战俘送回国内,去颠覆其母邦的

---

① 参见"德墨司悌尼",《驳聂阿剌》:Dem. *Against Neaera* 104。"德墨司悌尼"所提及这则法令时,只说希波克拉底斯是动议人。布索特《希腊历史》,第 3 卷,第 2 册,第 1038 页)说,这个希波克拉底斯"肯定是伯利克里的侄子",我同意他的看法。
② 除了前一条注释所提到的"德墨司悌尼"这个段落之外,同时参见伊索克拉底的《泛雅典娜赛会演说辞》:Isoc. *Panath.* 94,还有吕西阿斯的《驳潘科里昂》:Lysias 23.2,以及布索特的讨论:《希腊历史》,第 3 卷,第 2 册,第 1038 页,注释 2。
③ Thuc. 1.55.
④ Thuc. 1.55.1. 修昔底德是这样提及这些战俘的:ἐτύγχανον δὲ καὶ δυνάμει αὐτῶν οἱ πλείους πρῶτοι ὄντες τῆς πόλεως,"这些人大多数是在科西拉(柯西拉)很有势力的人",谢德风译本,第 41 页。修昔底德的措辞清楚表明,这些战俘是一些富有又有权力的人——他们是寡头党人,敌视柯西拉的民主党人;若非如此,我们就无法预见这些人接下来的举动。布鲁斯(I. A. F. Bruce)的阐释(《凤凰学刊》第 25 卷,1971 年,第 109 页)在此显然是不成立的。他说,这些人只是柯西拉的一些"重装步兵或'舰载兵'(*epibatae*)",这些人当中甚至可能包括日佣役公民。修昔底德告诉我们的刚好与此相反。格罗特《希腊历史》,第 6 卷,第 266 页及以下)的观点是正确的。勒贡的观点《民众与内乱:古典时代的希腊党争》[Demos and Stasis, Studies in the Factional Politics of Classical Greece],博士学位论文,纽约州绮色佳,1966 年,第 23 页)与格罗特的一样:"很明显,这样一个党派——由富有而有影响力的人构成,反对民主派的政策目标,最终还谋杀了其领袖——这肯定是寡头派。"

政策和政权。① 密提林暴动还没有结束,普拉提阿正在被围歼。这些柯西拉战俘很可能是在阿尔西达驶入爱琴海、伯罗奔尼撒人对于雅典盟邦总起义满怀希望的那个时候被送回伊奥尼亚海(Ionian Sea)地区,去煽动暴动的。②

无论基于什么理由,这些人已经成为了一个外国势力用来颠覆他们自己政权的代理人,(-175,176-)但当这些人回到自己的城邦以后,却仍然被视为失去自由、为了母邦抵抗科林斯的爱国公民。这些人作为科林斯代理人的用处依赖于他们维持这一声誉的能力,所以他们编造了一套托辞,用来解释他们是如何安全返航的。他们编造的托辞是,他们之所以被释放,是因为柯西拉人在科林斯的在邦领事保证上缴800塔伦特赎金,这金额高得不可思议。③ 这些人既富有又有影响力,作为归国英雄,他们声誉尤佳;他们充分利用了这些条件。这些人游说柯西拉的公民,劝他们解除与雅典的结盟。他们既没有提到要在城邦建立寡头政体,也没有提到要在这场战争中改换阵营。他们赞成的是回归柯西拉传统的中立立场。④ 自这场战争的第一年以来,柯西拉似乎就没有参与到战争中去;⑤对于这个有着政治孤立传统的城邦来说,这个提议势必很得人心。柯西拉人决议,重新考虑与雅典的同盟。事件的这一发展鼓舞了科林斯,警醒了雅典,双方各自派出一艘舰船,载着外交使节前来,试图影响柯西拉人的决定。

在听取了科林斯人和雅典人的发言之后,柯西拉那个民主性质的公民大会投票决议,重新确认了与雅典的防御同盟,但是"同时和伯罗奔尼撒保持友好的关系"。⑥ 这无疑是一个"天真而不切实际的

---

① 修昔底德没有告诉我们,柯西拉战俘被送回城邦是在什么时候。我相信格罗特(《希腊历史》,第6卷,第266页)和布索特(《希腊历史》,第3卷,第2册,第1041页,注释1)的论证。戈姆(《修昔底德历史评注》,第2卷,第359页)采信同样一个日期。

② 格罗特,《希腊历史》,第6卷,第266页。

③ 戈姆(《修昔底德历史评注》,第2卷,第359页)认为赎金太高了,这不可能,所以他提出正确的数字应该是80。

④ Thuc. 3.70.2. 修昔底德没有提到这些人的具体理据,只是说 ἔπρασσον ... ὅπως ἀποστήσωσιν Ἀθηναίων τὴν πόλιν,"想使城市脱离雅典"(谢德风译本,第231页)。我推测他们具体理据的依据,是柯西拉公民大会接下来作出的决定。

⑤ Thuc. 2.25.1.

⑥ Thuc. 3.70.2;谢德风译本,第231页。

决定",①因为如果要亲善与雅典为敌、和雅典作战的人,那就没法执行与雅典的同盟条款。希腊城邦中的普通民众经常表现出这种天真,这绝非孤例,②但是,活跃的政客势必意识得到,这项新政无法执行,所以不会持久。投票结果是寡头派阴谋者的胜利,这些人肯定将此作为让柯西拉脱离雅典同盟、(-176,177-)加入科林斯阵营的第一步。他们利用自己的胜利,对沛西阿斯(Peithias)提起诉讼,沛西阿斯是民主派的领袖,与雅典走得很近。③ 控诉罪名是,他想让柯西拉处于雅典的奴役之下。这个罪名相当于叛国,但是这次审判显然是政治性的,因为这次审判将柯西拉的外交政策辩论带上了法庭。这一次,寡头派似乎不自量力,行动过火。赞成与雅典结盟、甚至是赞成将与雅典的同盟提升至全面的攻守同盟,柯西拉普通民众并不会将此视为叛国举动,沛西阿斯被宣判无罪。

这样,主动权落入了沛西阿斯手中。他对控诉他的人当中最为富有的 5 人提起诉讼,罪名是他们砍伐了宙斯和阿尔辛诺(Alcinous)圣地的葡萄树,法律对这种渎神行为处以极高罚款。修昔底德没有告诉我们,这 5 人是不是真的犯下了这桩渎神罪,但是在陪审团看来,这次审判的政治性质是很明白的。陪审团裁决他们有罪,但是因为处以的罚金数额太高,被告恳求分期付款,并躲入神庙里避难。柯西拉贵族议事会在沛西阿斯的影响下——沛西阿斯是议事会成员——,拒绝了这一请求,投票决议判决正常执行。

与谋者这下陷入了绝境。两次审判已经表明,他们的政治影响正在衰减,事实上也正是这两次审判造成了他们政治影响力的衰退。这些人的领袖面临严重的经济损失,如果他们无力缴纳罚金,他们就将面临更加可怕的处罚。此外,他们还知道,沛西阿斯现在取得了胜利,因而比以

---

① 布鲁斯,《凤凰学刊》,第 25 卷,1971 年,第 109 页。
② 参见勒贡,《民众与内乱:古典时代的希腊党争》,文中各处。
③ 修昔底德描述沛西阿斯的话是ἐθελοπρόξενός τε τῶν Ἀθηναίων,"是自愿地作雅典的代理人"(Thuc. 3.70.3;谢德风译本,第 231 页)。"ἐθελοπρόξενος"一词是什么意思,我们不是完全清楚(参见戈姆,《修昔底德历史评注》,第 2 卷,第 360 页),但是他与雅典关系密切这一点是很清楚明白的。

往更有影响力,他一定会试图利用自己在贵族议事会中的地位,决定与雅典结成全面攻守同盟。① 用和平手段把柯西拉拉到科林斯一方的尝试失败了。于是与谋者诉诸刺杀和恐怖手段。他们身怀匕首,闯进议事会会场,杀死了沛西阿斯和其余60人,其中既有议事会成员,也有普通(-177,178-)公民。沛西阿斯的少数民主派同党设法逃出,安全逃到了仍然停泊在港口内的雅典三列桨战舰上。② 这艘船立即驶向雅典,在船上避难的柯西拉人可以在雅典解释发生的事情,驱策雅典采取报复行动。

在恐怖气氛之中,刺客们召集公民大会开会。他们必须尽快行动,因为雅典一定会有所行动,但是即便在如此混乱又如此骇人的情况下,他们仍然不能驱使柯西拉民众改换同盟阵营。与谋者竭力粉饰他们的所作所为,说采取的行动是为了防止被雅典奴役。然而,他们最多也只敢提议采取中立政策,还得通过强迫手段才能通过这一政策提议。③ 与谋者处境一点儿也不安全,于是他们派出使团前往雅典,辩称这些事件针对的并非雅典利益,同时劝说先前流亡的柯西拉人不要去敦促雅典人采取行动。使团劝服了一部分柯西拉流亡者,但是没有说服雅典人,雅典人很清楚事情是怎么回事。雅典人把柯西拉使团当作叛党逮捕起来,把使团和被使团劝服的那些柯西拉人留置在埃基纳岛上,看管起来。

很明显,前往雅典的使团意在为与谋者赢得时间,以收紧他们对柯西拉业已十分脆弱的控制。前往雅典的使团出发不久,一艘科林斯舰船载着一支斯巴达使团抵达了柯西拉,这些人很可能是应柯西拉与谋者求援而来的。柯西拉寡头党人被得到支援的希望所鼓舞,又害怕雅典人会马上抵达,于是对柯西拉的平民发动了攻击。经过一场混战,与谋者打败了平民。与谋者即便采取恐怖策略,也没能说服平民,现在,他们必须在雅典人抵达之前,把这个岛屿牢牢掌握在自己手中。民主党人尽管在混战中败北,但是他们没有被击垮。在夜色的掩护下,民主

---

① Thuc. 3.70.5—6.
② Thuc. 3.70.6. 科林斯人显然已经离开了,离开的时间或许是在他们看到自己送回来的代理人显然已经不可能成事之后。
③ Thuc. 3.71.1.

党人夺下了卫城和城里其他一些地势较高的地方,还有那座朝向外海的港口。寡头党控制了市集周边区域,还有朝向大陆的那座港口。翌日,双方都试图通过释奴来获得援助;绝大部分被释的奴隶都加入了(-178,179-)民主党人一方,但是寡头党设法从大陆上雇佣了800名雇佣兵。全面内战的战火烧遍整个柯西拉。①

两天之后,第二场战斗爆发了。这一次,民主党人占据了更有利的地形,人数也超过对方,他们取得了胜利。寡头党人逃往城邦里己方所控制的区域才得救,有些人逃进了自己家中。夜幕降临之时,民主党人已经明显大局在握;那艘科林斯舰船审慎起见,驶离了柯西拉,雇佣兵偷偷潜回大陆。这些人离开得十分及时,因为次日,雅典驻诺帕克都港部队的指挥官尼各司忒拉图,率领12艘舰船和500名美塞尼亚重装步兵驶入港口。尼各司忒拉图及时抵达的消息或许可以解释寡头党人为什么那么惊慌,还可以解释他们的同盟者为什么离开得那么快。尼各司忒拉图行动十分克制。他所得到的命令肯定仍然是要继续把防御同盟提升为全面攻守同盟,但是除此之外,他肯定也得到了解决问题、平靖该岛的自由裁量权。然而,尼各司忒拉图处置方式的基本精神,与克里昂所提议的密提林处置方案刚好相反,这表明雅典人仍然继续接受伯利克里、狄奥多图斯及其追随者的温和帝国路线。没有人提议说要处死全部寡头党人;只有10人被认为要负最主要的责任,只有这10人接受了审判,其余的人仍然一起生活在这个城邦里,握手言和。②

然而,柯西拉内战已经发展得太过火了,如此温和的解决方案已经行不通了。被挑选出来接受审判的那10人悉数逃亡。控制了柯西拉的民主党人害怕寡头党人,同时还想要使自己的处境更加安全。民主党人说服尼各司忒拉图,在离开之前留给他们5艘雅典舰船,以作防卫;作为交换,他们用寡头党人——他们自己的私敌——装备了自己的5艘舰船,交给尼各司忒拉图。被选作此用的那些柯西拉寡头党人,害怕自己不会被送往诺帕克都港,而会被遣回雅典去送死,于是他们逃往

---

① Thuc. 3.72—73.
② Thuc. 3.75.1.

神庙里的避难所。尼各司忒拉图试图使他们安心,但是他们不为所动。柯西拉的民主党人以此为证,说这些人心怀不轨,提议杀掉所有寡头党人,但是尼各司忒拉图介入,制止了这一行为。到现在为止,对寡头略怀同情的人(-179,180-)全都开始担心起自己的性命来,于是都逃入赫拉神庙;至少有 400 人。民主党人害怕如此之多的人会发动一场革命,于是驱使这些人离开神庙,把他们赶进神庙对面的一个岛屿。①

这个时候,伯罗奔尼撒人开始武力干涉了。决定卷入柯西拉这一决策进一步证明,鸽派已经在斯巴达失去了影响力。阿尔西达率领 40 艘舰船自爱琴海地区踉跄归来,在圩林登陆。在圩林,他们得到了伯拉西达率领的 13 艘舰船,分别来自琉卡斯和安布罗西亚。伯拉西达再次被指派为参谋。他们迅速做好准备,希望能够赶在雅典援军主力到来之前掌控事态。② 在寡头党人被扣留在岛上的 4 天或 5 天以后,伯罗奔尼撒舰队抵达了柯西拉。柯西拉民主党人率领 60 艘舰船下海起航,他们阵型混乱,纪律松散,还违背了雅典人的建议。在接下来的这场战役中,伯罗奔尼撒人轻易打败了柯西拉人,但是伯罗奔尼撒人仍然害怕那 12 艘雅典舰船,所以没有乘胜追击。柯西拉人认为伯罗奔尼撒人会攻打城邦,于是把那 400 名囚禁在岛上的寡头党囚犯弄到大陆上的赫拉神庙中去了,因为岛上也不再安全了。不过,伯罗奔尼撒人只是带着俘获的舰只从柯西拉驶回了大陆上,就满足了。次日,尽管柯西拉人极为惊恐,同时尽管伯拉西达已经建议过伯罗奔尼撒人动手,但是伯罗奔尼撒人还是没有攻打柯西拉城邦;很快,一切都太迟了。夜幕降临,伯罗奔尼撒人得到信号,雅典舰队正在自琉卡斯驶来。这支雅典舰队有 60 艘舰船,由图刻勒(Thucles)之子攸里梅登率领。③ 伯罗奔尼撒人没有浪费时间——他们立即离开,甚至把舰船拖过了琉卡斯地峡,以防被正在逼近的雅典人看到。

得知危险已经消失,柯西拉人把所有因为恐惧和内战而产生的愤怒都发泄了出来。他们有尼各司忒拉图留下的美塞尼亚重装步兵和攸

---

① Thuc. 3.75.
② Thuc. 3.69.
③ Thuc. 3.80.

里梅登的舰队保护,于是对他们在国内的敌人发动了可怕的攻击。政治处决堕落成(-180,181-)无节制的谋杀;人们因为私下复仇和钱财而被杀死。一切不虔敬和渎神行径都冒出来了。① 柯西拉内战之惨状,给了修昔底德机会来对战争期间内战的不幸后果作一个总体评论。② 修昔底德尖锐评论说,在无节制谋杀发生的时候,攸里梅登带着他的60艘舰船在柯西拉停留了7天;不像尼各司忒拉图,他没有试图阻止事态。无疑,攸里梅登原本是可以阻止的,因为他率领的部队规模是尼各司忒拉图的5倍。他不可能在离开雅典的时候得到了什么具体命令,因为柯西拉局势瞬息万变,也没人清楚。攸里梅登得到的命令很可能和尼各司忒拉图得到的命令没有什么不同,都是要为雅典平靖柯西拉。但是,很明显,攸里梅登有着和克里昂一样的观点,强烈反对温和政策,他认为温和政策不起作用,并且导致了革命的发生。③ 因此,他乐见柯西拉寡头党人被摧毁,无论这些人是无辜的,还是有罪的。

攸里梅登在柯西拉的存在表明,新的将军委员会已经上任;他在柯西拉的行动则表明,背离伯利克里政策路线的情绪正在增长。这一印象得到进一步加强,是在这年9月,雅典决定向西西里派出远征军的时候。叙拉古想要控制西西里岛。我们不知道西西里岛上的战争是几时开始的,但是到了427年的时候,叙拉古已经攻打了她的邻邦林地尼。战事迅速越过了狭窄的海峡,蔓延到意大利。很快,西西里岛上所有的多利安人城邦——除了卡马林纳和意大利的罗科里之外——全部都与叙拉古结了盟,而西西里岛上的喀耳基司人城邦——也就是有爱奥尼亚血统的族群,包括卡马林纳和意大利的垒集坞——都与林地尼结盟。林地尼人看到败势已现、城邦危殆,于是向雅典派出使团,请求雅典人履行盟约,派兵援助。④ 雅典与林地尼的这个条约是一个攻守完全同盟条约

---

① Thuc. 3.81.
② Thuc. 3.82—4. 第84节一般被认为是衍文。质疑其真实性的一项晚近研究:福克斯(A. Fuks),《美国古典语文学期刊》,第92卷,1971年,第48—55页。
③ 贝洛赫《伯利克里以降的亚狄珈政策》,第35页)和布索特《希腊历史》,第3卷,第2册,第1019页,注释2)基于攸里梅登在柯西拉的行动,将他和克里昂联系起来。
④ Thuc. 3.86.1—2; Diod. 12.53.1—2.

(symmachia),签订日期(-181,182-)或许早在450年代,续约日期或许是在433/432年。① 雅典人原本可以因为自己的战斗攸关存亡而拒绝,但是他们选择履行条约条款,派出20艘舰船组成的一支舰队,由剌喀司和喀洛阿德(Charoeades)率领。问题在于,当瘟疫造成人员伤亡、同时金库又几近耗光的时候,为什么雅典人会派出一支远征军,前往这样一个如此遥远、看起来与这场战争的主要战略又如此不相干的地区呢?②

狄奥多罗斯说,林地尼使团由了不起的智术师高尔吉亚(Gorgias)率领,雅典人被他那新奇的修辞所说服了。③ 我们不必理会狄奥多罗斯的这种看法。修昔底德提到了三个理由。第一个是正式理由,这个理由很可能是在公民大会批准远征的法令中正式提及的理由,基于林地尼及其盟友的关系。然而,雅典人这么决定,实际上"是防止谷物从西方运往伯罗奔尼撒去,以及初步试探他们是不是可以占领西西里"。④ 修昔底德学当中的一个谜题就是,如何解释这种动机归因。一些学者认为,修昔底德在这个段落中只是在表达他自己关于雅典人动机的个人观点,但更有可能的是,修昔底德选择性地记下了就林地尼人的请求进行的公开辩论中被提及的诸理据当中的一些。⑤ 无疑,有一些雅典人同时能够看到派兵西西里的这三个理由的价值,但是不同的政治团体会有不同侧重。

一般认为,这次远征完全是克里昂为领袖的那个派别所驱动的,这个派别的叫法多种多样,包括"激进派","民主党",或鹰派。⑥ 然而,所有史料证据都表明,(-182,183-)这次远征得到了普遍赞同,几乎没有

---

① 关于第一次签约的时间,参见卡根,《伯罗奔尼撒战争的爆发》,第155页,注释3(原书页码和注释码;中文校译本第158页,注释①)。然而,同时还须参见《希腊历史铭文选辑》,第172—175页。关于续约日期,参见《希腊历史铭文选辑》,第63、64则铭文。
② 关于这个问题的最佳论述是H·D·韦斯特莱克,《希腊史家与希腊历史论丛》,第101—122页。我此处的讨论,明显借鉴了他的讨论。
③ Diod. 12.53. 狄奥多罗斯自己在接下来的一节中,讨论了一些更加务实的理由。
④ Thuc. 3.86.4;谢德风译本,第241页。
⑤ 韦斯特莱克,《希腊史家与希腊历史论丛》,第106—107页。
⑥ 贝洛赫(《伯利克里以降的亚狄珈政策》,第33页)说,"同时,在427年秋天派出20艘舰船的一支舰队,由剌喀司率领前往西西里,这无(-182,183-)疑是克里昂的党派之所为"。梅耶的结论(《古代历史》,第4卷,第78—79页)大致类此,但更为精细。

激起什么反对意见。修昔底德没有记下任何不同意见,而关于密提林的命运,433年与柯西拉结盟,415年西西里远征,修昔底德都记下了反对意见;同时,其他古代作家也没有记录任何反对意见。此外,远征的指挥官是剌喀司与喀洛阿德。剌喀司是尼基阿斯的友人,我们不清楚喀洛阿德的政治关系。攸里梅登在柯西拉担任指挥职务,显然与克里昂走得很近,原本是可以领受西西里作战任务的;德摩斯梯尼也是一样。但是,这一次,攸里梅登和德摩斯梯尼都没有出任指挥官。很难想象,鹰派的影响力一方面强大到足够迫使反对派接受西西里作战提议,另一方面却又不足以保证哪怕一名己方将军出任指挥官。因此,我们只能得出结论说,尼基阿斯和其他温和派也支持这次远征。

我们不应忽视一个明显事实:雅典人于427年前往西西里,是应邀而去的。援助请求反映了局势之变化,而这一变化可能对雅典来说是危险的,所以雅典人不能径直拒绝这一请求。双方都意识到,伯罗奔尼撒人能够从西西里获得相当可观的支援。① 一旦叙拉古人及其盟友为伯罗奔尼撒人提供相当的资金和舰船,雅典的制海权就会面临严重威胁。目前为止,伯罗奔尼撒人还没有从他们在西西里的多利安亲族那里获得任何援助,这完全可能是因为在西西里岛上同时还存在着雅典的盟邦;这些盟邦首先对叙拉古形成了挑战,然后把叙拉古卷入了一场战争。如果任由叙拉古征服雅典的这些盟邦,那么叙拉古就可以为所欲为,或许接着就会支援母邦科林斯,继而支持伯罗奔尼撒人的整个战争事业。预防这种情况出现符合伯利克里的防御性政策,温和派势必是这样理解的。②

雅典对于阻止伯罗奔尼撒半岛进口谷物(-183,184-)的渴望是防御性的,与伯利克里战略是一致的,如果我们认同以下看法的话:伯利克里的战略包含了对伯罗奔尼撒半岛的封锁,而对伯罗奔尼撒半岛的

---

① 参见韦斯特莱克的精彩讨论:《希腊史家与希腊历史论丛》,第113—116页。
② 布索特(《希腊历史》,第3卷,第2册,第1055页)已经看到了这一点。修昔底德没有提及这一考虑,但是从他自己的叙事中,很容易推测出这一考虑。查士丁(Justin 4.3.5)在此表现出了少见的敏锐,指出叙拉古援助斯巴达的危险是促使雅典干预的原因。

封锁和对伯罗奔尼撒半岛的沿岸袭击一起,能够"通过引发食物短缺,在伯罗奔尼撒半岛引发不满和叛变"。① 然而,我们已经论证过,伯利克里的战略不包含这类行动。② 阻止西西里谷物抵达伯罗奔尼撒半岛这一目的是事态的新进展,反映了新的情况。在一定程度上,斯巴达蹂躏亚狄珈的时长和程度都取决于谷物供给。如果西西里无法为伯罗奔尼撒人提供谷物的话,那么他们就不得不缩短对亚狄珈的袭击。长期作战的前景势必令雅典温和派迫切想要"通过派出有限军事援助支援西方盟友,从根源上切断这一运输供应"。③ 这一目标并没有与伯利克里战略的精神背道而驰,是对伯利克里战略之基本精神的拓展。伯利克里如果面临战事延长的事实,或许也会采取同样的步骤;同时,尼基阿斯及其同党很可能也是愿意采取这一行动的。

然而,要说雅典人意在令这支舰队成为征服西西里的第一步,这不太可能符合实情。征服西西里这一目标,与遵循伯利克里政策目标的做法完全相悖,直接违背了伯利克里本人的警告,他曾多次提出这样的警告:在战争期间,要避免扩大你们的帝国。在想要更加积极作战、激进作战的那些雅典人中,有一群不顾后果的扩张主义者,这些人不会放过扩张帝国、拓展雅典财富与权势的任何机会。他们中的许多人关注着西方,视之为潜在的征服领域,已经有一阵子了。④ 海珀布鲁斯和像他一样的人,似乎即便在战争期间也心怀大计。阿里斯托芬在《骑士》中取笑他们说,这些人甚至瞄准了迦太基。⑤ 但是,阿里斯托芬并没有暗指克里昂也怀有如此狂热空想,尽管整部《骑士》主要是在针对克里昂。没有迹象表明,克里昂曾在任何时候赞成过要将(-184,185-)这场战争转为纯粹的扩张行动。⑥ 克里昂直接卷入的两场作战行动,斯伐

---

① 韦斯特莱克,《希腊史家与希腊历史文丛》,第107页。
② 参见本书上文,第29—30页(原书页码)。
③ 韦斯特莱克,《希腊史家与希腊历史文丛》,第108页。
④ 布索特,《希腊历史》,第3卷,第2册,第1056页,注释2与注释3。
⑤ Aristoph. *Knights* 173—4, 1302—5.
⑥ 425年的时候,克里昂敦促雅典人,向斯巴达要求归还尼赛亚、佩岬(Pegae)、托洛森以及亚该亚(Thuc. 4.21.3)。这一要求并不能用作证据,说明克里昂的整体政策是扩张性的,参见下文讨论,第234—238页(原书页码)。

刻帖里亚和安菲玻里,目标都是赢得对斯巴达的这场战争,而非扩张雅典的领土。我们可以认为,克里昂或者像德摩斯梯尼和攸里梅登一样的其他人确实想要控制西西里,但是这些人的理由与海珀布鲁斯之辈的理由是很不一样的。

驱使温和派同意远征西西里的理由,对于鹰派来说同样具有吸引力。鹰派也想要阻止谷物运输到伯罗奔尼撒半岛,阻止西西里岛被叙拉古控制、进而向敌军提供援助。作为行动派,他们势必对折中办法很不耐烦,不满足于前去干涉只是为了恢复原状。如果叙拉古是要接管整个西西里岛,那么雅典干涉后的撤退只会导致同样局势卷土重来。因此,他们想要采取有决定性的行动,以"初步试探他们是不是可以占领西西里"。① 这将意味着,只有雅典在西西里取得优势地位——或许要在西西里建立一支驻军和一个海军基地——才能避免将来的麻烦。修昔底德的措辞没有其他意思。然而,克里昂及其同党或许志在更多——将西西里岛的城邦吸收进雅典帝国,要么成为提供舰船和人员的盟邦,要么成为缴纳金钱的属邦。这一点并不会与我们先前的断言相矛盾,我们先前断言,他们的目标不是扩张帝国,而是赢得这场战争。427年,雅典面临的最严重问题是财政问题。我们已经看到,试图减轻财政压力的措施并无成效。战事持续,看起来没有尽头,而金库却并非取之不竭。如果雅典人控制了西西里的巨额财富,这一事实会对这场战争接下来的进程产生巨大的影响。雅典金库所面临的压力将被解除,他们将无需提高盟邦贡赋额度,(-185,186-)而提高贡赋额度既危险,又不得人心。这样,雅典人就能够对伯罗奔尼撒半岛发动更加猛烈的攻击,把伯罗奔尼撒舰队彻底驱逐出海洋。如果雅典夺下西西里这一重要资源——而该地原本是伯罗奔尼撒人自己所依赖的——,那么伯罗奔尼撒人的士气势必受到毁灭性打击。这或许能够使斯巴达人回心转意,结束这场战争。最起码,雅典将能够把这场战争坚持打下去,只要情势需要。或许,克里昂及其同党会像坎宁(Canning)一样,想要在新的世界恢复旧的平衡。这主意一点也不坏,特别是如果能够以雅

---

① Thuc. 3. 86. 4: τὰ ἐν τῇ Σικελίᾳ πράγματα ὑποχείρια γενέσθαι, 谢德风译本, 第241页。

典人先前选择的审慎路线来执行这一政策的话。他们很可能还认为，是斯巴达人的顽强、伯利克里战略的失败、还有替代战略的缺席迫使他们不得不有了这一想法。

20艘舰船刚刚驶离，及时避开了第二次爆发的瘟疫，避开了发生在希腊中部地区的几次地震。① 他们的人数不足以表明他们的重要性。他们的任务开启了雅典新的政策路线。随着时间流逝和事件进展，极端派别已经拥有了影响原先政策路线的能力，而温和派不能无视他们的影响。进一步背离伯利克里所设计的防御战略，这前路已经被打通；接下来，背离伯利克里政策的人中，既有伯利克里的朋党，也有他的政敌。

---

① Thuc. 3.87.

第七章　德摩斯梯尼

雅典人将采取更加积极的政策的承诺,在426年春季与夏季的作战行动中充分表现了出来。在西西里、爱琴海地区、彼欧提亚,以及希腊西北部地区,雅典人都采取了更加激进的行动,想赢下这场陷入僵局的战争。现当代学者通常假定,426年春季,将军委员会的选举体现了进攻性作战策略的新精神,通过这次选举上台的将军们敌视先前的领袖,准备要推翻先前的战略。一些学者告诉我们,"(这次选举)清楚全面地体现了民意转变。当时在任的将军在这次选举中几乎全军覆没;取而代之的是鹰派的人";①"鸽派遭到惨败";②"年轻躁动的战略外行抓住了公众的耳朵"。③

我们不能采信这些观点。首先,剌喀司和攸里梅登再次当选。这两个人重回将军委员会,意义重大;例如,从433/432年到425/424年期间,没有任何一年,连续当选的将军曾超过两个人。④ 此外,每名将军都与一个主要的派别有联系,剌喀司是温和派,而攸里梅登则与激进派关系密切。在没有连续当选的那些将军中,最有名的两个人是尼基阿斯和德摩斯梯尼,因此,两个派别各有(-187, 188-)一个人未能再次

---

① 贝洛赫,《希腊历史》,第2版,第2卷,第1册,第324页。
② 布索特,《希腊历史》,第3卷,第2册,第1056页。
③ 韦司特,《古典语文学》,第19卷,1924年,第201页。
④ 贝洛赫,《希腊历史》,第2版,第2卷,第2册,第261—264页。

当选。① 最后,上面提到的所有进攻性作战行动都是由 427 年选举出来的那个将军委员会执行的,这也与上述观点——426 年将军选举用一群激进的极端派替代了一个审慎、保守的将军委员会——不相符。没有证据可以证明雅典政治情况有变,证明民众的支持从一群政客和军人转向了另一群。在 426/425 年,正如在前一年一样,当选的将军委员会中既有温和派,也有激进派。转变不是发生在政治方面,而是发生在政策上;雅典人过去采取无为政策,但他们所怀抱的希望破灭了;一些人迫切想要尝试更加积极、更加果敢的政策,其他人也愿意这么一试。427 年下半年,雅典向西西里派出一支舰队,这反映了这种新的想法,426 年的行动则表明,这种想法愈来愈强烈。426 年,雅典人在政策问题上并没有重大分歧;唯一的问题是某个具体计划或行动是否可能成功,是否有助于得到大家都想达到的那个目标:以最快的速度取得胜利。

雅典人在西西里相当成功,特别是考虑到,他们派出的部队规模并不大。427 年,剌喀司和喀洛阿德在垒集坞岸边建立了海军基地。垒集坞是一个与雅典亲善的意大利城邦,与梅西纳隔着海峡相望。选择在垒集坞建立海军基地,或许是因为林地尼地处内陆,无法提供海军基地,与叙拉古也离得太近,不够安全。② 修昔底德对于第一次西西里远征的记载分散又疏阔,与这次行动的潜在重要性不相称。③ 修昔底德没有描述雅典将军的战略,也没有记载与此相关的作战策略。事实上,将军们采取的战略合情合理,而且最开始取得了胜利,修昔底德的简略记载掩盖了这一事实。④ (-188,189-)

---

① 刘易斯(D. M. Lewis,《希腊研究期刊》,第 81 卷,1961 年,第 119 页),西里(R. Sealey,《希腊政治文选》[*Essays in Greek Politics*],第 104 页)和佛纳瓦(《雅典将军委员会》,第 57—58 页)认为,尼基阿斯在 426/425 年重新当选了将军。如果他们的观点正确的话,我们就更不能认为,这次选举是鹰派的胜利了。

② Thuc. 3. 86. 5.

③ 关于第一次西西里远征的记载,按照时间顺序分散于:Thuc. 3. 86, 88, 90, 99, 103, 115, 4. 1, 24—25, 58—65, 5. 4—5。狄奥多罗斯的记载是 Diod. 12. 54,还有一则残篇对此有记载,作者或许是菲利斯图(Philistus)(参见《希腊史撰残编》:*FGrH* 3B 577)。狄奥多罗斯和这则残篇的记载对于我们关于战事的了解,补充不多。

④ 弗里曼(E. A. Freeman,《西西里史》[*History of Sicily*],第 3 卷,牛津,1894 年,第 29—30 页)写道:"要问作战计划是什么,这或许是徒劳的。雅典人很可能(-188,(转下页注)

雅典人的目的是完全控制梅西纳海峡,阻止谷物从西西里运抵伯罗奔尼撒半岛。因此,他们必须取得对梅西纳的控制权。接着,梅西纳这个城邦将成为集结点,雅典人可以在此号召西西里的希腊人、特别是具有爱奥尼亚血统的希腊人,号召敌视叙拉古的当地土著西西耳人(Sicels)。如果雅典人在西西里拥有了海军基地、制海权及当地部队的支援,那么他们就有希望打败叙拉古人。如果取胜,雅典人将赢得更多支持,甚或争取到叙拉古方面盟友叛变。最起码,雅典人的胜绩可以挫败叙拉古一统西西里的计划,阻止西西里向斯巴达提供援助,而如果一切顺利,雅典人或许能够就此将西西里纳入控制之中。

　　雅典人抵达垒集坞以后不久便将部队分为两股,每位将军各率领一支分遣队,大概要沿着西西里海岸探索一番,并测试一下当地民情。剌喀司沿着卡马林纳南岸航行,喀洛阿德则沿着西西里的墨伽拉之东岸航行。喀洛阿德的任务更加危险,因为他所行驶的是叙拉古的水域。他遭遇到一支叙拉古舰队,受伤,阵亡。① 此后不久,剌喀司得到10艘垒集坞舰船增援,对利帕里群岛(the Liparian Islands)发动了袭击。利帕里群岛位于西西里北岸之外,是梅西纳海峡的西部入口。② 这次袭击的部分动机是为了满足垒集坞人的要求,因为这支舰队中有三分之一的舰船是垒集坞人提供的,③但同时还有重要得多的其他动机。按照计划,雅典人必须有制海权,特别是对梅西纳海峡周边水域的制海权。利帕里人与叙拉古结盟,因此有能力滋扰雅典舰队;征服利帕里群岛具有重大意义。雅典人和垒集坞人按照惯例,洗劫了该岛,但是利帕里人没有屈服。　(-189,第190页为地图6,191-)因为这个岛上饮用水

(接上页注)189-)并无作战计划。他们来到此地,准备巡视一番,看看能做点什么;在能力范围之内,他们可以做任何事。"韦斯特莱克说,雅典的战略是当场即兴构想的,"目标是支持他们的盟友,损害他们的敌人,只要有机会"(《希腊史家与希腊历史论丛》,第117页,注释53,然而,同时要参见文柯(H. Wentker)的看法:《西西里与雅典》(*Sizilien und Athen*),海德堡,1956年,第113—117页)。

① *FGrH* 3B, 577, 2. 修昔底德没有提到这次作战行动,只说喀洛阿德在与叙拉古人的一次战斗中阵亡(Thuc. 3. 90. 2)。
② 参见地图6。
③ 这一点是由布索特提出来的:《希腊历史》,第3卷,第2册,第1056—1057页。

阿奇达慕斯战争

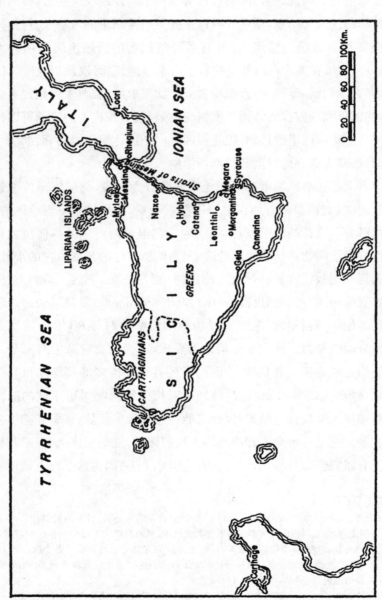

地图5 西西里

Map 5. Sicily

短缺,干旱季节不适于作战,所以雅典人暂时放弃了袭击。来年冬季,雅典人卷土重来,但是修昔底德没有告诉我们雅典人的再次袭击是否取得了成功;或许雅典人失败了。① 在 427/426 年冬季的第一次袭击之后,剌喀司撤退到垒集坞。他从垒集坞移师,挑战垒集坞人的邻邦和敌人罗科里人,取得了一些成效。② 同样地,这一行动想必也是为了满足垒集坞人的要求;同时,因为要巩固海军基地,所以这一行动对于雅典人来说也是必要的。

雅典人在西西里的军事存在与军事行动似乎对西西里产生了重大影响,因为修昔底德告诉我们,到了 426 年夏季,整个西西里岛战事如火如荼。③ 剌喀司在垒集坞的基地牢固,在西西里前景看好,于是准备采取进一步行动。他夺下了迈濑崖(Mylae)。迈濑崖是梅西纳西边的一个小城镇,臣服于梅西纳。接着,剌喀司就夺下了梅西纳。④ 这一胜绩极为重要,出人意料,雅典人借此一举,取得了海峡控制权,鼓动叙拉古盟友叛变,威胁到叙拉古在西西里岛上的地位。这年夏季,当地曾被叙拉古人统治的许多西西耳人被雅典的胜利所鼓舞,开始叛变,加入雅典及其盟友一边。⑤ 到了 426/425 年冬季,剌喀司利用这些西西耳人的帮助,攻打因内挈(Inessa)。因内挈是西西耳人的城镇,但是卫城却被一支叙拉古部队把持住了。因内挈有一定的重要性。这座小城离卡塔纳(Catana)大约 80 斯塔迪亚(stadia),与莫干堤纳(Morgantina)和海埠列崖(Hybla)一起,这三座设防城镇保卫着叙拉古对西西里岛南部西西耳人的统治。⑥ 成功夺下因内挈很可能可以鼓舞西西耳人继续叛离叙拉古,并进一步保障雅典盟友在林地尼、纳克苏斯(Naxos)和卡塔纳的安全;尤其重要的是,夺下因内挈就能对叙拉古同时从陆地和海上形成威胁。但是,剌喀司攻打因内挈失败了,撤退途中,雅典盟军还

---

① Thuc. 3.88, 115.1.
② *FGrH* 3B, 577, 2;Diod. 12.54.4;修昔底德没有提到这一事件。
③ Thuc. 3.90.1.
④ Thuc. 3.90.2—4;Diod. 13.54.4—5.
⑤ Thuc. 3.103.1.
⑥ 关于因内挈的具体位置,参见戈姆,《修昔底德历史评注》,第 2 卷,第 413 页;关于其重要性,参见文柯,《西西里与雅典》,第 114 页。

(-191,192-)在叙拉古人那里遭受了伤亡。这一败绩令人失望但并不严重。剌喀司继续攻打,并在一场战役中打败了罗科里人;接着,剌喀司和西西耳人一起,袭击了西磨垃(Himera)。西西耳人从内陆方向袭击,雅典人从海上发动攻击,但是很明显,他们没有夺下西磨垃。①

我们不应该因为知道事件的后来进展,就无视剌喀司所取得的胜绩。他夺下了梅西纳,也夺下了梅西纳海峡的控制权;他阻止了叙拉古人控制林地尼,而雅典远征正是为了解除林地尼面临的这一迫近威胁;他说服了叙拉古的许多盟邦转投雅典阵营,而且已经开始威胁到了叙拉古的周边地区。基于雅典人能在海上自由行动的证据,基于修昔底德的直接证言,我们知道,雅典人仅凭一支小规模舰队就封锁了叙拉古人,使其完全无法涉足海上。② 叙拉古人显然明白雅典控制梅西纳对他们形成了什么样的威胁:"他们觉得麦散那(梅西纳)可以作为进攻西西里的基地,恐怕将来雅典人利用这个基地,率领大军向他们进攻。"③ 受到所有这些非凡成就的鼓舞,那些与雅典结盟的西西里希腊人向雅典请求更多援助,因为他们知道叙拉古人正在装备一支舰队,知道叙拉古人准备反击。

修昔底德没有记载西西里使团在雅典使用了哪些理据,劝说雅典人接受他们的说辞。然而,修昔底德的措辞清楚表明,这些西西里人并没有提到受到威胁的叙拉古如大梦方醒,可能会威胁到在西西里的雅典部队的安全。修昔底德所记载的雅典决定继续增援的理由,更多体现了信心,而非警觉:他们投票决议,"(部分是因为)认为这样可以使西西里的战事更早地结束;同时,他们把这当作一次有益的海军练习"。④ 西西里使团肯定夸大了剌喀司的胜绩,且并没有挑明剌喀司当前仍然面临的困难有多大。他们肯定是说,先前作战行动预示,叙拉古将被彻底击败;现在需要做的不过是派出增援部队,打败叙拉古人正在建造的那支舰队。此举将终结这个城邦的势力,同时(-192,193-)将令西西

---

① Thuc. 3.103.3, 115.1.
② Thuc. 3.115.3.
③ Thuc. 4.1.2;谢德风译本,第265页。
④ Thuc. 3.115.4;谢德风译本,第261页。

投入雅典阵营。西西里使团使用的肯定是类似这样的一些理据,并取得了想要的效果。雅典人投票决议,派出40艘舰船,由3名指挥官率领。派所多鲁斯(Pythodorus)带领少数几艘舰船,马上起航,接替剌喀司。索福克勒(Sophocles)和攸里梅登率领主力舰队随后跟上。① 我们没有理由认为,对于派兵增援是否明智这件事,在雅典存在任何重大的意见分歧。西西里使团传来的消息似乎证实了鹰派的厚望。如果有任何人觉得远征并不值得一去,这些人也可以安慰自己说,这次远征至少能够给舰队以十分必要的操练机会。② 当派所多鲁斯向西驶去的时候,他带着雅典的希望,虽然这希望或许过高,但是考虑到雅典人听说剌喀司带着20艘舰船在一年时间里就取得了那些成果,雅典人的希望又仍然算是合情合理的。

在希腊本土,征战季仍然循惯例开始了。阿奇达慕斯之子阿吉斯召集伯罗奔尼撒部队,入侵亚狄珈,一年一度。但是,这一次,伯罗奔尼撒部队只抵达了科林斯地峡,就遇上了好几场地震,迫使他不得不班师。③ 一些学者认为,地震只不过是借口;或许在427/426年冬季,④国王普雷斯托阿纳克斯就已经结束流亡、重回城邦,这标志着鸽派重掌大权,还标志着与雅典谈判的开端。⑤ 能够支持这种假说的论证不够有分量;论证仅仅基于普雷斯托阿纳克斯回归这一事实,基于对阿里斯托芬《阿卡奈人》中关于归还埃基纳的那几行诗的解释。⑥ 我已经论证过,归还埃基纳的要求符合的是430年那次议和提议,⑦我们没有理由根据这几行诗再另外编造一次议和提议。我们也没有理由将普雷斯托阿纳克斯的回归与(-193,194-)426年重启议和谈判

---

① Thuc. 3.115.5—6.
② 韦斯特莱克关于雅典动机给出了很好的讨论:《希腊史家与希腊历史论丛》,第110—112页。
③ Thuc. 3.89.1.
④ 贝洛赫,《希腊历史》,第2版,第1卷,第2册,第176—177页。
⑤ 贝洛赫,《希腊历史》,第2版,第2卷,第2册,第322—323页;埃德科《剑桥古代史》,第5卷,第226—227页)和韦司特《古典语文学》,第19卷,1924年,第204页)都采信了他的看法。
⑥ Aristoph. *Acharn.* 646—54.
⑦ 参见本书上文,第82—83页(原书页码)。

联系起来。普雷斯托阿纳克斯倾向于与雅典议和,446/445年如是,421年又如是,所以我们欣然接受这一看法:一般情况下,普雷斯托阿纳克斯总是希望与雅典人保持和平关系。反对战争的那些斯巴达人或许欢迎普雷斯托阿纳克斯归来,是因为他将来可能对他们有用,但没有理由认为就是鸽派把普雷斯托阿纳克斯召回的。修昔底德记载,召回普雷斯托阿纳克斯是因为德尔斐神谕不断催促,修昔底德还记载,普雷斯托阿纳克斯的敌人控诉他为了回归城邦,贿赂了神使。① 这些人的控诉很可能确有其事。

同样,我们也没有理由认为,普雷斯托阿纳克斯在回归之后的头几年里就对斯巴达的政策制定发挥了重要影响。因为他早先的举动,也因为他回归的方式,所以普雷斯托阿纳克斯总是被怀疑的对象。无论斯巴达人遭到什么样的失败,他们都怪在普雷斯托阿纳克斯头上,怪在他非法回归这件事上。② 还有一个理由也可以说明,普雷斯托阿纳克斯在421年以前,没有发挥什么重要作用:421年,修昔底德才单独提出普雷斯托阿纳克斯,说他是寻求和平的斯巴达人中最有影响力的一位,修昔底德还提到,他是所缔结和约的签字人之一。③ 然而,在423年,当斯巴达人签订停火协议、指望以此换来持续和约的时候,修昔底德却没有提及普雷斯托阿纳克斯的名字,他也不是这个停火协议的签字人。④ 我们只能认同戈姆的观点:"他在斯巴达的地位非常不牢固,以致于无法采取独立的政策主张。"⑤

要拒斥斯巴达于426年提出过议和提议的这种看法,最好的理据就是修昔底德对此毫无记载。对于要记载何事,修昔底德的选择是十分苛刻的,他的史述中也确实存在一些重大遗漏。然而,如果就连议和提议这样对我们理解战争和双方战略意义如此重大的事件,修昔底德都遗漏不写,那么我们就无法信任他的可信性了。这样的看

---

① Thuc. 5.16.2—3.
② Thuc. 5.16.1.
③ Thuc. 5.16.1; 19.2.
④ Thuc. 4.117; 119.2.
⑤ 戈姆,《修昔底德历史评注》,第3卷,第664页。

法是不对的:"修昔底德认为议和提议不值得记载,因为这些提议一经提出就马上被拒绝了。"①修昔底德记载了雅典人于430年提出的议和提议,还有斯巴达人于425年提出的议和提议,而这两次议和的提议都"一经提出(-194,195-)就马上被拒绝了"。因此,我们不用理会426年斯巴达曾经提议议和的这一看法,因为这一看法是想象出来的。

伯罗奔尼撒陆地和海上行动的失败,迫使斯巴达人重新考虑自己的政策。斯巴达人当时面临的情势,想必正如贝洛赫所总结:"通过蹂躏其土地来迫使雅典人议和的指望,终未实现。他们曾经指望雅典盟邦会暴动:但是波提狄亚已经沦陷,列斯堡暴动仍然是孤立现象,且被迅速镇压。与雅典人在其优势领域——海上——交手的所有尝试,全部失败,十分丢人。甚至,对雅典会产生政权更迭的盘算也是自欺欺人。伯利克里被推翻过,但他的政敌继续执行他的政策;甚至他的去世都没有改变这一现状。"不过,贝洛赫所总结的这一点是错的:"在这样的情况下,斯巴达也开始考虑如何结束战争。"②相反,斯巴达人的反应,与一般人在希望落空后的做法类似:他们没有彻底重新审视自己的政策,反而加强决心,要用新的手段去执行原初的计划。斯巴达人的怒火不逊于先前,取得全胜的决心也丝毫没有减弱。

426年初夏,斯巴达人在忒拉喀斯人(Trachis)领土上的赫拉克利亚(Heraclea)建起了殖民地,③而究其整个历史,斯巴达人是很少建殖民地的。斯巴达人建立这个殖民地,是回应忒拉喀斯人及其邻邦多利斯(Doris)的求援,而多利斯是斯巴达的传统母邦。这两个城邦都遭到临近的澳帖人(Oetaeans)攻击,城邦危在旦夕。他们发出求援请求应该已经有几个月时间了,因为宣布殖民地建设意向,咨询德尔斐,募集殖民者,预备出发,都需要一些时间。然而,斯巴达人关心的不止是保卫他们的母邦和盟友:"同时,他们认为新城市的地位便于对雅典人作

---

① 埃德科,《剑桥古代史》,第5卷,第227页。
② 贝洛赫,《希腊历史》,第2版,第2卷,第2册,第322—323页。
③ Thuc. 3.92.1. 这个殖民地的建立及其重要性常常被忽略了。布索特对情势有精到的理解:《希腊历史》,第3卷,第2册,第1064—1065页。

战,因为这个地方可以作为海军根据地,直接进攻优卑亚,这是渡海到优卑亚最短的路线;同时,这个地方在往色雷斯的道路上,对于他们也是有利的。因此,他们热心地建立这块地方,是有许多理由的。"①

要说斯巴达这一决策的背后推手是伯拉西达,这种看法显得很有道理,但是修昔底德并没有这样记载。② 这番冒险之举与他在其他时候表现出来的大胆和想象力是十分一致的。无论这个计划是谁的构想,这一重大决定都向我们表明,有一些斯巴达人,就像一些雅典人那样,已经意识到原初的战略并不奏效,而要赢得这场战争,新的战略势在必行。考虑到斯巴达先前与雅典舰队的交手记录,基于这个殖民地从海上攻打优卑亚的想法并不现实。这个新的殖民地充其量可以用作抢劫雅典人海上运输的基地,但还是从色雷斯的方向发动直接攻击的想法更加可靠。如果斯巴达人试图损害雅典人、削弱雅典人的战斗能力,那么,他们应该瞄准的是雅典人的帝国。就陆地防守而言,雅典帝国版图中的脆弱之地仅有色雷斯。如果斯巴达人能够令这一地区的城邦叛离雅典,雅典的收入就会减少,帝国更多城邦将因此受到鼓舞,叛离帝国。此外,比色雷斯更远的是海勒斯滂地区的城邦,这些城邦中的一些是可以通过陆地行军抵达的。打击雅典侧翼、继而造成无尽麻烦的机会是切实存在的。与此同时,这样一个计划完成起来并不容易,也不是没有危险。首要的问题就是,一支部队要如何从斯巴达穿过希腊本土,穿过被敌军控制的帖撒利,抵达色雷斯。在那里,伯罗奔尼撒人将需要当地人的支援,以支持他们对抗雅典盟邦,直到他们能够把这些盟邦打败。在整个作战过程中,宝贵的斯巴达部队将面临着危险,他们可能会被截断,被俘获,或被歼灭。所有这些考虑都有可能使得斯巴达人断绝念头,不再采取这一冒险的作战行动,同时在 426 年的时候,斯巴达人还远没有为这样一次远征做好准备。然而,赫拉克利亚这个殖

---

① Thuc. 3.92.4;谢德风译本,第 245 页。
② 这是布索特(《希腊历史》,第 3 卷,第 2 册,第 1064 页)和戈姆(《修昔底德历史评注》,第 2 卷,第 395 页)提出的看法。还有其他学者也这样认为。

民地的建立是第一步,是必要的;成功建立这一殖民地再次向我们表明,426年初,斯巴达人想的不是和平,而是如何赢得这场战争。①(-196,197-)

斯巴达人的付出是认真的,因为他们派出的殖民者中,有斯巴达公民,还有毗辽士(perioeci),同时他们还指派了3名建城者,其中就包括前任海军主将阿尔西达。斯巴达人还邀请了其他希腊人来加入建城行动,除了他们认为不太可靠的某些族群之外。② 他们建立了一座带有城墙的城邦,离温泉关大约5英里,离海边大约2.5英里;正如布索特所说,"她控制了希腊本土与帖撒利之间的关口,在通往色雷斯的遥远路途中提供了一个停靠地点,这个停靠点既浑然天成,又不可或缺,还提供了一个军事基地"。③ 为了提高安全性,他们还建造了一道墙,横过温泉关的关口;同时他们还开始建造船坞,这证明,他们还想把这个殖民地建成攻打优卑亚的海军基地。

优卑亚遭到如此威胁,雅典人自然惊恐了起来。他们肯定曾以为,对色雷斯的威胁太过遥远、不太可能发生,因而无需考虑。然而,事实证明,优卑亚并没有因此面临危险。在边境上建立起一个强大的斯巴达殖民地吓到了帖撒利人,而帖撒利人反复袭击此地,确保掌控该地,该地民不聊生。除此之外,斯巴达布政司再次表明,斯巴达人根本不知道应该如何对待其他希腊人。"这个城市的衰落和人口的减少,斯巴达本城派去的总督们(布政司)是应当负主要责任的,他们的严酷和不公平的行政管理把大多数的移民吓跑了,所以使他们的敌人更容易战胜他们。"④

---

① 关于征战色雷斯的相关问题和机遇,布伦特提供了很好的讨论:《凤凰学刊》第19卷(1965年),第273—275页。
② Thuc. 3.92.5;戈姆,《修昔底德历史评注》,第2卷,第395页。狄奥多罗斯说,这个殖民地包括了4000名伯罗奔尼撒人和6000名其他人(Diod. 12.59)。贝洛赫认为,这个数字太大了,不可能是正确的(《希腊-罗马世界的人口》,第512页)。贝洛赫的观点是正确的。
③ 布索特,《希腊历史》,第3卷,第2册,第1065页。关于城邦的位置,参见Thuc. 3.92.6,同时参见戈姆,《修昔底德历史评注》,第2卷,第394—398页。
④ Thuc. 3.93.3;谢德风译本,第245—246页。

与此同时,雅典人自己也采取了进攻性的措施。其中规模最大的一次行动是派出60艘舰船和2000名重装步兵组成的一支部队,由尼基阿斯率领,前去攻打弥罗斯岛。尼基阿斯洗劫了弥罗斯的土地,但是无法迫使弥罗斯人投降。他驶向欧若普司,趁夜登陆,然后向塔纳格拉行进。在塔纳格拉,尼基阿斯与雅典部队余部会师,这些部队是在希波尼库和攸里梅登的率领之下,从陆地上行进过来的。他们在这里安营扎寨,第二天整日都在洗劫乡村地区。次日,(-197,198-)塔纳格拉人得到了一些忒拜人的援助,于是出来应战,但在一场激战之中败北。雅典人竖起战胜纪念碑,但是没有试图继续推进。希波尼库和攸里梅登的部队班师回到雅典。尼基阿斯的部队则回到他们的舰船上去了,沿着海岸航行。他们洗劫了洛克里司地区的一些土地之后,也班师回到雅典去了。① 修昔底德对这次征战的叙述令人费解,也不充分。修昔底德没有告诉我们,攻打弥罗斯和攻打彼欧提亚是某个计划的一部分,还是尼基阿斯在弥罗斯的一时兴起。修昔底德也没有说清楚,攻打彼欧提亚的意图到底只是要损害敌方,还是有什么更大的目标,但无法实现。修昔底德给出的登陆弥罗斯的动机,也解释不了弥罗斯行动的时机。我们必须考察这些问题,但是凭借现有证据,我们无法得到特别肯定的答案。

　　弥罗斯和塞垃属于环形群岛(Cycladic islands),在这场战争开始的时候,还不是雅典同盟的成员。② 这两个岛屿都是多利安人的殖民地,其中弥罗斯是斯巴达人的殖民地。③ 到了430/429年,塞垃已经臣服于雅典人,既要纳贡,又要缴付一笔战争赔款。④ 但弥罗斯保持了独立,在426年,她仍然是正式中立的。⑤ 修昔底德说,雅典人攻打弥罗

---

① Thuc. 3.91; Diod. 12.65.1—5.
② Thuc. 2.9.5.
③ Thuc. 5.89; Diod. 12.65.3.
④ 纳贡,《雅典贡赋表》,第1卷,第285页;《雅典贡赋表》,第3卷,第336页;战争赔款:《雅典贡赋表》,第2卷,第52页 = D8, 11.21—25;《雅典贡赋表》,第3卷,第336页。修昔底德没有提到征服塞垃的过程。
⑤ Thuc. 3.91.2; 5.84.2. 尽管关于弥罗斯在416年遭到雅典攻打之前是否保持中立地位存在巨大的争论,但是没有一个人会质疑,弥罗斯在426年是中立的,甚至包括对修昔底德的记叙批评得最严厉的马克思·托伊(Max Treu,《历史学刊》,第2卷,1952—1953年,第253—273页)。

斯是"因为弥罗斯虽然是一个岛,但是不肯屈服于雅典,甚至拒绝参加雅典同盟;他们想征服弥罗斯"。① 弥罗斯人,自提洛同盟建立以来就被扣上这一原罪,而我们会问,为何雅典人等了这么久才采取行动,为何雅典人夺下塞垃的时候不顺便试图制服弥罗斯。答案很有可能是,征服弥罗斯更为艰难,更加昂贵;在战争的最早阶段,不值得为此给雅典的资源雪上加霜。(-198,199-)

426年,一股野心勃勃的新志气在雅典兴起;这与雅典对金钱的迫切需要一起,可以解释为何雅典人在426年尝试攻打弥罗斯。但是,除此之外,应该还存在更加直接的理由。有这样一则铭文,它记载了许多城邦向斯巴达进行战争捐款,其中弥罗斯出现了两次。② 这则铭文的日期无法准确推断,学者们的猜测处于在479至396/395年之间。将其推断在431至425年之间的看法,赢得的支持最多;埃德科认为,捐款时间是在427年,他的看法很有吸引力。③ 他认为,这些战争捐款与阿尔西达在这一年的爱琴海之行有关。埃德科推测,斯巴达舰船在驶过爱琴海的时候,必定曾在什么地方停留过一阵,而弥罗斯就是最有可能的停靠地点。斯巴达人当然是缺钱的,而海军行动耗费又十分昂贵。阿尔西达很有可能在自己所及之处,到处募集资金,而他似乎接受了对斯巴达友善的弥罗斯人的捐款。如果这一看法符合实情,我们就能轻易理解为何就在下一年,在雅典人腾出手来的时候,他们忽然注意到了弥罗斯。雅典人在爱琴海地区的首要考虑,肯定是要惩罚帮助敌方的这些多利安人的"中立"城邦。

尼基阿斯的举动清楚表明,雅典人并未计划不惜一切代价夺下该岛,而416年,雅典人却计划不惜一切代价夺下弥罗斯。只有围歼战才能确保成功,但是围歼战十分昂贵,而426年的雅典金库不太付得起这笔费用。尼基阿斯对弥罗斯的意图很可能是攻打该岛,洗劫土地,尝试

---

① Thuc. 3.91.2;谢德风译本,第244页;有改动。
② 《希腊历史铭文选辑》,第67则,第181—184页(GHI 67)。
③ 埃德科,《格罗茨纪念文集》(Mélanges Glotz),第1卷,巴黎,1932年,第1—6页。这一看法得到了相当多的赞同;最晚近的讨论,参见阿密特(A. Amit),《雅典娜神庙期刊》(Athenaeum),第46卷,1968年,第220页。

迫使弥罗斯人投降。如果弥罗斯人抵抗，雅典人也没有打算围歼。雅典人肯定乐意轻取弥罗斯。但是，如果无法轻取，那么，他们就打算蹂躏这个并不友善的岛屿，就此将伯利克里对这个岛屿的战略延续下去。尼基阿斯所率领部队的规模大于蹂躏洗劫所需要的部队规模，但是如果有机会攻打弥罗斯城邦的话，这样的规模又是必须的。

雅典人从一开始就意识到，他们或许不能夺下弥罗斯，所以他们对这一可能性有所准备。(-199,200-)攻打弥罗斯不是为了攻打彼欧提亚而声东击西——彼欧提亚才是这次远征的真正目标。① 尼基阿斯也不可能预先与希波尼库和攸里梅登商量好在塔纳格拉会师的日期，② 因为弥罗斯人可能会在短暂抵抗之后投降，而如果这样的话，雅典人就无法拒绝这样一个机会，但他们也无法预测这样一个机会何时会到来。更有可能的情况是，希波尼库与攸里梅登得到的命令是在雅典备战，等待尼基阿斯的消息。当尼基阿斯判定无法夺下弥罗斯的时候，他肯定派出信使，准备在某个约定的时间登陆欧若普司，在塔纳格拉与雅典余部会师。

彼欧提亚作战行动目的有限，只是为了惩罚彼欧提亚人一直以来对亚狄珈的蹂躏，或许也是试图吓止彼欧提亚人将来进犯亚狄珈。426年，伯罗奔尼撒人没能前来入侵亚狄珈，雅典又兴起了新的进攻热情，由此这一年成为攻打彼欧提亚的第一个机会。要进一步推进胜利，就有可能要冒险打一场陆地战役，但是与忒拜重装步兵作战就可能招来伯罗奔尼撒军队，他们会从尾翼袭击雅典部队。雅典人不会冒险发动对彼欧提亚的全面攻击，除非他们确认斯巴达人不会前来援助。425年，在斯伐刻帖里亚俘虏斯巴达人之前，雅典人是无法取得这种确认的。所以，雅典人别无想法，班师回到城邦。尼基阿斯所率领的舰队停留了足够的时间，充分破坏了洛克里司海岸之后，班师回到城邦。整个行动都是伯利克里原初计划的一个部分，不过稍有修改。动用一支大军从陆地上行进，前往攻击彼欧提亚，这确实不同寻常；但是因为斯巴达人不在，所以

---

① 安德鲁斯是这样认为的。参见戈姆，《修昔底德历史评注》，第4卷，第156页，注释1。
② 戈姆，《修昔底德历史评注》，第4卷，第156页，注释1。

这一行动是安全的,同时这一行动的目的也是伯利克里式的,没有任何重大风险。如果能够夺下弥罗斯,雅典帝国将在战争期间实现扩张,这会违背伯利克里的警告。但是,这并没有什么风险,也没有什么昂贵支出,因此这次作战行动似乎没有偏离伯利克里战略的精神。两项作战行动反映的都是雅典温和派的态度,或许稍微冒险了些,但仍不失谨慎。尼基阿斯十分适合担任这支主力部队的指挥官。(-200,201-)

一边正在攻打弥罗斯的时候,雅典人还一边派出了 30 艘舰船组成的分遣舰队,由德摩斯梯尼和扑罗科勒(Procles)率领,前去环航伯罗奔尼撒半岛。① 我们没有关于这次远征目的的信息;将军们得到的命令无非是要保护和援助雅典人在希腊西部的盟友,并对敌人造成任何可能的损害。30 艘雅典舰船按照惯例,每舰只载有 10 名水兵,并无额外重装步兵。尽管在阿卡纳尼亚的土地上作战时,他们得到了所有阿卡纳尼亚人的帮助,此外还得到了一些扎金索斯人和一些塞法伦尼亚人的帮助,还有来自柯西拉的 15 艘舰船的支援,②但是,显然,没有人指望这支部队取得什么决定性成果。尽管雅典的活跃志气有所高涨,但是人员短缺和金钱匮乏限制了作战规模。

雅典人是从袭击琉卡斯开始的。因为雅典人比琉卡斯人人数占优,所以他们可以随心所欲,四处飙突。阿卡纳尼亚人想要围歼该城邦,彻底摧毁敌人。如能取得这等战果,雅典也将获益匪浅。琉卡斯位于通往柯西拉、意大利、西西里的路途中,具有战略价值;琉卡斯是科林斯的忠诚殖民地,和澳泥亚岱、安布罗西亚一样,向伯罗奔尼撒舰队提供舰船,是伯罗奔尼撒人在阿卡纳尼亚和埃披庐海岸的关键海军基地。如能夺下琉卡斯,科林斯人将受到沉重打击,伯罗奔尼撒人也将普遍受到打击,而雅典人将独自控制伊奥尼亚海域。③

另一方面,诺帕克都港的美塞尼亚人反对围歼琉卡斯。这些美塞尼亚人想赶快得到援助去对抗威胁他们安全的近邻埃托利亚人。他们

---

① Thuc. 3.91.1.
② Thuc. 3.94.1.
③ 布索特,《希腊历史》,第 3 卷,第 2 册,第 1066 页。

肯定注意到，德摩斯梯尼作为将军既有能力，又很勇敢，所以他们想利用德摩斯梯尼及其部下大军还在的时候，说服他们帮忙发动对埃托利亚的袭击。他们许诺说，埃托利亚部落虽然好战，但却未开化，要打败他们、进而将其领土纳入雅典的控制之下是很容易的。埃托利亚人诚然数目庞大，也很好战，但是他们散居在不设防的村庄里；他们战斗的时候不是武装成重装步兵，而是使用轻装武器；他们之中有一些人非常野蛮，甚至生食肉类。这些野蛮人还未团结起来的时候，要制服他们是很容易的。① 德摩斯梯尼正处于他担任将军的第一个任期，他被这些美塞尼亚人说服了，终止了围歼。这一决策遭到了批评；例如，格罗特称该决定是"严重的鲁莽之举"，冒犯了阿卡纳尼亚人，"就为了攻打所有国家中最桀骜不驯的一个：埃托利亚的内部"。② 这一决策确实有问题，而我们要问的是为什么德摩斯梯尼会这样做。

修昔底德告诉我们，在某种程度上，德摩斯梯尼是希望取悦美塞尼亚人。③ 这个动机合情合理，因为诺帕克都港的美塞尼亚居民对雅典来说十分重要，重要程度超过阿卡纳尼亚人。在佛缪保卫诺帕克都的时候，我们就已经看到，诺帕克都港在科林斯湾占据了多么重要的位置。如果埃托利亚人的威胁真实存在的话，那么德摩斯梯尼把诺帕克都港的安全放在首位这种做法就十分正确，④但是，同时，他天马行空的想象力帮助他领会到，美塞尼亚人的建议的重要性远远超乎他们的目的本身。有了阿卡纳尼亚和诺帕克都港的盟友，德摩斯梯尼就能迅速征服埃托利亚，然后将战败的埃托利亚人纳入自己麾下。接着，他将穿过西洛克里司，进入多利斯的叙提泥坞（Cytinium）。⑤ 德摩斯梯尼将从那里进入佛基斯，佛基斯人很可能将加入他的部队，因为佛基斯人

---

① Thuc. 3.94.2—5.
② 格罗特，《希腊历史》，第 6 卷，第 296 页。
③ Thuc. 3.95.1: ὁ δὲ τῶν Μεσσηνίων χάριτι πεισθείς.
④ 马克思·托伊，《历史学刊》，第 5 卷，1956 年，第 424—425 页；关于修昔底德对这一事件和德摩斯梯尼的整个政治生涯的处理，参见伍德科（E. C. Woodcock），《哈佛古典语文学研究》（Harvard Studies in Classical Philology，HSCP），第 39 卷，1928 年，第 93—108 页。
⑤ 参见地图 3。

长期以来都与雅典亲善；如果佛基斯人拒绝，那也可以强迫他们。之后，他将带着庞大的部队从佛基斯出发，从后面去攻打彼欧提亚。① 德摩斯梯尼无疑已经知道，尼基阿斯及还在雅典的将军们已经计划从东部攻打彼欧提亚。如果他能够在同一时间抵达彼欧提亚的西部边境，那么，这一即兴造就的瓮将为雅典带来重大胜利，从而将彼欧提亚人——斯巴达人最强大的盟友——从这场战争的舞台上赶出去。德摩斯梯尼能够依靠彼欧提亚的民主势力来支持他的入侵，而这些人先前就表示过与雅典合作的意愿。② 他指望得到所有这些成就，"不须要用雅典的人力"（Thuc. 3.95；谢德风译本，第247页）。(-202,203-)

德摩斯梯尼率领整支舰队从琉卡斯起航，但是出师不利。阿卡纳尼亚人不赞成放弃围歼琉卡斯，不肯跟随他前往埃托利亚；15艘柯西拉舰船驶回自己的城邦，因为他们不愿在自己的水域之外打仗，也因为作战与他们自己的利益没有关系。赫米普斯的一出喜剧——或许是在次年上演的——中的一个角色说："愿波塞冬在他们虚伪的船上摧毁柯西拉人，因为他们的口是心非。"③麾下陆军已经失去大半，海军也离开了三分之一，这原本或许能令德摩斯梯尼打消继续行动的想法；但是他选择继续前进。他以洛克里司的澳尼瀹（Oeneon）为基地。洛克里司人是雅典人的盟友，德摩斯梯尼完全指望着他们。洛克里司人还是埃托利亚人的近邻，使用同一种类的盔甲和武器，知己知彼。他们的计划是整支军队朝着内陆行进，去与德摩斯梯尼会师。④ 作战开局顺利；德摩斯梯尼开始向内陆行进，进入阿波多提（Apodoti）的领土，这是一个埃托利亚部落。在接下来的几天里，他夺下了波提旦泥崖（Potidania），科洛叙勒坞（Crocyleum），铁秋坞（Teichium），并抵达奥否馁司（Ophioneis）部落所控制的领土的边境。⑤ 在那里，德摩斯梯尼停了下

---

① Thuc. 3.95.1.
② 卡根，《伯罗奔尼撒战争的爆发》，第95页，注释50（原书页码；中文校译本第98页，注释2）。
③ 爱德蒙兹（J. M. Edmonds），《亚狄珈喜剧残编》（*The Fragments of Attic Comedy*），第304—306页。英文引文为原书作者的自行翻译。
④ Thuc. 3.95.3.
⑤ 参见地图3。

来,并把战利品送回洛克里司的优帕里坞(Eupalium)安置起来。德摩斯梯尼停下来的原因,我们不清楚。修昔底德指出,德摩斯梯尼希望他的胜利之师能够震慑奥否馁司。德摩斯梯尼没能做到这一点,于是想要回到诺帕克都,再试一次。① 这样做毫无意义,因为重回诺帕克都港并无助益。一些学者认为,德摩斯梯尼回到诺帕克都港是为了集结新的部队,或许是已经在那儿等待良久的洛克里司人。② 但是,洛克里司人是要与德摩斯梯尼在内陆会师,同时我们不知道此时有任何其他增援部队在诺帕克都等待。更有可能的情况是,在铁秋坞耽搁不是预想计划的一部分。洛克里司人原本应该与德摩斯梯尼会师,甚至时间要更早一些,但是因为我们不了解的原因,他们并没有实现会师。亨德松把这个问题描述得很戏剧化,但是确有可能是实情:"在铁秋坞,(-203,204-)德摩斯梯尼极为担惊受怕。洛克里司人还没有来,河流为敌军所控制,林间颜色阴沉!难道他不是应该放弃整个计划,或将之变为纯粹的'埃托利亚计划',退守诺帕克都,以后再来发动战役、威胁奥否馁司吗?"③事实上,德摩斯梯尼似乎是因为精锐部队的三分之一哗变而犹疑不决。他迫切需要轻装标枪手,而只有洛克里司人才能够提供这一兵种;④作战的胜利和部队的安全都依赖于这一兵种。

另一方面,美塞尼亚人并没有被吓倒。为了自己着想,他们急切盼着作战,于是继续敦促迅速行动:只要德摩斯梯尼在散居的埃托利亚人集结起来之前迅速移师,胜利就唾手可得。但事实上,美塞尼亚人的建议已经没有时效性了。埃托利亚人已经注意到远征备战,并立即开始着手准备应对。埃托利亚人向遥远的边境请求援助,其他的埃托利亚部落率领大军前来援助他们。⑤ 德摩斯梯尼没有意识到这一点。他所得到的情报令他进退维谷。他缺乏相关兵种,不得不谨慎行事,推迟行

---

① Thuc. 3.96.2.
② 克拉森编,《修昔底德史书》(*Thukydides*),柏林,1963 年;以及戈姆,《修昔底德历史评注》,第 2 卷,第 405 页。
③ 亨德松,《雅典与斯巴达之间的大战》,第 146 页。
④ Thuc. 3.97.2.
⑤ Thuc. 3.96.3.

动；但要在敌军集结部队之前行动，他又不得不大胆行事，迅速行动。德摩斯梯尼在此之前的胜绩，似乎都支持美塞尼亚人的预言：只要迅速行动，各个击破，战胜埃托利亚人轻而易举。德摩斯梯尼天性原本就勇敢乐观，他再次决定听取美塞尼亚人的建议。

德摩斯梯尼移师埃基荻坞（Aegitium）这个城镇。他的好运似乎在继续，判断似乎也被证明无误，因为通过强攻，德摩斯梯尼轻取埃基荻坞。然而，这一胜利具有欺骗性——德摩斯梯尼落入了陷阱。绝大部分居民已经离开了城镇，在遥瞰城镇的山丘上设下埋伏，同时，他们还得到了其他埃托利亚人的增援。雅典人及其盟友进入城镇后，遭到来自上方若干方向的突袭。此外，突袭者都是熟练的轻装标枪手，能够对雅典的重装步兵方阵造成严重伤害，还能(-204,205-)在雅典重装步兵方阵追上来之前轻易撤退。此刻，洛克里司人的缺席是最致命的。雅典人只能依赖自己的弓箭手，挡开敌军，但是厄运继续降临到雅典人身上：弓箭连的指挥官阵亡。弓箭手四散，重装步兵失去了防卫，他们穿着重型盔甲，朝着敏捷得多的埃托利亚人反复前冲又撤退，于是逐渐被削弱。最后，重装步兵转而逃跑，厄运的最后一击把溃退变成了大屠杀。负责引导部队避难的美塞尼亚向导柯罗蒙（Chromon）也阵亡了。雅典人及其盟友陷入陌生之地的密林乱丛中。许多人在密林里迷失了方向，所以埃托利亚人向树林放了火。盟军伤亡惨重；雅典人失去了300名水兵中的120人，将军扑罗科勒也阵亡了。修昔底德说，"这些雅典人……都是雅典在这次战争中所丧失的最好的人"，①但我们不清楚修昔底德这话是什么意思，因为水兵都是日佣级公民，经济上和社会上都属于最低的公民等级。② 在停火中，雅典人取回阵亡者尸体，撤回诺帕克都港，再驶回雅典。德摩斯梯尼没有随他们驶回雅典，留在了诺帕克都港，"因为此事发生后，他怕回去面见雅典人"。③

---

① Thuc. 3.98.4；谢德风译本，第249页。
② 梅耶（《古代史研究》，第2卷，第157页及以下）认为，雅典人从415年才开始使用日佣级公民担任水兵，但是布索特（《希腊历史》，第3卷，第2册，第872页，注释3）令人信服地论证了，雅典人使用日佣级公民担任水兵的时间早于415年。当然，修昔底德的意思可能是，在埃基荻坞阵亡的人都格外勇敢，但是他的叙述又没有清楚表明这一点。
③ Thuc. 3.98.5；谢德风译本，第249页。

德摩斯梯尼有理由害怕被算账。他放弃的作战计划既能成功，又有希望，他采取的作战行动绝对是派遣他出征的雅典人所未曾设想过的。未经直接授权便采取如此冒险的将军最好能够获得大捷，要不然就最好躲在外面，像德摩斯梯尼一样。德摩斯梯尼的计划大胆到甚至有些夸张，执行过程中困难重重，最后还失败了。因为这些原因，历史学家们批评这一作战计划，批评设想这一作战计划的人。格罗特说："远征埃托利亚的行动，疏远了业已建立紧密关系的盟友，挑衅并制造了新的敌人，其设想过程轻率莽撞，没有什么可以抵消这种轻率莽撞，(-205,206-)除非好运从天而降。"①贝洛赫说，德摩斯梯尼"对战斗的欲望脱了缰，缺乏审慎"。② 埃德科甚至说，德摩斯梯尼决定入侵埃托利亚，一定有私人动机，"因为他在前一年春季没有再次当选将军，所以这或许是他证明自己、脱颖而出的最后机会"。③ 最后这种断言，不太可能符合实情。如果德摩斯梯尼只是想证明自己、脱颖而出的话，他应该围歼并夺下琉卡斯，这将被视为重大成就。这样做安全无虞，完全符合雅典人的期待，军事上也不需冒险。胜利如锦上添花，失败也没有什么丢人的。我们需要考虑私人动机之外的因素，才能理解是什么促使德摩斯梯尼采取了埃托利亚行动，才能判断此举是否明智。

　　通过与另外一次著名的军事失败及其同样著名的规划实施者进行类比，或许最能帮助我们理解这个问题：1915年，温斯顿·丘吉尔（Winston Churchill）的伽立波里（Gallipoli）战役。那一次，正如在426年一样，两个强大同盟正在打一场大战，而且战争陷入了僵局。双方都尝试过原初的战略，但是双方都失败了。双方都无法想出更好的办法，双方都陷入消耗战之中。丘吉尔不满足于眼前的状况，认为一定存在更好的解决办法。他的想法也适用于我们此处所要考察的问题：

　　　　被认为是军事艺术之杰作的几乎所有战役——也是国家之基

---

① 格罗特，《希腊历史》，第6卷，第300页。
② 贝洛赫，《伯利克里以降的亚狄珈政策》，第31页。
③ 埃德科，《剑桥古代史》，第5卷，第228页。

础、将领之盛名的来源——都使用了这样的机动策略：敌军常常发现自己被一些新奇的紧急措施或手段打败，一些古怪、迅捷、未曾料想到的猛攻或是计谋。在许多这样的战役中，胜者所损甚少。了不起的指挥官要能想出这样的计谋，不仅需要大量的常识、推理能力和想象力，还需要戏法，一抹独创、邪恶的色彩，使敌军感到迷惑困窘，进而被打败。军事领袖正是因为被认为具有这样一种天赋——这种天赋使得他们能够确保胜利、省去屠杀——，其职业才得到高度荣誉。① (-206,207-)

丘吉尔就是这样一位领袖。他构思了一个计划，计划夺下君士坦丁堡，以令土耳其退出战争，同时侧翼包抄敌方。计划失败了，不是因为构想有问题，而是因为执行有问题。如果这一计划成功实施，战争进程将被大大缩短。

德摩斯梯尼也是这样一位领袖吗？埃托利亚行动是不是如批评者所说的那样，是轻率鲁莽之大错，还是说，埃托利亚行动是一次才华横溢的策略构想，敌军将"感到迷惑困窘，进而被打败"呢？只看行动的失败后果，我们找不到答案。丘吉尔记下了第一次世界大战期间他所遵循的基本原则。这些原则同样有助于我们分析阿奇达慕斯战争期间的战略：

1. 决定性战场是这样一个战场：在任何给定时刻，在此作出的决策都是重大决策。主要战场是这样一个战场：主力陆军或主力舰队的驻地。主要战场并非一直是决定性战场。

2. 如果敌军前线或敌军中心无法被突破，那么就转去突破敌军侧翼。如果敌军侧翼位于海上，那么突破这些侧翼的策略应该是两栖的，或者应该是依靠海军力量的。

3. 应当选择防守最薄弱的战略要点进行袭击，而不是防守最牢靠的那些战略要点。

4. 在与敌军的一切遭遇中，一旦发现自己不能打败对方最强

---

① 温斯顿·S·丘吉尔：《世界危机（第 2 卷）：1915 年》，伦敦，1923 年，第 21 页。

部队、而对方在失去最弱部队的情况下无法坚持的话,则应当攻打其最弱部队。

5. 只有找到一种有效手段——数目,突袭,军火,或机械手段——来执行,才能发动陆地攻势。①

让我们依据以上原则,来检验德摩斯梯尼的埃托利亚远征:

1. 战场上没有主力部队对峙。斯巴达人的主要战场是亚狄珈的领土;雅典人的主要战场是斯巴达及其盟邦的领土,他们洗劫这些领土,希望削弱敌军继续战斗的意志。这两个主要战场都不是决定性战场。

2. 双方部队的中心都无法被突破,在 426 年,双方各自的主要目标也都被证明是无法被突破的,如同 1915 年遍布整个西欧壕沟的两支军队一样。(-207,208-)埃托利亚行动是两栖作战,依靠海军力量提供的更高机动性,陆军得以在一个防守薄弱的战略要点登陆。

3. 彼欧提亚西部边境就是"防守最薄弱的战略要点"。

4. 斯巴达人已经表明,他们不能被直接打败;但彼欧提亚人,尽管他们并不是斯巴达最弱的盟友,但是彼欧提亚人肯定弱于斯巴达,特别是在西部前线。如果彼欧提亚人失败,斯巴达将很难、甚或无法继续入侵亚狄珈。雅典对彼欧提亚的控制还能摧毁忒拉咯斯的赫拉克利亚的价值:如果伯罗奔尼撒军队无法接近赫拉克利亚,那么斯巴达人就无法利用这一新建殖民地作为军事基地,去攻击雅典帝国在色雷斯的势力范围。斯巴达损害雅典的所有可用手段都将被消除,斯巴达人将别无选择,只求求和。

5. 德摩斯梯尼找到的这个"有效手段"就是突袭。他绝对有理由相信,突袭能发挥作用。彼欧提亚人从未料想,看起来安全的西部会遭到袭击。此外,在即兴设想攻打埃托利亚的时候,德摩斯梯尼清楚知道,雅典攻打东部彼欧提亚的计划已经想好,这将进一

---

① 温斯顿·S·丘吉尔:《世界危机(第 2 卷):1915 年》,第 50 页。

步分散敌军的注意力。

事实上,德摩斯梯尼的战略计划精彩绝伦,正如一些学者所承认的,①但是这一构想毕竟是匆匆急就,执行十分草率。计划的主要问题是紧迫性;这一计划若要取得成功就需要速度,但该行动是一项很难处理、十分微妙的协调行动,需要周全准备,速度要求限制了准备时间。另外一个问题是德摩斯梯尼对地形不熟悉,对轻装兵种作战也不熟悉。在面对诸多不确定性的时候、甚至在苗头已经开始不对劲的时候,德摩斯梯尼仍然推动其作战计划,他或许应该为此受到谴责。但是,丘吉尔所说的"戏法",却不是不敢冒险的谨慎将军们所能完成的任务,而重大战争的胜利往往也不是由谨慎的将军们取得的。最后,我们也不应该忘记,德摩斯梯尼(-208,209-)冒的险其实很小,因为雅典人只是失去了 120 名水兵。这样一种代价尽管令人遗憾,但如果考虑到胜利将带来的巨大回报,这代价并不过分。此外,德摩斯梯尼是少有的会从错误中汲取教训的那种军人。② 在将来的时间里,德摩斯梯尼得到的教训将成为他的优势。

夏季行将结束的时候,德摩斯梯尼埃托利亚冒险的失败,可能对雅典产生严重的后果。埃托利亚人在得到德摩斯梯尼行动的消息之后,派出使节前往科林斯和斯巴达,请求他们派兵前往诺帕克都港,因为诺帕克都向雅典求援,是埃托利亚的眼中钉。③ 德摩斯梯尼失败的消息势必给斯巴达激进派情绪火上浇油,而激进情绪已经在赫拉克利亚的建立中体现了苗头。事实上,这个新的殖民地派出了 600 人,加入一支 3000 人的伯罗奔尼撒军队,由游里罗库(Eurylochus)和另外两个斯巴达人率领。这支部队从德尔斐出发,行进穿过洛克里司,把洛克里司人争取到自己的阵营里;大军压境,洛克里司人不得不从,有些情况下,这

---

① 布索特说,"这一计划大胆,设计得颇有远见"(《希腊历史》,第 3 卷,第 2 册,第 1067 页),埃德科则称之为"精彩的构想","反映了德摩斯梯尼的战略想象力和进攻精神"(《剑桥古代史》,第 5 卷,第 228 页)。
② 修昔底德告诉我们,德摩斯梯尼在埃托利亚汲取的教训在斯伐刻帖里亚帮助了他(Thuc. 4.30.1)。
③ Thuc. 3.100.1;关于求援的时间,参见戈姆,《修昔底德历史评注》,第 2 卷,第 408 页。

支部队还用上了暴力。一些洛克里司人被劫为人质,安置在多利斯的叙提泥坞,以确保洛克里司对斯巴达忠诚。当伯罗奔尼撒人接近诺帕克都港的时候,埃托利亚人与他们会师。会师后的军队共同洗劫了乡村,控制了没有防备的郊野。

　　德摩斯梯尼的败绩陷诺帕克都港于危殆之中,因为诺帕克都的驻防力量过于弱小,不足以抵抗来袭大军,不足以守卫城墙。德摩斯梯尼作为危殆局势的始作俑者,现在着手来解决危机了。当他得知伯罗奔尼撒远征军的消息以后,就前往阿卡纳尼亚,指望说服阿卡纳尼亚公民派兵援助,帮助诺帕克都解围。我们也许再次对他的莽撞——甚或厚颜——感到惊讶。阿卡纳尼亚人毫无理由喜欢或信任他,因为他放弃了他们期待的琉卡斯作战计划,转而跑去做一件在他们看来徒劳无益的事情,还遭遇了惨败。但是,德摩斯梯尼的说服能力如此强大:阿卡纳尼亚人同意派出 1000 人登上阿卡纳尼亚舰船。德摩斯梯尼及其增援部队及时赶到,救下(-209,210-)诺帕克都港。游里罗库判断他已无法强攻诺帕克都,因为诺帕克都现在得到了恰如其分的防备,于是他回撤进入埃托利亚。

　　游里罗库的举动与德摩斯梯尼这年夏季早些时候在琉卡斯的举动十分相似,这很古怪。① 他没有选择去进行一场艰难、冗长、昂贵、或许还不能取得成功的围歼战,而是被其他盟友的许诺所引诱,转而投入了另外一项任务。安布罗西亚人,他们看到一支与他们友善的大军出现,欢欣鼓舞,想要使用这支大军对付他们在当地的敌人。安布罗西亚人敦促大军对安斐罗库的阿尔戈展开袭击,安斐罗库的阿尔戈是他们的主要敌人;他们还敦促大军对整个安斐罗库和阿卡纳尼亚展开袭击:"如果这些国家被征服了的话,大陆上所有其余的地方都会倒到斯巴达这一边来。"② 这不啻是重启 429 年业已失败之战略,但是那一作战行动已经被伯罗奔尼撒人搞砸了。③ 避免重蹈覆辙的希望,雅典人新近的败绩,还有 426 年

---

① 这一点是由戈姆所提出来的:《修昔底德历史评注》,第 2 卷,第 413 页。
② Thuc. 3.102.6;谢德风译本,第 251 页。
③ Thuc. 2.80—82.

伯罗奔尼撒部队规模是 429 年的三倍这一事实,都鼓舞了斯巴达指挥官们,于是,他们同意了安布罗西亚人的建议。他们将埃托利亚人打发走,计划与安布罗西亚人在安斐罗库的阿尔戈附近会师。

在这次作战中,安布罗西亚人开始行动的时间大概是在 11 月,① 他们率领 3000 人的重装步兵部队入侵了安斐罗库,夺下峊迩帕(Olpae),这是离安斐罗库的阿尔戈不足 5 英里的一座海边要塞。② 作为回应,阿卡纳尼亚人派出部队帮助保卫阿尔戈,同时派出部队前往位于西南方向不远的柯猎奈(Crenae)。③ 他们已经知道斯巴达人正在进入他们的领土,分遣队进入柯猎奈的目的就是阻截自南方而来的游里罗库部队,阻止他们与自北方而来的安布罗西亚部队会师。与此同时,他们还传信求援,请求特莫科拉提之子阿里斯托特勒(Aristoteles son of Timocrates)和安替木涅斯图之子西耶罗丰(Hierophon son of Antimnestus)指挥的由 20 艘舰船组成的舰队前来援助,而这支舰队那时正在(-210,211-)环航伯罗奔尼撒半岛。这肯定是因为听闻游里罗库袭击了诺帕克都港,所以雅典派出了这支舰队;但是他们在科林斯海湾的入海口被安布罗西亚人阻截了,于是转而向北航行。④ 阿卡纳尼亚人向诺帕克都港派出信使,请求德摩斯梯尼前来指挥他们的军队。⑤ 现在,德摩斯梯尼的身份只是一名普通公民,他没有返回雅典去说明情况,或许在母邦名声并不光彩。虽然如此,阿卡纳尼亚人却想要德摩斯梯尼来指挥他们的军队。无疑,因为他成功防守了诺帕克都港,声誉有所恢复,但是同时指挥职务的邀约也是有力的证据,证明阿卡纳尼亚对他军事才能的高度尊敬一点也不亚于美塞尼亚人。安布罗西亚人也一

---

① 关于日期,参见布索特,《希腊历史》,第 3 卷,第 2 册,第 1072 页,注释 1。
② Thuc. 3.105.1;狄奥多罗斯给出的士兵数字是 1000 人(Diod. 12.60.4),贝洛赫采信了这一数字(《希腊-罗马世界的人口》,第 193—194 页)。我们所知不足,无法作出有根据的独立判断,所以似乎最好是采信修昔底德给出的数字,其史书的所有抄本都给出了同一数字。
③ 参见亨德松的地图:《雅典与斯巴达之间的大战》,第 154 页。
④ 布索特,《希腊历史》,第 3 卷,第 2 册,第 1072 页,注释 3;戈姆,《修昔底德历史评注》,第 2 卷,第 417 页。
⑤ Thuc. 3.105.3.

样，他们见到雅典舰队部署在此，害怕斯巴达陆军可能来不及与他们会师就被截断，于是向安布罗西亚城邦送信，请求派出全部军队作为增援。这些准备工作使得这场战役一旦开打，就不是小事。

与此同时，游里罗库行进穿过阿卡纳尼亚，居民都已经离开了；所有部队集结在柯猎奈和阿尔戈。第六日，游里罗库发动了攻势。① 他夜晚开始行进，从敌军营帐之间悄悄溜过，在吞迩帕与安布罗西亚人会师，没有被敌军侦察到。接着，会师后的军队向北行进，朝着内陆，在一个名叫梅茞波里(Metropolis)的地方安营扎寨。很快，20 艘雅典舰船抵达并封锁了吞迩帕的港口。德摩斯梯尼也出现了，还带着200名忠诚的美塞尼亚人和60名雅典弓箭手。阿卡纳尼亚人从柯猎奈撤退到阿尔戈，选举德摩斯梯尼为"大元帅"，把自己的将军也交给他指挥。② 德摩斯梯尼朝西面移师，在阿尔戈与吞迩帕之间安营扎寨，一条干涸的河床将他与斯巴达人分隔开来，保护着他们。两军等待了5天，(-211, 212-)将军们因此有充足的时间用来规划战斗。③ 德摩斯梯尼的军队在数目上处于下风，但是他的作战技巧能够克服这一劣势。在可能即将发生战斗的地点的一面，德摩斯梯尼在一条灌木丛遮蔽着的凹陷道路上排布了400名重装步兵，还有轻装步兵。他害怕数目占优的敌军会侧翼包抄他的重装步兵方阵，于是命令这些人埋伏起来，等待两军遭遇。然后，这些人将从后方突袭敌军。这就是丘吉尔所建议的那种"古怪、未曾料想到的计谋"，事实证明，这一计谋最终发挥了决定性作用。

按照战役的结果来看，游里罗库在增援部队还没有自安布罗西亚抵达的时候就发动攻击，这一做法是有问题的。④ 然而，我们已经看

---

① 修昔底德没有清楚说明是谁采取了主动。哈蒙德暗示说(《雅典不列颠学校辑刊》，第37卷，1936—1937年，第135页)，是游里罗库采取了主动；亨德松说，"很可能"是游里罗库先行一步(《雅典与斯巴达之间的大战》，第156页)。德摩斯梯尼似乎不可能在河床对岸布置埋伏；他肯定指望敌军先采取主动。

② Thuc. 3. 107. 2.

③ 我自己没有亲眼见过此处讨论的这个地区。似乎没有当代记载能够完全符合修昔底德的描述。尽管有些迟疑，但我仍然在此采信哈蒙德(《雅典不列颠学校辑刊》，第37卷，1936—1937年，第128页及以下)的叙述及他提供的地图，但我同时也承认，戈姆对哈蒙德的反驳(《修昔底德历史评注》，第2卷，第426—428页)也有一定说服力。

④ 亨德松，《雅典与斯巴达之间的大战》，第156页。

到,指望盟邦部队援助时,援军常常违约不至。此外,维持一支军队并不容易,尤其是这支军队由不同族群构成,做好准备战斗,已经等待了5天,敌军近在眼前,但双方按兵不动。游里罗库是进攻一方;他有责任夺下阿尔戈,但安斐罗库人和阿卡纳尼亚人并无义务必须挑战他,同时他已经具备了数目优势。没有理由认为,新来的增援部队将对事态有何改变——战役是由策略决定的,而非数目。

两军开始交战之后,伯罗奔尼撒军队左翼由游里罗库率领,包抄了阿卡纳尼亚人及其盟友组成的右翼部队,这一右翼部队是德摩斯梯尼及其美塞尼亚人。在那一侧队列尾部即将被包围起来、即将向中心撤退的那一刻——这原本肯定会导致典型的溃退——德摩斯梯尼设下的陷阱突然出现并封锁了来路。阿卡纳尼亚人从埋伏中冲出来,朝向游里罗库部队的后方,开始将其部队截成一小股一小股。游里罗库的部队大吃一惊,开始逃跑,恐慌传染开来。美塞尼亚人在德摩斯梯尼的率领下英勇战斗,很快,他们只需追击转头逃跑的大半敌军而已。(-212,213-)然而,在战线的另一端,安布罗西亚人——修昔底德称他们是这个地区最有能力的战士——击溃了对手,追击他们,一直追到阿尔戈城邦。然而,当他们从阿尔戈城邦的城墙那边再度返回战场的时候,却发现自己的主力部队溃不成军,交战中的阿卡纳尼亚人正在取得胜利。他们勇敢战斗,艰难抵达奃迩帕,但是损失惨重。夜幕降临,战斗结束,德摩斯梯尼控制了战场,敌军尸体散落在战场上,其中包括斯巴达的两位将军,游里罗库和玛卡利乌(Macarius)。①

次日,接任的斯巴达将军梅内达义乌(Menedaïus)发现自己处境危殆:他被敌军从陆地上、被雅典舰队从海上围困在奃迩帕了。他没有料到会接任指挥官,也没有料到要面临如此困难的抉择;他不知道安布罗西亚何时会派出第二支部队前来,甚至不知道还会不会有第二支部队。梅内达义乌所知道的只有他无路可逃,所以他请求停火,拾回阵亡者遗体,商议如何率领部队安全离开。德摩斯梯尼也拾回己方阵亡者遗体,在战场竖起战胜纪念碑。不过,德摩斯梯尼并没有同意给梅内达

---

① Thuc. 3.107—109.

义乌的部队留出一条公开的安全通道。相反,他订立秘密协定,借此允许梅内达义乌、曼提尼亚(Mantineia)分遣队、伯罗奔尼撒部队的其余指挥官、还有他们中的"重要人物"①逃亡,如果他们逃得足够快的话。梅内达义乌接受了,他拾回己方阵亡者遗体,开始秘密筹划逃亡。

正如修昔底德所说,这一自私和背叛之举是可以理解的,当然并不光彩,②但是为何德摩斯梯尼会允许被困的曼提尼亚人和伯罗奔尼撒指挥官(-213,214-)以及其他重要人物们离开,并在将来的某一天与雅典再战?修昔底德告诉我们,他想要使得安布罗西亚人和他们的雇佣军失去防卫,但是这看起来并无必要;他最主要的目的是要暴露以下这个事实:斯巴达人和伯罗奔尼撒人是不可信赖的,他想要他们信誉扫地。德摩斯梯尼诚然考虑了宣传和外交效果,但同时军事必要性亦指向同一个方向。他已经得知,迟到已久的安布罗西亚部队最终还是启程了,但他们并不知道一场战斗已经结束。这支部队抵达将令德摩斯梯尼陷入两军之间,极为棘手。他肯定乐意以如此轻易的方式避免这样的困境。

被围困在吞迹帕的部队中,秘密协定的知情人开始逃亡。他们假装外出捡拾柴火和草料,从兵营里悄悄溜走,离开不知情的同袍。伯罗奔尼撒的重要人物肯定不愿或不能对他们自己的人保守秘密,因为修昔底德此处描述的意思可以被理解为,所有伯罗奔尼撒人都参与了逃亡。③但是,安布罗西亚人还有对秘密协定并不知情的其他人,都意识到伯罗奔尼撒人正在逃亡,于是急忙加入他们。阿卡纳尼亚军队陷入困惑,他们看见整支敌军都开始逃亡,于是他们前去追击敌军。阿卡纳尼亚将军们试图阻止部下,尝试把这个狡猾的计谋解释给部下听。在任何时候,

---

① Thuc. 3.109.2;谢德风译本,第 256 页。这一词语的希腊语是 $\alpha\xi\iota o\lambda o\gamma\acute{\omega}\tau\alpha\tau o\iota$ (most worthy, most important),但含义并不清楚。史密斯(C. F. Smith)将其译为"最有影响力的人",克劳利(Crawley)译为"首脑人物",克拉森-史度普译为"最受尊重的人",德·萝蜜莉译为"首要人物"。这些人想必显要,但是具体是哪一类人,我们并不清楚其区分标准。因为不能让太多人知道,所以得到这个秘密消息的人肯定不多。克拉森-史度普认为,不是所有伯罗奔尼撒人都得到允许逃亡,参见《修昔底德史书》;戈姆对此持反对观点:《修昔底德历史评注》,第 2 卷,第 422 页。

② Thuc. 3.109.2.

③ 参见戈姆,《修昔底德历史评注》,第 2 卷,第 422—424 页。

要解释这样一个计谋都是很困难的；更何况当时情势急迫，整支大军都在逃亡，看起来不是只有一部分人在逃亡，所以在这个时候要解释清楚这个计谋根本不可能。一名士兵朝他们扔出长矛，以为他们叛逃。最后，将军们还是控制了局面，伯罗奔尼撒人得到允许逃走了，但是要区分哪些是逃兵并不容易。追击而来的阿卡纳尼亚人放手杀掉了所有能找到的安布罗西亚人，大约200人被俘获，被杀死。其余人得以安全逃走，他们逃到了邻近友邦阿格籁崖（Agraea）的萨林修斯（Salynthius）。①

与此同时，安布罗西亚的第二支军队已经抵达宜垛门馁（Idomene），离峇迩帕只有几英里。此处有高山两座，(-214,215-)其中较矮那座被安布罗西亚人占据了，他们在此过了一夜。然而，在伯罗奔尼撒人从峇迩帕逃亡之前、在得知第二支军队正自安布罗西亚前来之后，德摩斯梯尼早已派出一支前沿哨兵去埋伏起来，占据有利的战略要地。② 这些人控制了较高那座山，而下方的安布罗西亚人对此毫无察觉。现在，德摩斯梯尼准备用上他所学到的山地作战和非传统策略。他率领部队的一部分在夜间行进，走峡谷直路，派遣余部穿行山丘。天亮之前部队已经抵达，他利用了一切自然优势，还自行创造来了几项优势。天还没有亮，安布罗西亚人还在睡梦之中。除了准备好突袭之外，德摩斯梯尼还把和安布罗西亚人一样操多利安方言的美塞尼亚人放在前面，这样，这些美塞尼亚人就能不被察觉地通过前哨。这一计谋如此成功，以致于安布罗西亚人醒来，还以为进攻者是他们自己的人。大部分人被立即杀死，但是有一些试图逃往山丘之中，然而，在山里，他们被德摩斯梯尼的余部抓住了。他们阵型大乱，对该地又不熟悉，以轻装步兵对抗重装步兵的劣势显现了出来，同时，他们还被埋伏所围困。一些人在惊慌中奔向海边，游向雅典的舰船，宁愿被雅典水手杀死，"而不愿意死在那些他们所痛恨的野蛮人安非罗基亚（安斐罗库）人手里"。③

---

① Thuc. 3.111.
② Thuc. 3.110.2.
③ Thuc. 3.112.7—8；谢德风译本，第258页。

安布罗西亚遭受的几乎是灭顶之灾，没有几个人活着逃出来。修昔底德拒绝报告阵亡者数目，理由是这个数字相对于其城邦规模而言，过于巨大，令人无法相信，但是修昔底德确实也说"这是单独一个城市在同样的日数之内所遭遇的最大一次灾难"。① 战斗结束以后次日，逃亡阿格籁崖的那些安布罗西亚人的一名传令官到了此地，他还不知道宜垛门馁发生了战斗。他前来索取从峇迩帕逃亡时候的阵亡者尸体，但是看到安布罗西亚的武器数目时，他大吃一惊。有人以为他是来自宜垛门馁战斗部队的传令官，(-215, 216-)问他阵亡者有多少，问他为何看起来如此惊讶。"传令官回答说：'大约200人。''如果我们根据这里的武器来看的话'，问话的人打断他的话，说'这不是200人，而是1000多人'！'那么'，传令官说，'这些不是那些和我们一起作战的人们的武器'。'这些无疑地是的'，那个人说，'如果你昨天在爱多美尼（宜垛门馁）作战的话'。'但是昨天根本没有战争'，传令官说，'那是前天我们退却的时候'。'无论如何'，那个人又说，'无疑地，我们昨天是和这些人作战，他们是安布累喜阿（安布罗西亚）城派来的援兵'。听了这句话之后，传令官才知道安布累喜阿（安布罗西亚）城派来的援兵也被歼灭了。于是，他嚎啕大哭；这个惨剧使他悲伤过度，他没有完成他的任务，不再请求收回阵亡者的尸体，马上就跑回去了。"②

对于安布罗西亚人和斯巴达人在这一地区的影响力而言，这一失败是如此惨重；但对于雅典人而言，他们的胜利还没有完结。德摩斯梯尼想要继续屠杀安布罗西亚人，于是攻打他们的城邦，修昔底德对此发表了个人看法，说他们能够毫不费力地夺下这个城邦。③ 但是，阿卡纳

---

① Thuc. 3.113.6；谢德风译本，第259—260页。
② Thuc. 3.113.1—5；谢德风译本，第259页。
③ 修昔底德说：Ἀμπρακίαν μέντοι οἶδα ὅτι, εἰ ἐβουλήθησαν Ἀκαρνᾶνες καὶ Ἀμφίλοχοι Ἀθηναίοις καὶ Δημοσθένει πειθόμενοι ἐξελεῖν, αὐτοβοεὶ ἂν εἷλον."但是我确实知道，如果阿开那尼亚（阿卡纳尼亚）人和安非罗基亚（安斐罗库）人听从德谟斯提尼（德摩斯梯尼）和雅典人的主张，而进攻安布累喜阿（安布罗西亚）的话，他们能够毫不费力地夺取这个地方"(Thuc. 3.113.6；谢德风译本，第260页）。在我看来，这句话有力地证明了修昔底德与德摩斯梯尼一起参与了这次作战行动，或许他在当时的雅典舰队之中。若非如此，就很难明白为何修昔底德能够说得如此简单自信。"οἶδα（我知道）"这个词在我看来，如果不加解释的话，就是目击者和亲历者才会使用的一个词。

尼亚人和安斐罗库人不愿意继续推进,因为"事实上,他们害怕,如果雅典人占据了这个地方的话,对于他们来说,雅典人比安布累喜阿(安布罗西亚)人是更加危险的邻居"。① 他们对雅典人十分慷慨,把三分之一的战利品分给了雅典人。300副全幅盔甲——一个令人惊讶的数字——被留给了德摩斯梯尼。有了这些战利品和他们给予他的荣誉,德摩斯梯尼现在愿意驶回雅典去了;他足够精明,将这些战利品供奉给了诸神,并将之陈列在诸神的神庙中,自己什么也没有留下,通过这种方式,德摩斯梯尼就恢复了名誉,增加了影响力。20艘雅典舰船驶回诺帕克都港,雅典人在希腊西北部地区的盟友也因此安心下来。现在,阿卡纳尼亚人和安斐罗库人可以与(-216,217-)在阿格籁崖的萨林修斯处寻求庇护的流亡者缔结和约了。他们允许伯罗奔尼撒人安全班师,还允许安布罗西亚人也安全回家;他们与安布罗西亚人缔结和约,时效为100年。这样制定条款,目的是为了终结宿怨,并使得该地区不再卷入这场大战。

　　安布罗西亚的母邦科林斯派出了300名重装步兵前往,用最小规模的一支驻军保障其安全;但是,需要这样一支部队来守卫,这个事实本身已经表明,这个曾经强大的城邦已经沦落到多么无助的境地。然而,这支驻军的抵达也表明,雅典人没有取得对西北部地区的完全控制权,而他们原本志在完全控制该地区。这次征战的胜利如此重要,因为它阻止了伯罗奔尼撒人取得对西北部地区的控制权。雅典舰船仍然能够在希腊的西部海岸和伊奥尼亚海域畅行无阻。雅典人对此地区投入有限,所以无法取得更多成果。我们应该记得,雅典人在这次战斗中没有出动重装步兵,仅仅派出了20艘舰船,60名弓箭手,还有一位了不起的将军,而这位将军还是以私人身份指挥这次作战行动的。西北战事的上述特点,与这一年的整体特点是一样的:更加果敢进取的志气引人注目,但同时,作战受到审慎和资源的限制。比起战争头几年的支出,427/426年的军事支出不值一提。调查员账目显示,金库在这一年贷出261塔伦特;诚然,这

---

① Thuc. 3.113.6;谢德风译本,第260页。

个借贷数目高于前一年的 100 塔伦特,但却只是大战头两年借贷数目的五分之一。① 如果不解决雅典的财政问题,就没办法以新的积极行动战略去赢得这场战争;而如果不是好运未曾预见、突然降临,赢得战争也是不可能的。

---

① 《雅典贡赋表》,第 3 卷,第 342—343 页。

第八章 派娄斯与斯伐刻帖里亚

425年的征战季到来的时候,雅典人在手段允许的范围内继续寻找机会损害敌方,改变战争进程。这年春季选举选出的将军委员会反映了一种混合的政见,这种政见类似即将离任的这个将军委员会。索福克勒,攸里梅登,派所多鲁斯再次当选,他们将去西西里作战。温和派选出了尼基阿斯和尼各司忒拉图,他们时隔一年再次当选;温和派或许还选出了奥托克勒(Autocles)。而激进派则选出了德摩斯梯尼,或许还有拉马库斯(Lamachus)。关于这年当选的阿里斯提德斯(Aristides)的政治倾向,我们无从猜测;关于可能在这一年当选的德谟多库(Demodocus)的政治倾向,我们也没办法知道。有一些学者认为,这些选举反映了政治力量朝着温和派有利方向的变化,这种观点根据不足。① 在派娄斯事件之前,没有证据能够证明雅典存在严

---

① 关于将军名单及对他们的政治观点的讨论,参见贝洛赫,《伯利克里以降的亚狄珈政策》,第37页,第291页,第302—305页,以及《希腊历史》,第2版,第2卷,第1册,第264页;布索特,《希腊历史》,第3卷,第2册,第1084页;韦司特,《古典语文学》,第19卷,1924年,第208—217页;以及《美国古典语文学期刊》,第45卷,1924年,第141—160页;佛纳瓦,《雅典将军委员会》,第59页。贝洛赫认为,拉马库斯和德谟多库在425/424年及424/423年都当选为将军,布索特也采信他的观点,但韦司特反对这种观点。贝洛赫(《伯利克里以降的亚狄珈政策》,第37页)提到"政治局势的剧变",还说这次选举表明"鹰派失去了多少既有席位"。他的论证方法是把德谟多库和阿里斯提德斯作为尼基阿斯派别的同党,但是,并没有任何可被接受的证据能够证明这一点。他说阿里斯提德斯是尼基阿斯同党,是因为"至少,他的贵族名字"看起来能够支持这样一个结论。但是,如果按照贝洛赫的想法,那么在前一年鹰派就只有两名将军当选,希波克拉底斯和攸(转下页)

重的政治分歧。

5月初,伯罗奔尼撒人由斯巴达国王、年轻的阿吉斯率领,再次入侵并开始蹂躏亚狄珈。① 此举没有吓退雅典人,他们仍旧向西西里派出援军,索福克勒和攸里梅登率领40艘舰船前去与派所多鲁斯会师。起航的时候,他们认为雅典在这个西方的岛屿上进展不错,没有必要匆忙赶去。雅典人在远征起航前不久——或许是4月末——才得知,西西里情势已经急转直下,但是已经来不及通知远征军了。② 叙拉古人和罗科里人重振旗鼓,率领20艘舰船重新起航,收复了梅西纳。与此同时,罗科里人趁垒集坞内乱,攻打了这个城邦,而垒集坞是雅典人的行动基地,也是雅典人在该地区的主要盟邦。雅典要在西西里取得成功,就必须依靠尽可能多地争取当地人;不断取得胜利,争取当地人就更容易,而每失败一次,雅典就会威望受挫,进而元气大伤。雅典舰队只有迅速抵达西西里,才能扫清海上的敌军,恢复威望。如果雅典人能够早一点得知事态变化,他们原本可以在派出舰队的时候命令他们径直驶向西西里,全速前进;但是他们那时还不知情。③

425年春季,需要部署舰队的西部地区,不止西西里一处。雅典427年在柯西拉的干涉没有终结岛上的麻烦事态。(-219,220-)攸里梅登驶离,任由民主党人屠杀政敌。之后,500名可能遭到屠杀的人逃往大陆,占据了柯西拉人控制的陆地领土,并将之作为攻打柯西拉岛的基地。这些人行动一度非常成功,柯西拉陷入饥馑。这些人还向科林斯

(接上页注)里梅登。在425年,攸里梅登再次当选,德摩斯梯尼官复原职,同时,根据贝洛赫的看法,拉马库斯也加入了(-218,219-)他们,这样一共有3名激进派将军。这很难证明民意自鹰派大幅度转向了温和派。如往常一样,贝洛赫与布索特把德摩斯梯尼称为"没有明确政治倾向的将军",以此解释为何在他们所说的情况下,德摩斯梯尼还能当选;韦司特也采取了他们的策略(《古典语文学》,第19卷,1924年,第209页),同时断定拉马库斯和德谟多库没有当选,并认为阿里斯提德斯属于克里昂党。韦司特还声称"尽管这年的选举在帝国主义者和温和的民主派之间形成了平衡,但是选举胜利属于尼基阿斯党派,因为这个派别夺回了426年以来失去的大部分阵地",这一说法只对了一半。我们已经看到,426年以来,尼基阿斯的派别并没有失去什么阵地(参见本书上文,第187—188页[原书页码]),所以也就不存在"夺回阵地"。

① Thuc. 4.2.1;关于日期,参见戈姆,《修昔底德历史评注》,第3卷,第437页。
② 关于日期,参见戈姆,《修昔底德历史评注》,第3卷,第437页。
③ Thuc. 4.1.2—4.

和斯巴达求援,但是徒劳无功;于是,他们自己雇来了雇佣兵。这些人在柯西拉登陆,然后烧毁舰船,以明破釜沉舟、必胜之志,他们在伊斯托木山(Mount Istome)设防,以此作为基地,随心所欲地袭击并控制乡村地区。① 这些人的成功为伯罗奔尼撒人提供了新的希望,在425年的春季,伯罗奔尼撒人派出一支不少于60艘舰船的舰队,试图夺下柯西拉岛。② 雅典人是不能承受柯西拉沦陷敌手之后果的。在一些雅典人看来,比起保卫柯西拉,西西里远征微不足道。

德摩斯梯尼也需要雅典向西部地区派出舰队。德摩斯梯尼自阿卡纳尼亚作战行动光荣凯旋并当选将军,即将于425年仲夏履职上任。但是,在春季的时候,他的身份只是没有指挥权的一名普通公民。然而,此刻,他已经有了计划和想法。他计划在美塞尼亚西岸登陆,重创敌军,为此,他也需要一支舰队。

每项行动都有价值,这三项行动也必须同时进行。在这场战争的前几年中,同时推进多项行动或许还是可能的。但是,在425年,雅典没有钱、或许也没有足够的人来同时进行这三项行动。对西西里的承诺已经作出,西西里人期盼着雅典的行动,雅典人这时无法放弃。当然,也不能忽略柯西拉。德摩斯梯尼的计划可以先放一放,但是他的影响力如日中天,同时,他的计划几乎不需要耗费雅典的人力物力。如果不考虑上述原因,我们就会觉得雅典人派出舰队时所下达的命令很奇怪。索福克勒和攸里梅登得到的命令是驶向西西里,"并且……在沿着海岸航行的途中,尽力援救那些被逃往山中的流亡党人所袭击的柯西拉人"。③ 此外,他们还得到命令,允许德摩斯梯尼"在这个舰队环绕伯罗奔尼撒巡逻的途中,(-220,221-)可以随意利用这个舰队"。④ 我们不难想象,这些复杂的命令是如何构想出来的。提议远征西西里的法令已经在前一年的冬季被批准。⑤ 当伯罗奔尼撒舰队抵达柯西拉的消息传来的时候,公民大

---

① Thuc. 3.85.
② Thuc. 4.2.3.
③ Thuc. 4.2.3;谢德风译本,第266页。
④ Thuc. 4.2.4;谢德风译本,第266页。
⑤ Thuc. 3.115.

会肯定修订了原始法令,以处理新的危险。或许就在这次公民大会中,德摩斯梯尼提出了他的计划,同时也要求修订法令。在当代读者看来,雅典人被迫作出战略决策、持续战争的方式是很奇怪的。决定陆军和海军优先事项的是公民大会的公开辩论。考虑到他们的情报水平和有限资源,雅典人在艰难情势下作出的抉择是合乎情理的。

这支舰队环绕伯罗奔尼撒半岛航行。在拉戈尼亚离岸的地方,将军们第一次得到消息,一支伯罗奔尼撒舰队抵达了柯西拉。索福克勒和攸里梅登急于赶过去,以防柯西拉岛落入敌军之手,但是德摩斯梯尼另有想法。一旦起航,他就可以向同袍解释自己的计划细节了,而在雅典公民大会的公开集会中,他是没办法细说的,因为他害怕细节会被泄露给敌人。德摩斯梯尼的意图是,在斯巴达人称作柯离伐西坞(Coryphasium)的一个地方登陆——这个地方被荷马称为派娄斯——并在这个地方建造一个永久性要塞。显然,德摩斯梯尼已经在前几次航行过程中注意到了这个地方,并且向他的美塞尼亚友人调查过这个地方,而美塞尼亚人对该地是很熟悉的。这个地方具有作为永久性军事基地的所有自然条件,可以把斯巴达之敌美塞尼亚人安置在这里,洗劫美塞尼亚和拉戈尼亚的土地,接收逃亡的黑劳士同胞,或许还可以煽动黑劳士暴动。这里对于海上作战也具有重大价值,"依靠与广阔、安全盆地的联系,这里是整个伯罗奔尼撒半岛西岸的最佳自然港"。① 这里木材和石料都很丰富,便于建造要塞防事;此处周边土地经已丢荒,与斯巴达直线距离大约 50 英里,如果按照斯巴达军队可能采取的行进道路,则距离需在此基础上再加二分之一。② 这样,占据这个地方的人(-221,222-)就可以在直面斯巴达军队之前先确保自己安全。德摩斯梯尼认为"这个地方比其他任何地方具有更多优点"③是很有道理的。

德摩斯梯尼的计划已经明显违背了雅典先前的战略。伯利克里或

---

① 布索特,《希腊历史》,第 3 卷,第 2 册,第 1087 页。
② 修昔底德说,此处离斯巴达 400 斯塔迪亚(Thuc. 4.3.2),但是正如(-221,222-)戈姆所指出的,按照这个路线行进的话,需要通过又高又陡的山隘,最有可能的行军路线,据他推算,大约是 600 斯塔迪亚(《修昔底德历史评注》,第 3 卷,第 439 页)。
③ Thuc. 4.3.3.

许曾语焉不详地提到过,要在敌人的土地上建立要塞防事,但正如我们已经看到的,①这只是针对敌军的类似行动提出一种可能回应,同时更加重要的是,他和他的继任者都没有将此提法付诸行动。雅典人多次在伯罗奔尼撒半岛成功登陆,②但是从来没有试图在登陆地点建立要塞防事。在伯罗奔尼撒半岛沿岸设防是想要损害敌军、赢得战争的新想法,后来的事实也证明这是个高明的想法。然而,索福克勒和攸里梅登忧心柯西拉的安全,德摩斯梯尼充满想象力的大胆计划并没有说服他们,他们认为德摩斯梯尼的计谋冒险且不顾后果,分散注意力,还挖苦他说:"你如果想浪费雅典的金钱的话,除此地之外,伯罗奔尼撒的四周围还有许多可以占领的荒凉海角地带。"③

德摩斯梯尼的计划并不草率,也并不是不可靠,即便当前柯西拉事态紧急,德摩斯梯尼的计划仍然不失其道理。他并没有要求雅典人对派娄斯展开漫长的作战行动,而只是要求舰队靠岸一段时间,修建要塞防事,然后留下一支小型部队守卫要塞,接着就可以继续驶向柯西拉。德摩斯梯尼认为短暂耽搁一下是值得的,同时,他们在美塞尼亚沿岸成功登陆的话,还可以迫使伯罗奔尼撒舰队从柯西拉撤退,这样就可以用代价最低、也是最简单的方法一举两得。④ 德摩斯梯尼没有说服他的同袍,但是此刻机运起了作用。在对派娄斯和斯伐刻帖里亚事件的整体描述中,修昔底德过于强调偶然的重要性了。⑤ 在夺取派娄斯的过程中,(-222,223-)偶然性确实关键。德摩斯梯尼没能说服同袍将军们在派娄斯靠岸,但是

---

① 参见本书上文,第 28 页(原书页码)。
② 戈姆,《修昔底德历史评注》,第 3 卷,第 438—439 页。
③ Thuc. 4.3.3;谢德风译本,第 266 页。
④ Thuc. 4.8.2.
⑤ 柯恩福(F. M. Cornford,《修昔底德在历史与神话之间》[*Thucydides Mythistoricus*],伦敦,1907 年,第 88 页及以下)和德·萝蜜莉女史《修昔底德与雅典帝国主义》,第 173 页及以下)都详细阐明了这一点。然而,戈姆(《修昔底德历史评注》,第 3 卷,第 488—489 页)指出,"τύχη"一词并不必然意味着偶然性或意外因素,更常见的情况是,"τύχη"一词仅仅意味着同时性。不过,即便是戈姆,也不得不(-222,223-)承认说,这个词在此用得十分频繁,而且我们还要补充一点,那就是此处的频率在修昔底德史书中是异常的。我们似乎别无选择,只能认为修昔底德在刻画派娄斯和斯伐刻帖里亚事件的时候,是将这一胜绩视为非凡好运的结果的。

风暴来临,将他们带到了那里。到了派娄斯之后,德摩斯梯尼仍然无法要求将军、士兵、乃至舰队副将(taxiarch)开始修建要塞。甚至在像雅典军队一样如此民主的一支军队中,我们也很难说德摩斯梯尼的举动是符合军事纪律的;他肯定在同袍中引发了相当的愤怒。这就可以解释为什么在前往柯西拉的航程受阻时,将军们还是拒绝在派娄斯采取任何行动。

然而,风暴还在继续,士兵们决定执行德摩斯梯尼的命令。据修昔底德说,这不是因为德摩斯梯尼说服了士兵,而是因为士兵们很无聊。投机情绪渐渐占据了士兵们的心。在斯巴达人到来之前,他们匆忙在最薄弱的地方悉数设防。6 天之内,所需防御工事就已经完工。将军们留给德摩斯梯尼一支小部队和 5 艘舰船,守卫这个新建立的要塞,接着继续驶向柯西拉。是机运和决心使得德摩斯梯尼能够将计划付诸行动。

斯巴达人对派娄斯发生的事情迟迟未作反应。他们正在庆祝一个节庆,而他们的军队那时还在亚狄珈。考虑到先前经验,这样掉以轻心倒是很自然的。因为雅典人以前也曾在伯罗奔尼撒半岛登陆过,以前的登陆部队规模比当前这支部队还要大,但是雅典人的登陆部队从未在登陆地点停留太久,也从未与斯巴达大军遭遇。即便雅典人真的想要建立永久军事基地——而这与雅典人先前的做法不同——斯巴达人也毫不怀疑自己能够轻易使用武力夺下这个基地。① 然而,还在亚狄珈的阿吉斯和他的部队却对派娄斯事态警醒得多。他们食物短缺,天气又一反往常、特别糟糕,但阿吉斯仅仅 15 天后就率部班师——到这时为止,这是时间最短的一次入侵行动——,原因主要还是,他们认为雅典人在派娄斯设防,事态严重。②

雅典在派娄斯设防的消息传到当时还在亚狄珈的阿吉斯那里时,肯定同时也传到了当时还在柯西拉的斯巴达舰队那里。斯巴达海军主将忒剌绪墨里答(Thrasymelidas)像阿吉斯一样迅速认识到了事情的严重性,立即驶回城邦。忒剌绪墨里答将自己的舰船拖过琉卡斯地

---

① Thuc. 4.5.
② 修昔底德说,阿吉斯和斯巴达人急于班师,是因为"自己的要害所在受到威胁": νομίζοντες ... οἰκεῖον σφίσι τὸ περὶ τὴν Πύλον(Thuc. 4.6.1;谢德风译本,第 267 页)。

峡,避免被侦察到,躲过雅典舰队,向北驶去,安全抵达了派娄斯。① 与此同时,斯巴达陆军已经自亚狄珈返回,斯巴达人也已经将消息告知伯罗奔尼撒诸盟邦,并要求盟邦部队集结,同时,斯巴达人还派出先头部队先行前去攻打雅典人的要塞。这支先头部队由未参加亚狄珈入侵的斯巴达人和住得离派娄斯最近的毗辽士组成。在伯罗奔尼撒舰队离开港口之前,德摩斯梯尼就急忙派出两艘舰船前往索福克勒和攸里梅登处,告诉他们情况危急。他们在扎金索斯找到了雅典舰队,从那里急忙驶向派娄斯,前去援助德摩斯梯尼及其部下。将军们先前是那样急于赶往柯西拉,所以为什么雅典舰队此刻还停留在扎金索斯,学者们实在不解,因为扎金索斯离派娄斯只有大约75英里。② 修昔底德的叙事没有告诉我们原因,但是我们可以根据现有证据,推测出一个合情合理的解释。雅典舰队在要塞修建工程开始以后的第六天才向北航行,甚至有可能是第七天,而这支舰队没有预料到敌军会离开柯西拉,所以也没有留意要在敌军向南航行的路上截击敌军舰队。雅典人从一艘柯西拉报信船那里得知伯罗奔尼撒人撤退的消息时,两支舰队很可能已经擦肩而过了。索福克勒和攸里梅登没有意识到他们已经与敌舰错过了,于是驶向扎金索斯,希望截击敌军舰队,将其摧毁在海上。他们在扎金索斯等待,直到遇到德摩斯梯尼派来的信使。这时,他们才意识到必须马上驶向派娄斯。③ (-224,225-)

---

① Thuc. 4. 8. 1—2.
② 这个问题是由 U·冯·维拉莫维茨-默伦多夫(U. von Wilamowitz-Möllendorf,《柏林科学院纪要》[SBAK. Berlin = Sitzungsberichte der Königlich Preussischen Akademie der Wissenschaften zu Berlin],柏林,1921 年,第 306—318 页)和布索特(《希腊历史》,第 3 卷,第 2 册,第 1089 页,注释 1)提出来的。
③ 这一史实还原在很大程度上得益于戈姆的洞悉(《修昔底德历史评注》,第 3 卷,第 442 页),并依赖戈姆重建的时间顺序。布索特采信的是修昔底德给出的时间顺序,他得出的结论是,雅典舰队驶离派娄斯以后,至少已经过去了 14 天。布索特假定,在阿吉斯部队班师之前,斯巴达没有向那时还在柯西拉的舰队传递任何消息;他还假定,这种看法可以解释修昔底德的文本,但是按照他的这种看法,雅典舰队在扎金索斯的停留就会显得莫名其妙。戈姆提(-224,225-)供了解释的关键:"此处文本不存在什么严重问题:伯罗奔尼撒舰队是立即被派出的(这里的ἔπεμψαν["派出",不定过去时]与περιήγγελλον["传令",未完成过去时]在时态上形成了对比),时间或许比雅典舰队离开派娄斯还要早,而且不晚于斯巴达的第一批重装步兵的抵达时间。"戈姆忽视了一个事实,那就是当舰队抵达的时候,斯巴达重装步兵已经在派娄斯了:παρῆν δὲ ἤδη καὶ ὁ πεζὸς στρατός,但是他的论证的关键步骤本质上是正确的,这有助于我们理解雅典舰队的举动。

雅典舰队驶向派娄斯的时候，斯巴达人正在计划攻打要塞。这座建筑物草草筑就，守卫者寥寥几个，斯巴达人毫不怀疑他们能够轻易夺下它；但是斯巴达人也知道，雅典舰队很快就会抵达。所以斯巴达人计划立即对派娄斯同时从陆上和海上发动攻击，如果攻不下来，就封锁通往港口的入口，以阻止雅典舰队进入。① 他们还命令士兵在斯伐刻帖里亚岛登陆，同时也在大陆上朝着海洋的一面登陆，这样就可以阻止雅典舰队登陆，阻止雅典舰队在此修建基地，因为派娄斯半岛的西岸并没有合适的海港。斯巴达人认为"不必冒着在海上作战的危险，他们很可能会用包围的方式攻陷派娄斯，因为派娄斯是临时建筑的，在粮食方面没有准备"。② 这个计划很有道理，但是并没有得到执行。重装步兵在斯伐刻帖里亚岛登陆，但是斯巴达人没有封锁航道，事实上，他们也没有能力封锁。

修昔底德对派娄斯和斯伐刻帖里亚地理状况的描述，以及依据这种地理描述对作战行动的记叙，是不充分的（参见地图 6）。很明显，修昔底德本人从来没有亲眼见过这个地方，而他从目击者那里得到的信息又不够充分，不足以据此给出详细的叙述。③ 其他古代信源在这个问题上不能提供帮助，所以我们不得不勉力为之，还原事件。修昔底德告诉我们，斯伐刻帖里亚岛横亘在今天的纳瓦里诺海湾（Navarino）的入口处，这一点没有错。修昔底德说，这个岛荒无人烟，林木茂盛。修昔底德还说，该岛长 15 斯塔迪亚，但事实上，斯伐刻帖里亚岛长 24 斯塔迪亚。而修昔底德最严重的错误是他所记载的 (-225, 226 为地图 6, 227-) 斯伐刻帖里亚岛两端的航道的宽度。他说这两个航道都很狭窄，北面临着派娄斯的那个航道，或许只能容纳 2 艘三列桨战舰同时穿行，岛南面的那个航道则可以同时容纳 8 到 9 艘三列桨战舰同时穿行。④

---

① Thuc. 4.8.4—5.
② Thuc. 4.8.8；谢德风译本，第 269 页。
③ 许多学者试图处理这个问题，为了解释其中矛盾难解之处，作出了许多联想。戈姆讨论了其中一些比较重要的观点：《修昔底德历史评注》，第 3 卷，第 482—489 页。
④ Thuc. 4.8.6. 戈姆的观点与大多数人的看法不一样，他说斯巴达人试图封锁航道的方法不是把三列桨战舰并排停靠起来、船头朝着敌军，而是纵向排开，深入进去，至少在北面的狭窄航道里，他们是这样做的。但是，戈姆的这种看法与一句十分关键的话形成了抵触：τῇ μὲν δυοῖν νεοῖν διάπλουν，"两条船舰齐头并进"（谢德风译本，第 268 页），而他的注疏里甚至都没有提到这句话。我认为在这个问题上，学界现有"共识"（communis opinio）是正确的。

地图6 派娄斯与斯伐刻帖里亚
改编自《剑桥古代史》,第5卷,剑桥大学出版社,1927年。

这一描述符合北面航道的情况,但与南面那个航道的实际情况完全不符。正如戈姆所说,"南面不仅宽达 1400 码,并且更加重要的是,深达 200 英尺,即便用上整个伯罗奔尼撒舰队,也无法封锁这个航道"。① 要阻止雅典人进入海港,斯巴达人唯一能够尝试的办法就是在南面通道应战雅典舰队,以 60 艘敌 40 艘,而这将正中雅典人下怀,没有证据表明斯巴达人意图如此。我们仍然不知道斯巴达人的计划到底是什么,但是修昔底德的描述表明,这计划要么构想糟糕,要么执行不力。② 斯巴达人在斯伐刻帖里亚部署了 420 名重装步兵,由埃披塔耷(Epitadas)率领,士兵们还带着各自的黑劳士仆人。这些人将沦为机运和雅典的人质,除非雅典舰队能够被限制在派娄斯海湾之外,而我们知道,这不可能。

与此同时,德摩斯梯尼正在制定计划,保卫要塞。他将自己的 3 艘三列桨战舰拖上岸,用栅栏保护起来,(-227,228-)防止敌军破坏。为了强调登陆派娄斯是即兴之举,修昔底德告诉我们,德摩斯梯尼在荒无人烟的敌方乡村地区无法采办武器,于是将自己舰船上的人员用柳条编织的盾牌武装起来。修昔底德还记载说,一艘美塞尼亚私掠船碰巧在那个时候抵达,带来了武器和 40 名重装步兵。这明显并非偶然,而是德摩斯梯尼的事先准备。③ 德摩斯梯尼所拥有的 3 艘舰船的船员,大约不到 600 人,绝大部分人都只有柳条盾牌,没有盔甲,甚至可能连刀剑和长矛都没有。德摩斯梯尼应该至少还拥有 90 名重装步兵,最初

---

① 戈姆,《修昔底德历史评注》,第 3 卷,第 443 页。
② 关于地形学的出色讨论,参见普利切特(W. K. Pritchett),《古希腊地形学研究》(*Studies in Ancient Greek Topography*),第 1 卷,伯克利与洛杉矶,1965 年,第 6—29 页。普利切特正确地指出,戈姆说"修昔底德对派娄斯和斯伐刻帖里亚作战行动的叙述中的两个严重地形学错误",实质上仅有一处:斯伐刻帖里亚与"最靠近大陆的一边"(谢德风译本,第 268 页)之间可容纳 8 到 9 艘舰船航行。他令人信服地驳斥了古伦第和巴罗斯(Barrows)(完整文献参见第 15 页,注释 27)的看法,并论证说,现今将主要港口与澳斯曼-阿岬(Osman-Aga)泻湖分隔开来的河口沙洲在古代就已存在,但泻湖在古代并不存在,因为海面上涨是晚近的事情。这一看法解决了许多问题,但是没有解决的那个问题才是主要错误,而且这也表明修昔底德自己没有见过这个地点。
③ Thuc. 4.9.1. 戈姆(《修昔底德历史评注》,第 3 卷,第 445 页)十分审慎,将 οἳ ἔτυχον παραγενόμενοι 译为"刚巧抵达"("偶然碰着的",谢德风译本,第 270 页),但是他仍然不得不承认"修昔底德没有提到有人立即向诺帕克都港传信请求派遣美塞尼亚人,这一点仍然值得注意"。

分配给他的 5 艘舰船上分别可以提供 10 名重装步兵,还有那 40 名美塞尼亚人。索福克勒和攸里梅登很可能还留下了一些重装步兵,但是修昔底德没有这样记载。很明显,守卫要塞的雅典部队在人数上和武装水平上都处于严重劣势。

德摩斯梯尼将自己的大部分部队——包括重装步兵和其他兵种——都部署在要塞的后面,朝着内陆的方向。他自己则率领 60 名重装步兵和少数弓箭手,承担更艰难的任务,守卫要塞最薄弱、最易于被敌军登陆的岸边。半岛西南角上的防护墙或许是最薄弱的据点。德摩斯梯尼从来不认为雅典人需要担忧斯巴达人会控制海洋、进而强行登陆。但是,他知道,如果斯巴达人能够实现强行登陆,那么他们打败雅典部队将不费吹灰之力。① 相应地,他部署重装步兵在海岸的边缘,应对一切攻击。(-228,229-)

斯巴达人开始攻击的地方与德摩斯梯尼所料想的一样。伯拉西达出众的勇气激励斯巴达人战斗,而他本人则受伤昏倒,丢失了盾牌。② 伯拉西达和其他斯巴达人虽然勇气可嘉,努力向前,但却徒劳无功。德摩斯梯尼在战斗之前的营前演说中告诉他的部下,"在这个地方很不容易登陆,但是只有我们坚守我们的阵地的时候,这点才是对我们有利的"。③ 雅典人坚守阵地,斯巴达人在狭窄的水域中,一次只能用上舰队的一部分舰船。战斗持续两天之后,斯巴达人被迫撤退。

斯巴达人撤退以后,开始准备再次发动袭击,但是他们后来再也没有找到发动袭击的机会。第一次攻击派娄斯的雅典要塞之后的第三天,索福克勒和攸里梅登率领舰队自扎金索斯抵达,因为一些开俄斯舰船和

---

① Thuc. 4.9.2—4. 戈姆提问道:"为何德摩斯梯尼从来没有料想过,既然雅典主力舰队已经匆忙驶向西西里,那么自己就会在海上严重弱于敌方?"答案在于理解雅典舰队的期待是什么。他们料想自己前往柯西拉,在那里,他们将遭遇并打败敌军舰队。如果伯罗奔尼撒人碰巧因为离开柯西拉而未被遭遇、未被打败,那么,在这种情况下,雅典人就假定,他们将阻截并在海上歼灭伯罗奔尼撒人。无论是哪种情况,他们都没有理由预料到,一支伯罗奔尼撒舰队将会控制派娄斯周围的水域。
② Thuc. 4.12.1.
③ Thuc. 4.10.5;谢德风译本,第 271 页。

诺帕克都舰船的加入,舰队规模目前已经达到 50 艘舰船。① 因为斯巴达占据了斯伐刻帖里亚岛和大陆,所以雅典舰队没有地方可以抛锚靠岸,于是他们暂时撤退到北面一个荒无人烟的小岛扑罗堤(Prote)。次日,雅典舰队再抵派娄斯,全副武装,准备战斗。雅典人或许希望斯巴达舰队将会出来,然后在开阔水域中战斗;如果斯巴达人不出来应战,那么雅典人就将通过战斗强行进入海港。结果,这两样事情他们都不必做,因为斯巴达人没有出来应战,也没有封锁入口。相反,他们在港口内等待,准备舰船,打算在那里作战。接下来的战斗中,雅典海军大胜,斯巴达人大败,他们的勇气主要用在战败后涉水奔向空的三列桨战舰、阻止雅典人把这些战舰拖走上了。战斗结束以后,雅典人竖起战胜纪念碑,围绕着被切断联系而被围困在岛上的斯巴达重装步兵自由航行。②

这一海战胜绩效果惊人,意义重大。斯巴达人派遣他们的执政要员③前去考察这场灾祸的结果,并提出行动建议。(-229,230-)当这些人发现无法解救自己的人之后,他们立即决定在派娄斯请求停火,在停火期间,他们将向雅典遣使,就缔结总体和约及挽回斯伐刻帖里亚岛战俘进行协商。20 世纪的人习惯于数以百万计的伤亡名单,或许会对此感到惊讶:像斯巴达这样一个坚韧的军事国家,竟然愿意为了 420 名战俘而讲和。但是,这个数字已经超过了斯巴达军队人数的十分之一,④而且其中至少 180 人是斯巴达完全公民(Spartiates),出身于最显赫的家庭。斯巴达是一个严格执行优生学法则的国度,在这里,有缺陷的婴儿被杀死,育龄男性和女性被分离开来,以有效控制生育,士兵们遵守荣誉法则,宁死不屈,统治阶级只与阶级内人士通婚。考虑到这些事实,我们就应该能够理解,虽然安全受到威胁的斯巴达完全公民只有 180 人,但是对于斯巴达而言,这不仅仅是情感上的担忧,同时也是非常实际的考虑。

所达成的停火协议对雅典十分有利。雅典人能够继续封锁斯伐刻

---

① 诸抄本给出的数字是 40,但是为了与其他信息相一致,绝大部分校勘者都将此修订为 50。参见戈姆,《修昔底德历史评注》,第 3 卷,第 450 页。
② Thuc. 4.13—14.
③ τὰ τέλη 指的大概是监察官。
④ 布索特,《希腊历史》,第 3 卷,第 2 册,第 1095 页。

帖里亚岛,但是他们将不再攻打该岛、不再攻打该岛上的人,同时他们将允许向岛上投送食物和水。作为回报,斯巴达人许诺不再攻打派娄斯的雅典要塞,也不再秘密向该岛运送任何舰船。最惊人的条款是,斯巴达人承诺将舰船交给雅典人作为抵押,不仅包括派娄斯的所有舰船,还包括拉戈尼亚的所有其他战舰,总共是60艘。与此同时,一个斯巴达使团将乘坐雅典三列桨战舰被带到雅典,停火协议有效期持续到这个使团回来的时候。到了那个时候,雅典人将把斯巴达舰船完璧归赵。然而,这个协定还含有一个条款:如果任何一方违反任何条件,则停火马上终止。但是,如果不能顺利通过协商达成协议,那么雅典人就可以轻易声称斯巴达人违约,并继续把斯巴达海军据为己有,而即便如此,斯巴达人还是同意了这些条件。①

情势变易,雅典人是幸运的;没有人能够预见到,在派娄斯登陆能够引发斯巴达人如此愚蠢的反应,进而取得如此重大的后果,(-230, 231-)但是修昔底德仍然过高估计了好运在这次作战行动中发挥的作用。碰巧,一场风暴及时发生,迫使雅典舰队在派娄斯靠岸,这与德摩斯梯尼的计划一致;碰巧,斯巴达人正在庆祝节庆,所以没有及时前来摧毁雅典人的要塞;碰巧,几艘美塞尼亚船只带着重装步兵和武器出现,正好帮助派娄斯的雅典人抵抗斯巴达人的攻击。② 事实与此相反,整个作战行动都是由德摩斯梯尼构想并执行的。他目光敏锐,捕捉到了派娄斯和斯伐刻帖里亚所提供的特殊机遇。成功在一定程度上依赖于好运——成功总是依赖于好运的——但是情报和完善的规划并未缺席,且都发挥了重要作用。德摩斯梯尼并不可能预见到斯巴达人会占据斯伐刻帖里亚岛,冒着陷入围困的危险。如果雅典人能够占据派娄斯,通过从派娄斯发动劫掠、接收逃亡黑劳士来损害为难斯巴达人,这种结果已经够好了。然而,我们可以想象,斯巴达人认为雅典在美塞尼亚占据一个永久基地是无法忍受的事实。主动和勇敢能够诱导敌人犯错;如果敌人没有受到挑战、如果敌人自己掌握了主动权的话,犯错的

---

① Thuc. 4.16.
② 在上述每一个段落中,修昔底德都使用了 τυγχάνω 这个词:4.3.1, κατὰ τύχην; 4.5.1, ἔτυχον ἄγοντες; 4.9.1, ἔτυχον παραγενόμενοι.

可能性就要小很多。所以,胜利应归功于这位将军在军事上的恰当决断,是他想出并执行了这个计划,是这个计划迫使敌军犯错,进而不得不以对自己不利的条件寻求和平。

使团抵达雅典,向公民大会提出他们的议和条件,修昔底德记载了他们的这篇演说。这篇演说辞意在调和,圆滑机巧,篇幅很长。斯巴达人承认雅典人占据了上风,但是委婉提醒他们,这并非权力均衡之变,不是根本变化。雅典人的胜利或许不会持久,在情势仍然有利时,议和才是明智之举。为了交换斯伐刻帖里亚的战俘,斯巴达人提议议和,并与雅典缔结攻守同盟。他们没有提及任何领土调整安排。① 这样一份(-231,232-)和约将使得雅典人可以继续控制埃基纳,觅诺崖,在西北地区拥有立足点;作为回报,她将放弃普拉提阿。戈姆评论斯巴达人这篇演说的圆滑技巧之处时说:"他们必须技巧圆滑,因为除了冗长说教一番,他们事实上根本没有什么可以提供,根本无法以桃换李(quid pro quo)。"②

可是现当代学者普遍认为,雅典应当接受斯巴达的议和提议。"雅典能够缔结一个对自己有益的和约。"③"如果给予斯巴达一个较温和的和约的话,那么未来光明可期。"④接受斯巴达的议和提议的话,"就能够达成伯利克里所展望的战争目标:雅典继续安全地拥有现在所拥有的一切"。⑤ 现当代学者的反应并不令人感到意外,因为这几乎肯定就是修昔底德本人的看法,他传达自己看法的时候,技巧极为精湛。⑥此外,绝大部分学者相信,伯利克里是会接受斯巴达人的条件的,同时因为这些学者也赞同伯利克里的目标和战略,所以他们认为如果伯利克里还在世,雅典就应该在425年缔结和约。"伯利克里战略合乎逻辑

---

① Thuc. 4.17—20.
② 戈姆,《修昔底德历史评注》,第3卷,第454页。
③ 贝洛赫,《希腊历史》,第2版,第2卷,第1册,第327页。
④ 梅耶,《古代历史》,第103页。
⑤ 布索特,《希腊历史》,第3卷,第2册,第1096页。
⑥ 在处理这个问题时,修昔底德的绝大多数研究者都相信,他赞成雅典接受斯巴达的议和提议。参见梅耶,《古代史研究》,第2卷,第346页;约翰·芬力,《修昔底德》,第195页;德·萝蜜莉,《修昔底德与雅典帝国主义》,第172页。戈姆《修昔底德历史评注》,第3卷,第459—460页)在回应德·萝蜜莉女史时声称,我们不可能知道修昔底德的意见,但是看起来,伍德海德(Woodhead,《涅默叙涅期刊》[*Mnemosyne*],第13卷,1960年,第310—313页)对他的反驳是很有说服力的。

的终局就是现在缔结和约,而对于伯利克里先前因为雅典不够强大而决定放弃的那些地方,不要再坚持要求控制这些地方了。"①

然而,425年斯巴达人求和的时候,很难说伯利克里的目标已经完成。伯利克里的目标基本是在心理方面。伯利克里并没有指望能够令斯巴达人没有能力对雅典发动战争,而只是希望使得他们不愿意对雅典发动战争。② 这依赖的是使斯巴达人确信他们没有力量击败雅典,但是斯巴达人演说的大意完全不是这个意思。(-232,233-)斯巴达人相信,雅典的优势是一次错误的结果,而这个错误随时可以得到逆转。③"这个转变不是由于我们的力量衰落,也不是由于我们的骄妄乱为、一意扩充势力的结果所造成的。我们的资源和从前是一样的;我们不过是错误地估计了我们的资源,而这种错误是人人都可能犯的。"④从伯利克里的角度看来,斯巴达人没有得到任何教训。与持有这种观点的敌军缔结和约,肯定会引起贝洛赫所提出来的那些问题,关于伯利克里在战争开始时所期待的那种和约的一些问题:"这样一份和约能够提供什么样的保证,保证斯巴达不会在时机适宜的时候再度开战?那个目标是不是值得付出如此巨大的牺牲?同时,雅典——特别是,她的盟邦——是否会愿意再次作出这些牺牲?"⑤

雅典人肯定考虑了这些问题,但是斯巴达提议之后的演说辞,修昔底德一篇也没有记载。斯巴达使团记得雅典人曾在这场战争早些时候请求议和,所以认为他们会乐意接受当前的议和提议。⑥ 或许这份自信能够解释为什么他们会愿意在停火期间将舰队托管给雅典人。斯巴达

---

① 埃德科,《剑桥古代史》,第5卷,第234页;同时参见布索特,《希腊历史》,第3卷,第2册,第1096页,以及梅耶,《古代史研究》,第2卷,第346页。
② 参见本书上文,第35—36页(原书页码)。
③ Thuc. 4.17.4: εὐτυχίαν τὴν παροῦσαν ... τὰ παρόντα ἀδοκήτως εὐτυχῆσαι;"你们的幸运……成功出乎意外。"(谢德风译本,第275页。) Thuc. 4.18.3: ὥστε οὐκ εἰκὸς ὑμᾶς διὰ τὴν παροῦσαν νῦν ῥώμην πόλεώς τε καὶ τῶν προσγεγενημένων καὶ τῆς τύχης οἴεσθαι αἰεὶ μεθ' ὑμῶν ἔσεσθαι,"假如你们以为你们有了现在的力量,有了现在的收获,幸运就会永远在你们那一边,这就是一个不合理的推论"(谢德风译本,第276页)。
④ Thuc. 4.18.2;谢德风译本,第276页。
⑤ 贝洛赫,《伯利克里以降的亚狄珈政策》,第23页。
⑥ Thuc. 4.21.1.

人的自信是很自然的,这是因为,除了在派娄斯发生的事情之外——而那在他们看来,这完全是一次偶然、意外、不幸——,雅典人及其盟友在6年的战争之后,没有对他们造成什么伤害,但自己还在瘟疫中失去了可观的人口,自己的土地被洗劫蹂躏,家园被毁,金库接近耗竭,并且胜利遥遥无期。雅典人怎么可能不抓住这个机会议和?然而,斯巴达人对雅典民意的理解是有问题的。自从430年以来,瘟疫发生了,又结束了,雅典人习惯苦难之后,顽强生存了下来。雅典人并不急于以任何代价追求和平,相反,他们更为果敢,更加进取了。西西里、彼欧提亚、西北地区的作战行动(-233,234-)尽管没有取得决定性胜利,但却鼓舞了雅典的希望:他们希望能够对敌人造成足够的伤害,以求得自己满意的一份和约。派娄斯传来的消息势必更加鼓舞这一希望,但是斯巴达人提供的议和条件,对于425年的雅典人而言,却是毫无吸引力的。

　　正如修昔底德所说,雅典人清楚,只要斯伐刻帖里亚的人质在他们的控制之中,他们就能在任何想要的时候获得和平,"但是雅典人希望取得更多的利益"。① 修昔底德暗示,贪欲、野心和扩张帝国是雅典人的动机,②但我们不必这样认为。雅典人想要的不仅仅是斯巴达承诺的未来善意和取决于这种善意的同盟关系。雅典人这种做法这是正确的,因为一旦斯巴达人赎回人质,就没有什么可以阻止他们重启战争,斯巴达人的实力、士气、决心一样也没有减损。甚至即便斯巴达使团和派出使团的斯巴达人确实诚心议和、有意修好,但是这些斯巴达人也有可能不会继续掌权。斯巴达城邦内政治反复无常,而战争爆发的部分原因,正是这一点;430年,斯巴达鹰派势力足够强大,所以拒绝了雅典人的议和提议;一旦斯巴达再度获得安全,好战情绪怎么可能不东山再起呢?任何有理智的雅典人都会想要比斯巴达人的提议更加稳固的保障。

---

① Thuc. 4.21.2;谢德风译本,第278页。
② 这里的措辞τοῦ δὲ πλέονος ὠρέγοντο("希望取得更多的利益")与斯巴达人用来描述鲁莽之辈试图过分利用好运的措辞形成了对照关系:"这种人αἰεὶ γὰρ τοῦ πλέονος ἐλπίδι ὀρέγονται,'于是得陇望蜀'(谢德风译本,第275页;4.17.4)。"对于修昔底德在这一部分的措辞中的偏见,伍德海德有精彩的分析:《涅默叙涅期刊》,第13卷,1960年,第312页。

克里昂带头反对斯巴达人的提议。修昔底德再次介绍了他,就好像他先前在史书中从未出现过一样,修昔底德称他为"民众煽动家,(当时)在群众中很有势力"。①克里昂的观点在雅典的公民大会占据了上风。克里昂针锋相对,提出反对建议:斯伐刻帖里亚岛上的斯巴达人必须投降,并应该把他们带到雅典来。接着,斯巴达人应该交出尼赛亚和佩岬,也就是墨伽拉的港口,(-234,235-)同时还应该交出托洛瀿和亚该亚,因为所有这些地方都并不是雅典在战争中被夺走的,而是"雅典在灾患中,比现在更迫切地需要和平的时候,依照以前的和约交出来的"。② 斯巴达人只有这样做,雅典人才会交还战俘,同意签订持久和约。

斯巴达人当然不可能接受这些条件,但是他们并没有拒绝这些条件,反而要求成立一个委员会,他们将与这个委员会继续进行秘密商讨。克里昂猛烈谴责这个提议,他说斯巴达人要求只有少数人参与秘密听证,肯定是意图不轨。如果他们要说的话是正派体面的,那么就让他们在公民大会的公开集会上说。要公开宣称他们准备背叛盟邦,斯巴达人当然难以启齿,特别是在谈判阶段,所以斯巴达人放弃协商,回城邦去了。③ 克里昂因为以这种方式破坏了协商谈判而受到指责。甚至格罗特,克里昂最热情的辩护者,也说克里昂此举"绝对是有害的"。④ 现当代学者普遍认为,雅典人在秘密谈判中不会有什么损失,同时还可能所获匪浅。

但是,有什么可供谈判的呢? 最经常被提出来的一种看法是,斯巴达人或许愿意放弃墨伽拉,或者至少放弃墨伽拉的港口,"当然不会是通过斯巴达人正式投降的方式,而仅仅是径直放弃这些地方"。⑤ 这种

---

① Thuc. 4.21.3;谢德风译本,第278页;有改动。我认为伍德海德的以下说法(《涅默叙涅期刊》,第13卷,1960年,第311页)很有道理:"修昔底德再次告诉我们,克里昂对于'庸众'($\pi\lambda\tilde{\eta}\vartheta o\varsigma$)而言最有说服力($\pi\iota\vartheta\alpha\nu\dot{\omega}\tau\alpha\tau o\varsigma$),而这使得'民众煽动家'($\delta\eta\mu\alpha\gamma\omega\gamma\dot{o}\varsigma$)这一描述具有了邪恶意味,即便该词那时还没有像后来那样,变成一个诽谤中伤之词。"
② Thuc. 4.21.3;谢德风译本,第278页。
③ Thuc. 4.22.
④ 格罗特,《希腊历史》,第6卷,第332页。
⑤ 布索特,《希腊历史》,第3卷,第2册,第1099页。格罗特《希腊历史》,第6卷,第332页)提出了相同的看法。

看法相当不切实际。斯巴达可以放弃西北地区，可以无视科林斯关于柯西拉和波提狄亚的要求，但是如果斯巴达人放弃墨伽拉，他们就把雅典的势力引到了地峡之上，为入侵伯罗奔尼撒半岛打开了通道，切断了斯巴达与彼欧提亚及希腊中部的联系。斯巴达作为同盟领袖和盟邦保护者的信誉将毁于一旦。科林斯、忒拜、墨伽拉会抵制这一决定。为了信守对雅典人的这样一个承诺，斯巴达将放弃她的主要盟邦，同时，在攻守完全同盟的条款要求下，她甚至可能不得不与雅典并肩、对这些盟邦作战。这是不可想象的，《尼基阿斯和约》之后的那个时期将证明这一点。

格罗特认为谈判是明智之举，(-235, 236-)不过，他也注意到了这些困难，进而为继续谈判提出了第二条理由：“即便吞并墨伽拉不切实际，但雅典人还是有能力与斯巴达人达成某种协定，这种协定能够在斯巴达及其盟友之间扩大分歧，破坏信赖；而当下正是取得这种协定的绝佳时机。”①但是，如果不割让墨伽拉给雅典，还有什么其他有意义的"协定"可以达成呢？格罗特自己也想象不出，持有这一看法的其他学者也想象不到，因为斯巴达无法做出任何有实际意义的让步。

秘密谈判不仅不会带来收益，还有可能给雅典人造成损失。拖延对斯巴达人而言是有用的；尽管看起来不太可能，但是也许谁都想不到的好运会从天而降，帮助斯伐刻帖里亚岛上的战俘逃脱。同时，如果雅典人意在通过封锁来攻陷该岛，那么冬季的来临将使得他们的计划无法执行，被困的战俘同样可以逃脱。② 只要停火协议允许向岛上运送食物一天，这个岛就可以多撑一天。尽管修昔底德没有就此给出任何暗示，但是雅典人之间肯定也存在意见分歧，而克里昂的看法得到了大多数人的支持。③ 一些雅典人会赞同接受斯巴达人的议和提议，或者至少会赞同成立委员会来秘密谈判。学者们常常假定，尼基阿斯就是

---

① 格罗特，《希腊历史》，第 6 卷，第 332 页。
② Thuc. 4.27.1.
③ 斐洛克茹司(Philochorus)的记载被保存在一则对阿里斯托芬《和平》(Peace)第 665 行进行注解的古代注疏里。参见《希腊史撰残编》，作者第 328 号斐洛克茹司，第 128 则残篇：FGrH 328, Fr. 128。

这些人当中的一员，虽然没有任何直接证据可以证明这一点，但是考虑到他后来的政策，这一点看起来是合乎情理的。

让我们假定雅典人已经投票决定，同意选举一个委员会来进行秘密谈判。考虑到雅典的政治情况，尼基阿斯及其同党将入选谈判委员会。谈判委员迫切希望实现和平，诚心与斯巴达修好，乐于相信斯巴达人的诚意，所以他们或许会作出对雅典人非常有吸引力的提议，内容或许将包括结盟，承诺永久修好，归还普拉提阿，甚至放弃墨伽拉。作为交换，斯巴达人或许仅仅要求释放斯伐刻帖里亚岛上的战俘，从派娄斯撤离；如果提议的内容是上述条件的话，雅典人将很难拒绝。斯巴达人将签订和约与盟约，(-236, 237-)雅典人将归还战俘。然后，麻烦就开始了。斯巴达人或许会通知彼欧提亚人交出普拉提阿，但彼欧提亚人肯定会拒绝。斯巴达人或许会放弃墨伽拉，但是墨伽拉人、科林斯人，还有彼欧提亚人将团结起来，反对雅典。雅典人将敦促斯巴达人兑现盟约承诺，斯巴达人则肯定会拒绝。接下来，仇恨和难堪将发展为敌视和战争，而斯巴达人发动战争的能力丝毫没有减弱。这里的描述并非异想天开，这正是《尼基阿斯和约》之后的真实事件进程的粗略近似概况。克里昂与支持他的雅典人有理由怀疑并拒绝与斯巴达进行秘密谈判。①

这场未曾被记载下来的辩论标识着雅典政治的一个关键转折点。在430年斯巴达拒绝雅典议和提议之后、派娄斯事件之前，雅典基本上团结一致，尽可能地积极作战，以迫使斯巴达人求和。关于和约性质的意见分歧，埋藏在共同努力中了。在派娄斯的胜利及随之而来的斯巴达议和使团改变了这一切。在此之前，谈论与斯巴达缔结和约就等于叛国；在此之后，与斯巴达缔结和约成为了政策的一个路线，爱城邦的人可以凭着良心拥护这一政策路线。重建战前局势，维系帝国，结束斯巴达人针对帝国的征战，伯利克里的这些战争目标似乎唾手可得。一些雅典人可能会争辩说这样一种和约不够安全，说伯利克里自己会向斯巴达人

---

① 连那些持不同意见的学者也承认，怀疑是有理由的。参见格罗特，《希腊历史》，第6卷，第330页；布索特，《希腊历史》，第3卷，第2册，第1098页。

要求更有效的保障,①但是审慎的人也可以争辩说,信任斯巴达是明智的,从而为签订持续和约扫清障碍。很有可能,尼基阿斯在 425 年就持这种看法;毫无疑问,他在 421 年持有的正是这种看法。②(-237,238-)

然而,克里昂的目标大相径庭。他提出的要求有意指向了 445 年《三十年和约》之前的局势,在那个时候,雅典控制着墨伽拉、彼欧提亚、希腊中部其他地区,还有伯罗奔尼撒半岛的一些沿岸城邦。雅典人被迫放弃这些领土,是因为他们"在灾患中"签订了一个条约。③ 现在到了 425 年,克里昂暗示说,雅典人必须坚持恢复先前的局势,这种局势不以斯巴达政治为条件,也不以斯巴达诚意为前提,而必须以雅典对战略防御要地的控制权为保障。正如人们常常指出的那样,克里昂很可能是想要无限扩张雅典的势力,在希腊本土扩张,在其他地方扩张。在《骑士》中,阿里斯托芬笔下代表克里昂形象的帕弗拉贡(Paphlagon)奴隶说,他决意令雅典民众统治所有的希腊人,④但是正如在一般情况下那样,我们很难知道这段话意在真实再现克里昂的实际立场,还是仅仅是一种喜剧夸张。修昔底德从未批评过克里昂说他有这种政策目标,但是却将特别远大的帝国野心归于阿尔喀比亚德。⑤ 要解释 425 年克里昂对斯巴达议和提议的坚决反对,不必使用帝国扩张计划作为理由。

---

① 参见本书上文,第 232—233 页(原书页码)。爱德华·梅耶自己相信伯利克里会接受这份和约,但是对于上述观点感到非常不安,所以愿意让步承认说"一旦有机会,一旦种种原因导致这些城镇里的亲雅典党完全掌权并肃清政敌,他或许会坚持要求取得这些城邦的控制权,例如墨伽拉或托洛溱"《古代史研究》,第 2 卷,第 345—346 页)。

② 普鲁塔克(Plut. *Nic.* 7. 2)说,克里昂反对斯巴达的议和提议是因为他看到尼基阿斯满腔热情地与斯巴达人协作:(-237,238-)προθύμως ὁρῶν συμπράττοντα τοῖς Λακεδαιμονίοις。如果我们能够确保这句话不仅仅是普鲁塔克式的一个推论,而是来自于可靠的信源的话,那么这段文字对于我们此处论述的观点,将是有力的证据。

③ 这个词是συμφοραί,"灾患",与斯巴达使节描述他们在派娄斯的失败时所说的"不幸的情况",使用的是同一个词。(译补:Thuc. 4. 21. 3, ἀλλ' ἀπὸ τῆς προτέρας ξυμβάσεως Ἀθηναίων ξυγχωρησάντων κατὰ ξυμφοράς καὶ ἐν τῷ τότε δεομένων τι μᾶλλον σπονδῶν, 谢德风译本,第 278 页:"而是雅典在灾患中,比现在更迫切地需要和平的时候,依照以前的和约交出来的";Thuc. 4. 17. 1:καὶ ἡμῖν ἐς τὴν ξυμφορὰν ὡς ἐκ τῶν παρόντων κόσμον μάλιστα μέλλῃ οἴσειν. 谢德风译本,第 275 页:"同时也使我们在现在不幸的情况下取得我们可以取得的光荣。")

④ Aristoph. *Knights* 797:Ἵνα γ' Ἑλλήνων ἄρξῃ πάντων,"那样一来,德谟斯才好统治全希腊"(罗念生译本,第 159 页)。

⑤ Thuc. 6. 15. 2; 6. 90. 2.

正如伍德海德所说,克里昂的目标是"全胜",在他看来,"斯巴达因为苦楚发出的头几声嚎叫,仅仅是事情的开始,而不是结束。斯大林格勒(Stalingrad)、阿拉曼(El Alamein)、中途岛(Midway Island)、斯伐刻帖里亚,都是丘吉尔所说的'命运的铰链'上的一环,任何有常识的人都应该对这些环节加以最充分的利用。派娄斯之后签订和约没有解决任何问题,而斯巴达将继续活着,择日再战——除非,当然,斯巴达人被公开严重羞辱,以至于旧日的双头统治无以为继,如果谈判能够这样进行,那么这种谈判本身就会是一种胜利"。①

斯巴达使节回到派娄斯时,停火协定(-238,239-)终止了,但是雅典人宣称斯巴达人违反协定,拒绝归还扣为抵押的舰船。自此,斯巴达人只能独力在陆地上战斗,但是考虑到他们先前的海军使用能力,这也不算是什么重大不幸。雅典人下定决心,要俘虏斯伐刻帖里亚岛上被围困的人,于是他们又多派出20艘舰船,加强封锁,希望饥馑将令他们投降。斯巴达人重新开始攻打派娄斯,试图想办法营救自己的人。②雅典人指望取得速胜,因为斯伐刻帖里亚荒无人烟,缺乏淡水,同时雅典舰队完全控制了所有的出入航道。然而,斯巴达人足智多谋,令人惊讶。他们对自由人悬赏,向黑劳士许诺脱籍,只要有人愿意突破封锁去给被围困的人运送食物和水。许多人,特别是黑劳士,都愿意冒这个风险,利用风和夜色偷偷登陆该岛。一些人乘着小舟,事成之后,他们可以把这些小船撞毁在没有港口的向海岸边,还有一些人潜水抵达。这些人成功使得斯伐刻帖里亚岛上的人熬过更长的时间。

现在,雅典人自己的处境日益艰难起来。他们也面临食物和水的短缺。超过14000人的饮用水都依赖于派娄斯卫城的一条小溪流和海岸上所能找到的一点点水。③他们被困在狭小的空间里,因为围歼时长超乎预计而士气低落。比这种困苦更严重的,是不断增长的恐惧:冬季开始,他们将不得不解除围歼,因为冬天来了之后,运送食物的补给

---

① 伍德海德,《涅默叙涅期刊》,第13卷,1960年,第311页。
② Thuc. 4.23.
③ Thuc. 4.26.2;戈姆,《修昔底德历史评注》,第3卷,第466页。

船将无法照常抵达。时间流驶,斯巴达人没有再派使团过来,雅典人越来越担心,担心斯巴达人有信心拯救他们的人,担心雅典从当下情势中既不能获得重大战略利益,也不能获得一份和约。结果,一种情绪不可避免地产生了,他们认为他们犯了错,认为敦促雅典拒绝议和提议的克里昂应该受到责备。

信使抵达雅典公民大会,报告(-239,240-)派娄斯告急的时候,克里昂和他的政策路线都遭到了强烈攻击。修昔底德极为详尽地描述了这次公民大会,是整部史书中最值得注意的章节之一。尽管这次辩论具有戏剧化的特质,但是修昔底德并没有直接援引任何演说辞并记载下来。相反,他给出了演说的内容概要,并补充了演说者在发言时的考虑。修昔底德对这次重要公民大会的描述值得详细分析。信使把来自派娄斯的坏消息告诉雅典人,克里昂谴责他们,说他们没有讲真话,"知道因为他以前阻挠和议,已不得人心"。① 信使邀请雅典人指派委员会前去调查他们的汇报;雅典人依从,选举克里昂为委员会委员之一。然而,克里昂反对派遣调查委员会,声称这不过是浪费时间,将会错过大好时机。因此,他反而敦促雅典人再派一支部队去攻打该岛,以捉拿岛上的人,如果他们真的相信信使传来的坏消息的话。② 他这样做是因为"晓得",如果他要前往派娄斯,"回来报告的情况会和报信人所说的不相上下,否则只好捏报情况,自居于扯谎者的地位"。此外,"他也晓得,雅典人(现在情愿迫切)再派一支远征军前往作战"。③ 接着,他把矛头转向自己的政敌尼基阿斯,说如果将军们是大丈夫的话,就应该带领足够的部队前往派娄斯,并轻易俘获岛上的人。"他说,假如他是指挥军队的人员的话,他自己一定会做到这一点。"④

这时,据修昔底德记载说,雅典人问克里昂,如果任务如此轻易,为

---

① Thuc. 4.27.3;谢德风译本,第283页。
② Thuc. 4.27.4—5;这是我对于"εἰ δὲ δοκεῖ αὐτοῖς ἀληθῆ εἶναι τὰ ἀγγελλόμενα, πλεῖν ἐπὶ τοὺς ἄνδρας"这段话的理解。戈姆的评论(《修昔底德历史评注》,第3卷,第468页)看起来可以佐证我这种读法。
③ Thuc. 4.27.4;谢德风译本,第283页,有改动。
④ Thuc. 4.27.5;谢德风译本,第283页。

何他自己不出海前往。尼基阿斯看到群情如此,"又知道自己是克里昂所攻击的人",①便说将军们乐意为他提供军队,任凭他要求,请他一试。一开始,克里昂准备接受,"认为尼西阿斯(尼基阿斯)的推荐不过是作为一个争论之点而提出的",但是接着,他退缩了,说尼基阿斯才是将军,而他不是,"(他意识到)指挥军队的任务(-240,241-)真正会移交到他的身上"。② 但是,尼基阿斯继续敦促他,要他出去作战,提议交出自己的指挥权,要求雅典人为他此举作证。克里昂继续试图回避,但是雅典人的态度"是群众经常的态度",③他们一个劲地鼓励尼基阿斯放弃指挥权,鼓励克里昂接过指挥权。最后,克里昂知道,"取消自己的诺言是不可能的",只好同意领军出征。他声称自己不害怕斯巴达人,提议说自己不需要任何援军,只带着当时在雅典城内的莱姆诺斯(Lemnian)和因布罗斯(Imbrian)部队,还有一些埃诺司(Aenos)的轻装步兵和来自其他地方的400名弓箭手出征了。凭着这些兵力和已经在派娄斯的部队,克里昂许诺说,20日之内,他会"把斯巴达人活活地捉到雅典来,或者把他们当地击毙"!④

这漫不经心的许诺在听众中引起一阵哄笑,但是其中"聪明人"(sophrones, sensible men)得出结论,以下两个好处中,他们至少能得到一个:"要么就是他们从此除掉了克里昂——这正是他们所盼望的;要么就是他们的估计错了,斯巴达人可以落入他们的掌握中。"⑤这就是修昔底德的记叙,这段记叙的特点和风格都很独特,⑥疑难丛生。雅典公民大会是因何目的召集起来的,或者,如果辩论是在例行集会中进行的,那么这一辩论针对的是什么问题呢?将军委员会中并无大元帅,而修昔底德也没有提到将军们之间商议过此事,那么尼基阿斯怎么可能代表其他将军提出让渡指挥权呢?我们根本就没听说尼基阿斯拥有

---

① Thuc. 4.28.1;ὁρῶν αὑτὸν ἐπιτιμῶντα;谢德风译本,第283页。
② Thuc. 4.28.2;γνοὺς δὲ τῷ ὄντι παραδωσείοντα;谢德风译本,第284页。
③ Thuc. 4.28.3;οἷον ὄχλος φιλεῖ ποιεῖν;谢德风译本,第284页。
④ Thuc. 4.28.4;谢德风译本,第284页。
⑤ Thuc. 4.28.5;谢德风译本,第284页。
⑥ 德·萝蜜莉女史敏锐指出,"这段叙事虽然如往常般冷静,但是在这里却有着喜剧的外表:吹嘘,即兴,厚颜,都出现在了这里"(《伯罗奔尼撒战争史》,第3卷,第xiii页)。

指挥权,那么他怎么能让出指挥权呢? 莱姆诺斯人、因布罗斯人,还有埃诺司的轻装步兵为什么在需要他们的时候碰巧就在雅典? 修昔底德的叙述没有给出清晰、肯定的答案,我们必须根据上述问题来尝试还原事情的本来面目。

公民大会召开集会,或许是为了讨论并回应德摩斯梯尼,因为他要求增援攻打斯伐刻帖里亚(-241,242-)。① 当克里昂起航的时候,他已经知道德摩斯梯尼攻打该岛的计划;在这次辩论发生之前,这一作战行动所需要的那种轻装部队已经在雅典集结好了,德摩斯梯尼也已经开始准备这次攻击的备战工作了,他传信到邻近的诸盟邦那里,要求增援。② 信使从派娄斯回来的时候,无疑也传回了德摩斯梯尼的请求:他需要特别遴选兵种的一支部队,以夺下斯伐刻帖里亚及岛上被围困者。③ 我们无法确认这一增援请求是德摩斯梯尼向公民大会正式作出的,还是在克里昂提议之后才向克里昂私下作出的。克里昂肯定与德摩斯梯尼过从甚密。④ 将军们和贵族议事会不知道的消息,克里昂也未必知道;但是他很有可能了解关于德摩斯梯尼计划和需求的更多细节。⑤

克里昂,当然就是德摩斯梯尼会挑选作为副手的那个人。他有特殊利益——他要为拒绝斯巴达议和提议担负最大责任,所以如果斯伐刻帖里亚岛上的人得以逃脱,他就会非常麻烦。他也是一名有战斗力的政客,是激进政策的支持者,因为急躁所以会抓住德摩斯梯尼大胆计划中的成功前景。尼基阿斯则天然就是他的反对者。他是克里昂的政敌,也有可能还是他的私敌。如果我们对他的态度的判断没错的话,那

---

① 布索特,《希腊历史》,第 3 卷,第 2 册,第 1101 页,注释 2。
② Thuc. 4. 29. 2;28. 4;30. 3。
③ 格罗特(《希腊历史》,第 6 卷,第 339 页)与布索特(《希腊历史》,第 3 卷,第 2 册,第 1101 页,注释 2)都认为,德摩斯梯尼理所应当就是 Thuc. 4. 30. 4 这个句子中"$ἠτήσατο$"这个动词的主语: Κλέων δὲ ἐκείνῳ τε προπέμψας ἄγγελον ὡς ἥξων καὶ ἔχων στρατιὰν ἣν ᾐτήσατο, ἀφικνεῖται ἐς Πύλον,"克里昂先派人去告诉德谟斯提尼(德摩斯梯尼),说他马上就会到那里来了。现在,他统率着他所要求使用的部队到达了派娄斯"。如果他们这个看法没错,那么德摩斯梯尼的请求就是可以确证的,但是看起来,"$ἠτήσατο$(他所要求)"这个动词的主语更有可能是克里昂。
④ Thuc. 4. 29. 1;30. 4。
⑤ 戈姆,《修昔底德历史评注》,第 3 卷,第 471 页。

么现在的他青睐谈判以缔结和约,而他清楚,如果俘虏了岛上的斯巴达人,那就会煽动雅典的进取心,进而使得谈判缔约不可能实现。尼基阿斯应该迫切希望推迟进攻,推迟得越久越好,指望能够在一切还来得及的时候成功缔结和约。尼基阿斯行事小心,审慎众所周知。① 既然他并没有像德摩斯梯尼那样(-242,243-)在崎岖地带率领轻装部队作战的经验,也并没有责任去判断成功的可能性,他的审慎性情就可能使得他由衷地害怕强行登陆重装步兵把守的岛屿这个任务。无论是哪种情况,我们都应该相信,尼基阿斯反对增兵攻打斯伐刻帖里亚岛,他支持派出调查委员会,前去考察派娄斯的现状。

克里昂对信使的悲惨报告表示质疑,无疑是因为他的乐观精神会使他以更加充满希望的方式去看待德摩斯梯尼计划的前景,同时他也想要提升雅典人的士气,因为这样雅典人才会愿意支持新的远征计划。他的反对者建议组建调查委员会,他就陷入了一个陷阱,因为这一提议将耽搁事态,令人不快,同时还一定会把克里昂他自己送到城邦之外去,而无法继续影响公民大会。克里昂肯定知道,他被选为调查委员之后会面临上述危险,所以他提出理由反对拖延,谴责尼基阿斯和其他将军,说他们不是大丈夫。在这一点上,除非我们相信,修昔底德在提到尼基阿斯"指挥派娄斯作战之职"②时所使用的措辞极为不确切,完全不是他的作风,也完全站不住脚,不然的话,我们就必须料想到,公民大会已经决定要派出远征军,并且已经指派了尼基阿斯作为这支远征军的指挥官。尼基阿斯无法推让自己所未被指派的指挥职务,即便只是口头说说。事态再次出乎克里昂的意料;他从来没有料到,尼基阿斯会如此不负责任,会提议将一支雅典军队的指挥权交给一个没有重大军事经验的人。克里昂的目的是刺激唆使尼基阿斯,带着他的部队前去

---

① Plut. *Nic.* 2.4—8.
② Thuc. 4.28.3; τῆς ἐπὶ Πύλῳ ἀρχῆς;谢德风译本,第 284 页。戈姆并没有这么说,但是他的假定却恰恰如此:"没有记载表明尼基阿斯在派娄斯拥有任何指挥权。我们必须假定,这些话的意思只可能是,如果要派出增援的话,尼基阿斯作为将军,将绝对有权要求指挥他们;同时很有可能的是,确实存在正式的增援请求"(《修昔底德历史评注》,第 3 卷,第 468 页)。但是,这些话的意思显然并非如戈姆在此所说,而如果修昔底德想要表达的是戈姆所述的那个意思,那可以说,修昔底德并没有把这层意思表达出来。

增援德摩斯梯尼、加入攻打斯伐刻帖里亚的作战行动，不要拖延，所以当尼基阿斯提出让渡指挥权的时候，他自然退缩了。尼基阿斯看到他的反对者窘迫(-243,244-)为难，再次主动让权，希望令克里昂信誉彻底扫地，群众迅速领会，一些人是真心真意想要克里昂领军出征的，另外一些人是出于对克里昂的敌视，还有一些人只是觉得好玩。当然，尼基阿斯无权代表自己让权，更加无权代表其他将军让权，但是当公民大会接过了他的呼吁，雅典人显然愿意接受这个提议。克里昂无路可退，但是他可以凭借这个想法振作一些：军事部分就交给德摩斯梯尼，他完全胜任。是克里昂出任增援部队的首领，而不是尼基阿斯或反对该计划的其他任何人，这一事实将对成功更有助益。这就是我们对这次辩论情况的事实还原。

克里昂许诺 20 日内取得成功，并且不需使用雅典重装步兵，既非虚张声势，也非愚蠢荒谬。德摩斯梯尼显然已经决定，他需要经验丰富、有特殊技能的轻装部队来执行他的计划，而雅典人在公民大会集会之前就已经准备好了这支部队。考虑到德摩斯梯尼的计划是立即展开攻势，所需部队已经整装待发，且迅速决策无法避免，克里昂明白，他将在 20 内取得胜利，或一败涂地。① 修昔底德所记载的"聪明人"的态度，似乎很难理解，也很难解释。爱城邦的雅典人会同意把一支雅典远征军的指挥权、胜利希望的控制权，还有对盟邦士兵和雅典水兵性命的责任，交给他们认为是愚蠢而无能的一个人，这令人吃惊。如果修昔底德对他们的观点的记载是合乎实情的，那么，对于新的事件进程是如何恶化了旧有的政治敌对，对于雅典人之间的意见分歧是如何产生、并且可能带来危险的，对于这两个问题的严重程度，我们就有所了解了。

克里昂与德摩斯梯尼过从甚密，同时，一旦他被指派了指挥权，得到了他所要求的兵力，他马上就提名了同袍名单，并先行捎信给德摩斯梯尼说，援军已经在路上。② 在派娄斯，德摩斯梯尼迟迟犹豫着，

---

① 布索特，《希腊历史》，第 3 卷，第 2 册，第 1105 页。
② Thuc. 4.29.1; 30.4.

不敢攻打密林覆盖、埋伏着不知敌军几何的斯伐刻帖里亚岛。在这一刻,机运再次青睐勇敢的人。一队雅典(-244,245-)分遣队因为派娄斯地势狭窄、无法生火做饭,于是在斯伐刻帖里亚登陆。这队分遣兵上岛只是为了来做饭和吃饭,他们有哨岗保卫,准备吃完饭就驶离。一名士兵不小心引发了森林火灾,不久,大部分树木都被烧掉了。这样,德摩斯梯尼就看到,斯巴达人比他所以为的人数要多,这可以解释为何他请求增援。德摩斯梯尼还借此看清了适于登陆的地点,而先前这也是看不清的,同时他还意识到,森林火灾烧掉了敌军先前最大的战术优势之一。当克里昂带着指定兵种的全新增援部队抵达的时候,德摩斯梯尼已经准备好,要汲取他在埃托利亚学到的宝贵教训了。①

克里昂的抵达似乎意味着索福克勒和攸里梅登已经离开了。克里昂与德摩斯梯尼目标一致、策略相同,完全掌握了兵权。他们行动的第一步是派一名传令官去斯巴达人那边,提出一个温和的处置方案,条件是他们投降且在双方议和谈判时,他们仍旧由雅典人监禁。斯巴达人拒绝了,于是德摩斯梯尼将计划付诸行动。斯巴达人拒绝他提议的第二天,他将800名重装步兵部署在几艘舰船上,舰船趁夜色出发,在天色将明的时候在斯伐刻帖里亚的两面同时登陆:既在该岛朝海的一面,也在该岛朝着内陆和港口的一面登陆。② 因为掩护斯巴达人的树林已经被烧尽了,所以德摩斯梯尼知道,部队的绝大部分都在靠近岛屿中心的部分,守卫着饮用水供应,同时,还有一支部队位于该岛的北部顶端,正对着派娄斯,同时只剩下30名重装步兵部署在距离登陆点最近的岗哨上,登陆点位于该岛南端。③ 斯巴达人眼见雅典人多日以来游弋海面,却没有发动攻击,所以他们没有料到雅典人会登陆。雅典人登陆时,斯巴达人还在睡梦中,很快就被歼灭了。这是宜垛门馈战役之再现。④ 雅典人建起了滩头堡,余部在黎明时分

---

① Thuc. 4.29—30.
② Thuc. 4.30.1.
③ Thuc. 4.31;戈姆,《修昔底德历史评注》,第3卷,第473页。
④ 参见本书上文,第215页(原书页码)。

全数登陆。一些人留守派娄斯要塞,其余所有人,包括重装步兵、轻装步兵、弓箭手,甚至舰队中绝大部分几乎没有什么武装的划桨手,全部登陆(-245,246-)该岛,雅典作战人数由是膨胀,对敌军的震慑也由是加强。420名斯巴达人面对的,是几乎8000名划桨手,800名重装步兵,还有数目相同的弓箭手和超过2000名轻装步兵。①

德摩斯梯尼将麾下分为200人一组的连队,令这些连队占据了岛上所有的高地,这样一来,无论斯巴达人在哪里战斗,他们都会发现敌军黄雀在后,或潜伏在旁。这一战略的关键在于使用轻装步兵,因为他们"很难对付,因为他们的箭、标枪、石头、投掷器都能很有效地远距离投射,所以没有方法可以和他们进行肉搏战;至于逃跑,也是对他们有利的,因为他们走得快,追赶的人一停止,他们马上又回头进攻追击者了。这就是德谟斯提尼(德摩斯梯尼)原定的作战计划,这个计划在这次作战中实施了"。② 一开始,斯巴达人列队面对雅典重装步兵,但是因为他们已经遭到雅典轻装部队从侧面、从后面投射的攻击,同时因为雅典重装步兵没有向前推进,所以他们无法与雅典的重装步兵方阵交战。斯巴达重装步兵的进攻冲击毫无成效,因为当雅典的轻装步兵、弓箭手、投石者撤回高地和崎岖地带时,斯巴达方阵冲击就不得不停下来;雅典人的轻装部队就这样使得他们在毫无成效的冲击中精疲力竭。

过了一会儿,雅典轻装部队意识到敌军伤亡更加惨重一些,而且也渐渐累了,于是更加大胆起来。他们对斯巴达重装步兵发动总攻,叫喊着朝他们冲过去,一边投掷所有类型的武器。单凭叫喊声,他们已经令斯巴达人张皇失措,因为斯巴达人不适应于在战役中听到这样野蛮的声音,也因为这叫喊声妨碍他们从自己的军官那里听取命令。最后,斯巴达人既困惑,又绝望,于是形成更加紧密的队形,朝着斯伐刻帖里亚岛北端撤退,在那里,他们之中的绝大部分人与守在要塞背后的那支驻军会师。在那里,他们不会遭到来自背后或来自侧翼的侵扰,可以挫败正面攻击,保持防御。③

---

① Thuc. 4.32.1—2;戈姆,《修昔底德历史评注》,第3卷,第474页。
② Thuc. 4.32.4;谢德风译本,第286—287页。
③ Thuc. 4.33—35。

在那一刻,美塞尼亚将军轲蒙(Comon)①对克里昂和德摩斯梯尼提出了一个计划。他请求拨给他由弓箭手和轻装部队组成的(-246,247-)一支分遣队,提议去岛上峭壁林立的岸边寻找一条通路,他可以从这条通路尾部包抄斯巴达人。既然这条通路是如此困难,斯巴达人就不会认为有必要浪费兵力去守卫尾部——因为他们人数业已被敌军大大压过——,所以斯巴达人见到轲蒙及其部队的时候大吃一惊。他们再一次被包围了,人数上被压制;到了这时,他们因为用力和缺乏食物,所以十分虚弱,同时,他们无路可逃。彻底覆灭近在眼前。②

克里昂和德摩斯梯尼意识到,活着的战俘比斯巴达尸体要有价值得多,所以他们下令停止战斗,派出传令官,给他们机会投降。斯巴达人接受了投降提议和停火协定,以便决定接下来怎么做。埃披塔耷阵亡;人们以为副手西帕格雷塔(Hippagretas)接替了指挥权,但是他也阵亡了;所以,第三顺位司替风(Styphon)被认为能够代表斯巴达人,同克里昂和德摩斯梯尼进行协商。但是,他拒绝承担决策责任,便派出一名传令官去斯巴达,以传递来自斯巴达的官方消息。斯巴达当局试图回避责任,说"(拉栖代梦人)命令你们自己作出决定,只要你们不作出有伤名誉的事情来"。③ 斯巴达人投降了。在 420 名登岛的斯巴达人当中,128 人阵亡;余下 292 人,包括其中的 120 名斯巴达完全公民,被扣留在雅典当俘虏;正如克里昂所许诺的,上述事情在 20 日之内已经完成。雅典人的伤亡微不足道。修昔底德说,"克里昂所说的话虽然是乱发狂言,但是他的话总算是兑现了"。④ (-247,248-)

---

① Paus. 4.26.2.
② Thuc. 4.36.
③ Thuc. 4.38.3;谢德风译本,第 290 页,有改动。
④ Thuc. 4.39.3;谢德风译本,第 290 页。自从格罗特《希腊历史》,第 6 卷,第 348—351 页)的时代开始,人们就已经意识到,这段话和修昔底德对于克里昂在派娄斯所发挥的作用的记载,体现了史家的偏见。德尔布吕克《伯利克里的战略》,第 188 页及以下)试图支持修昔底德的观点,认为斯伐刻帖里亚战役的胜利靠的是机运和斯巴达人犯下的错误。史度普林对 Thuc. 4.28.5 的评注中采信并总结了他的观点;"如果人们认为克里昂的辉煌军事胜利不过是斯伐刻帖里亚驻军警惕性不够导致的后果,而这支驻军完全有能力以完全不同的方式抵抗雅典人——他们完全可以指挥更加明智,警惕性更(转下页注)

克里昂和德摩斯梯尼塑造的这一胜利,具有重大的心理和战略意义。"这件事在希腊人中间所造成的惊讶比战争中任何其他事件都厉害些",因为没有人能够相信,斯巴达人居然被迫投降。① 雅典人派出一支驻军,部署在派娄斯的要塞里,居住在诺帕克都港的美塞尼亚人也派出了一支军队,这支军队使用派娄斯作为基地,发动侵袭。黑劳士开始逃亡,伯罗奔尼撒半岛暴动的可能性与日俱增,斯巴达人为此焦虑不安。此外,雅典人手中还有张王牌:斯巴达人质;如果斯巴达人要入侵亚狄珈,雅典人就威胁要杀掉这些人。对于斯巴达人来说,一切都变了,令人惊恐。尽管他们十分焦虑,不想让雅典人知道他们的情况,但他们还是不断派出使团前往雅典,协商归还派娄斯和战俘的事情,但是雅典人不断提高价码,超过了斯巴达人愿意给予的程度。②

派娄斯事件彻底改变了战争的前景。雅典不再面临入侵威胁;雅典人可在海上自由航行而不用担心遭遇敌军舰队,因为敌军舰队在他们手上;因此,雅典人还可以随意向盟邦索取更多资金,补充几近耗竭的金库。情势还以另一种方式被扭转了过来。到这个时候之前,斯巴达人一直持续给雅典人造成损害,而自己却没有受到明显损害。现在,雅典人可以对敌人造成持续的伤害,从陆上,从海上,而无需担心敌军报复。雅典人把感激之情倾注到眼前的英雄克里昂身上;德摩斯梯尼似乎还留在派娄斯,负责派娄斯防务。③ 公民大会投票决议,把城邦的最高荣誉授予克里昂:(-248,249-)在城邦会堂

(接上页注)高——的话,那么人们就只能把克里昂的这一许诺——20 日之内,把斯巴达人要么俘虏后带回雅典,要么就地杀死——称为乱发狂言。"爱德华·梅耶,修昔底德的坚定拥护者,拒绝了上述观点:《古代史研究》,第 2 卷,第 333 页及以下,以及《古代历史》,(-247,248-)第 4 卷,第 106 页,注释 1。梅耶在此处说:"克里昂的许诺确实不是'乱发狂言',相反,计划是完全合理正确的;但是这个计划不是他想出来的,而是德摩斯梯尼想出来的,执行也是后者的成就;然而,是克里昂使这一切成为了可能。"布索特的观点差不多与此完全相同,但是他认为克里昂的承诺只是"不特别审慎",因为糟糕的天气可能会令攻击推迟,或者根本无法发动攻击(《希腊历史》,第 3 卷,第 2 册,第 1105—1106 页)。我们可以有所保留地接受这个观点,但我们必须同意戈姆的看法:"修昔底德的偏见又一次清楚可见"(《修昔底德历史评注》,第 3 卷,第 478 页)。

① Thuc. 4.40;谢德风译本,第 290 页。
② Thuc. 4.41。
③ 布索特,《希腊历史》,第 3 卷,第 2 册,第 1109 页,注释 5。

(Prytaneum)进餐的费用由公家支付,在剧院观剧时拥有头排座位。①梅耶的评论显然有些过火,他称克里昂"此刻真成了雅典的摄政,伯利克里的继任",②但是自从伯利克里死后,再也没有雅典政客得到过如此之多的权力。

克里昂抓住机会,认为有必要加强雅典的财政能力,以继续推进战争、取得胜利。大约在8月的第二个星期,他带着他的俘虏们凯旋归来。③ 大约两个月以后,议事会在425/424年的第三任主席团的任期内,425年的9月到10月期间,某个名叫图底浦司(Thudippus)的人动议一则法令并被公民大会批准了。这则法令下令,对从雅典盟邦收取的贡赋进行重新核定,并且设立专门机构执行该任务。④ 尽管没有任何实质证据将克里昂的名字与该法令联系在一起,同时修昔底德和阿里斯托芬也都没有把他和此事联系起来,⑤但是绝大多数学者都相信,克里昂及其同党是这次贡赋核定的推手,⑥他们的看法是正确的。该

---

① Aristoph. *Knights* 280, 702, 709, 766, 1404.
② 梅耶,《古代历史》,第4卷,第107页。
③ 我采信戈姆提供的事件发生的时间顺序:《修昔底德历史评注》,第3卷,第478页。
④ $IG\ i^2\ 63 = GHI\ 69$。关于其中的主要争论点,密格斯和刘易斯提供了相关文献目录,并作出了很好的讨论。我认为他们的解释和论证具有说服力。梅里特与怀德-嘉利(Wade-Gery)(《美国古典语文学期刊》,第57卷,1936年,第377—394页)采信了这样一种时序:他们把派娄斯和斯伐刻帖里亚事件的时间推后一个月,这样,在那里取得的胜利与该法令的颁布时间就更加接近了。然而,密格斯和刘易斯(《希腊历史铭文选辑》,第194—196页)对戈姆所推断日期的支持是令人信服的。麦格雷戈(M. F. McGregor)提供了一种不同的时序:《美国古典语文学会通讯》,第66卷(*TAPA* LXVI),1935年,第146—164页。
⑤ 戈姆(《修昔底德历史评注》,第3卷,第500—502页)特别强调了上述这几点,他从这几点中得到的结论是克里昂与该法令无关。但是,修昔底德和阿里斯托芬连这则法令都没有提到过;而就修昔底德的问题而言,正如戈姆所承认的,这至少是"修昔底德最奇怪的一处疏漏"。因此,修昔底德没有提到克里昂与该法令的关系,只不过是他更大的一个疏漏——没有提及该法令——的一部分而已,他的疏漏不应该被当作否定性证据。阿里斯托芬疏漏了该法令,没有用这个法令来嘲笑一个有着勒索压榨盟邦名声的人,这倒是令人惊讶;但这也只是这位伟大的喜剧诗人留下的众多未解谜团之中的一个而已。伍德海德对戈姆的论辩给出了一个很好的回应:《涅默叙涅期刊》,第13卷,1960年,第301—302页。
⑥ 赞成说克里昂在重新核定贡赋的法令中发挥了突出作用的学者如下。贝洛赫,《伯利克里以降的亚狄珈政策》,第40页,《希腊历史》,第2版,第2卷,第1册,第330—331页;爱德华·梅耶,《古代历史》,第4卷,第107—108页;布索特,《希腊历史》,第3卷,第2册,第1117页;埃德科,《剑桥古代史》,第5卷,第236页;本岑,《希腊历史》,第226页;伍德海德,《涅默叙涅期刊》,第13卷(1960年),第301—302页;以及密格斯与刘易斯,《希腊历史铭文选辑》,第196—197页。

法令所体现的对帝国的态度,与克里昂(-249,250-)在关于列斯堡的辩论中所表达的政见完全一致。① 喜剧诗人提到过克里昂与财政事务的关系,这可以佐证他与该法令的联系。② 最能说明问题的是,克里昂在法令得到通过的那段时期,在雅典拥有无可置疑的优势地位。从425年仲夏开始,至少直到424年春季他当选将军为止,克里昂在雅典拥有最高的民望。如果他反对一项法案,那么这项法案就不太可能在公民大会得到批准。同时,425年不是大酒神节的举行年份,而重新核定贡赋额度一般是在举行大酒神节的那一年进行的;还有,这项法案的提出时间太晚了,在一年之中的这个时候才提出法案,盟邦代表没办法在冬天之前到达雅典。正如密格斯和刘易斯所说,"我们需要一点特殊解释",③而如果我们假定这项与克里昂的政见完全一致的重要举措是在他影响力的巅峰被批准的,是在他的支持和推动下完成的,可以说,这种假定是没有问题的。

重新核定贡赋额度的目的,当然是征收更多资金用来打仗;该法令中有一个条款拟规定,核定人"不得在额度核定中降低任何城邦的缴付额度,除非因为土地贫瘠而无法缴付更多"。④ 在诸盟邦及其额度列表的底端,这则铭文记下了总数。因为这个数字的第一位缺失,所以学者们对总数有不同意见:一些学者认为总数是960塔伦特,另外一些学者认为是1460塔伦特。现在随着证据不断积累,很明显更有可能是1460塔伦特。这样一来,425年核定的额度高于先前额度的三倍。这一高昂的总数不仅仅是通过提高几乎每一个城邦的缴付额度达到的,同时也是通过把数年未缴贡款的一些城邦纳入其中而得到的,在这当中,有些新近被纳入的城邦甚至从来就没有缴付过贡款。"在30年代,'初获'(aparchai)上供名单中所记载的城邦数目,从来没有高于175

---

① 参见本书上文,第156—159页(原书页码)。
② 关于克里昂在财政事务中发挥的特别作用,参见布索特,《希腊历史》,第3卷,第2册,第993页。特别是阿里斯托芬的《骑士》,其中多次提到克里昂的这一特殊兴趣;参见第312、774、925、1071行。
③ 密格斯与刘易斯,《希腊历史铭文选辑》,第194页。
④ 11.21—22;英文译文为密格斯和刘易斯所译;《希腊历史铭文选辑》,第193页。

个;但是425年,不少于380个城邦、甚或超过400个城邦被核定了应该向雅典缴纳的贡款的额度。"①

很明显,雅典人意在彻底地、合理地整顿他们的帝国。(-250,251-)自从阿里斯提德重新核定贡赋额度以来,盟邦繁荣程度极大提高,所以她们向雅典所缴纳的贡赋在其财富和收入中所占的比重大大降低了。② 价格提高带来相当程度的通货膨胀,这使得各邦所缴纳贡赋的实际价值远远低于半个世纪之前,③然而,雅典人在425年所征收的贡款却没有比477年他们所征收的要多。图底浦司法令同时规定了贡款征收工作必须强硬且高效,这很符合克里昂的精神。这或许是"5世纪留存下来的法令中最强硬的一则。执行人在每一个环节都面临惩处威胁,这种方式令人回想起《铸币法令》(Coinage Decree)和《克雷尼亚法令》,但比这两者还要更加严厉些"。④ 克里昂和他的支持者同时还想要废止帝国中的反常现象,以免除麻烦。弥罗斯,一个从未纳贡的城邦,这一次,纳贡额度被核定为15塔伦特,这标识着雅典人意图将该岛纳入控制之中。卡里亚诸邦,先前雅典人放任这些城邦逐渐疏远,这次她们重新被列入贡赋列表。这些举措意在增加雅典收入,实施起来或许很难,但是这些举措体现了克里昂的决心,他决心重建帝国,使其达到最大规模,牢牢支配,并尽可能从中攫取收入。考虑到雅典当前的处境,这其中某些举措是必要的;同时又因为克里昂的大捷,这些举措能够被推进实施。

我们没有理由相信,提高贡赋额度一事会在雅典内部激起任何反对意见。自从拒绝斯巴达的议和提议以后,大家都很清楚,战争必须继续,增加收入十分重要。此外,克里昂的胜利使得尼基阿斯及其同党蒙羞,不会有人再提起议和。唯一重获影响力的方法就是在战争中取胜,而尼基阿斯也试图通过一场胜利来恢复地位,制衡政敌。就当克里昂

---

① 《希腊历史铭文选辑》,第194页。
② 布索特,《希腊历史》,第3卷,第2册,第1117页。
③ 布索特,《希腊历史》,第3卷,第2册,第1117页;A·法兰奇,《雅典的经济发展》(The Growth of the Athenian Economy),伦敦,1964年,第168页。
④ 《希腊历史铭文选辑》,第196—197页。

在派娄斯取得大胜之后不久,尼基阿斯与其他两名未知姓名的将军,率领一支远征军,前往科林斯领土。他们率领的(-251,252-)是一支规模非常大的军队,由 80 艘舰船、2000 名雅典重装步兵和 200 名骑兵组成;此外,军队中还有来自米利都、安德罗斯(Andros)和卡里斯图(Carystos)的士兵。①

　　雅典人在靠近娑吕陕崖村(Solygeia)的海岸上登陆,这个村庄位于一座名叫娑吕陕崖山的小山上,距离城镇大约 1 英里多一点,距离科林斯大约 6、7 英里,距离地峡大约 3 英里。② 雅典人指望依靠他们惯有的海上优势,在敌人始料不及的地点实现迅速突袭。然而,科林斯人事先得到了阿尔戈斯人的警告,但是对于告密者是从哪里得到雅典计划的情报的,我们一无所知。③ 科林斯人不知道雅典人将会在哪里登陆,所以他们将兵力部署在科林斯地峡。以地峡为起点,北上可保卫柯隆弥瀹(Crommyon),南下可保卫耕格勒港(Cenchreae)。雅典舰船躲过守卫,出其不意,连夜在娑吕陕崖登陆,娑吕陕崖在科林斯东南方向更远的地方。④ 修昔底德又一次没有提及这次入侵的目的。一些学者认为,尼基阿斯试图尽力赶上取得大胜的克里昂,想要在科林斯的土地上设防并驻军,并以这个基地来侵扰科林斯人和墨伽拉人,就像他们从派娄斯出发去侵扰斯巴达人一样。⑤ 但是,戈姆指出,如果要将娑吕陕崖据为基地,需要修建的通往海边的墙将长达一英里半,同时还必须留下一支人数可观的兵力进行防守。⑥ 娑吕陕崖(-252,253 为地图 7,

---

① Thuc. 4.42.1.
② Thuc. 4.42.2;戈姆对地理方面的讨论很好:《修昔底德历史评注》,第 3 卷,第 493 页。同时参见地图 7。
③ 阿尔戈斯人是中立的,传统上敌视斯巴达,他们施行民主政体,所以我们或许可以认为他们不会偏向雅典的敌人。克里昂似乎甚至曾经尝试要把阿尔戈斯争取到雅典阵营中来(Aristoph. *Knights* 465)。然而,我们知道,在阿尔戈斯同样有一个贵族派别,如果他们可以掌权的话,他们愿意引入斯巴达人(参见卡根,《古典语文学》,第 57 卷,1962 年,第 209—218 页),或许就是这个派别中的某个人背叛了远征军。
④ Thuc. 4.42.
⑤ 布索特,《希腊历史》,第 3 卷,第 2 册,第 1114 页;埃德科(《剑桥古代史》,第 5 卷,第 236—237 页与《古典评论》[CR],第 61 卷,1947 年,第 6 页)相信,在派娄斯之后,建设要塞政策(ἐπιτειχισμός)就"主导了雅典的战略"。
⑥ 戈姆,《修昔底德历史评注》,第 3 卷,第 494 页。

254-)不值得如此一大笔投入,同时也没有证据可以证明雅典人有此计划。

科林斯人听说雅典人已经登陆、并了解了雅典人的登陆地点以后,就急忙赶去对抗雅典人,但是只带着一半兵力。另一半兵力被部署在耕格勒港,以防雅典人声东击西:娑吕陔崖登陆是佯攻,真正的登陆目标可能是柯隆弥渝。① 海权优势再次发挥了重要作用。很明显,尼基阿斯没有从海边朝着娑吕陔崖山径直行进,因为科林斯人抢先一步抵达了娑吕陔崖村,并用部分兵力占据了地势较高的地方,余部攻打雅典人。在接下来的重装步兵战役中,雅典人取得了胜利,阵亡不足50人,而科林斯人阵亡者212人。雅典人控制了战场,在战斗之后捡拾起阵亡者遗体,竖起战胜纪念碑。可是,科林斯人仍然控制了地势较高的地方,同时,科林斯人十分审慎,援兵也随时可能抵达,这些都使得雅典人的胜利不值一提。因为一座山横亘眼前,所以留在耕格勒港的科林斯军队无法看到战役情况,但是他们看得见战斗激起的尘土。这些部队与留在城邦之内的老年人都赶来帮忙。尼基阿斯以为正在逼近的这些人是伯罗奔尼撒援军,于是马上带着战斗中劫掠的战利品和雅典阵亡将士的尸体,回到自己的舰船上。为安全起见,他们驶向了离岸的一些岛屿。尼基阿斯派出传令官,去向科林斯人要求停火,以捡拾两名雅典阵亡士兵的遗体,因为在匆忙回撤到船上的过程中,他们没有找到这两人的遗体。② 这一行动既审慎,又虔敬,十分符合尼基阿斯的作风。

---

① Thuc. 4.42.4.
② Thuc. 4.43—44.

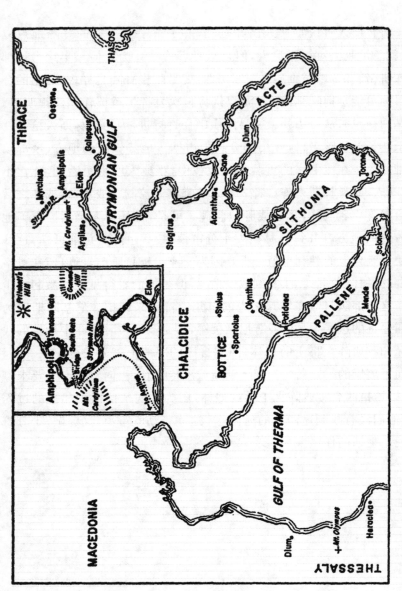

地图7 伯罗奔尼撒半岛东北部

就在同一日，雅典人朝着柯隆弥瀹出发，这是科林斯人先前以为他们将要登陆的地点。这可能意味着，在娑吕陔崖的登陆行动是为了把科林斯兵力从柯隆弥瀹引开，以便在柯隆弥瀹登陆；但是尼基阿斯没有利用这样一个现成的机会。他没有尝试夺下该城镇，而仅仅满足于在土地上洗劫一番，然后过夜。次日，他驶向埃皮道鲁斯，短暂登陆，然后驶向梅瑟纳；梅瑟纳是一个位于埃皮道鲁斯和托洛瀺之间的半岛。在这里，他(-254,255-)用墙隔开了半岛的狭窄地峡，留下一支驻军，这支驻军接下来攻打了托洛瀺、哈烈崖，还有埃皮道鲁斯的土地，这些地区都非常容易抵达。① 这次征战行动的主要目标是在梅瑟纳修建要塞，洗劫科林斯的领土仅仅是余兴表演，以表明雅典人有能力对敌对城邦造成任何损害，而在梅瑟纳建造要塞，对敌军造成的伤害才真正严重。如果雅典人能够劝服托洛瀺和哈烈崖加入雅典阵营，埃皮道鲁斯就将面临威胁。如果雅典人能够夺下埃皮道鲁斯，那么他们就可能进一步劝说阿尔戈斯放弃中立、加入雅典一方。我们知道克里昂当下正在与阿尔戈斯人进行协商，目的正是这样。② 很有可能就是上述希望促成了尼基阿斯的这次远征。

与尼基阿斯远征差不多同一时间，索福克勒和攸里梅登率领的舰队从派娄斯驶向柯西拉。他们发现在柯西拉，城邦内亲雅典的民主派别仍然遭到盘踞在伊斯托木山的寡头派的攻击。雅典人加入他们的盟友一边，攻打伊斯托木山的一个要塞并夺下了这个要塞。败北的寡头派知道自己如果落入同胞之手会有怎样的遭遇，同意投降，但是只向雅典人投降，同时他们要求把自己遣送到雅典，接受裁决。雅典人照做了，给予停火，把他们扣留在邻近的扑丢洽岛（Ptychia）上保护起来，条件是如果有任何人试图逃脱，那么所有人都将失去停火协议的保护。然而，民主派别的领袖别无所求，只想要敌人的血。于是，他们改靠阴谋诡计，派出寡头派的友人登上该岛，说雅典人计划将俘虏交给民主党人，并敦促他们赶快逃跑。这是明显是民主党人的花招，但是雅典将军的态度却为其增

---

① Thuc. 4.45.
② 参见本书上文，第252页，注释119（原书页码和注释码，中译本第232页，注释③）。

加了可信度。索福克勒和攸里梅登不能亲自将俘虏带回雅典,因为他们面临压力正要火速前往西西里。然而,如果是其他人来押送他们,将军们又会失去遣送俘虏回雅典这一荣誉。索福克勒和攸里梅登明显没有掩饰自己的考虑,所以被俘的柯西拉人担忧着最坏的情况。少数几个人试图逃跑,(-255,256-)但被抓住了。停火协定就这样破裂了,俘虏被交给了他们残忍嗜血的同胞。有些人选择自杀,才得以避免被以最残酷的方式杀死;妇女被鬻为奴隶。索福克勒和攸里梅登坐视暴行发生。修昔底德说:"山中的科西拉(柯西拉)人都被城中的民主党用这种方法消灭了。这是一个巨大的革命斗争;但是就这次战争的时期而论,这场斗争算是完结了,因为(再也没有值得一提的寡头党人了)。"①然后,索福克勒和攸里梅登驶向西西里,不用再担心有人会夺走遣返俘虏这一荣誉。

雅典人整饬柯西拉事务之迅速、之轻易,表明这支舰队领到的三重任务既不愚蠢,也并非无法完成。德摩斯梯尼可以被留下来耽搁少许,在派娄斯建设要塞;如果伯罗奔尼撒舰队没有与索福克勒和攸里梅登擦肩而过的话,那么德摩斯梯尼就不可能及时得到援助。而如果他们顺利完成阻截敌军舰队的任务,他们或许会在公海上遭遇并摧毁斯巴达舰队。接着,他们就可以继续朝着柯西拉前进,迅速处理那里的局势,而他们在处理柯西拉局势时也确实颇为迅速。最后,他们就可以赶往西西里,并不会耽误什么时间。然而,他们耽搁了很久,浪费了大半个夏季,而这正是因为他们没能成功阻截敌军舰队。雅典人在西西里的征战将为这一没有完成的任务付出惨重代价。

征战季节行将结束,雅典人在西北地区赢得又一项胜利。诺帕克都港的驻军与阿卡纳尼亚人一起攻打安纳沱里坞城邦,这里由500名科林斯士兵守卫着。② 安纳沱里坞城邦因为叛国而陷落,这在古希腊围歼战中是很常见的。科林斯人被赶走了,阿卡纳尼亚人在这个地方殖了民。③ 科林斯人对于失去安纳沱里坞感到强烈的痛苦,④因为这

---

① Thuc. 4.48.6;谢德风译本,第295页;有改动。
② Thuc. 4.42.3.
③ Thuc. 4.49.
④ Thuc. 5.30.2.

样一来,他们与阿波罗尼亚的往来沟通就更加艰难了,而他们在这一重要地区业已衰微的威望也雪上加霜。

雅典不断增长的权势与威望在爱琴海地区也有体现。夏季晚些时候,或者是在 425 年的秋季,雅典在爱琴海地区最后的"自治"(-256,257-)盟邦开俄斯,在自己的岛上修建了防御城墙。雅典人疑心开俄斯人密谋暴动,要求他们拆卸这道墙。或许疑心是没有道理的,但是在雅典舰队完全有能力保卫爱琴海地区不受任何敌军的可能侵害的时候,修建这道墙还能有什么别的作用,我们实在想不出来。开俄斯人当然别无选择。雅典人承诺说不会有任何惩罚措施,开俄斯人于是拆毁城墙。在派娄斯胜利之后,没有岛邦敢于公然蔑视雅典人。①

当然,在这场战争的整个过程中,双方都与蛮族谈判以期求得援助,其中最重要的是波斯。我们对这些谈判所知不多,但是有时得以一瞥。阿里斯托芬的《阿卡奈人》中有一个可笑的场景是,大王派来的一名信使被带到了雅典的舞台上。② 这表明雅典与波斯有联络接触,或许从战争一开始的时候就有了。③ 斯巴达人试图赢得波斯支持的努力丝毫不逊于雅典。我们知道,同样从战争之初,斯巴达人就开始极力争取波斯人。430 年,雅典人阻截了一支前往波斯宫廷的斯巴达使团。④ 425/424 年冬天,又一名使节被雅典人拦了下来,这次的俘虏使得我们了解到当时波斯人与斯巴达人谈判的一些情况。这一次,这名俘虏是波斯人,正从大王那里前往斯巴达。他带着一封波斯语信札,翻译出来之后,传递了如下信息:"波斯国王不知道斯巴达所要求的究竟是什么,因为到国王那里去的使节们各有各的说法;如果斯巴达人有一定的意见向他提出,他们最好派遣代表们随同这个波斯人前往波斯。"⑤ 可能正如戈姆所认为的那样,⑥ 斯巴达信息不明确是因为他们不愿将小亚

---

① Thuc. 4.51.
② Aristoph. *Acharn.* 65 ff.
③ Thuc. 2.7.1.
④ Thuc. 2.7.1; 67.1—2.
⑤ Thuc. 4.50.2;谢德风译本,第 296 页。关于战争期间雅典与波斯的关系,参见 A·安德鲁斯,《历史学刊》,第 10 卷(1961 年),第 1—18 页。
⑥ 戈姆,《修昔底德历史评注》,第 3 卷,第 499 页。

细亚地区的希腊人交给波斯,而这肯定是波斯人最起码的要求,但斯巴达人一直声称他们战斗是为了希腊的自由。(-257,258-)这或许还反映了斯巴达城邦内派别政治的情势转变,而如果没有这封信,我们将无从得知这一转变。无论是哪种情况,备受侵扰、疲惫不堪的斯巴达人,并没有从波斯那里得到与雅典作战的援助,也没有从波斯的回应中得到宽慰。

雅典人不想浪费警惕和运气的成果,于是派出一些使节,与被阻截的这个波斯人一起前往波斯大王处。然而,当他们抵达以弗所的时候,他们得到消息,国王阿尔塔薛西斯(一世)(Artaxerxes)驾崩。雅典人认为,现在不是谈判的时候。①

425年发生的事情彻底改变了这场战争的进程。僵局被打破,雅典在所有地方都取得了优势。她的财政问题经由新的帝国贡赋额度核定得到了解决。俘获一支敌军舰队终结了她在海上所面临的威胁,也终结了帝国海域一切暴动的可能。西北部地区的敌人几乎已经肃清。波斯干涉并非眼下威胁,雅典在西西里的征战则确保西方的希腊人将在伯罗奔尼撒半岛帮助他们的多利安族胞。最后,也是最重要的一点是,斯伐刻帖里亚俘获的战俘被扣留在雅典,万无一失,只要有他们,亚狄珈就不会遭到入侵。雅典似乎根本不可能会输掉这场战争,甚至可以指望决定性地赢下这场战争。所有的雅典人都有理由高兴,所有人都迫切希望朝着胜利继续推进。问题在于如何推进,而答案则取决于他们想要什么样的胜利。有一些人想要与斯巴达协商以缔结和约,和约将承认雅典帝国的完整性,并与雅典结盟以证明他们对帝国的承认;这些人青睐审慎、安全、确定的一种战略。他们将希望继续避免陆地上的重大战役,希望在伯罗奔尼撒半岛守住要塞,甚至在可能的时候夺取更多的要塞,并将这些要塞作为侵扰、打击、消耗敌人的基础——继续伯利克里的原有政策。

克里昂与和他意气相投的人则拒斥这些目标和这个战略,认为它们不够充分。他们或许会指出,这样一种和约不可能带来安全,因为这

---

① Thuc. 4.50.3; Diod. 12.64.1.

种和约最终依赖的是斯巴达人的许诺和诚意。435年到431年期间发生的事件已经表明，斯巴达的诚意不可靠，而七年的战事(-258, 259)也没有带来更多诚意。即便在425年提出议和的那些斯巴达人是诚心的，他们也可能随时被敌视雅典的其他派别所替代。雅典人需要摸得着看得见的保证，防止战争重启的可靠保证，这种保证就是控制墨伽拉，确保彼欧提亚中立。或许，斯巴达甚至会在谈判中许诺这些，对雅典作出让步；但是她实现不了这些许诺。令人满意的唯一一种和约，是能够把墨伽拉的控制权和一个友善的彼欧提亚交到雅典手中的和约。在敌人屡弱气馁、雅典权势如日中天的时候与之议和是愚蠢的。恰当的战略是朝着墨伽拉、彼欧提亚以及其他地方出发。再接下来，谈判一个持久和约的时机或许才将成熟。克里昂及其同党的想法想必就是这样。雅典采信了他们的建议，我们实在无需感到意外。

第九章　墨伽拉与德里昂

克里昂在斯伐刻帖里亚大胜,这令他于 424 年春季当选将军。① 克里昂当选将军,德摩斯梯尼与拉马库斯也同时当选,一些学者于是认为"民主鹰派"在该年选举中获得了胜利。② 这些学者还相信,伯利克里的侄子希波克拉底斯在 424 年也当选将军,希波克拉底斯也属于这个派别。这些学者认为这一事实加强了前述论断。但是,尼基阿斯也再次当选,与他同时当选的还有他的同党尼各司忒拉图和奥托克勒。此外,我们还知道 424/423 年其他两名将军的名字:游刻勒斯(Eucles)和史家修昔底德。我们不清楚游刻勒斯的政治立场,但没有证据能把他和克里昂及其政治立场联系在一起。修昔底德当然是敌视克里昂的,应当被视为克里昂的反对者。在我们知道姓名的九名将军中,有五人是再次当选,其中三人反对克里昂,另外四人是新当选的,两人支持克里昂,一人反对克里昂,还有一个人的立场我们不清楚。将军委员会的平衡并没有重大改变。雅典人于 424 年开始了他们在这场战争中最大胆的作战行动,不是因为将军们之间的结盟有所改变,而是因为头一年的胜利令绝大部分雅典人相信,更加进取的战略既有必要,又有希望。(-260,261-)

---

① Aristoph. *Clouds* 581 ff. 布索特、贝洛赫及绝大部分学者都采信克里昂当选的事实,但是戈姆(《修昔底德历史评注》,第 3 卷,第 505—506 页)对阿里斯托芬在此处对克里昂的提及提出了一些疑问。对此,佛纳瓦作出了尖锐而令人满意的回应:《雅典将军委员会》,第 61 页。
② 布索特,《希腊历史》,第 3 卷,第 2 册,第 1125 页。韦司特说,"人们一直都青睐克里昂的忠实追随者,甚于他的反对者"(《古典语文学》,第 19 卷,1924 年,第 219 页)。

尼基阿斯自己同尼各司忒拉图和奥托克勒一起,指挥着424年征战季的第一支雅典远征军。5月初,他率领由60艘舰船、2000名重装步兵、还有一些骑兵,带着米利都及其他盟邦的军队,前去攻打叙铁拉。① 他们的计划是夺下叙铁拉,部署驻军,然后将这里用作袭击伯罗奔尼撒半岛的军事基地,因为此处位于拉戈尼亚东南端离岸(参见地图2)。这与雅典原初的战略并不一致,原来的战略包括袭击敌人的领土,洗劫敌人的土地,甚至夺取一些城邦,但是不包括永久占据,也不包括部署驻军。而新战略与此不同,是要在伯罗奔尼撒半岛的边缘建立军事基地——例如在派娄斯和梅瑟纳——,然后,靠着这些军事基地,雅典人能够损坏侵扰敌军,还能令敌军士气涣散,以屈敌军。425年和约谈判破裂之后,尼基阿斯别无选择,如果他还想继续出任公职、保持影响力的话,就只能加入到这一战略的执行中去。此外,这一战略不过是伯利克里战略的延伸:这个战略,伯利克里自己或许也会在当前情况下赞成;这个战略,事实上也确实使斯巴达人作出了雅典人将会接受的让步。这一战略风险不大,利用的是雅典人在海上的优势,用不着重装步兵大型遭遇战,而这也是伯利克里想要避免的。尼基阿斯是乐于率兵攻打叙铁拉的,这一点我们无需置疑。

叙铁拉岛对于双方而言都十分重要。对于斯巴达人来说,这里是与埃及进行谷物和其他商品贸易的货物集散地,同时还是威慑海盗、保卫伯罗奔尼撒沿岸的军事基地。这个岛屿一旦落入雅典人之手,他们就可以切断商品贸易,并以此作为跳板,袭击伯罗奔尼撒半岛。同时,在通往派娄斯、扎金索斯、诺帕克都、和柯西拉的西方航线上,雅典人又多了一个中途停靠点。② 考虑到叙铁拉岛的重要性,我们应该质疑,为什么雅典人没有早些采取行动。布索特提出观点说,斯伐刻帖里亚的灾难吓坏了斯巴达人,所以斯巴达人撤掉了他们按照惯例派往岛上守卫家园的驻军和官员;(-261,262-)布索特还提出观点说,雅典人是清楚知道了这一点,才决定攻打该岛。③ 布索特提出这种看法的依据是,

---

① Thuc. 4.53.1;关于日期,参见戈姆,《修昔底德历史评注》,第3卷,第507页。
② Thuc. 4.53.3;戈姆,《修昔底德历史评注》,第3卷,第510页。
③ 布索特,《希腊历史》,第3卷,第2册,第1126页。

修昔底德在接下来的战役叙事中,完全没有提到斯巴达人,但是修昔底德的遗漏是很多的,同时往往也是难以解释的。既然修昔底德清楚说过,斯巴达人每年都会派出名为"叙铁拉布政司"(*Kytherodikes*)的特命官员以及驻军,还说斯巴达人"对于这个地方是很注意的",①那么,如果斯巴达人真的撤退了而修昔底德没提到,这一遗漏才值得我们注意。② 所以我们必须相信,在雅典人发起攻势的时候,斯巴达驻军仍然停留在该岛;我们还必须认为,雅典人的决策就是更加进取的新战略的体现,这样解释更加简单一些。

尼基阿斯的计划是将他的部队分开,从两面攻打,迷惑敌军。他率领 10 艘舰船和米利都重装步兵组成的小型部队在海岸城镇斯坎岱崖(Scandeia)登陆,而主力部队则在该岛北部海滨登陆,然后朝着位于内陆的叙铁拉城邦行进。③ 尼基阿斯的部队没有按照惯例先行洗劫,没有耽搁,立马夺下了斯坎岱崖。主力部队也一样,他们没有耽搁,径直朝着叙铁拉城邦行进,而在叙铁拉,敌军已经整装以待。一场激战之后,叙铁拉人逃往上城,斯巴达驻军想必也一同逃走了。很可能就是在这之后不久,一些柯西拉人通过与尼基阿斯的私下谈话得知,如果投降,他们将会得到宽大处理,而如果他们坚持抵抗,就会被逐出自己的岛屿。斯巴达人或许没有参与这些谈话。叙铁拉人投降了,把命运交给雅典人裁决,但是雅典人不能在裁决中判他们死刑。尼基阿斯提出了非常宽厚的条件。当地居民得到允许继续留在自己的岛上,保留自己的土地,代价是缴纳贡款,每年 4 塔伦特;唯一的变化是,雅典驻军进驻,(-262,263-)斯巴达驻军离开。叙铁拉人是斯巴达人中的毗辽士,他们对这一新的处置方式不满程度如何,我们

---

① Thuc. 4.53.2: πολλὴν ἐπιμέλειαν ἐποιοῦντο;谢德风译本,第 297 页。
② 参见戈姆,《修昔底德历史评注》,第 3 卷,第 510 页。
③ Thuc. 4.54.1—2. 诸抄本给出的米利都人数字是 2000 人,所有人都觉得这个数字太大了。施塔尔认为正确数字是 500 人,克拉森认为正确数字是 200 人,但是我们根本没法知道具体数字。诸抄本提供的文本还把斯坎岱崖和叙铁拉城邦都描述为"面向大海"(ἐπὶ ϑαλάσσῃ),这是不可能的,因为这里的描述显然意在作出地理上的区分。一些校勘者认为应该删去第二个"面向大海",也就是用来描述叙铁拉的那个。而我采信施塔尔的校改方法:用"远离大海"(ἀπὸ ϑαλάσσῃ)替代之。

无法得知。①

叙铁拉陷落，斯巴达遭到沉重一击，沉重得几乎比得上失去派娄斯和斯伐刻帖里亚岛上的人。因为一系列未曾料到的损失发生在咫尺本土的地方，产生累积效应，所以这一击令他们士气愈加低落。雅典人稳固了对叙铁拉的控制之后，开始攻打沿岸城镇，其中就有崖辛（Asine）和河庐（Helus）。② 斯巴达人向伯罗奔尼撒半岛的多个地方派出驻军作为回应，同时第一次组织了一支400人的骑兵部队和一支弓箭手部队。但是，晚近的不幸事态动摇了这些人的勇气。修昔底德生动描述了他们的精神状态：

> ……派娄斯和锡西拉（叙铁拉）都落到雅典人手中；事实上，他们处于四面都是战争之中，行动迅速最为重要，因为敌人从何处进攻是无从防备的——在这种情况之下，斯巴达人所最害怕的就是发生反对政府的革命运动。……事实上，他们在军事行动中比起过去来，是游移不定的；他们所面临的局势超出了他们现在的组织范围以外，那就是说，战事是海上发生的，是和雅典人在作战——雅典人是觉得一刻不进攻别人，就会牺牲了那一刻胜利的机会。同时，出乎意料之外的灾难也使斯巴达人丧了胆，他们总怕还有别的灾难会同斯法克特利亚（斯伐刻帖里亚）的灾难一样，落在他们的身上。因此，当他们进入战场以后，他们没有信心；(-263,264-)他们以前没有受过灾难的锻炼，所以他们的士气沮丧了。③

---

① 在西西里战事中，(叙铁拉人)加入雅典一方作战（Thuc. 7.57.6），但是《尼基阿斯和约》却规定，雅典人应该将该岛交还斯巴达（Thuc. 5.18.7）。

② Thuc. 4.54.4. 戈姆（《修昔底德历史评注》，第3卷，第510页）说，叙铁拉作为军事基地，并不适于攻打美塞尼亚人的城镇崖辛，他还说，修昔底德可能指的是另一座名叫崖辛的城镇，斯特拉波将之与拉戈尼亚海湾的句提昂联系起来。"如果这是正确的"，戈姆说，"同时，如果修昔底德指的是这个地方，那么他应该把两者区分开来才对"。修昔底德更有可能指的是位于美塞尼亚、比较有名的那座崖辛。雅典人应该是有意要袭击看起来不太可能、所以难以预见的地方，以令斯巴达人迷惑且惊慌。

③ Thuc. 4.55；谢德风译本，第298—299页。

直接后果就是,斯巴达人派出去保护当地的驻军没有发挥保护作用。驻军总是拒绝出来应战,拒绝抵抗前来入侵的雅典人;有一次,一支驻军确实发起了战斗,不过针对的是轻装部队,而且他们遭遇重装步兵以后就回撤了。接下来,雅典人攻打了位于叙努里亚(Cynuria)的苔黎亚堤,苔黎亚堤是斯巴达与阿尔戈斯长期以来的争端焦点;在这场战争刚刚开始的时候,斯巴达人将苔黎亚堤交给了被雅典从自己的岛屿上驱逐出来的埃基纳人。① 问题再次出现:为什么雅典人选择此时此刻发动攻击;而答案又一次在于,新的进取精神。雅典人很可能已经知道埃基纳人正在海边修建要塞,他们准备在完工之前摧毁这座要塞。斯巴达驻军中的一些士兵帮助埃基纳人完成修建工程,当雅典人驶来的时候,他们都撤退到上城里去了,上城离海边距离大约一英里多。埃基纳人想要在尚未完全完工的要塞中进行抵抗,但是斯巴达人拒绝这么做,所以埃基纳人也没法坚持抵抗。如果抵抗足够坚决,或许可以阻止雅典人登陆,但是斯巴达人士气低落,无心抵抗。甚至在撤退以后,斯巴达士兵似乎在接下来的战斗中也没有发挥什么作用,但是斯巴达部队的指挥官坦塔卢(Tantalus)与埃基纳人一起参加了战斗。雅典人实现登陆,没有遭到什么抵抗,径直向苔黎亚堤行进而去。他们夺下了该城邦,烧掉她,抢走一切值钱的东西。许多埃基纳守城者被杀死;其余人被俘虏,坦塔卢受了伤,也被俘虏了。这些人和其他一些被认为是危险分子、所以从岛上被驱逐的叙铁拉人,都被遣送到雅典。为安全起见,叙铁拉人被分散安置在爱琴海诸岛上。坦塔卢和斯伐刻帖里亚囚徒被拘在同一处。所有埃基纳人都被处死,"因为他们是和雅典人有深仇积怨的"。② 正如戈姆所说:"随着战事推进,'战争的法度'日益恶化。"③(-264,265-)

---

① Thuc. 4.56.
② Thuc. 4.57.5;谢德风译本,第 300 页。
③ 戈姆,《修昔底德历史评注》,第 3 卷,第 513 页。狄奥多罗斯说,苔黎亚堤的人都被当成奴隶带到雅典去了,他们被囚禁在雅典(Diod. 12.65.9),而普鲁塔克(-264,265-)看起来则是在暗示,埃基纳人并没有被杀死(Plut. Nic. 6.7)。此处似乎存在一个完全不同的信源脉络,但是在此处我们没有理由采信这个信源传统,而不采信修昔底德。

雅典人在伯罗奔尼撒半岛周边取得成功,却在西西里遭遇挫折。自从425年春季夺下梅西纳以来,叙拉古人和罗科里人就占据了主动。他们听说由索福克勒和攸里梅登率领的雅典大舰队因为封锁斯伐刻帖里亚而耽搁了,受到鼓舞,开始海上行动,以海陆联合攻势攻陷了垒集坞,从而将雅典人赶出了海峡地区(参见地图5)。这下,雅典人在海峡两岸都没有了基地,他们的舰队没有合宜的港口,因而也无法在西西里事务中发挥重大作用。[1] 雅典人有能力拯救垒集坞,但是没有能力控制海面。在西西里的希腊人城邦,党争之影响决不亚于希腊世界的其他地方,现在,党争再次浮出水面,雅典人业已脆弱的地位雪上加霜。他们得到消息说,亲叙拉古的派别准备将卡马林纳出卖给敌人。卡马林纳是一个多利安人的西西里城邦,与雅典结着盟。雅典人承受不起失去卡马林纳的代价;他们赶来施以援手,成功拯救了卡马林纳。[2] 然而,救下卡马林纳的代价是,他们把海峡地区的盟友毫无防备地留给了敌人。雅典人走后,梅西纳人攻打了邻邦纳克苏斯,纳克苏斯同样是雅典的盟邦;在西西里岛,纳克苏斯算得上仅次于梅西纳的次佳港口。[3] 梅西纳人攻打纳克苏斯,首先就是成功将纳克苏斯人封锁在了他们的城邦之内。西西里的土著蛮族西西耳人作为纳克苏斯的盟友,赶来援救,帮助纳克苏斯人成功突围,大败梅西纳人,歼敌千余。索福克勒和攸里梅登率领的雅典军队原本可以扭转事态,但是他们那时却忙于封锁派娄斯的港口而分身乏术。梅西纳陷入危急,引来了攻击,雅典人从卡马林纳归来,带着林地尼人(Leontini)及其他盟友,试图夺回梅西纳城邦。然而,他们不够强大,无法通过围歼战或强攻夺下该地,于是退守垒集坞。他们没达成目标,威信也因此受损。雅典人在这一年未曾再战,任凭西西里的希腊人彼此作战,未加干涉。[4]

---

[1] Thuc. 4.24.
[2] Thuc. 4.25.7; 3.86.2. 弗里曼:《西西里史》,第3卷,第41页。
[3] 布索特,《希腊历史》,第3卷,第2册,1129页。
[4] Thuc. 4.25.

425 年夏末的时候，索福克勒和攸里梅登终于抵达了西西里，但是已经太迟了。① 他们的盟邦已经疲于应战，而且据第迈欧（Timaeus）说，攸里梅登认为必须驱策西西里人，②因为他们势必已经失去了对雅典的信任，认为雅典在希腊本土为自己作战的时候，不再有意愿，也不再有能力为他们的利益作战。到了 424 年征战季结束的时候，岛上和平情绪蔓延，对此，我们无需惊讶。

通往普遍和平的第一步是由革剌（Gela）和卡马林纳迈出的。这两个城邦是天然的伙伴，因为革剌人出力建立了卡马林纳。然而，卡马林纳对叙拉古积怨已久，而叙拉古是革剌的盟邦；事实证明，对叙拉古的仇恨比对革剌的亲善要更加强烈，这使得卡马林纳人也成为了革剌的敌人。③ 我们已经看到，在头一年，一些卡马林纳人已经准备转换阵营。尽管雅典军队的到来阻止了这些人成事，但是雅典在西西里并未采取有效行动，时间流逝，这些人占据了更多主动。革剌因为争斗而精疲力尽，邀请卡马林纳另外缔结和约，他们的提议得到了热情回应。④

这两个城邦将会发现，全面战争仍然在全岛肆虐的时候，独善其身是很难的。所以，她们邀请其他城邦派出代表，前来革剌，试图达成一项共同协定。西西里城邦依从，派出使节——这些使节显然是具有全权的——前往这个外交集会，这种外交会议在希腊历史上是极为罕见的。⑤ 讨论开始十分典型：每个城邦都在为一己私利吵个不停。叙拉古的赫墨克拉底（Hermocrates）站出来干涉，声称(-266,267-)他不是为了自己的城邦在说话，而是为了整个西西里的利益在发言。他以妥协与和平的名义敦促西西里人作出让步。他说到，雅典的阴谋诡计和雅典的庞大权势是对西西里的共同威胁。他提倡一个高贵的念头：西西里的希腊

---

① Thuc. 4.48.6.
② *FGrH* 566 F22.
③ 弗里曼，《西西里史》，第 3 卷，第 46—47 页。
④ 修昔底德（Thuc. 4.58）没有说清楚是谁提出的提议，但是第迈欧（*FGrH* 566 F 22）提到了，我们没有理由去质疑第迈欧。关于这一点，参见韦斯特莱克，《希腊史家与希腊历史论丛》，第 176 页。
⑤ Thuc. 4.58; Timaeus F 22；关于这次大会的性质及与会代表们的权限，参见弗里曼，《西西里史》，第 3 卷，第 47—48 页与第 634—636 页。

人应该摒弃多利安人与爱奥尼亚人的族群分歧,因为是这种分歧分裂了他们,令他们成为外来者的牺牲品。他提出了与之相对的想法:建立希腊人的西西里国家,在所有的希腊人城邦之间建立持久和平,建立西西里人的西西里;而据我们所知,这个想法是前所未有的。"所有的人总括起来,我们都是邻居,都是住在同一个地方,四面有海洋环绕着,我们都叫作西西里人。无疑地,将来有时候,我们会再发生战争;有时候,我们也会再来协商,订立和约。但是,当我们遭遇外敌侵略的时候,如果我们是聪明的话,我们总是会联合一致,抵抗外侮,因为在这里,对于一个国家的伤害是会危害到我们所有其余人的。今后,我们绝对不邀请外地的同盟者或仲裁者到我们这里来。这样做,我们现在马上对于西西里做了两件好事:解除了受雅典人侵略的危险和停止了内战;将来我们有一个自由的国家,而不是那么受外敌侵略的危害了。"①

赫墨克拉底的演说曾被称为西西里门罗主义(Monroe Doctrine),诚挚而无私,为了共同利益,②但是我们有理由对此产生质疑。散布门罗主义的那个国家本身,很难说没有特殊利益在其中。正如西半球最强大的国家美国,消除了外来影响之后,自己获利是最多的,即便她对弱于自己的邻邦土地并无图谋。(-267,268-)同理,如果西西里较弱的这些希腊人城邦同意不去从希腊本土召来强大城邦的话,那么,从中受益的将是叙拉古。此外,424 年,叙拉古及其在西西里的领袖地位受到的最大威胁来自雅典。赫墨克拉底后来的行为使得我们不得不怀疑他的诚心。415 年,他敦促叙拉古人请求援助、以抵抗雅典人那一年的攻击的时候,不仅提出求援希腊的科林斯和斯巴达,甚至还提出求援迦太

---

① Thuc. 4.64.3—5;谢德风译本,第 304 页。修昔底德显然没有出席革剌大会,同时正如戈姆所说,"学者们感觉得到,这篇演说辞肯定完全是修昔底德自己编造的"(《修昔底德历史评注》,第 3 卷,第 520 页)。但是,弗里曼作出了精彩论证,认为修昔底德给出的是赫墨克拉底在演说里所提出想法的一个比较精确的版本(《西西里史》"附录 VI",第 631—636 页)。他采用的法则是"因为不可能,所以我相信"(Credo quia impossibile)。"赫墨克拉底采取的立场如此出人意料,就是这件事真实发生过最有力的理据"(第 632 页)。
② 弗里曼,《西西里史》,第 3 卷,第 52 页;韦斯特莱克同样捍卫赫墨克拉底的诚心(《希腊史家与希腊历史论丛》,第 178—179 页)。

基;甚至在雅典人已经被从西西里赶出去以后,他还敦促西西里人加入伯罗奔尼撒人正在对雅典人发动的那场战争。①

然而,424年,在革剌,疲于作战的西西里人被赫墨克拉底的辩才所劝服,同时叙拉古又以证据表明他们的诚意——割让莫干堤纳予卡马林纳——,于是,他们同意基于现状,缔结和约。② 雅典人,当然,仍然带着一支可观的舰队游弋在附近。盟邦把决定加入和约的消息告知雅典人,并邀请雅典人也来加入和约。在这一刻,雅典将军别无选择。他们在西西里没有军事基地,他们前来援助的盟邦已经失去了战斗的意愿,而他们自己的部队也不足以征服西西里。他们同意加入和约,然后驶离回到城邦。然而,我们没有理由认为,和约是被强加到不情不愿的雅典将军们身上的。③ 如果他们不满足于这一结果,原本可以拒绝接受;而如果协定看起来还不错、但有可能将在雅典引起不满的话,他们则原本可以在海外耽搁着、不回城邦,就像德摩斯梯尼在埃托利亚失败以后那样。但是,将军们在426/425年的冬天离开雅典的时候,远征的目标是保护雅典的盟邦,阻止叙拉古控制西西里全岛,同时,或许还可以为了进一步利得而调查其前景。他们或许会相信,革剌大会达成了上述所有目标,所以他们或许并不惧怕返回城邦。

将军们回到雅典就被提起诉讼,罪名是当他们能够征服西西里的时候,因为收受贿赂而撤军。④ 这种罪名经常被用来对付战场失败的指挥官,甚至用来对付那些胜绩不如预期全面的将军们。(-268,269-)大约40年以前,伟大的客蒙自己就遭到起诉,他被控诉因为接受贿赂而没有去入侵马其顿,但那根本就不是他领受的任务。⑤ 将军们肯定在西西里曾经接受了一些朋友的礼物,⑥但是要说受贿,那是缺乏证据

---

① Thuc. 6. 34. 2;8. 26. 1.
② Thuc. 4. 65. 1.
③ 但贝洛赫这样认为:《希腊历史》,第2版,第2卷,第1册,第336页。
④ Thuc. 4. 65. 3.
⑤ Plut. *Cim.* 14.
⑥ 布索特(《希腊历史》,第3卷,第2册,第1133页)不相信将军们会受贿,但却是这样评论他们接受和约这件事情的:"但不管怎么说,礼物使得作出这个决策更容易。"韦斯特莱克《希腊史家与希腊历史论丛》,第120—121页)同样不认为存在受贿情形,然而,他让步说:"或许他们轻率地接受了西西里盟友给的礼物。"

的。不过,雅典人仍然将他们全部定罪;索福克勒和派所多鲁斯被放逐,攸里梅登被罚款。修昔底德是这样解释定罪的:"当时雅典的繁盛使雅典人认为无论做什么事情,他们是没有不顺利的;可能的事和困难的事,他们都同样地可以做到,不管他们运用的军队是强大也好,完全不够也好。他们在许多方面的意外成功,使他们产生这种心理,认为凡是他们所希望的,他们就有力量得到。"①

424 年的雅典人,在派娄斯和斯伐刻帖里亚、梅瑟纳、叙铁拉取胜以后,期望高涨,或许还感受到了一种不切实际的乐观。正式指控的理据肯定是不充分的,对将军们定罪也可能是来自于不切实际的期望,但是雅典民众还是有一定的理由对将军们感到不满。从未去过西西里的雅典人或许会认为,指挥官指挥严重不力。剌喀司和喀洛阿德只带了 20 艘舰船,就阻止了叙拉古取胜,夺下了梅西纳,并且得到了西西里的希腊人和当地西西耳人的支持,在岛上居民中创造了足够的热情,以至于他们向雅典派遣使团,请求更多援助。雅典人或许会相信,再加上 40 艘舰船,就会使得战争很快结束。②因为在那支求援使团到来之后、将军们在革剌大会之后返回雅典以前,从西西里传来的消息很少。③ 这些将军回来的时候,带回的消息却是战争已经结束,终局之(-269,270-)基础是"西西里人的西西里",这是由来自叙拉古的一名贵族政客赫墨克拉底所提出的一条口号。盟邦只是通知而非咨议雅典人,说已经决定签署和约,不再需要雅典人的效劳了。赫墨克拉底口头上说"西西里人的西西里",但是雅典人有理由认为,这个口号不过是用来掩饰"叙拉古人的西西里"的,雅典人也有理由担忧,将来西西里会被多利安人的城邦所统一、所统治,从而对自己的敌人亲善。雅典人没有意识到,盟邦还存在内部党争及其他问题,所以他们很可能认为,一支 20 艘舰船组成的远征军差一点夺下了西西里,但一支 60 艘舰船组成的远征军却丢失了西西里。

事实上,索福克勒、攸里梅登和派所多鲁斯既没有体现主动,也没有

---

① Thuc. 4.65.4;谢德风译本,第 305 页。
② Thuc. 3.115.4。
③ 在 426/425 年冬季,剌喀司将指挥职务交给派所多鲁斯以后回到雅典所作的情况报告,应该与此差不多。

什么收获。他们耽搁在派娄斯，抵达西西里的时候已经太迟，做不了什么。我们必须看到，民众或许会把耽搁怪到他们的头上，虽然修昔底德并不会说是他们耽搁了时间。斯巴达舰队从柯西拉与他们擦肩而过、在派娄斯威胁德摩斯梯尼的时候，他们被迫折返，加入长时间的封锁行动，浪费了几乎整个夏季。如果他们更为警觉，或者更为走运，那么他们就能够早一些抵达西西里，事态势必大不相同。在这种情况下，不管是哪一国的民众，都会决定将他们的这些指挥官解职。雅典人有时还会采取更加强硬的措施，用流放和罚款来惩罚败将。这样一种举动实为不幸，因为这些有用之才将无法继续效劳城邦，尽管攸里梅登——像伯利克里一样——在被罚之后重新出来服务城邦，担任公职。在这个问题上，雅典的反应往往不止是不合情理，有时甚至可以说是过分了。人们或许会从雅典在这个问题上的做法看到民主政体之愚蠢，但人们也不应该忘记，据伏尔泰（Voltaire）说是"为了激励其他海军将领"而被处决的海军上将拜恩（Admiral Byng），却是在一个君主国中被控有罪的。

在同一年夏季，或许是在 7 月的时候，①墨伽拉爆发内战，雅典得到机会，控制了通往亚狄珈的南部入口，终结了敌人从伯罗奔尼撒半岛入侵的威胁。在这场战争爆发的时候，墨伽拉和雅典对彼此怀有深仇大恨。这场战争给墨伽拉带来了可怕的磨难。每一年，雅典人都入侵(-270, 271-)并洗劫墨伽拉人的领土。② 在战争爆发之前，《墨伽拉法令》使得墨伽拉人无法进入雅典及其盟邦的港口；战争爆发之后，雅典人的制海权切断了墨伽拉的绝大部分海上贸易。雅典于 427 年夺下觅诺崖，再也没有任何一艘船能够从尼赛亚港溜到撒罗尼海湾去，绞索收得更紧。几乎肯定是在同一年，墨伽拉爆发党争，墨伽拉人驱逐了极端寡头党人。③ 墨伽

---

① 布索特，《希腊历史》，第 3 卷，第 2 册，第 1137 页。
② Thuc. 2.31；4.66.1。
③ 修昔底德第一次提到这些流亡分子是在 Thuc. 3.68.3，他说，斯巴达人把这些人安置在普拉提阿。然而，到了 Thuc. 4.66.1，修昔底德才提起这些人是被"暴民"($\pi\lambda\hat{\eta}\delta o\varsigma$)流放的。当这些人重返城邦之后，他们杀死了民主党人，建立起了严格的寡头政体，Thuc. 4.74.3—4。对这里提到的第一场"内乱"(stasis)日期的讨论，参见欧内斯特·梅耶（Ernst Meyer），《保-威古典学百科全书》，第 15 卷，第 190—191 页；以及 R·P·勒贡，《凤凰学刊》，第 22 卷，1968 年，第 214—215 页。我对勒贡那篇奠基之作的依赖将会在接下来的讨论中表现得十分明显。

拉新的民主政权没有在斯巴达及其伯罗奔尼撒盟邦那里得到信任，因为她们中的绝大多数施行的都是寡头政体，对于与雅典分有同一种政体、共享同样危险的民主观念的城邦，她们疑心重重。普拉提阿人被赶走以后，斯巴达人把墨伽拉流亡分子留置在普拉提阿，显示了斯巴达人对这些流亡分子的同情。或许是与此同时，伯罗奔尼撒人在尼赛亚安置了一支驻军，监视墨伽拉人。① 一年之后，这些流亡寡头党人离开了普拉提阿，接下来，墨伽拉流亡党人可能夺下了墨伽拉在科林斯海峡上西边的港口佩岬。他们封锁了佩岬这条通往大海的最后通道，然后发动更多劫掠；②墨伽拉原本就重重的问题，现在更是雪上加霜。

到了424年，墨伽拉已经陷入绝境。她的土地被反复蹂躏，她的食物和其他必需品只能从伯罗奔尼撒半岛取道科林斯走陆路获得。然而，作为一个民主城邦，她被她所依赖的其他盟邦厌恶、怀疑，她的行动自由受限，因为流亡者盘踞在佩岬，而伯罗奔尼撒驻军盘踞在尼赛亚。因此，墨伽拉人决定召回流亡分子，减轻负担，对此，我们无需感到奇怪。此举将终止来自佩岬的袭击，墨伽拉将不再与佩岬隔绝，同时，此举或许还可以改善墨伽拉与伯罗奔尼撒的关系。流亡分子(-271，272-)那些仍然留在城邦里的友人敦促采取行动，召回流亡分子。民主派别的领袖意识到，如果寡头党人归来，他们就将面临灾祸。此外，他们还知道，比起维持这个民主政体来，普通民众更在意的还是减轻自身磨难。民主政体根基并不深厚，因为墨伽拉似乎在历史上大部分时候都是施行寡头政体的。③ 出于恐惧，民主党人选择叛国，选择投向雅典人。

他们找到雅典将军希波克拉底斯和德摩斯梯尼商议，提议将墨伽

---

① Thuc. 4.66.4.
② Thuc. 4.66.1.
③ 关于墨伽拉政体的史料证据并不充分。我根据这样两项理据，推导出墨伽拉政体的性质是寡头的：第一，绝大多数时候，他们在伯罗奔尼撒同盟中感觉良好，直到第一次伯罗奔尼撒战争爆发；第二，427年以前，没有任何人提到过墨伽拉施行民主政体。诚然，曼提尼亚和埃利斯都是民主城邦，也属于伯罗奔尼撒同盟，但是这两个城邦与斯巴达都有矛盾，而这两个城邦与斯巴达的矛盾，在某种程度上就是出于政体不同这一缘故。关于这一点的其他讨论，参见勒贡，《凤凰学刊》，第22卷，1968年，第212页。

拉交给他们。计划分两步进行：第一步，雅典人占领连接墨伽拉与尼赛亚的长墙，这样可以阻止伯罗奔尼撒驻军援助城邦内的人。第二步，民主党人将试图把墨伽拉交给雅典人。① 与雅典结盟，墨伽拉的绝大部分问题都可以解决。雅典人将不再入侵，海上禁港令和封锁也将不再执行。佩岬的寡头流亡分子将在雅典人的帮助下被镇压下去，佩岬和尼赛亚将可以再次用于进出口，墨伽拉也可以借此再度繁荣。与雅典结盟也不会使得墨迦里德面临来自伯罗奔尼撒半岛的袭击。墨伽拉和亚狄珈之间的边境是一片平原，根本无从防守。然而，与科林斯接壤的南部边境则有戈岚尼崖山脉（Geraneia）的保护。只要适当部署、建设要塞，这道山脊就能把伯罗奔尼撒人挡在墨迦里德以外。

考虑到上述好处，我们就很纳闷，为什么一个民主城邦中的民主党领袖需要诉诸秘密行动和叛国。为什么民主党领袖不在一次公开的公民大会中径直提议要转换同盟？这个问题的答案将揭示希腊政治和对外政策中的一些重要方面。(-272,273-)墨伽拉人和雅典人之间相互怀有仇恨，这在希腊的邻邦之间很常见。公元前6世纪，这两个城邦为了萨拉米斯的归属彼此作战，雅典人的胜利势必在墨伽拉引起了深刻愤恨。② 第一次伯罗奔尼撒战争期间，两邦的结盟不过是权宜之计，当墨伽拉人屠杀雅典人驻军之后就宣告结束了。③ 第一次伯罗奔尼撒战争和第二次伯罗奔尼撒战争期间，双边关系中充斥着边界争端，渎神谋杀控诉，当然还有《墨伽拉法令》。④ 在这场战争期间，雅典人对墨伽拉人的恶行也根本对双边关系没有任何缓解作用。要是提议与一个他们对之怀有深仇大恨的城邦结盟，无论结盟多么有益处，墨伽拉民众都会不屑一顾，不予接受。积极主动的政客——无论民主党，还是寡头党——或许往往能屈能伸，愿意随时接受政策调整；他们情愿牺牲城邦的独立和自治，换取利益，党派利益，甚至是理想政体的利益。但普通民众则往往不这样想。勒贡说得很好："对于普通民众而言，墨伽拉是一个主权城

---

① Thuc. 4.66.4.
② Arist. *Ath. Pol.* 17.2.
③ Thuc. 1.114.1.
④ Plut. *Per.* 30.

邦,雅典威胁着她的自由。对雅典人作任何让步都会削弱墨伽拉,正中敌人下怀,没有墨伽拉的爱城邦者会允许这样的事情发生。"① 因此,民主派别的领袖别无选择,只能在采取行动时求助雅典人。

雅典人夺下尼赛亚的计划既复杂,又危险。希波克拉底斯趁夜从觅诺崖驶出,带着600名重装步兵登陆,然后隐蔽在长墙附近的壕堑里。与此同时,德摩斯梯尼带着普拉提阿轻装部队和雅典边防军中的重装步兵,取道埃琉西斯,从陆地上过来,在距离尼赛亚稍近一些的恩垭柳(Enyalius)设下埋伏。② 一切行动都依赖于突然行动和秘密行动;选择德摩斯梯尼的部队,是因为他们更近,那时没有时间可以浪费在集结部队上,这样也不会走漏消息。保密方面没有问题,因为修昔底德告诉我们,"除了那些知道这个计划的人之外,那晚上没有一个人是知道这些(-273,274-)事情的"。③ 与此同时,在这次三线出击攻打城墙行动中,墨伽拉人正在准备自己负责的那一部分。墨伽拉人早早布下伏笔。每个晚上,他们都从尼赛亚的伯罗奔尼撒驻军指挥官那里得到允许,打开墙门,时间足够让他们用一辆小车把一艘小船运出去。他们说,这么做的目的是从雅典的觅诺崖要塞旁边偷偷溜过去,抢劫危害雅典的海上运输。黎明之前,他们就会乘着这艘小船,穿过墙门回来。而在他们商定好要使墙门洞开的那个晚上,雅典人就可以躲在这艘小船里,进入长墙。

这一计划十分冒险,计划必须周详,行动必须保密,配合必须精准;任何一点疏忽都会导致计划失败。雅典人,正如德摩斯梯尼先前的作战行动一样,并没有拿多少自己的部队去冒这个风险。如果计划暴露,参与行动的部队人数并不多,可以从海上或陆上逃跑,安全回到城邦。德摩斯梯尼那些最有想象力的计划,特点就是以极小的投入保证极大的回报。在商定那晚,一切都进行得十分顺利。墨伽拉的叛徒把墙门打开,让小船穿过,然后杀死守卫。希波克拉底斯率领的雅典人及时抵达,从他们的壕堑里跑出来,守住城门,保证城门一直是打开着的。这

---

① 勒贡,《凤凰学刊》,第22卷,1968年,第221页。
② Thuc. 4.67.1—2;戈姆,《修昔底德历史评注》,第3卷,第529—530页。参见地图1。
③ Thuc. 4.67.2;谢德风译本,第306页;戈姆,《修昔底德历史评注》,第3卷,第530页。

给了德摩斯梯尼及其部队进入长墙的时间；普拉提阿人匆忙赶来，击退后来赶到的伯罗奔尼撒增援部队，掩护雅典重装步兵的到来。到了天亮的时候，雅典人控制了长墙。4000名重装步兵和600名骑兵连夜从埃琉西斯行进而来。当这支雅典部队正好按照计划好的时间抵达的时候，整个攻墙计划已经完成。雅典部队的抵达确保雅典阵地安全，夺下墨伽拉成为可能。①

即便斯巴达驻军已经被击溃、一支雅典大军就在近旁，墨伽拉的民主党人也仍然非常清楚他们的同胞公民有多热爱城邦，有多痛恨雅典，因此，他们不可能公开呼吁转换阵营。相反，他们计划敦促墨伽拉人走出城门之外，攻打雅典大军。而他们自己是有标记的，雅典人能够凭借标记认出他们，不会在战斗中伤害他们；(-274, 275-)而其他人想必将遭到屠杀，除非他们投降。对于所有人——除了坚决要行动的那些叛国者——来说，这都是一味苦药，实在令人惊恐；很可能正因为此，与谋者中的一个人将计划出卖给了敌人，也就是具有寡头倾向的那些人，逗留在佩岬的寡头流亡分子的友人。他们没有立即将阴谋透露给普通民众，害怕引起骚乱或内战。雅典大军兵临城下，如果城邦陷入困惑混乱，他们就可趁乱强攻，夺下城邦。拖延可以赢得时间，以便斯巴达人及其盟友驰援，帮助对抗雅典人。② 因此，与谋者的寡头党敌人据理力争，反对走出城门进行激战，并威胁任何想要出城一战的人。他们的理据足够合理可信，赢得了支持，城门因此没有被打开。③ 大计划的一个关键部分出了岔子。如果墨伽拉民主党人行动更加严格保密，或者行动更加迅速，那么，墨伽拉城邦就有可能更快、更轻易地落入雅典人的手中，那时斯巴达人将来不及驰援。雅典人仍然控制着局势，他们也能够轻易迫使尼赛亚的伯罗奔尼撒驻军投降并交付赎金。斯巴达指挥官和驻军中的所有斯巴达人都被交给雅典人处置。这些人或许被遣送到了雅典，与其他俘虏扣留在一起。④

---

① Thuc. 4.67—8.
② 勒贡，《凤凰学刊》，第22卷，1968年，第218页，注释25。
③ Thuc. 4.68.
④ Thuc. 4.69；戈姆，《修昔底德历史评注》，第3卷，第531页。

雅典人相信，夺下了长墙和尼赛亚，就能迅速迫使墨伽拉投降，但是他们没有考虑到机运，也没有考虑到伯拉西达。听闻通往伯罗奔尼撒半岛的入口处所发生的事情的时候，伯拉西达正在科林斯和西叙昂附近，为着其他目标集结一支部队。他很快通知了彼欧提亚，请求派出一支军队，在墨伽拉小村庄榱坡狄司枯（Tripodiscus）会师。他的部下有2700名科林斯重装步兵，400名弗立坞（Philius）人，700名西叙昂人，或许还有几百名自己的部下。① 伯拉西达带着这些人出发了，希望能够救援尼赛亚。当他知道已经来不及了的时候，他就把部队留在通往尼赛亚的路上，然后带着300名士兵，前往墨伽拉。他的意图是让敌军以为他的目的是要重新夺回尼赛亚，但那只是他的次要(-275,276-)目标，而他的主要目标是防止墨伽拉陷落。他肯定害怕城邦内出现叛徒，因此想要及时部署一支军队，以防城邦被出卖给雅典人。

然而，墨伽拉人不愿意迎伯拉西达入城。民主党人有充分理由相信，斯巴达人一旦进城，寡头流亡分子就会回来，墨伽拉就会重建寡头政权，而他们自己就会面临灾难。寡头流亡分子的友人则担忧，斯巴达人抵达，内战就会一触即发，雅典人就会趁机夺取城邦。双方都相信雅典军队和伯罗奔尼撒军队之间会爆发战斗，双方都更愿意先等等看，看结果如何。这场战斗的结局决定着墨伽拉的未来。因此，墨伽拉——伯罗奔尼撒同盟的一个成员城邦——在遭到宿敌攻击的时候，拒绝打开城门，拒绝迎接前来救援本邦的盟邦部队。②

此外，彼欧提亚人正在路上。早在伯拉西达请求增援之前，彼欧提亚人就下定决心，要来救援墨伽拉，因为彼欧提亚人明白，雅典人一旦控制了墨迦里德，就会切断他们与伯罗奔尼撒半岛的往来，雅典人要攻打他们就再无顾忌。③ 当伯拉西达的消息抵达的时候，彼欧提亚全军已经抵达普拉提阿。斯巴达人加入救援的消息鼓舞了他们，于是，他们向伯拉西达派出2200名重装步兵和600名骑兵，将余部遣回城邦。这

---

① 戈姆，《修昔底德历史评注》，第3卷，第532页。
② Thuc. 4.71.
③ Thuc. 4.72.1；戈姆，《修昔底德历史评注》，第3卷，第532页。

样，当前战局就发生了彻底的改变：雅典重装步兵不足 5000 名，要面对 6000 名敌军。雅典人原来的计划是，墨伽拉人会单独对抗一支雅典大军，雅典人还指望城内叛徒打开城门，这样就可以避免围歼战。雅典人没有理由能够察觉到，敌军能够就近集结，他们还以为伯罗奔尼撒的驰援还需几天。事态转变令人吃惊，也让人沮丧。现在，要夺取墨伽拉就要与敌军激战，而这种战斗正是伯利克里从其战略中排除出去的那种，也没有什么雅典人会愿意打这样一场仗。雅典将军甘愿在尼赛亚占据防守阵地，静静等待。

然而，伯拉西达没有发动攻击。他占据了一个牢固的(-276, 277-)防守阵地，等待雅典人采取主动。修昔底德告诉我们，伯拉西达认为自己拥有双重优势：如果雅典人发动攻击，他将拥有更加优越、更适于战斗的阵地；如果雅典人拒绝战斗，他将不费一兵一卒，达成保卫墨伽拉之目标。① 这些考虑合情合理，但伯拉西达的举动仍然令人不解。此时此刻，似乎就是斯巴达人从这场战争一开始就希望看到的那个时刻：一支伯罗奔尼撒军队面对雅典人，重装步兵方阵之间即将展开激战。那么，为什么斯巴达将军中最勇敢的这位反而退缩了呢？一些学者指出，伯拉西达的克制证明，斯巴达在遭到新近败绩之后，一直缺乏信心，② 这些学者批评伯拉西达没有展开攻击，说一旦成功"原本可以对双方士气大有影响，我们不应该低估这一影响"。③ 然而，我们很难相信，无畏的伯拉西达会缺乏信心，尤其是，他在墨伽拉行动之前和之后都展现了无与伦比的大胆进取。修昔底德的解释完全合理可信。此外，雅典军队已经在一个要塞的外面排好阵列。如果伯拉西达发动攻击，赢得战场优势，那么，雅典人还是可以躲进尼赛亚，而不会遭受什么损失。另一方面，雅典人还有可能会赢，而一旦雅典人取胜，这对于斯巴达来说就是一场灾难。即便斯巴达人赢下一场漫长艰难的战斗，惨重的人员损失也将使得伯拉西达不再能发动远征，而这才是他集结部队的原本目的，其战略意义甚

---

① Thuc. 4.73.1—3.
② 威廉·斐舍(Wilhelm Vischer)，《选集》(*Kleine Schriften*)第 1 卷，莱比锡，1877 年，第 77 页。布索特采信了他的观点：《希腊历史》，第 3 卷，第 2 册，第 1139 页。
③ 布索特，《希腊历史》，第 3 卷，第 2 册，第 1139 页，注释 1。

至远远高于歼灭数千名雅典重装步兵这一可能性。

伯拉西达的期待成了真。两军都排好阵列,过了一阵子以后,雅典人退守尼赛亚。伯拉西达退返试图再次进入墨伽拉,这一次他成功了。雅典人退却,阵地就留给了伯拉西达,墨伽拉城邦内攻守之势也逆转。雅典人回撤亚狄珈,只留下一支驻军(-277,278-)驻防尼赛亚。伯罗奔尼撒军队解散,伯拉西达可以继续他原本的行动。雅典人撤退太快,失去了一个战略良机。戈姆指出,如果雅典继续保持大军留驻尼赛亚,"他们很可能将耗尽伯罗奔尼撒人的耐心;而即便无法耗尽敌军的耐心,他们也将耽搁伯拉西达向色雷斯行进的步伐,而这具有决定性意义"。① 但是,正如戈姆自己指出的,雅典人并不知道伯拉西达的计划,而德摩斯梯尼和希波克拉底斯自己还有野心勃勃的计划,那些计划也需要士兵和时间来准备。

在墨伽拉,革命已经不可避免。民主党人叛国行径暴露,竭力逃出城邦,而寡头流亡分子则回到了城邦。他们发誓"只能为城邦谋利益,绝对不报复既往的私仇",②但是他们心里却怀着复仇的种子。寡头流亡分子取得公职以后,滥用民主程序,将仍然留在城邦内的那些政敌定罪判刑。接着,这些人建立起执政基础十分狭隘的寡头政权。③ 从这以后,墨伽拉成为了斯巴达的忠实盟友,雅典的这位宿敌对雅典怀怨益深。

雅典人从墨伽拉撤退以后,或许是在8月初的时候,④开始为一项大规模的复杂作战行动做准备,这将是这场战争开始以来规模最大、构想最复杂的作战行动。⑤ 这项行动的计划和起源都与先前的墨伽拉行

---

① 戈姆,《修昔底德历史评注》,第3卷,第535—536页。
② Thuc. 4.74.2;谢德风译本,第311页。
③ Thuc. 4.74.3—4。
④ 戈姆,《修昔底德历史评注》,第3卷,第558页。
⑤ 与此同时,雅典人派出三名将军率领的一支大军,前往爱琴海和黑海地区,按照新核定额度征收贡赋。他们很快就遇到了麻烦。萨摩司对岸的阿奈亚(Anaea)先前被一些流亡分子所控制,这些流亡分子给萨摩司人造成麻烦的方式,正如派娄斯给斯巴达人造成麻烦的方式一样(Thuc. 3.19.2;32.2;4.75.1);而目前,密提林的流亡分子正在列斯堡对岸的暗滩渚(Antandros)建设要塞,目的也是一样(Thuc. 4.52;75.1)。雅典的将军们在当地集结了一支盟军,击败了在暗滩渚设防的人,但是生活在阿奈亚的流亡者却仍然在那里生活得很好(Thuc. 4.75)。

动惊人地相似,而这两项行动的构想或许是在同一时间,而目的也是互为补充的。① 对墨伽拉的攻打如果能够成功,就可以确保彼欧提亚得不到来自伯罗奔尼撒半岛的援助,而这将会使(-278,279-)彼欧提亚地区城邦内的反对派力量泄气,从而使得彼欧提亚行动在方方面面都变得更加容易。然而,雅典人没有成功夺下墨伽拉的这一事实却并没有打消德摩斯梯尼和希波克拉底斯试图将彼欧提亚赶出这场战争的想法。

作战方案的核心是,雅典将军与几座城镇内的派别领袖进行谈判;这些派别领袖想要按照雅典模式将民主政体引入自己的城邦,为此他们愿意叛国。② 修昔底德没有告诉我们,提出阴谋计划的是这些派别领袖,还是雅典人;但是比较有可能的情况是,德摩斯梯尼和希波克拉底斯迫切想要打破战争僵局、保障雅典安全,于是试图在施行寡头制的城邦里寻找"第五纵队"——心怀不满的民主党人——并加以利用,作为新战略的关键一环。这样的期待并不牵强。在第一次伯罗奔尼撒战争期间,民主党拒绝忒拜统治其他彼欧提亚城镇,支持雅典人;457年,雅典取得奥诺斐塔(Oenophyta)战役胜利之后,他们掌了权。③ 尽管在447年,雅典人在柯罗馁亚(Coronea)败给寡头党人之后,这些人掌握的政权又被推翻了,但是这些民主派别并没有消亡,阿奇达慕斯战争期间的漫长岁月使得他们迫切想要再次同雅典协作。雅典人有充分理由信任并依靠这些人的支持。

他们的计划是,忒司彼崖(Thespiae)的港口西扉(Siphae)将叛变,倒向雅典,而位于彼欧提亚最西端、毗邻佛基斯的开榕尼崖(Chaeronea)也将叛变,倒向雅典。④ 与此同时,雅典人将去占领德里昂(Delium)的阿波罗(Apollo)神庙,这座神庙就位于边境对面,彼欧提亚的东岸。⑤ 就像

---

① 埃德科《剑桥古代史》,第5卷,第239页)将424年(雅典人对)墨伽拉和彼欧提亚的作战行动视为一套作战方案的两个组成部分。
② Thuc. 4.76.2.
③ Thuc. 1.108.1—3;113;Diod. 11.81—3;戈姆,《修昔底德历史评注》,第1卷,第317—318页;沃尔克,《剑桥古代史》,第5卷,第82页,第469页。
④ 参见地图1。
⑤ Thuc. 4.76.1—4.

在墨伽拉一样,这项行动取决于精准的时间安排,只有时机得当、攻击行动同时进行,才能阻止彼欧提亚人把他们的部队集结起来去对付部署在德里昂的雅典主力部队。这项行动还取决于行动保密,因为如果消息走漏,西扉和开榕尼崖就无法被顺利移交给雅典人。然而,如果这个作战方案一旦成功——墨伽拉发生的事情已经(-279,280-)表明,如此复杂、依靠秘密行动和精准时间安排的一项复杂行动是有可能成功的——,回报完全值得为此承担那些风险。在最好的情况下,如果忒拜同时失去了三个根据地,她的决心势必马上被削弱,这将鼓舞彼欧提亚的异见派别,推动反彼欧提亚邦联主义的民主暴动,这样雅典就将成为彼欧提亚的霸主,就像 457 年到 447 年的时候一样。如果这个目标不能达到,那么,雅典将在彼欧提亚边境上拥有三座要塞。雅典人可以从这些要塞出发,发动劫掠行动,而流亡者也可以到这些要塞来,寻求庇护。这样一来,正如修昔底德清楚说到的,"各城市的现况是不能够维持得很长久的。实际上,事物的发展将终如阴谋者所盼望的,因为雅典人将在那里支持叛变者,而政府不能派遣联合军队去对抗他们"。① 刚刚所描述的作战计划的第二种实施形态,是这样一种战略的延伸:在敌军土地上建设永久设防军事基地,而这一战略在拉戈尼亚地区执行得很好。而此时的斯巴达耽于自己的麻烦事务,无法向其北方盟友派遣援兵。彼欧提亚人将发现,自己孤立无援,却三面环敌,又无法集结部队,无法对抗从任何一个方向冲来的敌军。这股压力最终将击垮他们。

然而,这项作战行动比起墨伽拉行动来,规模要大得多,而行动规模又会引发严重问题。雅典人将需要一支大军,以便对德里昂发动致命一击;他们同时还需要一支大军,以便在西扉登陆。雅典拥有足够的兵员来完成这两项任务,但是如果将这些人都派上战场,一方面,留下来应对紧急情况的储备兵员就会不够,另一方面,太多的雅典士兵将被暴露在危险之中,而雅典不愿意拿那么多人来冒险。因此,雅典人指望德摩斯梯尼能够从西北地区的盟邦那里募集一些用得上的士兵——德

---

① Thuc. 4.76.5;谢德风译本,第 312—313 页。

摩斯梯尼已经体现过这种才能。尽管合情合理,但是这样就意味着在构思作战方案和实际袭击行动之间将会有严重的延迟,时间之长远远超过墨伽拉行动。时间拖得越久,彼欧提亚和其他外邦与谋者就会有更多的时间泄露秘密,但是这项风险难以避免。

两位将军商定时间,发动攻击。希波克拉底斯留在雅典备战,与此同时,德摩斯梯尼率领 40 艘舰船驶向诺帕克都港。在诺帕克都港,他发现友军阿卡纳尼亚人已经迫使先前的敌人澳泥亚岱加入了雅典的同盟和远征军。接着,德摩斯梯尼在阿卡纳尼亚征兵,但是被迫与阿格籁崖国王萨林修斯和阿格籁崖人打了仗。打败萨林修斯和阿格籁崖人以后,德摩斯梯尼就一直静静等待,等着事先约定的西扉作战。① 德摩斯梯尼离开雅典 3 个月之后才出现在西扉。② 我们难以解释这一耽搁,因为他在西北地区不需要这么长的时间,而修昔底德也没有提到作战行动有所推迟。漫长的等待或许是由于彼欧提亚民主党人需要时间准备政变。显然,是这些人先提出了把各自城邦出卖给雅典的主意,并向德摩斯梯尼和希波克拉底斯提出了这个建议。③ 他们约定的行动日期必定是为了自己的需要,他们所设定的日期造成的耽搁,比德摩斯梯尼所需要的募兵时间和处理阿卡纳尼亚事务的时间要更长一些。

最终,在 11 月初,德摩斯梯尼及其部下乘船出现在西扉港,但是一切都已经不对劲了。一个参与阴谋的佛基斯人将秘密透露给了斯巴达人,斯巴达人又把风声走漏给彼欧提亚人。开榕尼崖和西扉都已经有重兵把守,叛军不敢轻举妄动。如果两线攻击的时机经过严格协调的话,那么希波克拉底斯对德里昂的攻打原本或许可以吸引部分守军,但是同样地,这一尝试也哑火了。德摩斯梯尼在希波克拉底斯之前已经抵达,这样,彼欧提亚人得以集中火力对付他一个人。是哪一位将军出了错,我们并不清楚,但是这已经不重要了。最主要的败笔是泄密。一旦彼欧提亚人在西扉阻止了叛乱并控制了德摩斯

---

① Thuc. 4.77.
② Thuc. 4.89.1;戈姆,《修昔底德历史评注》,第 3 卷,第 558 页。
③ Diod. 12.69.1—2.

梯尼原本计划登陆的海岸，他就无法再强行突破上岸，正如他在派娄斯向部下解释的那样。① 他无计可施，只能袖手旁观，然后驶离。

希波克拉底斯率军向德里昂行进。以雅典标准而言，这支军队规模很大：大约 7000 名重装步兵，众多随员则远远超出 10000 人，包括外邦居留民、盟邦士兵，还有雅典人，这些雅典人中的大部分都没有武装，参军目的仅仅是(-281,282-)协助在德里昂迅速完成要塞建设。② 如此一支重装步兵大军进入了敌军领土，但这并没有彻底违背伯利克里避免重装步兵战役的原则。这次远征的主要目的是在德里昂建造一个要塞。我们可以假定，这支军队的功能仅仅是恫吓挑战他们的彼欧提亚部队，而挑战他们的这支彼欧提亚部队规模不可能很大，因为彼欧提亚的主力部队正在被德摩斯梯尼耽搁在西扉，同时彼欧提亚还因为开榕尼崖的起义而分心。当要塞牢固以后，要守住要塞并加以利用的话，所需驻军规模不大。主力部队可以班师，而无需冒险；德摩斯梯尼和希波克拉底斯从来没有想要冒险去与一支规模可观的部队打一场战役。

向德里昂行进花了 2 天时间。要塞建造完工需要 3 天时间。希波克拉底斯在德里昂待了 3 天时间，完成了他的使命，并没有看见彼欧提亚部队。希波克拉底斯肯定以为西部战事顺利，并且准备率军班师。如果雅典人能够预见到彼欧提亚人将会动用大军试图阻挠雅典部队撤退，那么雅典人原本可以改变计划，从海上撤退。如果希波克拉底斯能够想到彼欧提亚人将会试图阻截他的部队，那么他原本可以朝相反方向行进，迅速撤退到欧若普司，以躲开战斗。③ 然而，希波克拉底斯既不知道行动方案的其他三分之二已经失败，也不清楚彼欧提亚人的动向。他命令麾下主力部队朝南行进，走直路回雅典，重装步兵在大约一英里以外的地方等待希波克拉底斯，等待他完成在德里昂的最后一些任务。④

---

① Thuc. 4.89；10.5.
② Thuc. 4.94.1；90.1.
③ 参见戈姆的讨论（《修昔底德历史评注》，第 3 卷，第 558—560 页），以及普利切特的上佳地形学研究。普利切特认为，战斗的地点在今天名叫德里西村（Dilesi）的一个村庄附近的一片高原，他还指出，这个地点与修昔底德的描述十分一致。他的观点很有说服力。
④ Thuc. 4.90.

希波克拉底斯不可能知道,彼欧提亚人——因为他们已经得知雅典人的计划,所以可能在任何需要的地方部署兵力——已经在塔纳格拉集结,距离德里昂不过几英里之遥。彼欧提亚人拥有 7000 名重装步兵,与雅典兵力数目相同,但是此外他们还拥有 10000 名轻装部队——这些人全副武装,准备战斗——,1000 名骑兵,还有 500 名(-282,283-)轻装步兵。① 尽管彼欧提亚人占据优势,尽管雅典人已经成功在他们的领土上建起了要塞,但是彼欧提亚邦联将军——他们是彼欧提亚邦联的执政官——之中仍有 9 人希望避免战斗。他们知道雅典人在回撤途中已经抵达欧若普司边境,接近雅典领土。② 这些人目光短浅,如果战略正确的话,他们既不应该允许一座要塞树立在德里昂,也不应该错过在战场上截住数目处于劣势的雅典部队这一难逢之良机。这些邦联将军的态度反映了希腊人的一般态度:他们都不愿意接受重装步兵战斗带来的伤亡。他们的态度或许还表明,在彼欧提亚城邦中,只有忒拜热切追求胜利,因为赞成留下来战斗的两名彼欧提亚邦联将军都是忒拜人。③

两人之中,更加坚决、更有说服力的是伊奥利达之子帕贡达斯(Pagondas son of Aeolidas)。他担任着军队指挥官,或许也是品达(Pindar)一首凯歌所歌颂的那位贵族,而如果他确实是品达那首凯歌的歌颂对象,那么他应该已经年逾六旬。④ 帕贡达斯意识到,雅典人处境脆弱,他还意识到,不应该错过这一史无前例的机遇。帕贡达斯劝服彼欧提亚人坚持抵抗。他们继续向前行进,抵达一条山脊,这条山脊将两军分隔开来。⑤ 帕贡达斯部署士兵的方式新颖又独特。在两边的侧翼,他部署了骑兵和轻装士兵,以对抗雅典人的一切转向机动。这些士兵的作用十分关键,因为他将忒拜部队部署在重装步兵方阵的右翼,纵向深度高达 25 排——而重装步兵方阵的深度一般是 8 排——,而其他城邦的重装步兵所列方阵则纵深不一。这是有史记载以来第一次在重

---

① Thuc. 4.93.3.
② Thuc. 4.91.1.
③ Thuc. 4.91.1.
④ 戈姆,《修昔底德历史评注》,第 3 卷,第 560 页。
⑤ Thuc. 4.93.1.

装步兵方阵中部署极大纵深侧翼部队,这一策略在接下来的那个世纪中(公元前4世纪),被忒拜的埃潘米农答(Epaminondas)和马其顿的腓力(Philip of Macedon)、亚历山大(Alexander)所采用,效果惊人。彼欧提亚的右翼部队几乎肯定会击败敌军的左翼部队。另一方面,敌军以8排纵深列队,战线将铺得更远,因为双方重装步兵数目是相等的,这样一来,敌军将对彼欧提亚部队形成包抄威胁。彼欧提亚人要想取得胜利,忒拜人就必须在右翼取得速胜,造成敌军溃败。与此同时,(-283,284-)位于彼欧提亚部队左翼的骑兵和轻装士兵还必须阻止雅典人形成包抄,已避免己方在这一侧溃败。

希波克拉底斯心甘情愿地接受了战斗。我们不能肯定,当他刚刚听说彼欧提亚部队在逼近的时候,逃跑是不是还有可能;但是,他似乎从未虑及逃跑。在对部下进行劝勉时,希波克拉底斯并没有说战斗是不可避免的,相反,他认为这是一个好机会。"如果我们胜利了的话,伯罗奔尼撒人得不到彼奥提亚(彼欧提亚)人的骑兵帮助,绝对不会再侵略我们的国家了;在这次战役中,你们将获得彼奥提亚(彼欧提亚),同时也解除了雅典的危险。"①这就是整个彼欧提亚作战行动的根本理由:将彼欧提亚从这场战争中驱逐出去,永远解除她对雅典的威胁,同时使得伯罗奔尼撒人失去在对抗雅典时他们所需要的一个盟友。尽管三线出击失败了——彼欧提亚部队目前的规模肯定能够向希波克拉底斯表明,三线出击计划已经失败——,但是,如果这场战斗胜利了,那么先前的所有目的都能够一举实现。观点和志气如希波克拉底斯那样的一个人,是不可能坐视机遇流失的。

希波克拉底斯一边发表演说、一边刚刚才走到士兵阵列的中间部分的时候,彼欧提亚军队就已经出现在山脊顶端——而营前演说原本应该被重复好几遍,以确保所有士兵都听到演说。此刻,希波克拉底斯所处之地地势较低,因而处于劣势;与此同时,他麾下有300名骑兵被留在德里昂进行守卫,如果战斗向那边转移,这些骑兵才会加入战斗;②因此,

---

① Thuc. 4.95.2;谢德风译本,第324页。
② Thuc. 4.93.2.

他麾下没有什么轻装部队,但是他既没有退缩,也没有迟疑,命令麾下士兵跑步迎战。① 希波克拉底斯因为此举受到批评,②但是他的想法也是很容易理解的。当他看到敌军阵列的时候,他立即意识到,可以在自己的右翼包抄敌军方阵,他不能坐视战机流失。他肯定还意识到,战场两边都是深谷,这将对侧翼部队的骑兵和轻装士兵行动造成阻碍,而在骑兵和轻装士兵方面,他是处于劣势的。③ 他当然意想不到,忒拜的右翼部队纵深不同寻常。即便如此,他(-284,285-)迅速而无畏的决策仍然算是精明的,并且差一点就取得了成功。④

位于右翼的雅典人很快冲破了彼欧提亚人的左翼部队,并造成彼欧提亚左翼部队溃败。这一部分军队是由忒司彼崖人、塔纳格拉人、还有奥尔科门内(Orchomenus)人组成的。与此同时,位于战场另一端的忒拜人也表现不佳。他们实力更强,地势更高,因而占优,但他们所面对的雅典人十分坚韧,退却十分缓慢,一步一步地,阵型不破,也不溃逃。⑤ 此刻,彼欧提亚人处境极为危险,而雅典人则还有希望。如果没有意外发生,那么雅典人的右翼部队将会迫使彼欧提亚阵线向中央退却,而这时位于他们右翼的忒拜人还来不及迫使雅典人向中间退却。忒拜人将被钳住,彼欧提亚军队将溃不成军,进而将被歼灭。在这个时候,帕贡达斯极为镇定,战术灵光一现,扭转了整个攻守之势。帕贡达斯从右翼部队派出两个骑兵中队,绕到山的后面、雅典人看不到的地方,前去援助遭到围攻的左翼部队。这两个骑兵中队出现在正占着上风的雅典人的后方,使雅典人惊恐万分,以为又一支大军前来驰援,前来攻击他们的尾翼。雅典军队向前冲的动能破灭,忒拜人得以喘息,继

---

① Thuc. 4.96.1.
② 亨德松说,"这一命令或许并不明智"(《雅典与斯巴达之间的大战》,第 235 页)。
③ 普利切特,《古希腊地形学研究》(Studies in Ancient Greek Topography),第 2 卷,伯克利与洛杉矶,1969 年,第 35 页。
④ 对雅典人行动的一般解释是,希波克拉底斯是看到彼欧提亚人冲过来,被迫应战的(布索特,《希腊历史》,第 3 卷,第 2 册,第 1148 页;亨德松,《雅典与斯巴达之间的大战》,第 235 页)。但是,这无法解释他为什么不留在原地迎接俯冲,也不撤退以削弱敌军俯冲的冲击,而选择命令己方向前冲去。
⑤ Thuc. 4.96.1—5.

而冲破了对面的雅典军队,击溃了他们。雅典人溃不成军;一些人朝着德里昂和海边跑去,一些人朝着欧若普司跑去,还有一些人径直朝南,奔向帕尔奈斯山。溃逃一开始,彼欧提亚骑兵和洛克里司骑兵就赶到,开始追击他们,不让他们逃跑。夜幕及时降临,才没有发生更大规模的屠杀。次日,成功逃入德里昂或欧若普司的人,乘船走海路回到了城邦。① 他们无疑会痛苦地认为,舰船原本应该早一两天派出。经过漫长复杂的谈判以后,雅典人才最终得以捡拾回阵亡者遗体,这时他们发现,除了许多轻装士兵和(-285,286-)非战斗人员以外,他们还损失了几乎 1000 名重装步兵,其中包括将军希波克拉底斯,这是阿奇达慕斯战争迄今为止雅典人最惨重的损失。②

获胜的彼欧提亚人决心清除雅典在德里昂的要塞。他们向马里斯海湾(Malic Gulf)地区请求支援投石手和标枪手,向科林斯请求再派 2000 名重装步兵来。他们还从伯罗奔尼撒的尼赛亚驻军和墨伽拉寡头党人那里得到支援。在公元前 5 世纪,通过强攻夺下一座要塞仍然十分艰巨,所以必须巧夺。彼欧提亚人及其盟友建造了一种巨型喷火器,用这种喷火器点燃了要塞的墙,赶走了守卫者。德里昂就这样被夺下来了;驻军阵亡人数不明,但也许不多,200 人被俘。其余人逃向海上,雅典舰船接上这些人,回到城邦。将彼欧提亚从这场战争中驱逐出去的努力失败了,雅典人一无所获,损失惨重。③

德里昂战役在古代特别有名,或许是因为苏格拉底作为一名重装步兵,在这场战斗中战斗特别勇敢,而阿尔喀比亚德则作为骑兵参与了战斗。④ 这场战役值得注意,因为帕贡达斯展现出了战略和战术才华,因为希波克拉底斯及其麾下的雅典重装步兵展现出了勇敢,也因为这场战役对于这场战争的进程具有战略上和心理上的重要影响。雅典人未能将彼欧提亚人从这场战争中驱逐出去,斯巴达人的联盟毫发未损;

---

① Thuc. 4.96.2—8.
② Thuc. 4.101.2.
③ Thuc. 4.100.
④ 关于相关的内容,参见戈姆,《修昔底德历史评注》,第 3 卷,第 567—568 页。同时参见布索特,《希腊历史》,第 3 卷,第 2 册,第 1149 页,注释 3。

而原本觉得胜利似乎无望、战败正在逼近的斯巴达同盟成员,因此受到鼓舞,坚持抵抗雅典。另一方面,战斗的灾难性结果与希波克拉底斯的阵亡使得雅典鹰派遭到重创,青睐谈判议和的鸽派影响力因此有所上升。

彼欧提亚行动失败后果严重,所以现当代学者批评这次行动,说它"根本不明智"。① 一些批评者受到这样一种观点的影响:(-286,287-)伯利克里的防御战略是唯一正确的战略。② 还有一些学者认为,只有克劳塞维茨(Clausewitz)所阐释的拿破仑(Napoleon)战略战术——即直接攻击战略——才是唯一正确的战略,因此这些学者蔑视复杂的谋划与机动。"拿破仑反复批评从不同基地出发的不同部队之间的合作。他宣称,简洁是军事行动成功的主调。"③对于第一种蔑视,我们已经指出过,伯利克里战略已经失败了;424年的时候,伯利克里战略已经过时。对于第二种看法,我们则必须指出,拿破仑-克劳塞维茨战略对于在数目上和士气上都处于下风的军队来说,并没有什么好处。在法国大革命(the French Revolution)期间,丹东(Danton)可以要求"大胆,永远大胆",是因为他拥有欧洲规模最大、士气最饱满的一支军队。而1914年的法国军队依赖这一建议时,得到的不是胜利,而是近乎自杀的后果。雅典人想要赢得这场战争,试图将彼欧提亚这个敌人从战场上驱逐出去,并没有什么不对。因为在重装步兵、骑兵、轻装部队方面都处于劣势,雅典人依靠突袭和各个击破战略,也没有什么不对。我们也不应该批评雅典人太过冒险。在最开始制定计划的时候,他们并没有打算冒很大的风险。德摩斯梯尼不会登陆西扉,除非城内叛党能够保障他们安全登陆。雅典人没有打算在德里昂或任何地方与一支大军展开战斗。如果在那一地区遭遇什么意外,部队仍然拥有安全的班师路线。保密工作失败,时间安排错乱,还有希波克拉底斯不要撤退的决定,这三者结合起来,才共同制造了灾祸。即便如此,若非帕贡达斯的

---

① 亨德松,《雅典与斯巴达之间的大战》,第231页;贝洛赫,《希腊历史》,第2版,第2卷,第1册,第334页)批评这次行动"过于复杂",缺乏"必要的精确性"。
② 本岑说,德里昂的失败是"伯利克里战争计划之正确性的标志"(《希腊历史》,第227页)。
③ 亨德松,《雅典与斯巴达之间的大战》,第231页。

高明机动,雅典人也不会战败。彼欧提亚行动或许是由德摩斯梯尼策划的,这一行动计划既合情理,又有想象力。只要稍微走运一些,雅典人或许就能取得大捷,但是在424年,机运是与雅典人对着干的。

8月中,当雅典人还在为彼欧提亚行动备战的时候,伯拉西达率领一支军队向北方行进,朝着色雷斯走去。在雅典帝国之中,色雷斯(-287,288-)是斯巴达人所能抵达的唯一一处。① 这支军队中有700名武装为重装步兵的黑劳士和1000名来自伯罗奔尼撒半岛的重装雇佣兵,②雅典人攻打墨伽拉的时候,这支军队碰巧正在科林斯附近集结,伯拉西达因此才有机会拯救墨伽拉城邦。③ 至少自从426年在赫拉克利亚建立殖民地以来,斯巴达人就一直期待能够远征北方。到了424年的时候,斯巴达人已经陷入绝境。雅典人从派娄斯和叙铁拉不断侵扰伯罗奔尼撒半岛,越来越难以忍受,斯巴达人愿意把握几乎任何能够转移敌军注意力的计划。④ 对于被奴役的这部分斯巴达人口而言,派娄斯的雅典存在使得叛逃或暴动的念头此时变得极为有吸引力,因此,在这个关头,斯巴达人非常乐于摆脱700名英勇强壮的黑劳士。军队中唯一的斯巴达完全公民是这支部队的指挥官;显然,斯巴达人并不愿意冒太多风险。然而,要是能够控制色雷斯地区的雅典盟邦,他们应该是乐意的。诚然,色雷斯地区的雅典盟邦对雅典金库并没有太多贡献,也不是非常重要,但是安菲玻里是例外。而安菲玻里,正如布伦特指出的,"对雅典具有最重大的意义,既因为其采矿收入和木材供给,也因为她控制着司跽梦河(the Strymon)通路这一战略要地;控制了安菲玻里,就能打开通往通路,通往雅典那些富饶的东方盟邦,甚至还能危及海勒斯滂或博斯普鲁斯海峡(the Bosporus),危及雅典的谷物供给"。⑤

鉴于这一地区如此重要,相对脆弱,机会又已经出现,我们不禁想

---

① Thuc. 4.78.1;关于日期,参见布索特,《希腊历史》,第3卷,第2册,第1141页,注释3。
② Thuc. 4.80.5。
③ Thuc. 4.70.1。
④ Thuc. 4.80.1。
⑤ 布伦特,《凤凰学刊》,第19卷(1965年),第274页,所基于的文本是Thuc. 4.108.1与105.1。

问,为何斯巴达人没有在这场战争的更早些时候就尝试攻打这一地区呢？答案部分在于,斯巴达人传统的保守审慎,不愿派出任何大军走出伯罗奔尼撒半岛之外。除此之外,这一行动还十分危险。在赫拉克利亚和色雷斯之间横亘着帖撒利,这是雅典的正式盟友。在一片平坦之地上,有帖撒利的杰出骑兵威胁,重装步兵部队很难安全前进。还有供给问题。总的来说,斯巴达在希腊北部地区没有盟邦,无法依靠盟邦来为士兵提供补给,而因为雅典控制着海洋,所以也没有办法通过海路(-288,289-)来满足补给。然而,乐观无畏、精力旺盛的伯拉西达决意一试。① 我们可以推测,426 年在赫拉克利亚建立殖民地作为这样一次行动的军事基地,就是伯拉西达的主意。

然而,424 年以前,这种行动是无法进行的。那个时候,自从 432 年以来就处于暴动之中的波堤埃人(Bottiaea)和卡尔息狄斯人,还有靠不住的马其顿国王沛耳狄喀——他与雅典人时而和平共处,时而结盟,但内心深处一直将雅典当作敌人②——邀请斯巴达人派军前来色雷斯,大家各怀私心。雅典近来的胜绩吓住了准备叛变的这些人；叛党相信,雅典人很快就会派出大军前来镇压他们了。他们得到了这一地区雅典属邦的秘密支持,这些属邦表面上看起来仍然是雅典的盟友。如果要去色雷斯的话,伯拉西达可以指望这些人的帮助。沛耳狄喀同样害怕雅典新获得的权势,尽管他与雅典先前订有和约。此外,沛耳狄喀与林柯司人(Lyncestians)的国王阿尔哈巴乌(Arrhabaeus)结有私怨,为着这一私人目的,他也想要谋求伯罗奔尼撒部队的支持。③

所有以上这些理由,再加上 424 年斯巴达面临的麻烦,使得伯拉西达能够说服当局,派他前往北方远征。这是最为危险的任务,为此斯巴达人一兵一卒都不想出。这项行动之大胆,比得上德摩斯梯尼的埃托利亚行动和彼欧提亚行动；同时,这项行动与德摩斯梯尼的埃托利亚行

---

① Thuc. 4. 81. 1.
② 布伦特,《凤凰学刊》,第 19 卷(1965 年),第 274 页。
③ Thuc. 4. 79.

动和彼欧提亚行动一样,也是一位军事天才那非同寻常的无畏和想象力的结晶。如果伯拉西达失败了——他完全有可能会失败——,那么他就会遭到谴责,被说成是一个白痴,不顾后果。雅典人没有料到这次远征,也没有什么举措阻止这次远征,这不足为奇。

要率领军队穿过帖撒利,伯拉西达需要用上他所有的个人才华和外交天赋。帖撒利的普通民众与雅典亲善,同时没有希腊人愿意一支外邦军队穿过自己的领土。正如修昔底德所说,"如果帖撒利不是被一个当地特色的'严格寡头政体'(dynasteia)统治、而是被一个合宪政体统治的话,伯拉西达是绝对不能前进的"。① 然而,(-289,290-)他从赫拉克利亚派出使节,前往帖撒利重镇珐赛卢(Pharsalus)去寻找其朋党。他们安排他在帖撒利南边会见该地区的人,这些要么与沛耳狄喀关系密切,要么与卡尔息狄斯人关系密切。这些人将引导伯拉西达穿过乡村地区,并利用自己的影响力保障伯拉西达的安全。

即便如此,穿行也并不容易。伯拉西达,他的军队,还有他们的向导被另外一个派别的人拦了下来,这些人想必是"当地特色的合宪政体"的支持者。若非花言巧语加上略施巧计,远征或许在一开始就会遭到失败。向导们宣称,他们不过是在友善招待这些突如其来的异邦人(带着1700名重装步兵!),而伯拉西达则指出,帖撒利和斯巴达之间不存在争端,并暗示,可以邀请帖撒利人将来也去穿行拉戈尼亚。伯拉西达保证说,在没有允许的情况下,他不会行进得更远;他还指出,因为他们阻塞了道路,他没办法行进得更远;同时,他还礼貌地请求他们不要继续阻塞道路。此举令帖撒利人感到困惑;此外,因为帖撒利人对斯巴达人的到来毫无准备,所以势必在数目上处于劣势,同时也需要时间来组织抵抗。帖撒利人别无选择,只能退却让开。帖撒利人一旦让开道路,伯拉西达就令全军马上全速行进,不作任何逗留,安全抵达珐赛卢。

---

① Thuc. 4.78.3;谢德风译本,第 313 页,有较大改动。我接受胡德(Hude)的训读ἐγχωρίῳ(具有当地特点的),而非抄本训读τὸ ἐγχώριον(与当地情况一样)。关于这些文本困难,参见戈姆,《修昔底德历史评注》,第 3 卷,第 542—543 页。

从珐赛卢出发,他的帖撒利护卫就可以带着他走余下的路,前往狄坞(Dium),这是马其顿人的一座城镇,位于奥林普斯山(Mount Olympus)南坡边缘,而这里是沛耳狄喀的领土。①

消息传到雅典人那里的时候,伯拉西达已经抵达北方,于是他们采取行动,保卫他们在那一地区的利益。雅典人宣布沛耳狄喀为敌人,"更紧密地监视这个地区的同盟者"。② 可能就是在这时,雅典派出修昔底德和游刻勒斯前去保卫安菲玻里和爱昂(Eion)。③ 伯拉西达抵达马其顿以后,麻烦还没有结束。沛耳狄喀把伯罗奔尼撒人召集到他的国家来,部分原因是为了对付他的马其顿同胞林柯司人。而伯拉西达,当然是为了其他目的而来的,而且伯拉西达也不愿意把时间和人力(-290,291-)浪费在这样一出闹剧上。但是,他不愿疏远沛耳狄喀,因为沛耳狄喀正在支援他的军队,而且沛耳狄喀可能是个很难相处的人。当伯罗奔尼撒和马其顿联军抵达马其顿西北部通往林柯司的关口时,分歧公开爆发了。

阿尔哈巴乌听说伯罗奔尼撒部队来了,于是提出要将他与沛耳狄喀的争端交由伯拉西达仲裁。这位斯巴达将军乐于谈论这个问题,因为沛耳狄喀在请求斯巴达人帮助的时候曾经提到过,他将令其全部领土上的许多族群都加入斯巴达同盟。此外,卡尔息狄斯人并不希望沛耳狄喀的问题能够得到解决,因为他们担心沛耳狄喀的问题解决后,就没有兴趣再同他们一起与雅典为敌,甚至可能将伯罗奔尼撒大军的全部花费交给他们承担。同样是出于这些理由,伯拉西达想要全权处理好林柯司问题。沛耳狄喀面临谁将掌控远征军的考验;他认为,因为自己支付了远征军一半的费用,所以远征军的控制权属于自己,于是试图行使控制权。伯拉西达不甘被糊弄;他与沛耳狄喀发生了争执,不顾沛耳狄喀反对,与阿尔哈巴乌会面了。沛耳狄喀不高兴了,不肯再支付远征军一半的费用,只肯支付三分之一。沛耳狄喀的部分要求肯定是得

---

① Thuc. 4.78.
② Thuc. 4.82;谢德风译本,第316页。
③ 戈姆,《修昔底德历史评注》,第3卷,第550页。

到满足了的,同时,他没有勇气公然反抗这位脾气暴躁的斯巴达人。伯拉西达度过了第二道难关。①

8月的迟些时候,伯罗奔尼撒人兵临阿堪苏(Acanthus)。在卡尔息狄斯半岛往南面向爱琴海延伸的条状陆地中,阿堪苏位于东北方向那条。② 伯拉西达选择此地作为发动第一次攻击的目标,应该是因为在此可以建立斯跎梦湾畔的军事基地,便于发动对安菲玻里的袭击,而袭击安菲玻里是他的主要目标;但是他也可能听说了,阿堪苏正在发生派系争端,这座城镇防守薄弱。③ 在阿堪苏发生了党争,其中一些人与卡尔息狄斯人协作,(-291,292 为地图 8,293-)想要把伯罗奔尼撒人召唤来,这些人与民众发生了冲突。阿堪苏的局势与这年早些时候雅典人在墨伽拉所面临的情况类似,但具体情势则恰好相反。然而,伯拉西达没有试图用强攻或策反夺下这个地方。相反,他诉诸的这项技巧,将军们很少采用,斯巴达人则几乎从来不用:修辞术。④

伯拉西达请求单独进入阿堪苏城邦,无需陪伴,以作申明,然后将决策留给阿堪苏人去作。他机智老练,风度得当,想必很有说服力,但是修昔底德说,普通民众迎他入城,是因为他们担忧还没有来得及收获的葡萄收成。在对阿堪苏人发表的演说中,伯拉西达刚柔并济,既有宽慰之词,也有威胁恫吓。他强调,斯巴达是希腊人的解放者。他许诺,说将让阿堪苏城邦自治,不会卷入其派别斗争。他争辩,说阿堪苏人无需害怕雅典人报复他们转投敌营,一面宣称伯罗奔尼撒人可以保护他们,一面夸大雅典人不情愿在墨伽拉战斗的意义。最后,他威胁,要蹂躏已经可以收获的庄稼。⑤经过了充分辩论和秘密投票之后,阿堪苏

---

① Thuc. 4.83;戈姆,《修昔底德历史评注》,第3卷,第550—551页。
② Thuc. 4.84.1;关于日期,参见戈姆,《修昔底德历史评注》,第3卷,第551页;关于地点,参见地图8。
③ 戈姆(《修昔底德历史评注》,第3卷,第551页)提到了第一种可能性,同时指出,修昔底德没有解释这次行动的战略和政治理由;修昔底德经常这样。
④ 修昔底德带着微妙冷嘲、又或者是居高临下的意味——我们不知道修昔底德到底是在冷嘲,还是在表达傲慢——说,"对于一个斯巴达人来说,伯拉西达绝对不是一个拙于言辞的"(Thuc. 4.84.2;谢德风译本,第317页)。
⑤ Thuc. 4.85—7。

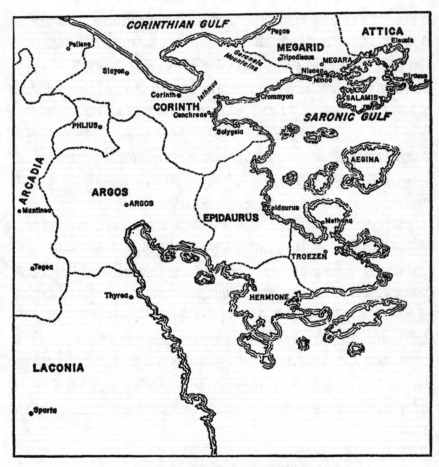

地图8 卡尔息狄斯半岛与安菲玻里
改编自《剑桥古代史》，第5卷，剑桥大学出版社，1927年。

人投票决议叛离雅典,接受伯罗奔尼撒人,"一部分因为他们受了伯拉西达(有诱惑力的)演说的影响,一部分因为他们担心他们郊外的果实"。① 阿墈苏叛离雅典,安德罗斯人在附近的殖民地斯塔吉庐(Stagirus)也一并加入了叛变。② 伯拉西达取得了关键的第一步胜利,征战行动气势大涨。

12月初,伯拉西达从卡尔息狄斯出发,对安菲玻里作战。安菲玻里是雅典人的殖民地,是他这次北方作战行动的主要目标。③ 这座城邦是木材来源地,有了木材,雅典人才能统治海洋。因此,安菲玻里对雅典人来说非常重要。尽管安菲玻里并不缴纳贡赋,但是却能提供可观的收入,收入或许是来自附近的银矿,来自安菲玻里所位于的司跇梦河上的桥梁过路费。安菲玻里之所以免于缴纳贡赋,或许是因为她所占据的地点是雅典在东卡尔息狄斯半岛的大本营。如果安菲玻里沦陷,通往海勒斯滂的道路和雅典的生命线控制权就将暴露在斯巴达人面前。④ 此外,斯巴达人如果夺下安菲玻里,还很有可能引发整个地区普遍暴动。

如此重要的一座城邦,当然位置极佳,要塞牢固。⑤ 安菲玻里坐落在司跇梦河道的急转弯处,三面环水,坐拥天然防线。通过横跨大河的一座桥梁,可以从西面进入城邦,而当有危险情况的时候,这座大桥势必被严密保卫起来。如果敌军能够跨河,那么接下来就将遭遇一面朝西的墙,这面墙沿山而建,环绕着坐落在山上的安菲玻里城邦。东面有另一道墙保卫城邦,这道东面的墙事实上将安菲玻里变成了一座岛屿。

---

① Thuc. 4.88.1;谢德风译本,第319页。
② Thuc. 4.88.2。
③ Thuc. 4.102.1;关于日期,参见布索特,《希腊历史》,第3卷,第2册,第1151页及注释5。关于安菲玻里到底是不是一个殖民地,参见卡根,《伯罗奔尼撒战争的爆发》,第187页,注释24(原书页码和注释码;中文校译本第189页,注释③)。在这一条注释之外,现在我还想加上鲍曼(R. A. Bauman)的论述:"关于安菲玻里的一条信息"(A Messsage for Amphipolis),《古典学报》(A Class),第11卷,1968年,第174—175页。
④ 关于安菲玻里的重要性,参见 Thuc. 4.108.1—3,以及卡根,《伯罗奔尼撒战争的爆发》,第186—188页(原书页码)。
⑤ 参见戈姆给出的地图:《修昔底德历史评注》,第3卷,第654页。

只需要一支不大的舰队,就足可以从西边抵抗攻击。① 然而,安菲玻里有一些致命弱点,使得她对于围歼战格外手足无措。安菲玻里公民中,雅典人很少;修昔底德说,"大多数人是来自各地方的",②其中有一些定居者来自附近的阿吉庐(Argilus)。阿吉庐的民众私下对安菲玻里怀有相当的敌意,③安菲玻里城内的阿吉庐人也是靠不住的。如果有外来袭击和围歼,安菲玻里将内外受敌。

我们可以肯定,伯拉西达对这些情况了如指掌,因为他得到的建议来自马其顿人,卡尔息狄斯人,还有阿吉庐人。他的袭击计划利用了所有自然优势和一切政治现实。他计划在傍晚时分抵达泊觅司枯(Bormiscus)。④ 他只停留了一餐饭的时间,接着就穿过夜色和飘雪,抵达阿吉庐;阿吉庐民众箪食壶浆招待伯拉西达,据修昔底德说,阿吉庐人是最热衷于反对安菲玻里的与谋者。阿吉庐马上(-294,295-)宣布叛离雅典同盟,接着,天还没有亮,伯拉西达及其部队就被引到了司践梦河大桥。袭击成功与否,关键在于能否夺下这座大桥。他们在这样一个暴风雪之夜抵达,大桥守军大惊失色;而在这样一支小小的守军中,都存在着一些叛徒。伯罗奔尼撒人轻而易举夺下了大桥以及城墙之外的所有地方的控制权。⑤

伯拉西达一反常规的战术令整座城邦陷入困惑。安菲玻里人见到伯拉西达到来,大惊失色。许多人在城墙之外被俘;这些战俘原本就是来自不同地方的居民,一直以来彼此猜忌,此刻,猜忌激烈地爆发了。伯拉西达自己似乎低估了这样出其不意的袭击有多使人惊骇,因为修昔底德记载了一个观点——他既没有说是谁的观点,也没有对此发表评论——,说如果伯拉西达立即攻打城邦、而非在城外乡村地区劫掠的话,他原本能够马上夺下安菲玻里。⑥ 不过,伯拉西达的耽搁是可以理

---

① 关于安菲玻里的地形,参见普利切特,《古希腊地形学研究》,第 31—45 页。
② Thuc. 4.106.1;谢德风译本,第 331 页。
③ Thuc. 4.103.3—4.
④ Thuc. 4.103.1;参见地图 8。
⑤ Thuc. 4.103.4—5.
⑥ Thuc. 4.104.2.

解的，因为要使用这样小的一支部队去强攻一个设防城邦，实在令人生畏，也肯定会造成伤亡，甚或导致失败。要夺取一座建有城墙的城镇，常见的办法是策反；伯拉西达正是准备依靠这种做法。但是，安菲玻里人很快重振士气，阻止任何叛徒去开城门。伯拉西达看到第一套方案失败了，于是安营扎寨，静待时机。伯拉西达的处境，有些类似德摩斯梯尼和希波克拉底斯在夺下尼赛亚、冲进通往墨伽拉的长墙之后的处境。如果伯拉西达依靠武力，那么他就会像德摩斯梯尼和希波克拉底斯一样，几乎注定会失败。

在安菲玻里，雅典驻军司令游刻勒斯马上通过某种旗语信号传出消息①给奥洛罗斯（Olorus）之子修昔底德。修昔底德就是记载伯罗奔尼撒战争的史家，当时正指挥着色雷斯地区的雅典舰队。游刻勒斯请求修昔底德援助这受到威胁的城邦。修昔底德并不在爱昂——爱昂距离司跐梦河河口不到 3 英里——，而在塔索斯，(-295,296-)航程大约需要半天。② 安菲玻里人显然指望着修昔底德人在爱昂，这样，从爱昂出发，他的舰队就可以马上赶来救援。③ 现当代学者试图解释为什么修昔底德会在塔索斯而不在爱昂，但是修昔底德自己没有给出任何解释。④ 他应该是在尝试募集士兵，以增援安菲玻里，尽管我们没有证据可以证明这样一个目的。或许，看起来更有可能的情况是，他这趟航程与安菲玻里没有关系，安菲玻里事态完全出乎他的意料之外，正如事态也完全出乎游刻勒斯和其他人意料之外。不管怎么说，修昔底德救援不及，后果极为严重。

伯拉西达肯定极为重视修昔底德及其舰队即将抵达的可能性，因

---

① 参见戈姆，《修昔底德历史评注》，第 3 卷，第 579 页，以及鲍曼，《古典学报》，第 11 卷，1968 年，第 177—179 页。
② Thuc. 4.104.5.
③ Thuc. 4.108.1. 德尔布吕克试图论证说，爱昂不能作为海军军事基地，因为那里没有港口（《伯利克里的战略》，第 185—186 页）。不过，他没有为此种假说提供任何证据，而这种假说看起来与 Thuc. 4.108.1 相互抵触。更多反驳理据，参见布索特，《希腊历史》，第 3 卷，第 2 册，第 1156 页，注释 2，以及韦斯特莱克，《希腊史家与希腊历史论丛》，第 135 页。
④ 关于对其中一些解释方法的讨论，参见戈姆，《修昔底德历史评注》，第 3 卷，第 585—588 页，以及韦斯特莱克，《希腊史家与希腊历史论丛》，第 135—136 页。

为他不止担忧其实际影响,还要担忧其所带来的心理效应。伯拉西达知道,修昔底德在这一地区拥有相当的影响力,安菲玻里人也在这一地区拥有相当的影响力。安菲玻里的民主派别一旦见到修昔底德带着舰船抵达,他们就会受到鼓舞,期待修昔底德的个人影响力进一步从邻近地方取得更多援助,保障他们继续抵抗,击碎伯罗奔尼撒人坐等城邦被出卖的希望。① 修昔底德告诉我们,因为这些担忧,伯拉西达匆忙向安菲玻里人提出了十分温和的投降条款。伯拉西达在阿聊苏也提出了温和的条款,这当然与他的整体战略是完全一致的;不管有没有修昔底德的舰队,伯拉西达都愿意开出任何条件来得到安菲玻里。伯拉西达对修昔底德到来的担忧,可以帮助我们去理解伯拉西达如何判断自身处境。正如R·A·鲍曼所说:"对于伯拉西达而言,修昔底德的抵达是决定性的事件。在当前情况下,伯拉西达认为修昔底德将会抵达,换言之,他以为,这座城邦能够也将会坚持抵抗。简言之,他相信,他完全不可能通过攻击夺下安菲玻里,(-296,297-)他还相信,即便开出这些条件,他也不可能夺下安菲玻里,除非安菲玻里人在修昔底德抵达之前接受这些条件。"②

游刻勒斯和安菲玻里人当然不知道伯拉西达在想什么。他是有名的战士,危险的敌人,足智多谋,他们已经痛苦地认识到了这一点。他们也知道修昔底德只有很少几艘舰船。如果敌军还未渡河、还未夺桥,那么这几艘船或许对于保卫城邦还能够发挥重要作用;但如果木已成舟,这几艘船就没有什么价值了。同时,危机已经迫在眉睫,修昔底德的募兵能力暂时也发挥不了什么作用。袭击马上就会发生,无论敌军是否采用诡计,无论敌军是否动用策反。尽管古希腊人很少能够成功攻下建有城墙的城镇,但是成功案例仍然存在,而如果有人可以做到,那么这个人就是伯拉西达。若城邦失守,公民命运将十分惨淡。从雅典来的殖民者或许将被奴役,甚至被处死;其他人将会无家可归,流离

---

① Thuc. 4. 105. 1.
② 鲍曼,《古典学报》,第 11 卷,1968 年,第 171 页,注释 9。我极大地受益于这篇论文,特别是其中所揭示的安菲玻里的内部情况。然而,我无法同意其结论:作者认为,他证明了修昔底德需要为安菲玻里的沦陷负责。

失所,进而挨饿。考虑到这些,我们就可以理解,对于伯拉西达提出的更为宽柔的投降条件,安菲玻里人为什么会作出那样的反应。

伯拉西达提出的投降条件是,安菲玻里的所有居民,无论是不是雅典人,或者可以留下来,财产和平等权利不受影响,或者可以选择在五天之内自由离开,带上自己的财产。① 这样做的代价是——尽管修昔底德无视且没有提及这种代价——安菲玻里从雅典阵营,转投斯巴达阵营。修昔底德说,"和他们所害怕的比较起来,他们认为这个宣言中的建议是很公平的",②这对安菲玻里人的抵抗意愿造成沉重一击。游刻勒斯和大部分民众曾体现出抵抗的决心,这决心曾经成功阻止城邦被策反,并在求援时表现出清楚的守城愿望,但这些都随着伯拉西达提出的投降条件而烟消云散了。③ (-297,298-)我们可以想象,安菲玻里人口当中的非雅典居民更关心自身安全和财产,而没有那么重视与雅典的同盟关系。城邦内的雅典人没办法完全信赖他们的安菲玻里同胞。决心让位于猜忌,伯拉西达在城邦内的友人充分利用了这不断增长的猜忌。尽管修昔底德没有记录下这次辩论中十分重要的演说辞,④但他的叙述表明,游刻勒斯是反对投降的,我们完全可以料想到这一点。起先,显然没有什么人敢反对游刻勒斯,但是渐渐地,倾向于接受伯拉西达投降条件的观点被表达了出来;接着,与伯拉西达勾连的

---

① Thuc. 4.105.2.
② Thuc. 4.106.1;谢德风译本,第331页。
③ 鲍曼(《古典学报》,第11卷,1968年,第175页)提到,是另外一个因素改变了局势,然而,他争辩说,"这个另外的因素不在于投降条件之合情合理,因为这一点在条件宣布的时候就已经很明显了,而在于他们仍需就此进行辩论,(-297,298-)辩论令人焦虑不安,还得持续几个小时才能说服雅典人或其他人"。为了论证这一观点,鲍曼接着指出,坨落坭的民众和猎库涂(Lecythus)的驻军在类似的情形下,就没有选择投降。上述观点并不令人信服。即便伯拉西达提出的条件看起来似乎肯定能够使得双方达成投降协定,但是民众并不会从一开始就确信这一点。一则,接受条件取决于对伯拉西达之诚意的信赖,而民众并不会轻易信赖伯拉西达,特别是安菲玻里的雅典公民。二则,有人即便承认条件宽柔诚恳,但如果他仍然更加愿意抵抗,就需要说明这条件根本不可能实现,虽然事实并非如此。因此,安菲玻里民众对伯拉西达提出的条件展开了辩论,我们实在无需感到奇怪。此外,坨落坭和猎库涂的"大多数人(并不)是来自各地方的"(谢德风译本,第331页),安菲玻里的问题反而是这两个城邦的优势。
④ 修昔底德遗漏了这次讨论的细节,鲍曼对此的批评,参见《古典学报》,第11卷,1968年,第173页。

那些人认为,可以公开为投降条件作辩护了;最后,这座城邦让步了,接受了投降条件。①

伯拉西达抵达司跋梦河大桥那天晚上,入城之后没过几个小时,修昔底德就带着自己的 7 艘舰船抵达了爱昂。他的速度相当之快:假定他大约是在黎明时分得到信号消息、要赶来安菲玻里的话,那么在 12 小时的时间里,他航行了 50 英里。② 他得到的消息是什么?对于希腊信号系统的表达能力,我们所知很少,但是信号系统肯定能够传达"桥陷,敌抵"。③ 这样一则消息就能够解释修昔底德的反应,而他自己是这样记载自己的反应的:"他的第一个目的,当然是及时赶到(-298,299-)安菲玻里,使这个城市不至于陷落;如果他不能达到这个目的的话,无论如何,他想在伯拉西达到达爱昂之前,营救爱昂。"④即便在他所收到的消息中并无任何关于城邦叛变的暗示,修昔底德也知道,正如伯拉西达也知道,安菲玻里是一座分裂的城邦,大军压境之时,很有可能会屈服。修昔底德来不及救援安菲玻里,但是他确实阻止了爱昂的陷落。我们无需质疑,正是他的迅速反应救下了爱昂,我们也无需质疑,若非他的迅速反应,伯拉西达就会在黎明时分夺下爱昂,因为次日,斯巴达人就顺流而下,是修昔底德击退了他们。⑤

雅典人极为重视安菲玻里,该城失守于斯巴达人之后,他们惊骇万分。雅典人认为修昔底德应该为该城失守负上责任,审判他,然后放逐他,放逐时间长达 20 年,直至战争结束。⑥ 据为修昔底德立传的古代传记作家们记载,原告是克里昂,罪名是"叛国"(prodosia)。⑦ 尽管传

---

① Thuc. 4.106.1—2.
② Thuc. 4.106.3—4, 104.5;戈姆,《修昔底德历史评注》,第 3 卷,第 579 页。正如戈姆所指出的,消息应该是通过信号系统传递的,因为信使得走 12 小时,才能抵达修昔底德当时所在的塔索斯。
③ 如鲍曼所指出的:《古典学报》,第 11 卷,1968 年,第 179 页。
④ Thuc. 4.104.5;谢德风译本,第 331 页。
⑤ Thuc. 4.107.1—2.
⑥ Thuc. 5.26.5.
⑦ 参见马塞林努斯的《修昔底德传》:Marcellinus, *Life of Thucydides* A 23, B 46;同时参见佚名的《修昔底德传》:Anonymous, *Life of Thucydides*, 3;参见布索特,《希腊历史》,第 3 卷,第 2 册,第 625 页,注释 1。

记传统的史料证据是出了名地靠不住,但是在这里我们也没有理由质疑其真实性。"叛国"这个罪名和侵吞公款一样,经常被用来指控战败的将军。克里昂,当然,他在雅典是领头的政客,出名的原告,所以最有可能是他提出了这样一种指控。① 一直以来,历史学家们对于法庭判决的公正性都感到困惑不解,而这个问题在此更加复杂,因为我们唯一有用的史述来自修昔底德自己。② 而他留下的那份史述令人迷惑。修昔底德从来没有直接对质或否认说,对他的判决是否公正,他仅仅给出了对事件的叙事性描述。一些学者因此为他的客观、为他不作自我辩解而称奇,③但是更为仔细的考察表明,仅作叙事反而是最有效的辩护。④ (-299,300-)证据就是,我们可以非常容易地将这段史述转化为一段直接反驳,反驳修昔底德应当为安菲玻里之沦陷负责这一控罪:"情况紧急",他或许会说,"在伯拉西达突袭司跞梦河大桥的时候。大桥守军规模太小,其中还有叛徒,而且并无防备,所以伯拉西达轻易夺下了大桥。守桥责任属于游刻勒斯,他在城邦担任指挥职务。城邦没有防备,但是仍然设法及时团结起来阻止叛变法马上发生,并向我求援。那个时候,我正在塔索斯,马上就出发赶来营救安菲玻里——如果我能够来得及的话,但至少我救下了爱昂。我争取到的时间令人惊讶,因为我知道有很大危险会发生叛变,也因为我知道我抵达就将扭转局势,利于我方。如果游刻勒斯能够再支撑一天,我们原本有可能挫败伯拉西达,但是他没坚持住。是我的迅速行动和先见之明救下了爱昂"。

修昔底德对自己行动的隐晦辩解没有说服雅典陪审团,但是他这

---

① 参见戈姆,《修昔底德历史评注》,第3卷,第585页。修昔底德在其史书中对克里昂的不公正记载是出了名的,这使得上述论点看起来更为可信。
② 狄奥多罗斯的记载(Diod. 12.68.1—3)在此毫无价值。
③ 古伦第,《修昔底德及他那个时代的史学》,第2版,第1卷1948年,第30页;梅耶说,修昔底德在复述情况的时候"对于自我辩解,未置一词"(《古代史研究》,第2卷,第343页)。
④ 埃德科提到,"辩解构成了这部分叙事内容的基础"(《剑桥古代史》,第5卷,第244页),但他没有进一步解释。韦斯特莱克通过细节论证了修昔底德是如何(-299,300-)通过选取和遗漏证据来给出对自己行动之最有力辩护的(《希腊史家与希腊历史论丛》,第123—137页)。鲍曼认为,修昔底德的叙事就是一篇自我辩解(《古典学报》,第11卷,1968年)。

番隐晦的辩解却说服了相当多的现当代历史学家。① 如果修昔底德在法庭所作的自我辩护也差不多如他在史书中所述,那么我们就能理解为何他被定罪,这是因为他没有回答一个关键的问题:为何他当时在塔索斯,而不在爱昂。现当代历史学家或许可以煞费苦心,作出解释,②但是相关的证据并不是由修昔底德给出的。如果我们不能认为史家本人在这一问题上的沉默就是他有罪的明证的话,③那么同样地,要使用史家本人的这一沉默作为许可来编造能够证明他无辜的证据,这同样也是错误的。④ (-300,301-)

我们必须假定,修昔底德在塔索斯是在执行一个合法的任务,⑤即便如此,也不能说他未能预见伯拉西达的远征、未能在恰当时间赶到恰当位置,就不该为此负责。但是,这一失误似乎不应该遭到如此严重的惩罚,特别是,如果我们考虑到,伯拉西达如此无畏、策略如此不同寻常,同时,如果我们还考虑到这样一个事实:是游刻勒斯让大桥失守、让安菲玻里人投降,而他似乎并没有遭到审判,也没有被定罪。⑥ 如果不理智的民众是在寻找替罪羊,为过于野心勃勃的失败计划、为疏于为东北地区提供防务寻找替罪羊的话,那么为什么民众仅仅判修昔底德的罪,而饶过了游刻勒斯呢?据我们所知,雅典的陪审团不是基于政治或

---

① 德尔布吕克为修昔底德作了最全备、最有力的辩护:《伯利克里的战略》,第178—188页。梅耶(《古代历史》,第4卷,第120页,注释1)采信了他的看法。芬力的判断(《修昔底德》,第200页)具有典型性:"是因为这样一个失败——而考虑到他当时和先前所率领的兵力,这样一个失败看起来是不可避免的——修昔底德才被放逐。正如因为在西西里接受和约而遭到惩罚的将军一样,看起来,他也是民众那过高期待的受害者。确实,在德里昂之后,寻找替罪羊的要求更为迫切了。"
② 关于这样一些解释,参见韦斯特莱克,《希腊史家与希腊历史论丛》,第135页及以下。
③ 翁肯(W. Oncken)就试图这样证明,转引自布索特,《希腊历史》,第3卷,第2册,第1154页,注释4。
④ 史度普(《修昔底德史书》,第1卷,第xii—xiii页),布索特(《希腊历史》,第3卷,第2册,第1154—1155页),以及德尔布吕克(《伯利克里的战略》,第178—188页)都试图这样证明。
⑤ 施密德(W. Schmid)(将之)归咎于他关切自家金矿,参见W·施密德—O·施塔林(O. Stählin),《希腊文学史》(*Geschichte der Griechischen Literatur*),第5卷,第2册,慕尼黑,1948年,第12页。我不赞同这一点。
⑥ 修昔底德没有提及游刻勒斯命运如何,游刻勒斯这个人也没有在其他史料中被提到过。所有史料对此都缄默不言,我们没有理由认为,他在回到城邦以后受到了法律惩罚。

其他理据对这两个人作出区别对待的。事实上,雅典人先前在惩罚将军们的时候,看起来是颇为区别对待的。德摩斯梯尼尽管失败了,却没有遭到定罪。法庭即便因为派所多鲁斯、索福克勒、攸里梅登在西西里的败绩而判决他们均有罪,但是却根据过失程度的不同,区别对待。派所多鲁斯和索福克勒被放逐,攸里梅登却仅仅被罚款。在诸多考虑之中,雅典的陪审团应该会基于案件事实作出决策。我们所掌握的仅有事实都是由被告留下来的,而如果我们掌握了陪审团当时掌握的所有事实,我们或许会作出和当时陪审团一样的决策。

戈姆显然并不敌视修昔底德,但正如他所说:

> 很明显,在冬季兵营里安静了两个多月、甚或更久之后,伯拉西达突然行进,游刻勒斯和修昔底德都始料未及。这才是决定性的;而负责任的指挥官不应允许自己被敌军突袭。我感觉到,修昔底德不仅认识得到自己的失败,也认识得到自己应该负上的部分责任;值得注意的是,在克里昂死后、在和约签订之后,就我们所知,没有任何人试图结束对修昔底德的流放,尼基阿斯没有,德摩斯梯尼没有,阿尔喀比亚德也没有;(-301,302-)在第二次安菲玻里作战行动的叙事中,他不放过克里昂,极尽辛辣讽刺,这也反映了这一事实。他失败了,克里昂很可能无情地滥用这一败绩使他遭到流放;克里昂带着一支更庞大、战备更佳的军队,在同样的战场上,面对同样的敌人,他又取得了什么样的战果呢?①

安菲玻里失守,正如雅典人所担忧的那样,鼓动了色雷斯其余地区的暴动。伯拉西达之温和,他的胜利之道,他对雅典在墨伽拉的胆怯的那些歪曲陈述,还有他取得的新近胜绩,都鼓动着好些城邦的派别,向他派出秘密使节,要求他前来他们的城邦,带领他们的城邦转投斯巴达阵营。② 就在夺下安菲玻里之后不久,司跞梦河上游的麦辛怒(Myrci-

---

① 戈姆,《修昔底德历史评注》,第3卷,第587页。
② Thuc. 4.108.1—5.

nus)也叛变了；接着是爱琴海沿岸的岬勒扑苏(Galepsus)和坳虚涅(Oesyne)，她们都倒向了伯拉西达。① 亚克忒半岛(the Acte Peninsula)的绝大部分城邦接下来都叛变了，除了撒涅(Sane)和狄坞之外；斯沱泥崖半岛(the Sithonia Peninsula)上的坨落坭也准备叛变斯巴达，但雅典在该城设有驻军，驻军阻止了叛变，所以伯拉西达被迫通过武力手段夺下该城。② 卡尔息狄斯城镇的公民有理由对斯巴达人怀有期待，期待他们在该地区加大投入，他们也有理由蔑视雅典的实力；但事实上，在这两个方面，他们都被误导了。安菲玻里陷落之后，尽管已经到了冬天，但是雅典人仍然派出驻军，加强色雷斯地区防务；或许就是这些驻军中的一支在坨落坭参与了战斗。③ 雅典人决意挽回损失；接下来的几年时间表明，他们有办法挽回损失。④ 叛变的城镇将为他们低估雅典的意愿和实力而付出沉重代价。

　　色雷斯地区的希腊人城邦期待斯巴达会给予有力支援，这也是错误的判断。当然，伯拉西达在安菲玻里之胜以后，就向斯巴达请求增援，同时他还开始在司跩梦河上造船。至少伯拉西达意在发动大规模战役，瞄准这场战争的决定性胜利。他应该是希望能够利用增援部队和他在色雷斯所能募集到的兵力——包括陆地部队和海上部队——来向东行进，(-302,303-)取得海勒斯滂地区的控制权，切断雅典的主要谷物供给线，迫使雅典屈服。如果伯拉西达的计划是这样的——而这明显是雅典人所担忧的 ⑤——，那么可以说，这一计划大胆无畏，一如德摩斯梯尼的风格，同时也有一定几率成功。然而，斯巴达城邦当局却拒绝派出伯拉西达所请求的增援兵力，修昔底德给出了两条理由，解释当局为何如此决策："斯巴达人毫没有帮助他，一则因为斯巴达的主要人物嫉妒他，一则因为他们真正的愿望是想恢复在岛上被俘虏的人和结束战争。"⑥我们

---

① Thuc. 4. 107. 3.
② 亚克忒：Thuc. 4. 109；坨落坭：Thuc. 4. 110—116。
③ Thuc. 4. 108. 6.
④ 韦斯特莱克指出，到了421年，几乎所有的沦陷盟邦都被雅典收复了(《希腊史家与希腊历史论丛》，第141—142页)。
⑤ Thuc. 4. 108. 1.
⑥ Thuc. 4. 108. 7；谢德风译本，第333页。

无需质疑,个人的嫉妒心——或许来自国王们对功绩高得不同寻常的下属的嫉妒,或许同时也来自其他人——确实在斯巴达的决策中发挥了一定作用。然而,关键还是政策意见上的真正分歧。自从斯巴达人在斯伐刻帖里亚被俘以来,一个倾向于谈判议和的派别就在斯巴达占据了上风。斯巴达人一次又一次派出使团,提出议和条件,却被热情高涨的雅典人一次又一次拒绝。伯拉西达的胜绩没有激励斯巴达人冒更多险、作更多努力去争取全胜,而仅仅被视为通往谈判议和的一个机会,他们寻求这个机会已久,却屡屡徒劳。他们有理由期待,雅典在德里昂的失败会令他们冷静下来,而安菲玻里及其他城镇的失陷会给斯巴达以一些筹码,好换取战俘,派娄斯,还有叙铁拉。

科林斯和其他盟邦或许会强烈反对斯巴达的保守主义,但是她们和布伦特一样,"要理解斯巴达当局对伯拉西达不予支持却并不困难"。① 马其顿的沛耳狄喀承担了军队的部分费用。在安菲玻里陷落以后,即便他很快与伯拉西达取得和解,②但他仍然是个诡计多端、不甚可靠的盟友,甚至还有可能成为一个危险的敌人。要又一次安排一支斯巴达大军穿过帖撒利、走向伯拉西达,这可能并不容易,特别是如果沛耳狄喀不可靠的话。在派娄斯和叙铁拉被敌军掌握的时候,在黑劳士暴动危险比平时更甚的时候,斯巴达人不会愿意派出任何规模的部队离开城邦。斯巴达人拒绝遥远而渺茫的(-303,304-)全胜可能,寻求可能性更高、也并非不能接受的立即和约,他们是明智的。

雅典人当然并没有缔结和约的紧迫感。色雷斯的损失可以随时挽回,增长后的贡赋为坚持战斗提供了资源,他们仍然统治着海洋,他们手中仍然握有斯巴达人质,可以防止敌军入侵亚狄珈。但是新近的败绩不可避免地产生了心理效应。激进鹰派信誉扫地;全胜的机会看起来遥不可及。在这样的情形下,鸽派再度赢得影响力,雅典人更易于接受斯巴达人的提议。这一年开始的时候,雅典人希望高涨;这一年结束的时候,雅典人心绪低落,他们为让步妥协做好了准备。

---

① 布伦特,《凤凰学刊》,第 19 卷,1965 年,第 276 页。
② Thuc. 4.107.3.

第十章　和平的到来

423年早春,斯巴达人和雅典人达成为期一年的停火协定,希望并期待利用这段时间谈判,缔结更加持久的和约。① 大约与此在同一个时间,423/422年的将军选举举行。这年当选的将军名单中,尽管我们仅仅能够确认其中两位——尼基阿斯与尼各司忒拉图——,但仍然可以确信,这一名单充分体现了鸽派的力量。② 停火协定本身说明,双方没少谈判;为了制定停火协定的最终文本,双方恐怕也没少花时间。提议或许是斯巴达作出的,因为自425年以来就一直如此;然后,斯巴达和雅典的谈判者进行了讨论,作为谈判成果的草案应该"是由来自斯巴达和来自盟邦的代表团送到雅典,送呈雅典公民大会的;这个使团应该得到了授权,有权就如此之条件签订停火协定"。③ 前两个条款保障德

---

① Thuc. 4.117.1.
② 尼基阿斯与尼各司忒拉图(的当选)经由 Thuc. 4.129.2 证实,所有学者都采信这一事实。韦斯特莱克(《希腊史家与希腊历史论丛》,第145页及以下)认为,悲剧诗人索福克勒斯(Sophocles)这一年也当选了将军。我认为,这一看法并不令人信服,但是西里(《希腊政治文选》,第110页)采信了韦斯特莱克的这一看法。佛纳瓦(《雅典将军委员会》,第61—62页)认为克里昂当选了,依据是修昔底德的 Thuc. 5.1—2。他对这段艰涩的文本的解读过于绝对,没有理由可以推断克里昂于423/422年出任将军。
③ 戈姆,《修昔底德历史评注》,第3卷,第598页;戈姆的观点本质上来源于科什霍夫(A. Kirchhoff,《修昔底德及其档案材料》[*Thukydides und sein Urkundenmaterial*],柏林,1895年,第3—27页)。我认为,这一观点究其根本而言,是正确的。尤里乌斯·史度普("修昔底德研究"[*Thukydideische Studien*])在克拉森-史度普的修昔底德史书校勘本第4卷的附录(第306—310页)中,也提到了一些有用的观点。

尔斐的自由通行权,惩处洗劫神庙金库的罪犯,这两个条款明显是伯罗奔尼撒人(-305,306-)对雅典人提出的具体控诉的让步。德尔斐所在的领土由伯罗奔尼撒盟邦控制,我们可以想见,与惯例不同的是,前去朝圣的雅典人曾经被拦在神庙之外。修昔底德没有告诉我们第二个条款的背后动机是什么,但是在此处,措辞同样清楚表明,雅典人是有一些明确的具体控诉。① 伯罗奔尼撒人还作出了一项让步,那就是他们在海上的活动受到限制,协议仅允许有限吨位的商船下海,而不允许战舰下海。② 另一方面,限制双方接受逃兵叛徒的条款,则显然是有利于斯巴达人的,因为他们迫切想要阻止他们的黑劳士逃往派娄斯。③

停火协定中的领土条款基于"占领地保有原则"(*uti possidetis*)。雅典将继续占领派娄斯和叙铁拉,但是驻军的行动范围被限制在派娄斯周边十分狭窄的地区,并且叙铁拉不得与伯罗奔尼撒半岛来往。雅典在尼赛亚的驻军和在觅诺崖、阿塔兰特两座岛屿上的驻军适用同样的条款。④ 根据他们与托洛溱人先前的协定,雅典人在东伯罗奔尼撒半岛托洛溱的军事存在得到批准。修昔底德先前并未提到雅典与托洛溱的任何协定,所以我们只能推测,雅典人在梅瑟纳建设的要塞形成了威胁,托洛溱落入了雅典控制之中。⑤

---

① Thuc. 4.118.1—4;戈姆,《修昔底德历史评注》,第 3 卷,第 596—598 页。
② Thuc. 4.118.5。
③ Thuc. 4.118.7。
④ Thuc. 4.118.4;我们此处讨论的文本并没有直接指出阿塔兰特这个地名,而只是提到 τὴν νῆσον, ἥνπερ ἔλαβον οἱ Ἀθηναῖοι,"雅典所占领的岛屿"(谢德风译本,第 339 页)。这里所指的有可能只有觅诺崖,但是我认为史度普的看法有可能是正确的,并且很有吸引力:他认为此处文本有脱漏,必须补上阿塔兰特(这个地名)(克拉森-史度普:《修昔底德史书》,第 4 卷,第 230 页)。戈姆(《修昔底德历史评注》,第 3 卷,第 600 页)采信的是赫伯斯特(L. F. Herbst)的看法,认为此处指的是梅瑟纳。
⑤ Thuc. 4.45.2;哈烈崖或许也在同一时间与雅典结了盟;*IG* i² 87 = 本岑,《希腊罗马世界的国际条约:从公元前 700 年到公元前 338 年》,第 2 卷,第 103—105 页,第 184 则。但需要同时参见汤普森(W. E. Thompson),《克丽娥学刊》,第 53 卷,1971 年,第 119 页及以下。汤普森质疑了这份条约的日期。雅典人或许还在这个时候与波斯的大流士二世(Darius II)结了盟。参见本岑,《希腊罗马世界的国际条约:从公元前 700 年到公元前 338 年》,第 2 卷,第 101—103 页,第 183 则。如果雅典与波斯确实结了盟,那么这一结盟唯一的效用不过是平息雅典人的恐惧:对波斯可能加入斯巴达一方来干涉战争的恐惧。

停火协定的其余部分是为了创造合宜条件,方便就持久和约进行谈判。双方的传令官和使节都能够在陆地上和海洋上安全通行。所有争端全部交由仲裁。最后一项条款有力地表达了斯巴达人的诚意和他们(-306,307-)基于合理条件议和的决心:"上述诸条款,斯巴达人和他们的同盟者都同意,但是如果你们有更好和更公平的建议的话,请你们到斯巴达来告诉我们。斯巴达和它的同盟国绝对不会拒绝你们正义的建议的。但是,如果你们派遣代表们前来的话,请让他们有全权处理,正如你们所要求我们作的。这个休战和约的有效时期为一年。"① 雅典公民大会通过法令,接受了停火协定,这则法令的动议人是剌喀司,法令通过的日期是伊拉埧柏丽翁月(Elaphobolion)的第 14 天,或许是 3 月 24 日。该法令要求将军们和议事会主席团召开集会,专门讨论和约终稿的具体条款。② 雅典的签字人是尼基阿斯,尼各司忒拉图,奥托克勒;这些人都是赞成谈判议和的鸽派。人们并不认为有必要、甚或有可能得到来自另一阵营领袖人物的签字。③ 斯巴达人于斯巴达历的格拉司休月(Gerastius)第 12 天批准协定,与雅典批准协定或许是在同一天。④ 我们推断,雅典的签字代表了她的所有盟邦,而斯巴达同盟的成员则拥有更高程度的自治,所以科林斯、西叙昂、墨伽拉、埃皮道鲁斯的使节分别代表各自城邦签字。⑤ 停火协定令人希望高涨,认为持久的和约即将达成,认为战争的结束即将到来。

　　各方对第一项条款的反应表明,这种希望还为时过早。彼欧提亚

---

① Thuc. 4.118.8—10;谢德风译本,第 340 页。
② Thuc. 4.118.11—14;戈姆(《修昔底德历史评注》,第 3 卷,第 701 页)给出了这一日期在今天所使用的日历上的对应日期。
③ 戈姆(《修昔底德历史评注》,第 3 卷,第 605 页)认为,这些人签订停火协定,不能说明他们的党派倾向。"'签署'该协定的将军们之所以签字,是因为公民大会要求他们这样做;而公民大会之所以会要求他们这样做,是因为他们是仅有的在场的将军。"但是,424/423 年的将军委员会中,还有德摩斯梯尼,克里昂,拉马库斯,我们没有理由认为,在 423 年 3 月,这三个人不在雅典。这一年的其余三名将军中,修昔底德被放逐了,希波克拉底斯已经死了;我们不清楚游刻勒斯情况如何。赞成议和的三个人签了字,但一般而言,反对和约的三位将军却没有签字,最起码,这一事实是有些意思的。事实是我们不知道条约签字人是如何遴选的,同时也没有理由假定他们签字时不情不愿。
④ Thuc. 4.119.1;戈姆,《修昔底德历史评注》,第 3 卷,第 604 页。
⑤ Thuc. 4.119.2.

人因为(-307,308-)在德里昂而飘飘然,佛基斯人心怀宿怨,他们都拒绝暂停战斗。雅典人通往德尔斐的陆路取决于他们的允许,但他们不太可能会允许雅典人通过。斯巴达人无法强求他们默从,一如斯巴达人无法强迫他们接受停火协定;他们只能尽量说服盟友。雅典人和斯巴达的盟友们同时都满意的和约条款也不容易达成。科林斯人与墨伽拉人或许愿意协商,但是科林斯人和墨伽拉人都不会乐意允许雅典人保留已经夺取的土地,而雅典人不太可能愿意在协商中放弃自己已经得到的。然而,到目前为止,和约的最大障碍却是因为,斯巴达无法控制在色雷斯指挥其军队的那位任性的天才。

就在停火协定正在达成、而消息或许还没有传到色雷斯的时候,位于帕勒涅半岛(Pallene)南岸的城镇司基昂叛离了雅典。伯拉西达听闻暴动消息后,马上乘船渡海,把握这个新的机遇。在司基昂,伯拉西达按照惯例发表了演说,但特别赞扬了司基昂公民,说他们没有受到强迫就勇敢加入了自由的事业,而他们几乎算是岛民,完全暴露在雅典人报复的危险之中。"如果他能够依照他的意旨处理事务的话,他一定把塞翁尼(司基昂)人看作斯巴达最忠实可靠的朋友,他一定在各方面对他们表示尊敬。"①这番演说团结了司基昂人,甚至包括原本并不赞成暴动的那些人。他们热情如此高涨,以至于他们将金冠戴在了伯拉西达头上,称他为"希腊的解放者",这种公开表态是前所未见的。私下里,人们则把他当作凯旋的运动员一样,极尽优待。② 伯拉西达先是留了一支小部队在司基昂,接着又带着更大的部队返回司基昂,他希望将这座城镇作为军事基地,在雅典人得到消息之前,先用来攻打位于同一个半岛的蒙岱和波提狄亚。雅典人或许是因为停火协定谈判而分心,或许是因为还没有从最近的一系列失败中回过神来,他们没有采取足够的措施保卫他们在色雷斯地区的属地。伯拉西达迫切想要在援兵抵达之前,取得他能取得的一切。(-308,309-)

当斯巴达人雅典纳乌(Athenaeus)和雅典人阿里斯托宁木

---

① Thuc. 4.120.3;谢德风译本,第342页。
② Thuc. 4.121.1.

(Aristonymus)一起前来传信说停火协定已经达成的时候,我们可以想象,伯拉西达有多么懊恼,多么失望。他被迫放弃了自己的计划,率军回到坨落坭。在坨落坭,他们向他正式传达了停火协定,伯拉西达的色雷斯盟友别无选择,只能接受。阿里斯托宁木听说司基昂已经暴动,便将这座城镇从停火协定中划掉。伯拉西达激烈辩争,说司基昂在停火协定达成以前就暴动了。一方面,这当然是因为伯拉西达更清楚情况;另一方面,这也是因为在对司基昂公民发表了那番慷慨激昂的演说之后,在他得到司基昂公民给他那独一无二的礼遇之后,他根本没办法马上抛弃司基昂公民,任由他们被雅典人报复。伯拉西达想要一个借口,好散布不和,希望借此重新得到色雷斯事务任凭自己处理的权力。接下来的举动表明,为了实施自己的计划,伯拉西达有多么愿意冒险。他向斯巴达人保证说,己方是占理的,还保证说,司基昂暴动开始于停火协定之前;斯巴达人相信了伯拉西达,宣布接管司基昂,但是他们愿意将争端交由仲裁处理。伯拉西达撒的谎很快就会暴露;而如果他的计划出了差错,那他就可以想见自己回到城邦时将遭到何种对待:其他斯巴达人——甚至包括国王们——都曾经被定罪至流放,甚或被处死。但是,伯拉西达准备好了要冒险,希望能够取得胜利,胜利将保证他在回到城邦时能够得到欢迎。

雅典人当然出离愤怒了。他们清楚他们才是占理的一方,不肯交由仲裁。这不仅仅是因为司基昂这样一个雅典盟邦叛变了,同时还是因为司基昂位于海上,几乎像个岛屿一样。如果这样的城邦都认为暴动没有风险,认为因为有斯巴达保护而无需遭受惩罚,那么整个帝国中就没有一处可称安全了。在这种情绪当中,雅典人通过了克里昂的动议,向司基昂派出远征军,去摧毁这个城镇,然后处死其公民。① 克里昂曾经针对列斯堡叛徒的命运给出相同的建议而未被采纳,但是这一次,他的建议被采纳了。雅典人愤怒的情绪是部分缘由:雅典人正在期待利用和平来巩固他们在色雷斯地区的属地的时候,正好在这个时候,暴动发生了,伯拉西达还支持暴动,雅典人因此极为愤怒。(-309,

---

① Thuc. 4.122.

310-)但是当时,雅典人对列斯堡暴动也极为愤怒。或许到了这个时候,因为雅典在安菲玻里、阿墈苏、坨落坭、以及东北地区其他城镇的种种败绩,伯利克里和狄奥多图斯的温和帝国政策已经信誉扫地。看起来,对于克里昂的恐怖威慑政策,雅典人愿意一试。

很快,蒙岱也暴动了,这一次,暴动显然发生在停火期间,但伯拉西达还是接收了暴动者;因此,雅典人推行恐怖威慑政策的意愿更加强烈。伯拉西达给出的借口是声称雅典违反停火协定,但这难以令人信服。真相是伯拉西达不愿意接受停火协定,决意推进他对色雷斯地区的征服。他在司基昂的举动已经鼓舞了蒙岱的叛党。修昔底德清楚说明,叛党只占蒙岱公民中很少一部分,他们夺了权,然后强迫其他人与他们一起暴动。雅典人的愤怒火上浇油;他们立即备战,前去征伐这两座城邦。伯拉西达预见到将有猛攻,将妇孺尽数遣散保卫起来,并派出500名伯罗奔尼撒重装步兵和300名卡尔息狄斯轻装步兵,由波吕达米达指挥。①

正当伯拉西达和他极为有限的部队在卡尔息狄斯捉襟见肘的时候,他对沛耳狄喀的依赖让他付出了沉重的代价。马其顿的这位国王仍旧支付着伯罗奔尼撒部队的部分薪饷,他强迫伯拉西达——或许是威胁将停止提供补给②——从关键的主战场撤退,转而同他一起行进去征伐林柯司的阿尔哈巴乌。他们很快与林柯司人陷入激战,赢得决定性胜利,将敌军驱赶回山里。接着,他们又等待了几天,等着沛耳狄喀的邑吕利亚(Illyrian)雇佣兵抵达。两位将领又一次目标不同,意见相左。沛耳狄喀想要继续追击林柯司人,摧毁他们的村庄,而伯拉西达则迫不及待想要赶回帕勒涅半岛,雅典人马上就要来攻打了,他要救下那里的城邦。③ 两人争执之际,消息传来,邑吕利亚人不可靠,倒戈投向了阿尔哈巴乌。这些蛮族雇佣兵残酷好斗,是危险的战士;他们正在逼近的消息使得(-310,311-)沛耳狄喀终于屈服了,同意撤退,如伯拉

---

① Thuc. 4.123.
② 戈姆,《修昔底德历史评注》,第3卷,第612页。
③ Thuc. 4.124.

西达先前所愿。因为争执,两位将领无法协调撤退计划。但是,在夜间,马其顿军队陷入了惊慌,他们阵型大乱,转头逃散;沛耳狄喀别无选择,只能继续跟随自己的部下逃散,无法通知伯拉西达,而伯拉西达此刻扎营在离他有一定距离的地方。黎明到来,伯拉西达形势极为不妙。马其顿人逃走了,但阿尔哈巴乌和邑吕利亚人就要来攻打他们了。伯拉西达的演说技巧激励了部下,再加上他自身的勇敢,他对军事细节敏锐又专业的感知,还有一流的战术天才,在面临远超己方的大军压境时,他在敌军土地上成功实施了撤退。①

马其顿人突然撤退且没有及时沟通,沛耳狄喀和斯巴达人的同盟因此终结——即便法理上并非如此,道义上也已经终结。斯巴达士兵被马其顿人抛弃,极为愤怒;他们把碰到的所有马其顿牛都杀光了,抢走了他们能找到的一切战利品。自此,沛耳狄喀视伯拉西达为他痛恨的敌人,而正如修昔底德指出的,这与他对雅典人的感情是相互矛盾的。理性利益让位于个人仇恨,同时或许还让位于个人的恐惧。"由于这种必要的关系,他开始努力和雅典和解,以图尽快地和伯罗奔尼撒人脱离关系。"②

与此同时,雅典人向帕勒涅半岛派出一支远征军,由 40 艘雅典舰船和 10 艘开俄斯舰船、1000 名雅典重装步兵、600 名弓箭手、1000 名色雷斯雇佣兵以及这个地区雅典的一些盟邦提供的轻装步兵组成。③这支远征军的指挥官尼基阿斯与尼各司忒拉图,他们的目标仅仅是暴动的司基昂和蒙岱;更早暴动的坨落圾,根据停火协定,已经落入斯巴达人的控制之中。因为想要与斯巴达协商达成和约,所以不管伯拉西达做过些什么,这两名将军都不会违反停火协定条款,因为他们不想影响和约谈判。雅典派出这些鸽派来对斯巴达军队作战,我们对此也不该感到惊讶。伯拉西达违反停火协定已经激怒了雅典人,正中克里昂和其他一些人之下怀;这些人追求的是全胜,他们会威胁和约达成的前

---

① Thuc. 4.125—128.2.
② Thuc. 4.128.5;谢德风译本,第 348 页。
③ Thuc. 4.129.2.

景。如果尼基阿斯和他的同党想要避免信誉(-311,312-)完全扫地的话,他们就得收复暴动的这些城镇,把情势还原到停火协定达成时的那样。而如果要达成他们自己那有限的目标,如果要避免这次行动演变成不加限制的挑衅、继而激化战事的话,他们就不可能将这次行动的指挥权交给其他任何人,除了和他们自己一样的鸽派。

他们所率领的兵力规模进一步表明,此次行动目标有限;事实上,这支部队规模太小了,以至于连行动成功都很难保证。如果他们抵达时,伯拉西达及其部下已经在帕勒涅半岛,或者已经靠近帕勒涅半岛的话,这支部队就很难确保胜利。相比起伯利克里麾下前往埃皮道鲁斯的那 4000 名重装步兵、尼基阿斯麾下前往弥罗斯的那 2000 名重装步兵,以及希波克拉底斯麾下前往德里昂的那 7000 名重装步兵,尼基阿斯与尼各司忒拉图所率领的这支雅典部队,规模看起来并不大。诚然,德里昂败绩致使雅典人员损失惨重,他们很可能不再愿意把更多人的性命拿去冒险;还是用色雷斯雇佣兵更好,他们没那么可靠,但却是可以被拿去牺牲的。资金方面,尽管贡赋额度提高了,但资金仍旧是一个问题;到 423 年夏季为止,储备金库似乎已经缩水至 596 塔伦特。① 但是,加强行动尽管并不容易,却也不是不可能的。我们可以推断,投入一支中等规模的部队,就是在条件有限的情况下,依据该政策作出的决策。

当雅典人抵达他们在帕勒涅半岛的作战基地波提狄亚的时候,伯拉西达还没有从北方回来。蒙岱的守卫者只有当地人,再加上 300 名司基昂人,700 名伯罗奔尼撒人,他们都由波吕达米达率领。他们在城邦外面的山上占据了一个有力据点,轻易抵抗住了雅典人第一天的攻击;雅典人差一点失败被歼。② 第二日,尼基阿斯利用雅典的海军优势,环航绕到蒙岱南边,洗劫了那一区域的乡村地区。次日,他继续蹂躏,直抵司基昂边境,而尼各司忒拉图则从背面包围了蒙岱。雅典人没有什么更好的办法,只能围歼该城。如果该城公民团结对外,那么我们

---

① 《雅典贡赋表》,第 3 卷,第 344 页。
② Thuc. 4.129.

就没有理由认为雅典人能够在伯拉西达回来以前夺下蒙岱。但是,蒙岱的暴动是由一小撮寡头党人煽动起来的,违反了大多数人的意愿,并且依赖于斯巴达人的(-312,313-)支持。雅典大军压境,这动摇了这一小撮人对城镇的控制。尼基阿斯第一天的洗劫行动没有遭到任何反抗,因为蒙岱被内争撕裂;次日夜里,300名司基昂人回到自己的城邦去了,雪上加霜。情势确实艰难,但是蒙岱城内仍然有一支斯巴达人指挥的伯罗奔尼撒部队。伯拉西达或许原本能够处理得了眼下的问题,但他离得太远。作为在海外履职的斯巴达人,波吕达米达有更典型的斯巴达性格。

雅典人抵达以后的第三天,波吕达米达集合了他的部下,在城邦朝北的一处地方发动了对尼各司忒拉图部队的攻击。他正在按照惯例进行劝勉演说的时候,蒙岱的一些民主党人高声反对,拒绝出去战斗。这时候就需要伯拉西达的如簧巧言,需要激励、鼓舞、说服的话。然而,波吕达米达朝着打岔的人咆哮,对他下了毒手。其他蒙岱人于是拿起武器,攻打伯罗奔尼撒人,攻打蒙岱的寡头党人,把城门打开,迎雅典人入城。波吕达米达及其部队转身逃跑,他们完全没有料到会这样,还害怕蒙岱人的举动是雅典人事先安排好的,虽然并不是。雅典人闯入城邦,有些困惑,一开始还以为蒙岱人仍是敌军。他们开始劫掠——在对一座城邦进行强攻的时候,劫掠是合法行为——而尼基阿斯和尼各司忒拉图费了好大力气阻止雅典士兵屠杀蒙岱公民。许多伯罗奔尼撒人被当场杀死,其他人则躲入卫城,因为卫城有栅栏,还有卫兵守卫。雅典人在蒙岱恢复了民主政权,下令审判寡头党人。① 蒙岱重新成为雅典盟邦。

接着,雅典人转向司基昂。守城的人占据的据点在城邦外面的山上,能够阻挡雅典人冲上来、冲向司基昂的城墙,还能够防止雅典人在此建造围歼墙。雅典人攻打并夺下了这座山。然而,当雅典人在建造围歼墙的时候,被困在蒙岱的伯罗奔尼撒人逃了出来,来到了司基昂。② 得到这些增援之后,司基昂的民众(-313,314-)及他们的伯罗奔尼撒盟友于

---

① Thuc. 4.130.
② Thuc. 4.131.

是得以坚持抵抗,他们坚持了一整个夏季。夏季结束的时候,雅典人才终于建成围绕司基昂的围歼墙。尼基阿斯和尼各司忒拉图那些部下显然不足以用强攻夺下司基昂,同时,克里昂提出的严厉法令又确保司基昂人不可能通过被说服而投降。这并不是雅典历史上唯一一次出现这样的情况:一项政策由一个人及其同党提出,但是却由并不赞成这项政策的其他人来执行。尼基阿斯并没有要求增援,也没有通过阴谋巧夺该城的想法;相反,他带着部队撤退了,只留下一支驻军守卫。①

然而,雅典军队还在司基昂的时候,因为伯拉西达和沛耳狄喀之间的仇恨,雅典赢得了一次重大外交胜利。沛耳狄喀派出传令官来找尼基阿斯和尼各司忒拉图,雅典与马其顿结成了攻守完全同盟。② 这个同盟马上就发挥了作用。雅典军队还在司基昂的时候,斯巴达人决定向伯拉西达派出增援,增援部队由伊莎格拉(Ischagoras)、阿美尼亚斯(Ameinias)和阿里斯特乌斯(Aristeus)指挥,但是尼基阿斯要求沛耳狄喀有所表示,以证明他重投雅典的诚心。于是,沛耳狄喀动用了他在帖撒利地区的巨大影响力,效果惊人:要行进穿过帖撒利,这一次,斯巴达人想都不敢想。③ 这势必令雅典鸽派心里的石头落了地,因为这支斯巴达增援部队不仅可能进一步威胁(-314,315-)色雷斯地区的雅典据地,同时还有可能大大激化战事,那样一来,谈判永久和约的机会就

---

① Thuc. 4.133.4.
② Thuc. 4.123.1;我相信,雅典与马其顿同盟条约就是以下这条:*IG* i² 71 = 本岑:《希腊罗马世界的国际条约:从公元前700年到公元前年338年》,第2卷,第186则约约,第109页及以下。先前,我采信《伯罗奔尼撒战争的爆发》,第261页[原书页码])《雅典贡赋表》的作者们的看法,他们将这则铭文的时间推断在战前,时间大约是公元前5世纪30年代。现在,我转而相信,戈姆《修昔底德历史评注》,第3卷,第621页)和本岑《希腊罗马世界的国际条约:从公元前700年到公元前年338年》,第2卷,第113页)的看法是对的。戈姆和本岑认为先前的学者们提出的日期423/422年更可信。本岑简洁地说明了选择较晚这个日期的原因:"一方面,沛耳狄喀与阿尔哈巴乌之间的同盟应该晚于435年;另一方面,雅典独占了马其顿的木桨($κωπέας$, Z. 22—23),只有在战争时期,这一情况才能够被理解,在和平时期,这是无法想象的"。除了结成同盟之外,这则条约还规定沛耳狄喀和阿尔哈巴乌停止干戈相向,缔结友善关系,规定沛耳狄喀继续且仅为雅典造桨提供木材。既然雅典人已经把伯罗奔尼撒人的舰船从海上驱逐殆尽,现在他们采取措施,是要确保不会有更多的伯罗奔尼撒舰船被建造出来,并得到人力部署。
③ Thuc. 4.132.1—2.

会不复存在。

为什么斯巴达人会在停火协定期间、而不在更早的时候向伯拉西达派出增援部队?斯巴达本就疑云重重的国内政治局势再添谜团。斯巴达人可能接受了伯拉西达的说法,认为司基昂在停火之前就已经陷落,并因此认为斯巴达是占理的一方,认为雅典攻打司基昂是违背停火协定的。① 但即便如此,伯拉西达支持蒙岱革命时,还是明显违反了停火协定,斯巴达如果想要显示诚意、继续谈判的话,应该在这个时候声明与伯拉西达的行为并无联系。斯巴达拒绝惩戒、拒绝声明与他们自己的将军伯拉西达断绝关系,并决定向他派出增援,并不一定是因为国内局势变动,鹰派和伯拉西达派的权势有所上升;事实上,伊莎格拉及其他人任务的一部分,看起来倒是要密切监视伯拉西达,并对局势作出独立评估。② 在斯巴达,鸽派也想要维持在色雷斯的地位,特别是,他们不想冒着失去安菲玻里的风险。如果伯拉西达被打败了,如果卡尔息狄斯地区诸邦都被雅典收复,那就有充分理由相信,安菲玻里同样一定会沦陷,这是迟早的事。没有了安菲玻里,斯巴达将没有任何筹码可以用来交换斯伐刻帖里亚俘虏,交换派娄斯,交换叙铁拉;而雅典将没有任何理由来与斯巴达议和。就像雅典的鸽派一样,斯巴达的鸽派正进退维谷,处境尴尬:必须更加猛烈地战斗,才能换得议和的可能。

尽管斯巴达军队遭到了阻碍,但帖撒利人还是允许伊莎格拉和他的两名同僚穿行过去,以执行他们领到的命令:前去会见伯拉西达。正如布索特所说,"他的任务可不是要对伯拉西达心慈手软"。③ 后来,在421年的时候,伊莎格拉成为了和约及所附与雅典盟约的签字人之一。和约签订之后,伊莎格拉还加入了一个使团,那个使团的任务是要求斯巴达将军将安菲玻里交还给雅典人,并要求这一地区的斯巴达盟邦执行和约条款。④ (-315,316-)他很有可能是反对伯拉西达及其政策的那

---

① 这是戈姆的观点:《修昔底德历史评注》,第 3 卷,第 622 页。
② Thuc. 4.132.3; ἐπιδεῖν πεμψάντων Λακεδαιμονίων τὰ πράγματα,"他们是斯巴达人派来视察当地情况的"(谢德风译本,第 350 页)。
③ 布索特,《希腊历史》,第 3 卷,第 2 册,第 1170 页。
④ Thuc. 5.19.2; 21.1; 24.1.

些斯巴达人当中的一员。① 伊莎格拉同时还带着一些人前往该地区，出任斯巴达盟邦的布政司：刻列力奔（Clearidas）将出任安菲玻里布政司，刻辽尼木（Cleonymus）将出任坨落坭布政司。与斯巴达惯例不同的是，这些人年纪尚轻，仍旧可以服役；派出这些人，无疑是因为斯巴达人认为，对于雅典肯定马上就要攻打的这些城镇来说，强有力的领导是必要的。② 这些人还受到另一限制：他们的职位和忠诚完全属于斯巴达当局，而不属于伯拉西达，因此斯巴达人可以指望，这些人是会听从当局命令的。任命这些人还以另一种方式，对伯拉西达及其政策造成一击。伯拉西达曾经向安菲玻里、坨落坭、阿擻苏以及他赢得的其他城邦许诺自由与自治，但是现在要在这些城邦部署"执政官"(archontes)，则明显违背了这些诺言，这会摧毁伯拉西达的声誉；这样，再想劝雅典盟邦叛变，就不那么容易了。迫切想要尽快谈成和约的那些斯巴达人，非常乐见这两个后果。③

既没有增援，也没有鼓励，伯拉西达在这一年剩下的时间里，一事无成。在 2 月或 (-316,317-) 3 月初，他试图出奇制胜，罕见地趁夜突袭波提狄亚，但没有成功。④ 春季即将来临，停火协定即将失效；比起一年以前，局势更加令人困惑了。除了色雷斯，其他地区没有战事发生，

---

① 此处的讨论以及接下来关于伊莎格拉及其同僚所领任务的讨论，非常得益于戈姆的精细分析：《修昔底德历史评注》，第 3 卷，第 623—624 页。然而，我自己的结论却与戈姆非常不同。我相信，这是因为他没有考虑到这种可能性，那就是鸽派和支持更冒险激进政策的那些人一样，有同样强烈的理据要向色雷斯地区派遣军队，而戈姆只是很自然地假定，只有支持伯拉西达及其政策的人才会向他派出增援部队。

② 参见格罗特的重要讨论：《希腊历史》，第 6 卷，第 449—450 页。

③ 关于 Thuc. 4.132.3，我采信这种读法：应该在 τῶν ἡβώντων 后面加上 αἰτῶν，这是所有抄本的读法；我拒绝采信施塔尔的校改：将 αἰτῶν 改为 αὐτῷ，尽管史普、胡德都接受施塔尔的读法，尽管戈姆也更加倾向于这种读法，虽然他有所保留。他们认为这一校改很有吸引力，是因为 αὐτῷ 可以作为几行之后的动词 καϑίστησιν（"任命"）的单数主语，同时避免冗语。我不这样认为。一方面，要假定伊莎格拉是这一动词的主语，有何不可？同时，冗语也并非仅此一处，此处若存在冗语，我也并不觉得有什么问题。另一方面，我认为，伯拉西达说话不算数不可能是自愿的，而如果接受了 αὐτῷ，我们就不得不假定伯拉西达是自愿违背诺言的。如戈姆（《修昔底德历史评注》，第 3 卷，第 624 页）一样，我并不认为伯拉西达是圣人，但我确实认为他是"差不多的实诚人"。还有一点更加重要，我认为伯拉西达并不是个傻子，而是一位精明异乎寻常的战士、外交官、政客，他肯定意识得到，如此公然露骨地违背自己的诺言，对于自己的政策来说，不啻一场灾祸。

④ Thuc. 4.135.

但伯拉西达的行动引起了愤怒和疑惧,通往持久和平的道路因此受阻。谈判在继续,但是在双方城邦内——特别是在雅典——,质疑在目前情势下和约是否能够达成的人数,同时都在增多。

422 年春季的雅典选举中,克里昂回到了将军委员会,将出任 422/421 年的将军。① 与他同时进入这一年将军委员会的同僚是谁,我们一无所知,但是我们不应该认为,鸽派已经被一扫而空。这是因为,尽管停火协定 3 月末或 4 月初就将到期失效,但是停火事实上持续到了 8 月即将开始的时候,也就是佩提亚赛会(the Pythian Games)结束之后。② 我们肯定可以想象,在此期间,雅典和斯巴达的鸽派都能够劝服各自同胞避免战斗,继续谈判。

然而,佩提亚赛会结束之后,雅典人失去了耐性。到了这个时候,斯巴达人肯定已经了解了司基昂的真相,同时,无论如何,他们还清楚,除了司基昂之外,伯拉西达还好几次违反了停火协定。然而,斯巴达人不仅没有声明与他断绝关系、没有惩罚他,甚至还向他派出了增援部队,派出了斯巴达布政司去统治暴动的城邦。看起来,斯巴达人不仅没有能力,同时也没有意愿去履行停火协定的条款。雅典人很容易认为,斯巴达人缔结停火协定是存心欺骗,目的是为伯拉西达赢得时间,争取更多的胜利,煽动更多盟邦暴动,这样才可能在议和的讨价还价过程中提出更高的要求。绝大多数雅典人肯定看到,要实现他们的核心利益,就必须派出远征军,收复暴动城邦,特别是安菲玻里。正因为如此,克里昂才得以说服雅典人投票,决议派出一支远征军,包括 30 艘舰船,1200 名雅典重装步兵,300 名骑兵,还有规模超过雅典军队的莱姆诺斯和因布罗斯精兵。③ 对此,我们不该感到意外。

比这要更令人意外的是克里昂愿意领受远征军的指挥权。(-317,318-)他在军事战术方面并无经验,而且他将要面对的敌军将领是公认

---

① 参见贝洛赫的讨论:《伯利克里以降的亚狄珈政策》,第 306—307 页。
② Thuc. 5.1;关于此处的文本困难,参见戈姆,《修昔底德历史评注》,第 3 卷,第 629 页。
③ Thuc. 5.2.1.

的勇敢战士。① 指挥重装步兵方阵的希腊指挥官，他们的专业性不应被夸大。那个时候，大家对战术都略知一二；比起现代战争来，重装步兵方阵战术对军事经验的依赖更少。当然，技巧和经验很重要，而雅典人也不太可能会将如此重要的一支军队和如此重要的一次作战行动单独交给缺乏经验的外行将军一个人；虽然我们应该记得，雅典人在斯伐刻帖里亚那令人难以置信的胜绩，大部分确实要归功于克里昂。我们可以推测，至少，他们会派出一名有经验的战士作为他的同袍，一如他在斯伐刻帖里亚得到了德摩斯梯尼的协助那样。

尽管修昔底德没有提及，但是此行克里昂不可能没有人与他同行。如果我们仅仅考察这场战争期间色雷斯地区的征战行动，我们就会发现，没有一项行动是由单独一名将军指挥的。432年，阿奇斯特拉图斯前往波提狄亚作战时，另有4名将军相随。② 430年，哈格浓和科辽彭普被派往波提狄亚，去结束围歼并夺下该城邦。③ 430/429年冬季，我们知道有3名将军在该地区行动。④ 423年，尼基阿斯和尼各司忒拉图被派出，前去收复遭到伯拉西达威胁的雅典据点。⑤ 我们无法相信，在这一次，雅典人会有意作出例外安排，将指挥如此之多的人的权力交给单独一名将军，而这名将军自己并无经验，还遭到许多同胞公民的疑惧。我们也无法相信，修昔底德没有提及他有同行者是因为偶然而遗漏。这次征战的灾难性结局，被归咎给我们所知道的、与这次征战有关联的唯一一个人；这肯定不是无意为之。

即便我们接受布索特给出的数字，认为莱姆诺斯和因布罗斯分队人数达到了2000至3000人，⑥即便如此，克里昂和他不具名的同

---

① 格罗特在事实上对这一观点感到极为困惑，以至于他提出这样的看法，说克里昂不想要领受指挥权，但是因为尼基阿斯不愿，他只能被迫接受，就像在派娄斯事件中一样。参见格罗特，《希腊历史》，第6卷，第461页。这种看法完全没有事实依据，推断理据看起来也不足。
② Thuc. 1.57.6. 很快，还有卡利阿率领增援部队抵达，Thuc. 1.61。
③ Thuc. 2.58.
④ Thuc. 2.70.
⑤ Thuc. 4.129.2.
⑥ 布索特，《希腊历史》，第3卷，第2册，第1175页。

袍所率领的部队,也并不足以保证能够取得胜利。(-318,319-)布索特计算到,除了在司基昂和坨落坭履行驻军任务的兵力之外,伯拉西达拥有的士兵人数大体与之相当,同时,他还拥有一项无法计算的优势:他需要守卫的城邦建有城墙。① 我们无法肯定士兵数目受限是因为财政考虑、因为雅典人不愿拿出太多人命去冒险,还是因为克里昂的政敌努力削减了远征军规模。雅典人肯定得指望从沛耳狄喀和色雷斯当地盟友那里得到支援。② 伯拉西达与斯巴达消息不通,无法指望再从斯巴达获得援助。沛耳狄喀不会再为他提供金钱或补给。斯巴达失信于坨落坭和安菲玻里,伯拉西达无力挽救蒙岱,也无力夺下波提狄亚,这些事实都可能进一步削弱了他的地位。如果运气不错,克里昂可以指望赢得又一场重大胜利,将斯巴达影响力彻底驱逐出色雷斯地区。这或许将给青睐议和的雅典人带来更强硬的议价地位,又或许——正如克里昂所指望的——将会鼓舞雅典人在伯罗奔尼撒半岛和希腊本土重拾攻势,走上以战场胜利取得和平的道路。

尽管在修昔底德的叙述中微不足道,但是,克里昂北方征战的第一部分确实取得了一些重要的非凡胜绩。因为司基昂是最令人头疼的叛变城邦,同时因为司基昂已经被围歼,所以雅典显而易见的战术是立即攻打司基昂。伯拉西达或许以为,攻击会发生在司基昂;克里昂突袭坨落坭的时候,伯拉西达不在那里;我们无法解释为什么伯拉西达会离开坨落坭,他在卡尔息狄斯半岛的主要军事基地。但雅典人只在司基昂略作停留,集结并带走了当地驻军;他们或许意在佯攻,试图误导伯拉西达。从司基昂出发,克里昂渡海来到坨落坭南边的科孚港(Cophus),在这里,他听到了他最想听到的消息:伯拉西达不在,留在城邦内的军队不足以与雅典人抗衡。

为了使得坨落坭更加易于保卫、在围歼战中能够持续更长时间,伯拉西达围绕城邦建造了一道新墙,这道新墙将郊外也包围在

---

① 布索特,《希腊历史》,第3卷,第2册,第1175页。
② Thuc. 5.6.2.

内,这样,城邦居民就拥有更多空间,还拥有一些安全的土地可以耕种。① 克里昂将部队前压到这道新墙之下,吸引斯巴达布政司帕斯忒力达(Pasitelidas)(-319,320-)及其驻军走出城邦,前来守卫这道外围要塞。看起来,他似乎忘记要同时保卫内层城邦——在海上进攻之下,内层城邦将不堪一击;雅典人正有此意,海上进攻将与对内层城邦展开的陆地进攻协同进行。克里昂与伯罗奔尼撒部队交战的时候,他那些未具名的同袍之中必定有一位在此时指挥着舰船,朝着这座没有设防的城邦前进。帕斯忒力达看到事态发展,才意识到敌人设下了一个圈套,他掉进了这个圈套。他还来不及掉头,雅典人就紧追他不放,②同时,他又看见舰船正在驶向坨落坭,惊惶不安达到了巅峰。他害怕舰船上的人会夺下城邦,那么他自己就会被困在坨落坭的旧城墙和包围郊野的新墙之间,两面受敌,遭到雅典人的攻击。③因此,帕斯忒力达放弃了外层要塞,奔向坨落坭城邦,但是他发现雅典舰队已经抢先抵达,夺下了城邦。与此同时,克里昂率领的部队现在没有了对手,他们穿过新墙,紧追不舍。在建造新墙的时候,旧墙已经被部分拆除,伯罗奔尼撒人从拆卸的墙洞逃跑,雅典人紧追不舍,也冲入城邦,前方毫无阻碍。战斗很快就结束了;一些守卫者被当场杀死,包括帕斯忒力达在内的其余人被俘。克里昂将这700名成年男性公民作为战俘遣回雅典,将妇孺鬻为奴隶,延用了他对叛党的严厉政策,但这次较温和些。克里昂竖起两座战胜纪念碑,一座位于港口,另一座位于新墙附近;④(-320,321-)因为这次胜利十分重要,也因为战略极为精彩,战胜纪念碑比平时多出一座,他们完全配得上

---

① Thuc. 5.2.
② Thuc. 5.3.1. 戈姆认为,"ἐβιάζοντο (they were being overcome)"一词意味着雅典人已经突破城墙防线,并且指出,这样强行突破一座设防的墙,在希腊人当中是十分少见的。因此,他推断,或许这道墙还没有完成,或许这道墙修建得很潦草,但是修昔底德并没有这样说。在我看来,戈姆过于强调"ἐβιάζοντο"一词了。该词的含义不必一定是"他们正在被战胜",如戈姆所暗示的,而仅仅只是"他们被追得很紧",如克劳利和史密斯各自翻译的。
③ 我就是用这种方式解释 Thuc. 5.3.1 这段文本的;δείσας ὁ Πασιτελίδας μὴ αἵ τε νῆες φθάσωσι λαβοῦσαι ἐρῆμον τὴν πόλιν καὶ τοῦ τειχίσματος ἁλισκομένου ἐγκαταληφθῇ.
④ Thuc. 5.3.

这样的纪念。坨落坭城邦沦陷后不久,伯拉西达就率领救援军队抵达了;城邦沦陷的时候,他距离坨落坭不足 4 英里。①

夺下坨落坭的细节没有得到充分重视,所以坨落坭一役的战略利益没有得到充分理解,坨落坭一役对于我们去理解克里昂和伯拉西达之将才的帮助,也没有得到充分利用。② 戈姆对这场战役作了精彩评估,颇有助益:"这次胜利是决定性的,组成其战略——决定丢下司基昂让敌人慢慢围歼,同时,决定用强攻夺下坨落坭——的两项措施都极为明智,极为大胆;作战行动之精彩顺遂,比得上伯拉西达在安菲玻里。帕斯忒力达看起来并不比游刻勒斯更加称职、更有能力(我们甚至没有证据表明,这时他受到了城邦内不满情绪的影响)。同时,伯拉西达应该遭到谴责;修昔底德因为安菲玻里沦陷遭到谴责,伯拉西达至少应该遭到同等谴责,因为克里昂已经近在眼前。"③

克里昂在坨落坭留下一支驻军,向爱昂驶去,前去建设可以用来攻打安菲玻里的一个军事基地。④ 伯拉西达肯定马上急忙赶往,避免最为重要的斯巴达战利品落入雅典之手。⑤ 克里昂又一次利用了海权优势及(-321,322-)伯罗奔尼撒人机动性之不足,攻其弱点,赢回失地。修昔底德告诉我们,他攻打卡尔息狄斯半岛的斯塔吉庐失败了,但是强攻岬勒扑苏取得了胜利。⑥

---

① Thuc. 5.3.3.
② 以下这些学者是例外,他们的贡献值得尊敬:伍德海德,《涅默叙涅期刊》,第 13 卷,1960 年,第 304 页;鲍德温(B. Baldwin),《古典学报》,第 11 卷,第 211—212 页,以及,特别是,戈姆,《修昔底德历史评注》,第 3 卷,第 631—632 页。
③ 戈姆,《修昔底德历史》,第 3 卷,第 632 页。在说完以上这些之后,戈姆——他永远不愿偏离修昔底德自己给出的解释——说,不过,"伯拉西达的声誉因此几乎没有蒙尘,克里昂的声誉也并没有被洗白",大概是因为"坨落坭的沦陷之于伯罗奔尼撒人,严重程度远远不如安菲玻里沦陷之于雅典人"。
④ Thuc. 5.3.6.
⑤ 修昔底德对安菲玻里作战行动及战役本身的记叙,在许多方面都是不能令人满意的。在这个问题上,事件发生的时间顺序并不清晰,远非我们所愿。按照修昔底德的叙述,克里昂先是在爱昂建立了军事基地,接着攻打了斯塔吉庐和岬勒扑苏,然后向沛耳狄喀和色雷斯国王波勒斯(Polles)求援。在此之后,修昔底德才告诉我们,伯拉西达在安菲玻里城外,占据了山上的据点,一直监测着克里昂的一举一动(Thuc. 5.6.1—3)。听说克里昂抵达爱昂之后,伯拉西达势必马上前往安菲玻里;他很可能在那里一直等待,然后才占据了山上的据点。但我们不能怀疑,在克里昂攻打斯塔吉庐之前,伯拉西达就抵达了安菲玻里。
⑥ Thuc. 5.6.1.

修昔底德没有记载其他内容了,而铭文提供的证据有力表明,克里昂在色雷斯地区的行动是非常成功的。雅典帝国422/421年的贡赋额度核定列表中出现的该地区的许多城邦,势必已经被雅典收复;我们也有充分理由认为,收复工作是由克里昂完成的。① 与此同时,在外交战场上,克里昂尽一切可能,拉拢沛耳狄喀及其治下的马其顿人,还有色雷斯地区俄朵曼提人(Odomantians)的国王波勒斯,把他们争取到雅典一方来。一直以来,伯拉西达都清楚知道安菲玻里面临的威胁,但他看到战场上和外交上的这些损失逐渐发生,看到包围圈逐渐威胁到他的地位,却一筹莫展。正如伍德海德所说的,"这场战争的焦点,事实上已经转移到了安菲玻里:巧妙织就的天罗地网正围着伯拉西达收紧,只待最后一击,必须有政治战略和战场将才相结合,才能做到这一切"。②

克里昂计划在爱昂等待,马其顿和色雷斯的盟友一旦抵达,他就可以完成对伯拉西达的包围,将他锁在安菲玻里,通过强攻或围歼使其投降。③ 展开战斗势必更加危险,但是也更加迅速,代价更低;克里昂指望蛮族盟友抵达之后能够形成数目优势,这将使得风险被限制在可以承受的范围之内。克里昂及其军队攻打了几座暴动城邦,然后抵达爱昂,在爱昂驻扎,静待(-322,323-)盟友汇合;这时,伯拉西达肯定已经意识到,敌人马上就要攻打安菲玻里了;或许就是在这个时候,他移师这座名叫柯地里坞(Cerdylium)的小山上,这座小山位于城邦的西南

---

① 参见《雅典贡赋表》,第2卷,第44页,A 10。基础工作是由韦司特和梅里特完成的:《美国考古学期刊》(American Journal of Archeology, AJA),第29卷,1925年,第54—69页。同时参见《雅典贡赋表》,第3卷,第347—348页;埃德科,《剑桥古代史》,第5卷,第248页。一些学者拒绝将此成就归功于克里昂,方法有三,或者是拒绝承认额度核定表的真实性,或者是拒绝承认雅典真的控制了列表上所有的城邦,或者是将夺下这些城邦的成就归给尼基阿斯。伍德海德已经对这样一些观点作出了充分而令人满意的回应:《涅默叙涅期刊》,第13卷,1960年,第304—306页。
② 伍德海德,《涅默叙涅期刊》,第13卷,1960年,第305页。
③ 我依据的是普利切特的地形学描述:《古希腊地形学研究》,第30—45页,同时,我也从他对战役的描述中获益良多;其他一些学者的描述也很有用,参见伍德海德,《涅默叙涅期刊》,第13卷,1960年,第306—310页;鲍德温,《古典学报》,第11卷,1968年,第211—214页;戈姆,《修昔底德历史评注》,第3卷,第635—637页,以及《希腊语学刊》(Ἑλληνικά),第13卷,1954年,塞萨洛尼基(Thessalonike),第1—10页。

面，这里是阿吉庐人的领土，刻列力奔则留守保卫安菲玻里城邦。① 在这个据点，伯拉西达能够一览所有方向，监视克里昂的一举一动。

到了这个节点，修昔底德的叙事变得令人困惑起来。他说，伯拉西达占据了这个据点，是以为克里昂仅仅会带着自己的军队来攻击，因为克里昂蔑视伯拉西达麾下不足一提的兵力。② 但是，伯拉西达又对他的部下宣称，他们在数目上与敌军旗鼓相当，而克里昂则不可能在这个问题上因为受骗而严重误判。③ 如果伯拉西达真的指望克里昂误判严重至此，那么他就要失望了，因为克里昂还在继续等待他的增援。在此处，修昔底德的叙述再一次出现了难以解释的困难。等待了很短的一段时间之后，克里昂将部队从爱昂移向西北方向，在安菲玻里东北面的一座小山上占据了一个牢固的据点，④但是此举意在何为，我们根本弄不清楚。

修昔底德告诉我们，此举不是出于军事目的，而是因为雅典士兵鼓噪抱怨，他们受不了按兵不动，不信任自己将军的领导，说他无能、不称职又懦弱，而伯拉西达则经验丰富又勇敢。⑤ 雅典士兵会对克里昂有这种看法，实在令人意外。(-323, 324-)在修昔底德早先对克里昂的记载中，实在看不出克里昂懦弱，也看不出他缺乏勇敢无畏的精神。克里昂在其他地方体现出来的甚至是过分勇敢，过分乐观。他支持德摩斯梯尼夺取斯伐刻帖里亚计划，他的支持是当时所有想法中最大胆的一个；他对20天之内夺下斯伐刻帖里亚的许诺惹得雅典公民大会哄堂大笑，因

---

① Thuc. 5.6.3. 戈姆（《修昔底德历史评注》，第3卷，第636页）指出这座山有两个可能的地点，一个是城邦的西南面，离爱昂更近，高度172米，大约高出安菲玻里所坐落的小山60米；另外一个更靠近西边，离大桥3到4公里，高312米。帕帕斯塔夫鲁（J. Papastavrou，《安菲玻里》[*Amphipolis*]，《克丽娥学刊》增刊，第37卷，1936年）倾向于后一种可能。W·K·普利切特（《古希腊地形学研究》，第1卷，第39页）认为其位置在山上高度339米处，位于上柯地里坞与下柯地里坞之间。我无法辨识普利切特的看法与帕帕斯塔夫鲁的看法是否一致，但是如果并不一致，相差应该也不远。参见地图8。
② Thuc. 5.6.3。
③ Thuc. 5.8.2—4。鲍德温强硬论证这一点，他说"就是从这个时候开始，修昔底德的叙述开始变得难以置信"（《古典学报》，第11卷，第212页）。
④ 普利切特，《古希腊地形学研究》，第41—43页。
⑤ Thuc. 5.7.1—2。"*μαλακία*"一词可以表示"柔软"、"软弱"，或"缺乏动力"，但是在这里，它是作为*τόλμα*的对照出现的，因此我赞同戈姆的看法（《修昔底德历史评注》，第3卷，第637页），该词在此指的是"懦弱"。

为这许诺听起来太过乐观,在修昔底德称作"聪明人"的那部分雅典人看来,他失败和阵亡的前景,甚至是为人所乐见的。克里昂曾经敦促当前这支远征军追击伯拉西达,收复安菲玻里。伯拉西达呢,如果我们可以信任修昔底德的记叙的话就可以发现,伯拉西达并不认为克里昂是懦弱之徒,也不认为克里昂回避战斗;相反,他以为克里昂会鲁莽到不等盟友抵达就开始攻击,并且采取措施防范克里昂的这种攻势。同时,要说克里昂无能且不称职,这一说法的理由也很难理解。自从克里昂425年作为一位将军第一次出现之后,他可算是立下了赫赫战功。他在斯伐刻帖里亚兑现了自己的诺言。按照修昔底德的说法,士兵们质疑克里昂,可正是这些士兵与他一同在坨落坭作战,而在坨落坭一役中,他的战略熟练出色,极为成功。在克里昂强攻岬勒扑苏、收复该地区的其他城镇的时候,这些士兵是与他在一起的。我们很难理解修昔底德所描述的这种情绪基础在哪,同时我们也很难拒绝戈姆的观察中所含有的真相:"整个这个句子都体现了对克里昂最强烈的偏见、憎恶、轻蔑。"①(-324,325-)

我们拒绝了修昔底德提出的第一个动机。同时,从修昔底德记载

---

① 戈姆,《修昔底德历史》,第3卷,第637页。戈姆接着说,"但是我们同样没有理由认为,克里昂具有任何军事才能,同时,我们有充分理据相信,他信心——迄今为止,这信心几乎使得他不断从一次胜利走向另一次胜利——的来源不是别的,而是他的傲慢和自大"。人们或许会认为,取得像斯伐刻帖里亚、坨落坭、岬勒扑苏这样的胜利之后,我们至少有一定理由可以认为克里昂是具有军事才能的,而且他的信心不断增长是事出有因的。戈姆从来不愿与修昔底德的判断产生分歧,但他也足够敏锐,感觉到自己的论点中存在不自然的地方,因而他说了正文所引用的那句话之后,又被迫说了以下这句话来支持自己的论点:"因为修昔底德对他的刻画,在所有要点上,都与阿里斯托芬相一致。"一位克里昂之敌在散文中(译注:指修昔底德)留下的证言,与另一位克里昂之敌在韵文中(译注:指阿里斯托芬)留下的证言相互支持,这并不会令人感到意外。参见伍ායം德那十分贴切的评论:《涅默叙涅期刊》,第12卷,1960年,第292—293页。这样一种观点,要是放在在一个世纪多之前,是逃不过格罗特的驳斥的。格罗特指出,要严肃对待雅典这位喜剧诗人阿里斯托芬对公众人物的刻画,是很荒谬的。(-324,325-)如果我们在刻画苏格拉底时,依靠的是他在《云》中给出的苏格拉底形象,那么我们刻画出来的苏格拉底,到底有多精确呢?如果我们相信阿里斯托芬、游波利司(Eupolis)及其他人,我们对伯利克里会有什么样的看法?"其他的公众人物,任何年纪,任何国家,都不会因为这类证言而遭到责难。针对他们的讽刺文章有无数在流传,但没有人会根据这些来评判罗伯特·沃波尔爵士(Sir Robert Walpole),福克斯先生(Mr. Fox),米拉波(Mirabaeau):没有人会依据《笨拙杂志》(Punch)去评估一位英国政治家的品格,也没有人会依据《喧声报》(Charivari)去评估一位法国政治家的品格",格罗特,《希腊历史》,第6卷,第482页)。

的其余部分可以看到,克里昂的计划是等色雷斯人抵达,包围城邦,然后通过强攻夺下。① 一位将军如果打算对一座城镇实施围歼,他自然得清楚知道城墙的大小、形状、高度、强度,得清楚城邦内兵力与人口的部署,还有城邦之外的地貌。侦察行动必不可少,而这正是修昔底德笔下克里昂在做的事情:"因此他开拔了,把军队驻扎在安菲玻里前面一座很坚固的山上。他亲自把斯特赖梦河(司跋梦河)前面的沼泽地检查了一番,并且把面向色雷斯那一面城外的地形加以视察。"② 等待色雷斯人,尽管时间或许不长,但也可能令士兵们焦躁不安,克里昂认为他们需要忙活点什么,同时这样一种侦察行动无论如何也是很必要的。他没有准备马上开战,但是在靠近城邦的时候,为了防止被敌人攻打,他需要一支大军随行,震慑敌军。

　　克里昂抵达位于山上的监测点的时候,他看见,安菲玻里城墙上没有人,也没有人从城门里出来攻打他。修昔底德告诉我们,克里昂于是以为,他没有随行带上围歼机械是个错误,因为他以为城邦无人防守,而凭借手边所有的兵力,他就能一举夺下城邦。③ 尽管修昔底德经常告诉我们,战场上的将军们都在想什么,但是在这里,我们必须质疑,他的信源是否可信。克里昂死于这场战役,当然不可能是修昔底德的直接信源;在差不多 20 年后才将见闻告诉修昔底德的那些雅典士兵,不太可能是公允的,即便他们确实知晓克里昂的想法。④ 我们无法得知克里昂在想什么,但我们没有理由认为,他低(-325,326-)估了伯罗奔尼撒的兵力,进而愚蠢地陷自己的军队于险境之中。因为,甚至伯拉西达——伯拉西达看到克里昂从爱昂出发向北行进之后,肯定已经开始朝着安菲玻里移师——自己与刻列力夺在城邦内集合之后,仍然不敢对他发动攻击,因为伯拉西达认为他的部队在质量上处于下风,即便数目上并不输给敌军。⑤ 克里昂

---

① Thuc. 5.7.3;ἀλλ' ὡς κύκλῳ περιστὰς βίᾳ αἱρήσων τὴν πόλιν,"乃是因为他想把城市完全包围起来,然后突来一次猛攻以夺取城市"(谢德风译本,第 359 页)。
② Thuc. 5.7.4;谢德风译本,第 359 页。
③ Thuc. 5.7.5.
④ 伍德海德,《涅默叙涅期刊》,第 21 卷,1960 年,第 308 页。
⑤ Thuc. 5.8.1.

有充分理由认为,完成了侦察行动之后,他能够安全撤退到爱昂。

然而,伯拉西达极为焦虑,想要阻止这样的撤退。他的处境日益脆弱,危险与日俱增。不能指望斯巴达会派来援军;马其顿人抛弃了他;资金和补给都发生短缺。另一方面,雅典人在数目上与自己旗鼓相当,在质量上则胜过一筹。他们的统帅是一名无畏、成功的将军,在围歼和强攻设防城镇方面,展现过过人的技巧。色雷斯人抵达后,敌人的包围圈就将完全形成。时间站在敌人那方,如果有机会在战场上攻击敌人,无论有多么危险,伯拉西达也不可能错失良机。他留下主力部队,交给刻列力奔指挥,挑选出 150 人来,随同自己行动。"(他)决定在雅典军队还没有撤退的时候,来一个突然的袭击。他认为雅典援军开到之后,他就再没有机会摧毁单独的雅典军队了。"①

伯拉西达的计划看起来是这个样子的:抵达城邦之后,在战役前的例行祭祀中,他极尽铺张,与刻列力奔的部队在最北面集合,也就是城邦面朝色雷斯的城门那里。他摆出架势,好像将要从这个城门攻打克里昂,迫使他退向南面,经过安菲玻里的东面城墙,退向爱昂。② 雅典军队列队经过城邦的时候,因为已经从山上下来了,所以他们不再能看到城邦内的一举一动,而这时,伯拉西达将把挑选出来的那些人部署在南面城门。这样,在南面城门,伯拉西达就可以静候时机,发动突然袭击,因为在那个时候,雅典人肯定以为危险已经过去了,因为他们已经安全通过了色雷斯城门。被突袭的雅典人将被迫应战,很可能会把所有注意力都(-326,327-)集中在攻击他们的这些人身上,但又弄不清楚这些人到底有多少,于是可能会假定这些人就是整支大军,原先驻守在北面城门,现在移师到南面城门,过来攻打他们。而当雅典人被伯拉西达牵制住的时候,刻列力奔就可以从色雷斯城门那边出来,从侧翼包抄雅典人,一举击溃他们。③

诚然,这一计划中有冒险因素。如果雅典人足够警觉,保持镇定,

---

① Thuc. 5.8.4;谢德风译本,第 359 页。
② 参见地图 8。
③ 这里所述的史实还原,与普利切特的地形学研究一致,但与戈姆的地形学研究也并无重大冲突,主要的区别在于城门位置。

他们或许可以在刻列力奔抵达救援之前,就一举歼灭伯拉西达率领的小冲锋队。但是,速度和奇袭是对伯拉西达有利的,同时,他也没有什么令人满意的替代方案。在当前情况下,这是个高明的诡计,同时,这个诡计执行得近乎理想。克里昂在执行侦察任务时,似乎离开了自己的主力部队,可能跑到了主力部队的北面,或者东北面。① 他得到消息,说整支敌军在城邦内的一举一动都清楚可见,其中绝大部分聚集在色雷斯城门。既然他的部队已经越过这个位置,抵达了南边,所以克里昂判断,此时下令向爱昂撤退是明智的,安全的,因为他从未计划要在增援还没有抵达的情况下与敌军展开激战。这样的回应明智且合理,正如修昔底德告诉我们的,朝着爱昂向南行进、进而不得不左转,对于这支军队来说,是"唯一可能撤退的方法"。② 胜利取决于两件事情:精确判断可供撤退的时间,适当使用军事技巧以保障这一机动的安全。

在修昔底德所述的事情经过中,克里昂判断,撤退时间是足够的,于是一边发出命令信号下令撤退,一边口头传达这一命令。看起来,左翼部队在进行某种复杂机动,以保障撤退列队的安全。③ 但是,这一机动花了一些时间,而克里昂认为行动太慢,于是自己立于右翼部队最危险的位置,(-327,328-)令右翼部队迂回向左,这样,右翼部队没有盾牌保护的右侧就暴露在了敌军的攻击之下。很明显因为这一举动,因为没有来得及与左翼部队协调行动,士兵们开始困惑,违抗命令。④ 伯拉西达等雅典左翼部队经过之后,以此作为信号,展开了攻击。他率领部队从南面的城门扑出来,直击雅典军队的中央队列,这部分士兵完全没有准备。雅典人"对于自己慌乱的状态既已感到震恐,同时又被伯拉西达的勇猛进攻所冲散,使阵势不能维持平衡"。⑤

时机恰当,刻列力奔从色雷斯城门冲出来,从侧翼攻击雅典人,雅

---

① 戈姆,《修昔底德历史评注》,第3卷,第646页。
② Thuc. 5.10.3—4;谢德风译本,第361页。
③ 德·萝蜜莉女史说,"有一点是肯定的,那就是 ὑπάγειν 指的是明确的特定机动,有这个机动,才能保障有组织的撤退"(《伯罗奔尼撒战争史》,第3卷,布岱法译本,第187页)。
④ 普利切特认为,αὐτὸς ἐπιστρέψας τὸ δεξιόν(Thuc. 5.10.4)中的动词 ἐπιστρέψας 在这里是不及物动词,意思是"进行'直角转弯'(epistrophe)。"我不明白这样解释意义何在。
⑤ Thuc. 5.10.6;谢德风译本,第362页。

典人更加困惑了。左翼部队的那些人没有集合起来去救援自己的同袍,反而朝着爱昂逃跑了。克里昂指挥的右翼部队坚守阵地,勇敢战斗。修昔底德告诉我们,克里昂因为从来没有打算坚守和战斗,"立即退走"(谢德风译本,第 362 页),然后被一名麦辛怒轻装步兵的矛刺死了。然而,他的部下坚守阵地,战斗英勇;他们没有被打垮,直到敌军的标枪手和骑兵朝他们冲过来。雅典骑兵显然被留在了爱昂,因为雅典人一开始就没有打算开战或预备应战。大约 600 名雅典人,其中包括他们的将军克里昂,在此役阵亡。余部悉数逃往爱昂。斯巴达方面仅仅阵亡 7 人;但在此之中,就有伯拉西达。遭到袭击后,伯拉西达很快就死了。被抬出战场的时候,他余息尚存,得知自己赢下了最后一场战役后才断气。①

  修昔底德的叙述中浮现出来的图景是,伯拉西达是英勇的,才华横溢的,而克里昂是懦弱的,无能且不称职。史家用雅典士兵的鼓噪抱怨、战斗经过、还有他对克里昂的失误和逃跑的强调,结了案。然而,现当代学者想不明白。雅典人肯定犯了错,但是错误到底是什么,修昔底德却没有清楚交代。或许克里昂误判了可以用来安全撤退的时间;或许他下令右翼部队迂回行进,命令下得过早;或许他对(-328,329-)面对敌军撤退时要使用的独特技巧不够了然;②或许他下达军事信号不够熟练,以致引起困惑。③ 所有这些解释都有可能,尽管没有一个可以得到确认;同时,这一计谋极其机智,克里昂始料未及,回天无力。但是,这些解释中没有一项可以作为证据来说明克里昂整个人是无能的和不称职的,特别是要考虑到,克里昂已经在坨落垭和岬勒扑苏展现过相当的才能。保守地说,这些解释至少能说明,一位天才的外行军人是因为缺乏经验,犯了个错误;夸张点说,这些解释则至多能表明,一个不错的将军被一位杰出的将军所击败。真相,应该位于这两个极端之间。

---

① Thuc. 5.10.6—12.
② 戈姆的看法(《修昔底德历史评注》,第 3 卷,第 647—648 页,以及《希腊语学刊》,第 13 卷,1954 年,第 6—7 页)综合了第二种可能性和第三种可能性。
③ 这是安德森(J. K. Anderson)的看法:《希腊研究期刊》,第 85 卷,1965 年,第 1—4 页。

尽管修昔底德没有公开谴责克里昂、说他懦弱,但是他借战前的雅典士兵之口表达了这一批评,同时又在对克里昂阵亡的记叙中隐晦说出了这一批评:"克里昂自己没有坚守阵地的意志,他立即退走,在中途被一个密星那斯(麦辛怒)的轻盾步兵(轻装步兵)杀死了。"① 现当代学者依据这段话,说克里昂"在逃走的时候背部遭刺",② 或说他"像更好的士兵一样,他逃跑,然后被杀死了"。③ 布索特正确地指出,修昔底德此处的记叙中含有"嘲讽的反语",但是修昔底德这种嘲讽是站不住脚的。正如戈姆所指出的,克里昂没有随着左翼部队逃跑,"而是选择留在尾翼部队中;在部队撤退的时候,古希腊的指挥官一般都是这样做的;因为他是被刻列力奔麋下的一名士兵杀掉的"。④ 此外,他是被一名轻装步兵杀掉的,所以是"被一个标枪刺中,也就是从安全距离之外抛出的什么东西;根据我们所知道的信息推断,他应该是胸部被刺"。⑤ 诚如斯巴达人就斯伐刻帖里亚战俘曾所言,"箭头如果能够辨别勇敢的人和胆怯的人的话,那么,箭头的价值就大了"(Thuc. 4. 40. 2;谢德风译本,第 291 页)。

修昔底德将克里昂的逃跑与右翼士兵的举动作了对比,这些士兵诚然是坚守阵地,直到阵地守不住。但是,既然原来的计划并不是要坚守阵地和战斗,那么克里昂逃跑就是对的,而右翼重装步兵坚守就是错的,如果本来有机会避免战斗的话。究竟哪种情况可行,从修昔底德的叙述中,我们看不出来。然而,即便是修昔底德最坚定的辩护者如戈姆,也承认"此处有证据表明修昔底德带有成见,同时考虑到在最后一败涂地的一次混战中这种记载的不可靠,我无法确认在此处,修昔底德是不是充分遵守了自己在 Thuc. 1. 22. 3 所申明的贯穿整部史书的法则"。⑥ 有一脉古代信源证明,克里昂在安菲玻里战斗十分

---

① Thuc. 5. 10. 9;谢德风译本,第 362 页。
② 弗雷泽(J. G. Frazer)对保塞尼亚斯(Paus. 1. 29. 13)一段的评论,转引自戈姆,《修昔底德历史评注》,第 3 卷,第 652 页。
③ 埃德科,《剑桥古代史》,第 5 卷,第 248 页。
④ 戈姆,《希腊语学刊》,第 13 卷,1954 年,第 7 页。
⑤ 戈姆,《希腊语学刊》,第 13 卷,1954 年,第 7 页。
⑥ 戈姆,《修昔底德历史评注》,第 3 卷,第 652 页。

勇敢。① 保塞尼亚斯告诉我们，在埋葬着为国捐躯的战争阵亡者的雅典制陶区(Cerameicus)，尼基阿斯的名字没有出现在西西里阵亡将士纪念碑上，因为他向敌军投降了；而他的同袍德摩斯梯尼为他麾下的士兵而不是为他自己缔结了停火协定，并且试图自杀。因此，尼基阿斯被斥为"自愿投降之人，因此有损士兵的尊严"(Paus. 1. 29. 11—12)。另一方面，雅典人却将克里昂的名字置于安菲玻里阵亡将士纪念碑的顶端。② 他的同胞都不怀疑他，我们更不应当怀疑他。

安菲玻里战役的主要后果是克里昂和伯拉西达的阵亡，而这两个人，如修昔底德所说，"是在双方面主战最力的人"。③ 虽然伯拉西达已经阵亡，但是他生前的倾慕者、追随者仍然给予他非凡的荣誉。安菲玻里的民众为他举行了庄严的葬礼，将他公开埋葬在城邦内面朝公民市集(agora)的一个地方，(-330,331-)为他竖起了纪念碑并建起围墙，让他取代了雅典人哈格浓的地位，被尊为安菲玻里城邦的建城者，同时还把他当作英雄来崇拜，把他当作一位成神的凡人，以纪念他的名义召开体育赛会，进行年度祭祀。④ 单独对一位斯巴达人奉献如此礼遇，这就有助于解释为何保守的斯巴达人会猜疑这位了不起的将军究竟有何计划，有何目的。伯拉西达在生前就得到了这些非凡荣誉，我们于是能够理解，修昔底德为什么说伯拉西达反对和约是"因为他个人的成功和荣誉都是从战争中得来的"。⑤ 然而，只强调个人动机是不够的。我们无需置疑，伯拉西达真心认为，斯巴达的最大利益在于摧毁雅典帝国，在

---

① Diod. 12.74.2. 尽管狄奥多罗斯对这次战役的记叙本身并无价值，但是他和他可能的信源埃弗鲁斯(Ephorus)并没有什么理由要拒斥修昔底德的叙述，编造克里昂的勇敢，因为狄奥多罗斯和埃弗鲁斯对于民众煽动家，对民主党人，对克里昂，都算不上友好。最有可能的情况是，狄奥多罗斯和埃弗鲁斯仅仅是在记载另一个版本的叙述，当然，狄奥多罗斯确有此倾向，喜欢把将军们描述成是英勇战死的。此外，正如鲍德温(《古典学报》，第11卷,第214页)指出的，"德墨司梯尼"在《驳庞欧图斯第二演说辞》(Second Speech against Boeotus, 25)提到克里昂的时候，因为派娄斯的缘故，说他是一名勇敢的将军，由此可以证明，存在这样一脉对克里昂比较友好的史料信源。
② Paus. 1. 29. 11—3.
③ Thuc. 5. 16. 1；谢德风译本，第365页。
④ Thuc. 5. 11. 1.
⑤ Thuc. 5. 16. 1；谢德风译本，第365页。

于重建斯巴达的优势地位,希腊世界无人匹敌,蛮族国王给予尊重。伯拉西达属于这样一类斯巴达人:普拉提阿战役与米迦列(Mycale)战役结束后,他们还想继续抵抗波斯,与波斯作战;提洛同盟在默许中崛起、进而转型为帝国,他们因此感到懊悔;他们会反对445年的和约,也会因为国王普雷斯托阿纳克斯在此中的表现而将其放逐;他们会支持斯森涅莱达(Sthenelaidas),反对国王阿奇达慕斯,投下赞成战争的一票。我们知道,在战争进行期间,伯拉西达是最支持斯巴达作战行动无畏进取的。此外,他计划无视停火协定,指望迫使斯巴达继续战斗、争取胜利,这一计划也确实行之有效。在他阵亡前后,斯巴达甚至已经派出了增援部队。900名伯罗奔尼撒重装步兵在3名斯巴达指挥官的率领下,正在开赴色雷斯。这支部队在忒拉咯斯的赫拉克利亚被帖撒利人拦了下来,但是能够派出这批增援部队就表明,鹰派的影响力正在增强。① 如果伯拉西达没有阵亡,那么我们可以肯定,至少北方战事会继续下去。伯拉西达阵亡,信服他的人遭受沉重打击,斯巴达失去最能干的将领,但是在422/421年,斯巴达人最需要的就是和平,而伯拉西达阵亡为通往和平的道路扫清了最重大的一项障碍。

  修昔底德对克里昂的最后评价恰当地总结了他先前对克里昂的刻画和谴责——克里昂反对(-331,332-)和平,是因为和平一旦到来,他的劣迹更有可能暴露,而他的谗言更没人相信。② 如果作出这一判断的是狄奥多罗斯,而非修昔底德,大家就会认为,这样的动机不可信。然而,这种动机恰与狄奥多罗斯归给伯利克里的启战动机十分类似,但是大家却能够正确判断出,狄奥多罗斯归给伯利克里的启战动机是荒谬的。③ 很久以前,格罗特就给出了强有力的理据,说明了为何我们应该拒绝采信修昔底德的这一判断,④我们也应该拒绝采信修昔底德的这一判断。我们并无理据质疑,克里昂,就像伯拉西达一样,追求的是进取政策,因为他真心确信,这种政策最有益于他的城邦。古代作家说

---

① Thuc. 5.12.1—2.
② Thuc. 5.16.1.
③ 戈姆,《修昔底德历史评注》,第3卷,第660—661页。
④ 格罗特,《希腊历史》,第6卷,第480—489页。

克里昂风度粗俗,败坏了雅典政治生活的风气,这我们无需质疑;克里昂对暴动城邦的处置政策残暴严酷,这我们更无需赞同。但是,我们必须意识到,在雅典对外政策的决策与执行中,克里昂代表了一种广泛的意见;我们还必须意识到,他推行自己的政策路线的时候,积极且勇敢。我们已经论证过,克里昂在425年及425年以后敦促雅典人拒绝接受斯巴达的议和提议,坚持在斯伐刻帖里亚支持德摩斯梯尼,在422年停火协定失效以后提议远征色雷斯,这些做法都是对的。无论这些判断是否正确,我们都必须理解,克里昂每一次都代表了相当数目的雅典人,他为这部分雅典人说话,坦率直白,既不欺骗,也不绕弯子。尽管克里昂经常被人说成是雅典民众煽动家的头一个,但他并不逢迎讨好雅典民众,他对他们所说的话态度严厉,充满质疑,措辞现实,伯利克里有时候也会使用这样的语言。① 此外,他还押上了自己的性命,他自己提议的远征,每次他都参加,阵亡于最后一次。无论修昔底德笔下那些"聪明人"会怎么想,雅典并没有因为他死了就有转机。克里昂所代表的政策观点并没有就此消失,还不如他的其他政客继续推进这一政策路线。继续推进这一政策路线的人当中,一些人不如他有才干,一些人不如他热爱城邦,一些人不如他诚实坦率,还有一些人则不如他有勇气。然而,修昔底德说克里昂之死,像伯拉西达之死一样,为和平扫清了障碍,这是对的。当下在雅典,没有人(-332,333-)的名望可以反对求和路线,因为这一路线由尼基阿斯有力地领导着。

伯拉西达一死,前往色雷斯的增援部队就不再前进了。主帅婪斐亚斯(Ramphias)认为,时机不再合适:雅典人不再威胁安菲玻里;而失去了伯拉西达富有灵气的领导之后,他认为自己也没有能力再继续执行伯拉西达的计划了;同时,帖撒利人仍然不屈不挠。然而,更加重要的是,这名斯巴达将军知道,在斯巴达,群情已变:"但是撤退的主要原因还是因为他们在出发的时候,就知道斯巴达人的原意是赞成讲和的。"②

---

① 格罗特,《希腊历史》,第6卷,第483—484页。
② Thuc. 5.13.2;谢德风译本,第364页;戈姆(《修昔底德历史评注》,第3卷,第657页)认为他们可能是这样想的:"伯拉西达需要援助,以对抗克里昂;但是现在没必要了,同时,他们更希望我们班师。"

尽管斯巴达人在安菲玻里取得了胜利，但是娄斐亚斯对其同胞的政治情感的理解是正确的。胜利改变不了什么；斯巴达对和平的需求与日俱增。绝大多数斯巴达人已经放弃了取得全胜的希望，放弃了宏伟的原始作战目标——摧毁雅典帝国，解放希腊人。早至 427 年的时候，斯巴达人已经承认，谈判议和是必要的，①而自从他们的人在斯伐刻帖里亚被俘，斯巴达人就开始反复寻求谈判议和。最开始的战略已经失败：反复入侵亚狄珈，既没有迫使雅典军队出来应战，也没有瓦解他们继续抵抗的士气和意愿，除非在瘟疫灾祸期间，但是瘟疫是没法提前预知的。此外，斯巴达人已经没办法继续入侵和洗劫亚狄珈领土了，因为他们担忧雅典人会杀死手上的斯巴达战俘。事实证明，伯罗奔尼撒海军根本派不上用场，也已经不复存在了。雅典帝国范围内的叛乱已经失败，因为这些暴动城邦没有得到来自伯罗奔尼撒人的有效支持。伯拉西达的新战略更加大胆，固然也比所有人预见的要更加成功，但是，如果斯巴达不投入相当的人力资源，伯拉西达战略就取得不了什么成果，而斯巴达不愿意进行那样大的人力投入；即便斯巴达愿意投入人力，派出的远征军也无法穿越雅典人控制的海洋和沛耳狄喀及其帖撒利盟友控制的土地。(-333,334-)

斯巴达人不仅有上述原因气馁，还有如下理由担忧。伯罗奔尼撒半岛一直处于雅典人攻击的危险之下，雅典人可以从派娄斯、叙铁拉等军事基地出发，攻打伯罗奔尼撒半岛；如果战争继续，雅典人就会卷土重来。同时，因为这些军事基地还可以作为避难所存在，所以黑劳士不断逃亡，斯巴达人越来越担忧，城邦里的黑劳士得到这些已经逃亡的黑劳士的煽动和支持，可能会再次大暴动。② 还有一重威胁也不小：斯巴达与阿尔戈斯的《三十年和约》就要到期了。阿尔戈斯人在战争期间繁荣起来，③想趁斯巴达人焦头烂额，坚持以归还叙努里亚作为续约条件。④ 克里昂在阵亡之前曾与阿尔戈斯民主政权协商，⑤而如果战争继续下去的话，斯

---

① Thuc. 3.52.2；参见本书前文，第 171 页（原书页码）。
② Thuc. 5.14.3.
③ Thuc. 5.28.
④ Thuc. 5.14.4.
⑤ Aristoph. *Knights* 465—6.

巴达人势必两面受敌,他们不可能打得过阿尔戈斯与雅典的同盟。① 斯巴达人还有充分理由担忧,在这样的情形下,斯巴达同盟的好几个成员也会倒向阿尔戈斯一方。

曼提尼亚人是最有可能叛离斯巴达同盟、同情阿尔戈斯的。曼提尼亚施行温和民主政体,与阿尔戈斯民主政权相当一致。对于曼提尼亚而言,这场战争毫无意义,令人头疼,并且消耗其人力资源;当初投票反对开战动议的那些斯巴达盟友当中,或许就有曼提尼亚。② 在这场战争刚刚开始的时候,斯巴达盟友订立协定,商定所有城邦的领土将保持完整,③但是即便如此,曼提尼亚还是利用斯巴达无法分心之际,将前线向西推进到帕拉西亚(Parrhasia)境内,并在拉戈尼亚边境上建设了一座要塞。④ 423/422年冬季,在停火期间,曼提尼亚与其宿敌邻邦铁该亚发生了战斗,原因或许是铁该亚对曼提尼亚权势增长感到担忧。⑤ 战斗没有分出胜败,遏止了曼提尼亚的扩张,但是曼提尼亚人肯定清楚地意识到,一旦斯巴达人无需再为其他事务分心,他们就会过来试图破坏曼提尼亚已经得到的一切,并且惩罚他们,(-334,335-)因为他们违背了战争开始时斯巴达盟邦之间的协定。如果阿尔戈斯加入反对斯巴达的战争,曼提尼亚势必追随。

斯巴达与埃利斯的关系也十分恶劣。战前不久,埃利斯人控制了城镇勒浦雷坞(Lepreum),强迫该城向奥林匹亚的宙斯缴纳1塔伦特的税金,而奥林匹亚的宙斯神庙是由埃利斯人控制着的。⑥ 到战争爆发之前为止,勒浦雷坞人都按时缴纳了,然后他们以战争作为借口,不肯继续缴纳。埃利斯人动用武力,勒浦雷坞人则转而寻求斯巴达的援助。斯巴达人说他们可以仲裁这一争端,但是埃利斯人清楚,斯巴达人

---

① Thuc. 5.14.4.
② 布索特,《希腊历史》,第3卷,第2册,第1187页。
③ Thuc. 5.31.5;布索特,《希腊历史》,第3卷,第2册,第857页,注释2。
④ Thuc. 5.33.1;戈姆,《修昔底德历史评注》,第4卷,第31—34页。
⑤ Thuc. 4.134;布索特,《希腊历史》,第3卷,第2册,第1187—1188页。
⑥ Thuc. 5.31.2;布索特认为,缴纳这笔税金,就可以参加奥林匹克赛会(《希腊历史》,第3卷,第2册,第1188页),因此是每4年缴纳一次。修昔底德没有说清楚是不是这样,但是这笔税金每年都需要缴纳一次的可能性仍然存在,虽然可能性较低。

疑惧他们，疑惧他们刚刚统一的城邦，还疑惧他们的温和民主政体，认为斯巴达人不可能公正决断，于是拒绝了仲裁，出兵攻打勒浦雷坞的土地。于是，斯巴达便裁断，勒浦雷坞是独立的，而埃利斯是侵略者，并派出驻军援助勒浦雷坞。埃利斯人认为此举违反了战前斯巴达同盟各邦有关各邦领土完整的协定。① 如果阿尔戈斯与斯巴达的和约破裂，特别是，如果曼提尼亚加入阿尔戈斯一方，那么，埃利斯很有可能同样倒戈。

最后，斯巴达的一些上层因为迫切的私人理由，想要尽快实现和平。斯伐刻帖里亚的战俘中，有一些来自于上层家庭，他们的亲属属于最有影响力的斯巴达人。② 他们已经被关押了3年，远在斯巴达的友人迫切想救回他们。最有影响力的鸽派当属国王普雷斯托阿纳克斯。尽管他的整个政治生涯都证明，他诚挚拥护和平，赞成斯巴达将行动限制在伯罗奔尼撒半岛之内，倾向于与雅典修好，但除此之外，修昔底德还告诉我们，普雷斯托阿纳克斯还因为个人理由想要结束这场战争。他的政敌永远没有忘记，在第一次伯罗奔尼撒战争期间，明明可以轻易进攻并蹂躏亚狄珈，他却没有这么做。那次，他被诉以滥用职权，罚款，最终被流放。③ 在被放逐的第二十年，普雷斯托阿纳克斯回到了城邦，但是即便在这时，(-335,336-)他的政敌仍然控诉他，说他是靠贿赂德尔斐的神谕才实现回归的。此后，只要斯巴达人遭遇失败或不幸，他们就谴责普雷斯托阿纳克斯，说他的非法回归导致了失败或灾祸。他相信，如果能够商定和约，就不再会有灾祸，战俘能够被交还，他的政敌也不会继续攻击他，这样，正如修昔底德所说的，"他所以极想和雅典言归于好"。④ 因为气馁，因为担忧，因为一些个人理由，斯巴达人力求和平。

冷静客观来看，雅典人似乎不那么有理由迫切想要谈判议和。他们的领土已经有3年没被敌军蹂躏过，他们继续控制着战俘，这些战俘

---

① Thuc. 5.31.
② Thuc. 5.15.1；参见戈姆，《修昔底德历史评注》，第3卷，第659页。
③ Plut. Per. 22.
④ Thuc. 5.17.1；谢德风译本，第366页。

保证雅典人不会遭到入侵。攻打安菲玻里尽管失败了,但是斯巴达人也无力派出增援。雅典这一时期的财政状况如何,争议颇多。绝大多数学者从神庙金库的战前可用储备资金中,直接减去了战争期间所借款项,忽视了紧急储备资金 1000 塔伦特,就下结论说金库几乎已经耗尽,雅典人别无选择,必须议和。① 但如果这些学者的观点是对的,那么修昔底德的做法就很令人吃惊了:他极为了解资金在发动战争时的作用,煞费苦心地精确记录了雅典 431 年的财政状况,但是却没有提到,资金缺口是 10 年后议和的重要动机之一。② (-336,337-)

无论金库内资金是少于 500 塔伦特,还是少于 700 塔伦特,还是少于一个更高的数字,总的来说,金库都是在缩水。战争无限拖下去,一定会耗尽金库。另一方面,上述最小的那个数字也足够雅典人再继续抵抗一年了。贡赋额度已经调高,和平时期雅典的年入大约会在 1500 到 2000 塔伦特之间。③凭借这些钱,雅典人可发动相当规模的战事,无需过度动用储备资金。为这场战争最后 6 年金库的年度支出算一个平

---

① 爱德华·梅耶估算,421 年的时候,可供雅典人自由支配的储备资金仅剩 700 塔伦特(《古代史研究》,第 2 卷,第 127—130 页)。《雅典贡赋表》估算,422 年夏季所剩储备资金金额是 444 塔伦特;《雅典贡赋表》的作者们说,"在这一年,金库几乎已经干涸,剩余资金远远少于一年所需的作战经费,结余增长日益缓慢"(《雅典贡赋表》,第 3 卷,第 344 页,注释 94)。

② 戈姆(《修昔底德历史评注》,第 2 卷,第 433—434 页)提出,要测定任何一年雅典储备资金,这个问题更加复杂。他想象,每一年,都有一大笔钱"被单独拿出来,用于舰船和兵工厂维系开支,人员训练,日常操练,或许还有新船建造;其余的资金自动被交给雅典娜神庙的'司库'(timiai),收归神庙金库"。这样,年度收入和储备将被纳入同一个金库。而我们所读到的"借贷"款项,其中包括了(-336,337-)从年入中支出的款项和从储备中支出的款项。他认为直接战争税也是这样,先被纳入金库,然后才被支出。他总结道:"如果这个看法没错,那么,我们就不能从 431 年的 5000 塔伦特储备资金中,直接减去战争期间从雅典娜和其他神庙金库所借的款项……,进而断定在 10 年战争之后,所余款项就只有这么多,因为有些资金需要每年支出,但其中相当一部分或许是在 425 年贡赋额度重新核定之后(支出的)。注意到这一点很重要。"他估算,雅典在尼基阿斯和约期间拥有的储备资金比 1400 塔伦特少不了太多(《修昔底德历史评注》,第 3 卷,第 687—689 页)。

戈姆的看法缺乏直接证据,也无助于证明他给出的那个非常高的 421 年储备资金数目,但是我们也不能确认他就是错的。或许梅耶给出的数字 700 塔伦特比(上面那)两个极端数目都更接近事实。

③ 《雅典贡赋表》,第 3 卷,第 344—345 页。

均值,得到的数目是略多于 83 塔伦特。① 以这样的支出水平计算,假定金库所余资金为上述最低的那个数目,雅典人还可以再继续战斗 5 年。即便我们以这 6 年里支出最高的那一年为基准支出水平来计算,雅典人仍然可以继续战斗 3 年。财政考虑固然重要,但是在 421 年并不紧迫,修昔底德没有提到这个问题,并不意外。(-337,338-)

因此,雅典人原本可以把这场战争继续下去,但是绝大部分雅典人并不情愿。在墨伽拉和彼欧提亚作战失败,色雷斯地区城邦暴动,他们在派娄斯之后形成的希望黯淡下去了。特别是,雅典人在德里昂的损失表明,要积极进取作战,就要付出高昂代价。更重要的是,他们担忧,如果战争继续,帝国的更多盟邦会起来暴动。从伯拉西达入侵色雷斯引发的回应中,或许可以预见事态的将来。雅典在派娄斯大捷、斯巴达因此遭受羞辱,雅典才得以提高贡赋额度,但这势必引起不满和愤怒。雅典晚近以来接连失败,盟邦对雅典的恐惧有所降低,而这些不满和愤怒可能因此激起更多暴动。② 雅典人确实有这样一些担忧,但是这些担忧被夸大了。事实上,小亚细亚的岛邦没有什么可能暴动,只要没人挑战得了雅典的制海权。卡尔息狄斯地区的那些暴动,都已经被遏止了,也不太可能继续扩散。然而,对于雅典人来说,这种担忧是真实存在的,这种担忧使得他们更倾向于和平。

雅典的政治局势也有利于和平。因为晚近以来的失败,想要继续战斗的鹰派声名不佳。鹰派失去了影响力,更严重的是他们失去了领

---

① 《雅典贡赋表》,第 3 卷,第 342—344 页给出的数目如下:

年度	储备	支出
428	945	—
427	835	110
426	835	—
425	674	161
424	654	20
423	596	58
422	444	152
		501

用 501 塔伦特除以 6,得到的平均年度支出是 83.5 塔伦特。

② Thuc. 5.14.1—2.

袖。希波克拉底斯已经阵亡在德里昂,克里昂,他们在公民大会最有影响力的声音,阵亡在安菲玻里。德摩斯梯尼仍然在世,但是他在雅典的影响力似乎比不上他在战场上的影响力。这些都为尼基阿斯扫清了障碍:没有什么有效反对声音,他可以施展自己的可观影响力了。修昔底德又一次强调了尼基阿斯寻求和平的个人动机。据修昔底德说,他是那个时代雅典最成功的将军,所以他想要维持自己无瑕的作战记录,想要帮助自己和同胞从战争劳烦中解脱出来,但是也想要"替自己永远留一个为国效命而始终成绩卓著的声誉"。因此,他想要避免继续依靠运气,而只有在和平时期,他才能避免继续依靠运气。① 我们不应该这么强调个人动机。只要城邦征召,尼基阿斯就战斗得勇敢且出色。他天生就审慎,但是并未偏离伯利克里(-338,339-)既有决心、又很节制的战略。我们没有证据表明,尼基阿斯在派娄斯大捷之后就寻求和平,而在那时,缔结一个伯利克里想要的和约似乎是可能的。在这以后,他认为已经没有继续战斗的理由,才持续不断地劝告雅典人议和,这是因为他确信,这才是对雅典最好的政策路线;讨论其他动机尽管有趣,但却并不重要。

战争进程中士气瓦解,财政问题出现,鹰派失去领袖,这些有助于解释和平是大势所趋,但是我们仍然不明白,为什么雅典人在牺牲了这么多之后,会愿意在这一时刻议和,此时此刻,他们取胜的前景是派娄斯以来最光明的。他们只需静待阿尔戈斯与斯巴达无法续约,然后等待阿尔戈斯加入雅典一方,重振士气作战。阿尔戈斯、曼提尼亚、埃利斯,或许还有其他城邦会结盟,可以依靠这些城邦,在伯罗奔尼撒半岛内分散斯巴达人的注意力。与此同步,雅典人可以从派娄斯和叙铁拉发动袭击,同时煽动黑劳士起义。这样,伯罗奔尼撒人就彻底无法分心,雅典人就可以腾出手来,专心对付墨伽拉。有相当的可能性,伯罗奔尼撒同盟将会崩溃,这将摧毁斯巴达的权势,剩下孤立无助的彼欧提亚,那时,雅典人就可以随意处置彼欧提亚了。即便无法取得以上这样好的结果,斯巴达也一定会被严重削弱,被迫与雅典缔结一个更有利于

---

① Thuc. 5.16.1;谢德风译本,第 365 页。

雅典的和约。

　　这些理性计算都没有考虑到421年雅典人的疲劳,还有他们对战争明明白白的厌倦。他们在战斗和瘟疫中遭受了沉重的损失,浪费了累积多年的资金,坐视自己在乡村的家园被蹂躏,橄榄树和葡萄藤被砍伐。普鲁塔克表明,有财产的人和农民是最愿意接受和平的,①这一点是人之常情,也可以从阿里斯托芬的证据中推断出来。425年小酒神节上演的《阿卡奈人》中的狄忾珀里(Dicaepolis)应该被视为雅典农民的典型。他不情愿地随人潮涌入雅典,迫切想要和平,想要回到自己的农场;只不过,为了喜剧效果,他的形象有一些(-339,340-)夸张。这部剧开场的时候,在公民大会集会日,他坐在庇尼刻斯;他来早了,于是开始抱怨居住在城邦里的人迟到,他们耽搁在底下公民市集里:

> 至于讲和一事,他们却全然不理会。城邦呀城邦!
> 我可总是头一个到场,就像这样子坐了这个位子;一个人坐好了以后,只好自个儿叹叹气、放放屁、打打哈欠、伸伸懒腰、转过来、转过去、画画符、拔拔鼻毛、算算数目、向往着田园、向往着和平。我厌恶这种城市,思念我的乡村,那儿从来也不叫:"买木炭啊!""买醋啊!""买油啊!"从来不懂得这个"买"字,什么都出产,应有尽有,就没有这种"妈呀""妈呀"的怪叫。
> 因此,这次我完全准备好,要求吵闹、来打岔、来痛骂那些讲话的人,如果他们只谈别的,不谈和平。②

　　到了422/421年冬季,雅典农民或许可以回到乡下,看看自己的农地,但是情势仍然不够安全,他们不能重建自己的房屋,即便先前已经种下了橄榄树和葡萄藤,但绝大部分还无法结果。我们读到,在和谈正在进行的时候,人们"渴望恢复那被战争破坏了的旧日时光",高兴地听

---

① Plut. *Nic.* 8.4.
② Aristoph. *Acharn.* 26—39;罗念生译本,第7、9页;英译:罗杰斯(B. B. Rogers),伦敦,1910年。

到幼里披底(Euripides)《厄勒刻修斯》(*Erechtheus*)中的歌队唱道:"让我的长矛闲置不用,任蜘蛛在上面结网",①愉快地回想起那句谚语,说"和平时睡觉的人被晨鸡唤起,而不是被军号惊醒"。② 阿里斯托芬的《和平》上演于421年春天的大酒神节,就在和约最终缔结之前,这部喜剧也表达了同样的渴望;这一次,剧作欢快地展现了战争结束的前景。揣该乌斯(Trygaeus),差不多相当于狄忾珀里那个角色的一个新版本,对和平女神(Peace)唱颂歌道:

> 伙伴们,请回想一下
> 和平女神从前
> 赐予我们的生活,
> 回想一下那些果脯:(-340,341-)
> 无花果、橄榄、
> 葡萄美酒、爱神木,
> 喷泉边的紫罗兰;
> 这样的景色我们内心渴望,
> 这样的喜悦我们怀念已久,
> 伙伴们,为了这一切,现在
> 让我们用歌声和舞蹈向她致敬。③

揣该乌斯还盼望能重回乡村的神庙拜神,因为自从战争开始以后,雅典人就从这些地方被驱逐了;④揣该乌斯还盼望能再次庆祝宗教节庆,参加体育赛会。⑤ 正如厄霖博格(Ehrenberg)所说,"在喜剧诗人看来,在大多数民众看来,和平实现的最重要的方面是提供这位农民宁静劳作的必要条件,以及履行宗教责任和庆祝节庆的必要条件,因为这些是希

---

① 来自普鲁塔克的引用:Plut. *Nic.* 9.5;黄开来译本,第549—550页。
② 来自普鲁塔克的引用:Plut. *Nic.* 9.5;黄开来译本,第549—550页。
③ Aristoph. *Peace* 571—581;英译本:罗杰斯,伦敦,1866年;张竹明译本,第536—537页。
④ Thuc. 2.16.2.
⑤ Aristoph. *Peace* 887—908.

腊日常生活的一部分"。① 全剧"生动例解了这个时期雅典的情绪,对于这种情绪,修昔底德有冷静的描述",②同时,这种情绪有助于我们理解雅典为什么在 421 年决定议和。

尽管和平是民心所向,但是缔结和约仍然不容易。谈判应该是在安菲玻里战役之后就马上开始了,时间是 422/421 年冬季,③商讨持续到次年春天。与斯巴达人进行商讨的主要人物、劝服雅典人的主要人物,都是尼基阿斯。④ 他充分利用了自己通过战场军功和虔敬名声赢得的广泛民心——他在遵守宗教规范和其他公共服务方面出手慷慨大方,⑤进一步巩固了他虔敬的名声——,用自己的观点说服那些比较好战的雅典人。同时,他还与斯巴达人关系特殊,是谈判的理想人选。尽管尼基阿斯不是斯巴达人在雅典的在邦领事(这个职位属于阿尔喀比亚德),⑥但是他(-341,342-)对斯巴达战俘特别优待,因此得到了斯巴达人的信任和喜爱,⑦斯巴达人完全可以认为,他们找到了一位新的客蒙,因为自从 425 年以来,尼基阿斯就赞成和平,支持与斯巴达修好。

然而,在雅典,尼基阿斯论说仍然徒劳无功,于是,斯巴达人决定放手一搏,采用一条危险的权宜之计,取得和平。春天即将到来的时候,"消息传来,斯巴达又将进攻了",同时,斯巴达人还打算在亚狄珈建造一个永久要塞,这样或许会让雅典人变得理智。⑧ 尽管这可能是虚张声势——如果雅典人抓住不放,他们撤退便是了——,但是仍然很冒险。雅典人因为担忧和愤怒,可能会立即杀掉战俘,和平将再无机会实现。我们不可能知道,斯巴达人是当真要继续进攻和建造要塞——因

---

① 维克多·厄霖博格,《阿里斯托芬笔下的民众》(*The People of Aristophanes*),牛津,1951年,第 56 页。
② 戈姆,《修昔底德历史评注》,第 3 卷,第 658 页。
③ Thuc. 5.14.1; Plut. *Nic.* 9.5;布索特,《希腊历史》,第 3 卷,第 2 册,第 1190 页。
④ Thuc. 5.43.2; Plut. *Nic.* 9; *Alc.* 14.
⑤ Plut. *Nic.* 3.
⑥ Plut. *Alc.* 14.
⑦ Plut. *Nic.* 9.
⑧ Thuc. 5.17.2;谢德风译本,第 366 页。

为鹰派影响力不断上升,因为鹰派下令,因为雅典人不断拖延激怒了他们——,还是要绝望的鸽派使出危险的招式。但如果这是虚张声势,那么,这个招式达成了想要达到的效果。双方达成协定,和约的总体原则将基于"战前状态",除了以下特殊情况:忒拜人继续占据普拉提阿,雅典人继续占据尼赛亚和从前属于科林斯的领土娑里坞和安纳沱里坞。①

和约持续时间 50 年。和约规定,可以自由出入公共神庙;和约还规定,德尔斐的阿波罗神庙是独立的;和约同时规定,用和平手段解决争端。② 领土条款包括,归还雅典在边境上的巴那克敦(Panactum)要塞,这个要塞 422 年叛离雅典,投诚彼欧提亚。③ 斯巴达也承诺归还安菲玻里,但是安菲玻里及其他城邦的公民可以携带个人财产自由离开,不受阻碍。无疑,这一安排是为了防止将来爆发内乱,(-342,343-)而内乱将威胁和平。④ 斯巴达人还放弃了坨落坭,司基昂,以及雅典人收复或仍在围歼的其他城邦。对于司基昂人来说,这意味着死亡,因为雅典公民大会法令已经决定了他们的命运。⑤ 色雷斯地区加入暴动的其他城邦被分为两类,雅典人已经收复的城邦,以及在和约签订时仍然独立的城邦:阿吉庐,斯塔吉庐,阿勒苏,司陀庐(Stolus),奥林索斯,以及斯巴陀庐。安菲玻里及其他第一类的城邦径直恢复原来的状态,重新被雅典人控制。然而,其他城邦(第二类)却令斯巴达极为难堪,因为是斯巴达人以希腊自由的名义煽动他们暴动的。为了替斯巴达挽回颜面,雅典人作出了一个让步,允许这些城邦以阿里斯提德核定的贡赋额度缴纳贡赋,而无需按照 425 年重新核定后增加的额度来缴纳。此外,雅典人许诺,只要这些城邦缴纳贡赋,将来就不会攻打她们。这些城邦将保持中立,

---

① Thuc. 5.17.2;30.2. 条约中没有提及普拉提阿和尼赛亚。条约中遗漏这两个地方,无疑是因为这两个地方是依据协定交出、而非武力夺取的。但这个理由只是表面借口。修昔底德甚至没有在这个语境中提及娑里坞和安纳沱里坞。参见戈姆的讨论:《修昔底德历史评注》,第 3 卷,第 666 页。
② Thuc. 5.18.1—4.
③ Thuc. 5.3.5.
④ Thuc. 5.18.5;戈姆,《修昔底德历史评注》,第 3 卷,第 668 页。
⑤ Thuc. 5.18.7.

不属于雅典或斯巴达任何一方的同盟,但是雅典人也得到允许,可以使用和平方式劝说她们重归雅典阵营。① 戈姆对这些条款的理解很准确:这是"一个很难执行的协定,并且表述不清;……为了挽回颜面,为了她英勇解放的那些城邦,斯巴达无疑希望加入一些内容,但并不打算明确任何具体措施,事实上是任由这些城邦置身危难,这些城邦曾是斯巴达盟邦;现在不是任何一方的盟邦——让步就在于此"。允许雅典人使用和平方式劝说结盟这一条款,显然十分危险、又语焉不详,"但是斯巴达人急于从色雷斯脱身,愿意放弃后来获得的这些盟友"。②

然而,雅典为了和平作出了巨大的牺牲。她作出让步,允许卡尔息狄斯地区城邦享有一定程度的独立,这与帝国其他区域的政策不一致。严格来说,雅典接受了帝国缩水这一事实,而这与伯利克里政策背道而驰。③ 雅典同意(-343,344-)交还伯罗奔尼撒半岛边缘地区的军事基地,这些基地曾给斯巴达人造成了无数麻烦:柯离伐西坞,这是斯巴达人对派娄斯的称呼;叙铁拉;以及梅瑟纳。雅典还同意交还阿塔兰特岛和浦忒勒坞(Pteleum),修昔底德先前没有提到过浦忒勒坞,这个城镇或许位于亚该亚海岸。④ 规定交还战俘的条款使得雅典失去了对斯巴达的最后筹码,雅典放弃了斯伐刻帖里亚战俘,⑤但是若不这样做,就不可能有和平。

条约规定了宣誓的格式,各城邦的宣誓人数,规定了每年都要重新宣誓,⑥并要求将条约内容镌刻在石碑上,竖立在雅典和斯巴达,

---

① Thuc. 5.18.5.
② 戈姆,《修昔底德历史评注》,第 3 卷,第 670 页。
③ 接下来,有关陌叙卑纳(Mecyberna)、撒涅、辛歌司(Singos)等色雷斯城镇的这个条款(Thuc. 5.18.6),含义究竟如何,存在一些争议。(-343,344-)《雅典贡赋表》,第 3 卷的作者们(第 90 页)相信,该条款赋予这些城邦以独立,基于与奥林索斯和阿堪苏同样的基础;而戈姆则认为,该条款保障这些城邦不受奥林索斯和阿堪苏侵害(《修昔底德历史评注》,第 3 卷,第 672—674 页)。戈姆的理据看起来过于冒进,而我基于自己对 καθάπερ Ὀλύνθιοι καὶ Ἀκάνθιοι 的理解,支持《雅典贡赋表》作者们的看法。如果他们的看法是正确的,那么该条款就表现了雅典人为和平作出的又一让步。关于应当将撒涅校改为岬垃(Gale)的看法,参见 A·B·韦司特,《美国古典语文学期刊》,第 58 卷,1937 年,第 166—173 页。
④ Thuc. 5.18.7;戈姆,《修昔底德历史评注》,第 3 卷,第 674 页。
⑤ Thuc. 5.18.7.
⑥ Thuc. 5.18.9.

也竖立在奥林匹亚、德尔斐和科林斯地峡等泛希腊节庆的主要举行地。① 最后一项条款清楚表明,这个条约是雅典和斯巴达强加于各自盟邦身上的:"如果在任何问题上发现有疏漏之处,在不破坏誓词的限度以内,通过雅典人和斯巴达人的双方同意,并经慎重考虑之后,条约是可以修改的。"②

在大酒神节以后,条约立即被批准,"恰恰是在冬季的末尾和春季的开始",正如修昔底德所说,距离第一次入侵亚狄珈,过去了10年零几天,日期或许是421年3月12日。③ 无疑,绝大部分雅典人和斯巴达人,还有绝大部分希腊人,为此都极为欢欣。在雅典,普鲁塔克告诉我们,"大多数人认为这显然是从灾难中解脱出来,人人交口称赞尼基亚斯(尼基阿斯),说他是受神宠爱的人,由于他笃信虔诚,上苍(-344,345-)赐予他殊荣,使他的名字和至善至美的福荫联在一起"。④ 这个条约一直被称为《尼基阿斯和约》;而这个条约的责任属于尼基阿斯,超过属于任何其他人。

历史学家必须评估战争的结果,判断即将到来的和平的性质。对于第一个问题,绝大部分学者认为,阿奇达慕斯战争的结果是斯巴达失败,雅典胜利。爱德华·梅耶认为,尼基阿斯及其同党"所展现出来的非凡外交技巧,值得高度肯定。过去几年里尽管败绩累累,但雅典仍然取得了伯利克里设下的战争目标。……尽管克里昂及其同党犯下了许多错误,但是雅典以胜利者的身份结束了战争;希腊的未来又一次掌握在她的手中"。⑤ 埃德科的判断与此大致相同:"如果这场战争是对于雅典帝国的一次攻击,那么《尼基阿斯和约》就确认了其失败。……通过这场战争,雅典捍卫了伯利克里打算实现的目标:证明雅典之权势。"⑥冷静权威的布索特也持有同样观点:

---

① Thuc. 5.18.10.
② Thuc. 5.18.11;谢德风译本,第369页。
③ Thuc. 5.20.1;谢德风译本,第369页;关于日期推定,参见戈姆,《修昔底德历史评注》,第3卷,第711—713页。
④ Plut. *Nic.* 9.6;黄开来译本,第550页。
⑤ 爱德华·梅耶,《古代历史》,第4卷,第132—133页。
⑥ 埃德科,《剑桥古代史》,第5卷,第251—252页。

斯巴达人经常宣称,战争的目标是使希腊人自由,摧毁雅典帝国,他们没有达成这一目标;此外,斯巴达人确实承认了雅典的属邦,抛弃了因为依赖他们的保证而暴动的城邦,他们有条件地抛弃了一些城邦,无条件地抛弃了另外一些城邦。他们甚至把尼赛亚也留在雅典人手中,尽管伯罗奔尼撒同盟的成员曾经得到保证说,在与雅典人的战争结束之后,她们不会失去她们在战前所拥有的。此外,墨伽拉人,彼欧提亚人,科林斯人,埃利斯人,都对这个和约毫无兴趣。斯巴达的权威从根基上被动摇了;伯罗奔尼撒同盟面临分崩离析的危险。斯巴达人发现,自己不得不与雅典结盟。对于斯巴达人来说,十年战争以决定性政治失败的方式结束了。①

贝洛赫是极少数认为和约对雅典没有好处的人之一。他认为,和约产生的力量对比对雅典是不利的;他还认为,雅典需要多年和平(-345,346-)"才能重回旧日的平等;而雅典人所拥有的保障,却只不过是一纸空文,或者——毫无区别——刻在石碑上的一纸空文",他还认为,雅典在战争情势最为有利的时候议和,是极其愚蠢的。② 但是,即便是贝洛赫也承认,"伯利克里在战争开始的时候所设置的战略纲领,得到执行,并取得了胜利"。③

尽管学界在这一问题上形成了强大共识,尽管我们也认为斯巴达没有实现其战争目标,并且伯罗奔尼撒半岛之内危机四伏,但是我们无法赞同说,雅典从战争中取得的成果值得其付出战争中那么多鲜血和金钱。雅典人参加这场战争的目标,不仅仅是保持现状,更为重要的目标是向斯巴达人表明,斯巴达是无法强迫雅典的,也是无法对雅典造成损害的,雅典帝国是一个永久的事实,雅典是这个帝国的主人,将来可能出现的抱怨和分歧必须以谈判协商的方式解决,而不能以威胁和武力来解决。这一目标,没有达成。首先,现状并没有得到复原。即便斯巴达人

---

① 布索特,《希腊历史》,第3卷,第2册,第1197页。
② 贝洛赫,《希腊历史》,第2版,第2卷,第1册,第343页。
③ 贝洛赫,《希腊历史》,第2版,第2卷,第1册,第342页。

愿意尝试归还安菲玻里和巴那克敦,但他们究竟能不能做到,没人知道。安菲玻里和巴那克敦都被敌视雅典的当地人把持,这些人对斯巴达也决不卑屈奉承。普拉提阿,雅典的忠诚旧友,马拉松战斗中的同袍,自那时以来的忠实盟友,沦陷敌手。失去安菲玻里的损失,由取得尼赛亚来补偿,尼赛亚的战略位置更加重要,情绪价值也相当重要。但是,伯利克里要是看到雅典对卡尔息狄斯半岛暴动城邦的处置方案,势必惊骇不已。雅典人竟然允许斯巴达干涉雅典及其属邦之间的关系。这些属邦的将来地位,甚至包括她们将要缴纳的贡赋金额,都不是由雅典人决定,而是由雅典与斯巴达之间的条约中的某一个条款来规定的。斯巴达人通过这个条款暗示,将来如果雅典人想要以武力迫使属邦恢复先前地位的话,他们或许会选择视而不见;但这仍然牺牲了雅典帝国的合法,完整,独立,是对伯利克里之作战目标的违背。(-346,347-)这一处置方案与科林斯人声称他们对445年《三十年和约》的理解完全相反:双方凭借自己意愿,处理与各自盟邦关系。① 阿吉庐,斯塔吉庐,阿壩苏,还有卡尔息狄斯半岛城镇仍然是雅典盟邦,但是雅典不再能够随意处理与这些城邦的关系,关系会受到与斯巴达的条约的限制。

然而,比这些细节更加重要的,是获得和平的方式。尽管正如伯利克里所期待的,斯巴达自425年开始就提议谈判并一直尝试,但是斯巴达人这样做并不是因为他们确信他们无法对雅典帝国造成损害,也不是因为他们确认雅典帝国是一个永久的事实。将斯巴达推向和平的主要力量,不是因为偶然,就是因为外部条件:渴望接回俘虏,以及阿尔戈斯同盟条约到期。斯巴达人面临的困境是暂时的。没有证据表明鹰派已经被瓦解,也没有证据表明鹰派已经信誉扫地,更没有证据表明一旦伯罗奔尼撒半岛秩序重新整饬以后,斯巴达人不会因为他们在雅典人那里所受的羞辱和损害来寻求报复。和约给了斯巴达人以喘息复原的时间,他们还有能力报复,他们还没有被说服,不相信自己没有能力赢得这场战争。如修昔底德所记载的,雅典人最后是因为遭到军事威胁而被迫议和的。我们必须得出结论说,阿奇达慕斯战争没有给任何一

---

① Thuc. 1.40.5.

方带来有用的结果：这场战争没有摧毁雅典帝国，没有为希腊人带去自由；这场战争也没有消弭斯巴达对雅典权势的恐惧，没有为雅典人带来伯利克里冒险发动战争所要达成的这一保障。生命，苦难，金钱，都被白白浪费了。

《尼基阿斯和约》反映了达成这一和约的各种条件。和约类似第一次伯罗奔尼撒战争结束时的《三十年和约》，无法赢下战争的双方协商议和。但这两个和约的相似之处到此为止。445年和约的领土条款反映的是现实。① 421年和约的领土条款则没有反映现实，因为该条约基于(-347,348-)斯巴达不可信的承诺——将安菲玻里和巴那克敦归还雅典，也因为该条约甚至都没有提及尼赛亚、娑里坞，以及安纳沱里坞——这肯定会激怒墨伽拉和科林斯，进而威胁和约本身。赞同早先和约的那个雅典，处于伯利克里的牢固控制之下，作为领袖，他会真心努力遵守和约的字面规定和内在精神，同时斯巴达人有理由对和约条款感到真心满意。421年的雅典缺少稳定的政治领导；其政策近年来多次变动，反对和约的人没有占据上风，仅仅是因为这个派别暂时少了一位有影响力的领袖。斯巴达的城邦内局势没有这么明晰，但是许多有影响力的斯巴达人都对和约感到失望。监察官选举可以使赞成议和的人得到职位，但选举每年举行，斯巴达对和平的承诺充满不确定性，甚至亲手缔结和约的那些监察官也根本不急于履行所有条款。② 或许，445年和约与421年和约之间最为重要的区别，是斯巴达的盟友接受前一个和约，并不反对；但是对于后一个和约，彼欧提亚、科林斯、埃利斯、墨伽拉，以及色雷斯盟邦都拒绝接受。③ 此外，421年的阿尔戈斯不与任何一方结盟，因此不受任何限制，她野心勃勃，想要重新获得在伯罗奔尼撒半岛失去已久的霸权，迫切希望利用希腊世界的分歧来服务于自己的利益。上述所有困难，使得和平从一开始就前景不明。

421年的大酒神节，观看阿里斯托芬《和平》而开怀大笑的雅典人，

---

① 卡根，《伯罗奔尼撒战争的爆发》，第129—130页（原书页码）。
② Thuc. 5.35—36.
③ Thuc. 5.17.2; 35.3.

并没有想到上述这些问题;他们厌倦了战争。伯拉西达与克里昂,这场战争的研钵和研杵,都已不在人世,战争之神自己也将被迫离场。现在,揣该乌斯和雅典农民组成的歌队可以从岩窖中把"和平女神"(Eirene)拉出来了,她在那里被埋了10年。揣该乌斯和帮助他的神赫尔墨斯(Hermes)或许注意得到,彼欧提亚人,墨伽拉人,阿尔戈斯人,和好战的拉马库斯一样,并没有和他们一起使劲去拉和平女神,①但是雅典农民组成的歌队没有时间考虑这些。他们唱道:

> 朋友们,热心地来吧,快来大营救,(-348,349-)
> 整个希腊民族! 来吧,机会切勿错过,
> 抛弃你们的军队,抛弃你们的血仇,
> 诅咒拉马科斯(拉马库斯)的日子终将来临。
> 愿您做我们的领导,要做什么,请你吩咐。
> 我绝不会放弃我们面前的崇高任务,
> 直到我们用杠杆绳索救出和平女神,
> 让最善良、最伟大的女神重返人间。②

尽管雅典人能够用绳索将和平女神拖到421年的舞台上,但是她的照临,不会长久。

---

① Aristoph. *Peace* 466,473—477,481—483.
② Aristoph. *Peace* 301—308;英译:罗杰斯,伦敦,1866年;张竹明译本,第514页。

结　　论

　　阿奇达慕斯战争的结束令双方都感到失望,考虑到双方在进入战争时不充分、不妥当的战略构想,这一点也不令人感到意外。修昔底德暗示、许多人也相信,斯巴达的问题在于他们缺少大胆和无畏。① 面对雅典帝国权势的不断增长,"斯巴达人虽然知道雅典势力的扩大,但是很少,或者根本没有制止它;在大部分的时间内,他们仍然保持冷静的态度,因为在传统上,他们如果不是被迫而作战的时候,他们总是迟迟作战的"。② 他还说,"斯巴达人证明是雅典人最有益的敌人(最为便宜之敌人),因为两个民族性格的大不相同,……雅典人的迅速和斯巴达人的迟缓,雅典人的冒险精神和斯巴达人的缺少创造性(担忧害怕),成一对比"。③

　　然而,更加大胆的政策路线对于斯巴达人会有何助益,也很难想象。斯巴达人或许可以在战争一开始的时候就在亚狄珈建造永久要塞。这会使雅典人饱受困扰,在 431 至 425 年间,这也会使他们生活更加困难一些。然而,425 年以后,雅典人握有斯伐刻帖里亚的俘虏,他们会借此迫使斯巴达撤军并拆卸要塞。无论斯巴达人从中获得了多少

---

① 布伦特说:"修昔底德对斯巴达缺乏进取心,持严肃批评态度。从后来的章节中可以明显看出这一点:如果 Thuc. 1.70 中科林斯人(对斯巴达人)的性格刻画并不是他捏造的,那么至少,他的观点与科林斯人是一致的。"《凤凰学刊》,第 19 卷,1965 年,第 278 页)
② Thuc. 1.118.2;谢德风译本,第 81 页。
③ Thuc. 8.96.5;谢德风译本,第 633 页,有改动。

好处,这些利得都不值得冒险搭上远离家园的那么多人力,也不值得花费(-350,351-)维系所需的那笔开支。此外,要建造这样一个要塞,"优势余裕须极为明显,不因其他任务而减少对要塞投入的意愿须极为坚定,无论盟邦代表如何敦促,都不能因为这些人的直接利益而卷入其他作战行动,牵制自身。此外,相关组织工作规模也不小,斯巴达人需要提供补给、准备资金,在战场上确保巨大的军事优势,而因为这一目标只能缓慢达成,所以同时还需拥有适度的自信和坚定不移的政治领导"。① 不过,这样仍然无法确保雅典人投降。

斯巴达人原本或许可以在海上表现更佳。如果斯巴达海将更娴熟、更大胆,或许可以救下密提林,进而在雅典帝国境内各处煽动起义;他们或许原本能够摧毁佛缪郇支小型舰队,拿下科林斯海湾的主导权;他们或许原本可以夺下柯西拉的控制权。斯巴达人没有做到上述这些事情,不是因为他们没有尝试,而是因为他们没有能力做到。伯利克里清楚,一个完全的陆地权势是不可能一夜之间变身为海洋权势的;伯利克里指望着利用斯巴达在海上缺乏经验这一劣势,他这么指望是对的。在斯巴达人因为缺乏经验而自然感到胆怯的领域内,我们不能谴责他们没有进取心。正如布伦特所说:

> 他对斯巴达的谴责似乎……过于严厉。他们在432年的错误,不在于迟迟不对雅典展开攻击,而在于高估了自己取胜的机会。但是,他们对自己取胜机会的估算——蹂躏亚狄珈会带来胜利,雅典无法做出同等有效的反击——是基于过去的经验,虽然这一经验在后来的事件进程中被证明是错误的。当一年一次的亚狄珈侵略行动未能取得效果、实际遭到放弃之后,斯巴达别无选择,只能开始尝试向北方危险挺进。而这项行动正好是在派娄斯之后那年开始的。实际上,这项行动完成得比合乎情理的预判要更加成功,而如果斯巴达人乐意'坐收利益'而非继续冒险赌博,他们也不一定就做错了……当时,他们在伯罗奔尼撒半岛的声誉和威信

---

① 埃德科,《古典评论》,第61卷,1947年,第4页。

受到损害。事件进程表明,他们仍然拥有牢靠的军事实力,可以恢复他们的声誉和威信。① (-351,352-)

面对雅典这样的敌人,斯巴达人构想不出什么可以确保胜利的战略。判断严重失误,意志不坚定,又或者自然灾害不期而至,都有可能令雅典屈服,但是军事计划无法促成以上因素发生。只要雅典人愿意承受战争的种种不便,在一切必要时刻作出牺牲,那么他们就无法被斯巴达这样一个权势所打败,即便斯巴达还有盟邦襄助。斯巴达在恐惧和愤怒时投票议决开战,是因为他们用过去战争的经验作为将来胜利的指南,但是那一经验已经不再适用。一些斯巴达人势必知道那一经验已经不再有效,但是他们指望从心理上消耗雅典人;雅典人被封锁在墙内,坐视自己的土地被蹂躏,家园被摧毁,他们的心理就会被消耗。修昔底德告诉我们,绝大部分希腊人以为,雅典不可能坚持超过3年。② 这一误判十分常见,或许可以说是战争史中最常见、最严重的误判。他们以为惩罚和蹂躏将使敌人屈服,他们以为敌人将无法忍受苦难、继而接受自己不甚满意的和约。事实是,这种策略反而常常激怒对手,他们挺起脊梁,陷入愤怒,有时甚至不顾理智和自利,他们的信心前所未有地坚决,他们会抵抗,直到最后。斯巴达人应该采纳阿奇达慕斯的建议,推迟进入这场战争,这场他们还没有准备好战斗的战争。一旦犯下了宣战这一错误,他们就应该抓住机运提供的机会——雅典的大瘟疫——,在430年以较有利的条件缔结和约。斯巴达人拒绝了这个机会之后,他们就再也没有可能赢得这场战争了,除非雅典人犯下极端错误,除非自然灾害不期降临。

雅典人进入这场战争时的战略同样无法保障胜利,甚至不太可能带来胜利。伯利克里没有指望击溃敌人,也没有指望使敌人陷入物质上无法抵抗的境地。相反,他指望着从心理上早早消耗伯罗奔尼撒人。他计划避免重大战役,甚至回避在伯罗奔尼撒半岛边缘的据点修建要

---

① 布伦特,《凤凰学刊》,第19卷,1965年,第278页。
② Thuc. 7.28.3.

塞、部署永久驻军，(-352,353-)但是这样一来，只要斯巴达人愿意忍受小型侵袭，愿意费事每年前去亚狄珈远征一次，雅典人就不可能胜利。事实上，因为想击垮雅典人而不得，斯巴达人没有被这种沮丧消耗，反而是被激怒了。他们拒绝承认自己赢不了，所以拒绝以合理的条件议和——而这正是伯利克里所寻求的目标。伯利克里从未设想过长达10年的战争；他和雅典都没有准备好要打一场10年的战争。战争爆发的时候，他已经60多岁了，①他相信，要顺利实施自己的战略，自己的政治领导非常关键。他不可能指望自己还有超过10年的政治生涯。

伯利克里的财政计划也不足以支撑长达10年的战争。戈姆估算过，在战争结束的时候，雅典的资金储备至少高达1400塔伦特，于是他得出了以下结论："这足以说明，伯利克里对雅典在财政上能够坚持下去的信心，是合情合理的：他作战的方式，不是那种将要持续10年以上战争的方式，他这样做是对的；甚至在最后3年的困难过后，他们还挫败了伯罗奔尼撒人的攻击；而他们的帝国——伯罗奔尼撒人攻击的目标——大体仍然在握。雅典人胜利了，而且没有耗尽自己的财政储备，而这一储备就是为了保卫帝国这个目的而聚敛起来的。"②即便我们接受戈姆对储备金额的高昂估数——但是这是其他人估算数字的两到三倍——，我们也不应该采信他的结论。我们已经论证过，这一和约表明，雅典人并没有以伯利克里所设想的方式取得胜利。而对于伯利克里的财政准备被证明足以应付一场10年战争这样的看法，我们同样无法采纳。坚持如此之长的一场战争所依靠的财政手段，是实行直接战争税和提高贡赋额度，而这两项手段都不是伯利克里计划的，在战争初期也没有人预见得到。直接战争税总是(-353,354-)不受有产阶层待见，所以如果要实行直接战争税，就有可能会动摇伯利克里对雅典的控制。直接战争税是在金库空虚的时候，作为应急手段实施的，而即便在

---

① IG ii 2318. 9—11 表明，他是 472 年埃斯库罗斯(Aeschylus)《波斯人》(Persians)一剧的歌队赞助人，这样算来，他最迟出生于 490 年，但其实他还是不太可能 18 岁就履行了这一职责。而如果 463 年的时候，他还没有 30 岁，那么他就不太可能在这一年被推选为客蒙的公诉人。这样算来，他最晚应该出生于 493 年，那么在 431 年，他至少已经 62 岁了。
② 戈姆，《修昔底德历史评注》，第 3 卷，第 689 页。

国库空虚的时候,若非别无选择,雅典人也不会接受直接战争税。斯巴达人在 430 年拒绝了议和提议。故从此以后,无论代价几何,战争都必须继续下去。大幅提高贡赋额度对于雅典金库的重要性更为重要一些,但伯利克里不可能指望依靠这种措施。在和平时期,大幅提高贡赋额度会引发盟邦暴动,但是在 425 年这一措施得以施行,是因为雅典在斯伐刻帖里亚意外大胜,斯巴达影响力急遽下跌,雅典忽然声誉大振。在那一时刻,没有盟邦敢于暴动;也是在那一时刻,雅典人得以将贡赋提高,以满足岁入所需。这是伯利克里那些更加进取的继任者所采取的战略形成的结果。德·桑悌判断说:"如果战争计划不作改变,如果雅典人不尝试那些大胆又沉重的打击——虽然伯利克里不惜任何代价,避免采取这些措施——,那么看起来,这场冲突绝不可能以胜利的方式结束,而如果不考虑未曾预见之事——在战争中,这些因素的重要性是很显著的——特别是双方势均力敌的时候,那么我们可以推定,在几年战事之后,经历这场冲突的双方都耗尽精力,除了妥协议和之外,别无办法,而这个妥协的和平根本无法加强雅典对她的帝国的统治,而这却是伯利克里曾经的许诺。"尽管德·桑悌知道《尼基阿斯和约》不是雅典的胜利,但是他仍然相信,和约对于雅典人来说,比我们一般以为的要更加有利。但是,在 421 年,无论和约给雅典带来的安全有几何,这份安全都"应该首先归功于放弃了伯利克里建议的战争计划"。①

　　德·桑悌的结论与修昔底德自己的判断截然相反,修昔底德自己评价说,伯利克里在战前有绝佳理据,"预言雅典可以很容易地战胜伯罗奔尼撒人"。② 历史学家得出这一结论,必然感到不安,所以,绝大多数现当代学者都不想得出这个结论。(-354,355-)一定存在这样一种解决办法,那就是认为伯利克里是对的,他的战略行之有效。绝大多数学者持这种观点,但是我们已经被迫拒绝了这种看法。另一种解决办法是争辩说,修昔底德在这个段落中的意思并非表面看起来的那样。尽管理解修昔底德语焉不详的措辞经常是一个很大的问题,但是这一

---

① 德·桑悌,《伯利克里》,第 253 页及以下。
② Thuc. 2.65.13;谢德风译本,第 151 页。

段落看起来足够清晰,我们还是只能放弃这种解决办法。①

最后,有一些学者认为,伯利克里的实际战略,与绝大多数历史学家所归纳的伯利克里战略,是不同的。② 例如,戈姆无法不注意到(-355,356-)存在这样几个重要的段落,具体来说是四个段落,"(这些段落)或多或少地显示了与相应叙事段落的不一致",③其中的两个段落来自修昔底德赞颂伯利克里及其准确预见的2.65。修昔底德说,伯利克里的战略是正确的,但是他的继任者"正和这些指示相反",但是除

---

① 我自己对这个段落(Th. 2. 65. 13)的翻译,与C·福斯特·史密斯的翻译十分相近。克劳利的译文如下:"伯利克里的天才借以从中预见在对没有援助的伯罗奔尼撒人的战争中的轻松胜利的那些根据,是如此丰富。"德·萝蜜莉女史的译文如下:"当他说他们(雅典人)将在对孤立的伯罗奔尼撒人的战争中十分轻易占上风的时候,伯利克里的个人预见理据十分充分。"我采信亨利·斯图亚特·琼斯(Henry Stuart Jones)编辑、约翰·以诺·鲍威尔(John Enoch Powell)校订的牛津古典文本(OCT)版修昔底德史书:τοσοῦτον τῷ Περικλεῖ ἐπερίσσευσε τότε ἀφ' ὧν αὐτὸς προέγνω καὶ πάνυ ἂν ῥᾳδίως περιγενέσθαι τὴν πόλιν Πελοποννησίων αὐτῶν τῷ πολέμῳ. 克拉森删去了τὴν πόλιν(城邦),并用αὐτούς(他们,宾语)替换了αὐτός(他,主语),史度普采信这一替换,理由是在此再强调一次伯利克里个人的作用,不合适。戈姆(《修昔底德历史评注》,第2卷,第198页)发现,如果将强调位置上的这个词径直训读为αὐτούς(他们,宾语),如果删去τὴν πόλιν(城邦),都会存在困难。所以,戈姆倾向于保留τὴν πόλιν(城邦),并将αὐτός(他,主语)用括号括起来。他认为,"如果在这个句子中保留αὐτός一词的话,在我看来,那就只有一种翻译方法:'他看到他自己——也就是说,由他而不是由其他人来领导的雅典——将会打败敌人'"。他认为这种读法几乎不可能成立,因此拒绝采信这种读法。所以,如果我们也认为这种译法使得伯利克里看起来自大到不可置信的程度的话,我们也应该拒绝采信这种读法,但我们并没有理由这样认为。德·萝蜜莉女史对文本的训读方法与我们一样,她把这个问题解释得很清楚:"克拉森想要将αὐτός改为αὐτούς,(同时不保留τὴν πόλιν)。戈姆倾向于删去αὐτός,如果要保留的话,那就只能这样翻译:'他看到他自己——也就是说,由他而不是由其他人来领导的雅典——将会打败敌人。'——Αὐτός,在我们看来,含义更加简单,更加优美:伯利克里作出的那些预见被证明是正确的,而αὐτός一词是为了提醒说,是伯利克里独自作出了这些预见,他的预见与其他人都不一样"(《伯罗奔尼撒战争史》,第2卷,布岱法译本,第101—102页)。

② 一些学者认为,伯利克里的战略完全或主要是防御性的。这些学者包括:爱德华·梅耶,《古代史研究》,第2卷,第342页;格罗特,《希腊历史》,第6卷,第122—123页;贝洛赫,《希腊历史》,第2版,第2卷,第1册,第300页;芬力,《修昔底德》,第141页;古伦第,《修昔底德及他那个时代的史学》,第320、331页;韦斯特莱克,《希腊史家与希腊历史论丛》,第84页及以下;密特讷,《保-威古典学百科全书》,第19卷,(-355,356-)条目"伯利克里",第781页;埃德科,《剑桥古代史》,第5卷,第195—196页;亨德松,《雅典与斯巴达之间的大战》,第62页;布索特,《希腊历史》,第3卷,第2册,第901—902页;德·桑悌,《希腊历史》,第2册,第268页;德尔布吕克,《伯利克里的战略》,随处可见。

③ 戈姆,《希腊历史与文学补论》,第92页。

了415年到413年的西西里远征之外,修昔底德并没有指出,他认为哪些行动是与伯利克里的战略相反的。正如戈姆所说,"很遗憾修昔底德没能更加确切"。① 戈姆自己则认为,以下行动背离了伯利克里的战略:阿奇达慕斯战争期间,是以德里昂战役结束的德摩斯梯尼的征战,还有阿卡纳尼亚和埃托利亚征战;阿尔喀比亚德的伯罗奔尼撒征战;还有西西里远征。然而,戈姆认为,其他的所有行动,包括夺下派娄斯和叙铁拉,都符合伯利克里的战略,他同时还认为,背离伯利克里战略的上述行动数目很少,"远远不足以证明,修昔底德对伯利克里继任者的谴责是合情理的"。事实上,戈姆相信,"总的说来,即便是在埃托利亚和德里昂行动中,伯利克里的战略仍然是主导性的"。对于戈姆来说,要解决修昔底德叙述的史实与他就此作出的判断之间那必须解决的矛盾,就必须求助那项历史悠久、声名卓著的方法:在修昔底德史书的不同文本层中寻找解释。"2.65.6—10 与对相应事件的叙事之间存在不一致;评论(或曰概述)与叙事,不是在同一时间构想的,也不是在同一时间写下的。"② 但是,德摩斯梯尼在埃托利亚和阿卡纳尼亚的征战行动,以及终于德里昂灾难的彼欧提亚行动,不能这样一笔勾销。同时,我们也已经证明过,设防派娄斯、夺下叙铁拉,也都不是伯利克里战略的一部分。如果这些行动属于伯利克里战略的一部分,我们就需要再次提问,在伯利克里主导雅典的那些年里,为何伯利克里没有采取这些行动,既然这些行动被证明是既容易、又重要的?伯利克里的继任者肯定确实(-356,357-)违背了他的战略,甚至是报复性地违背了他的战略。有一个问题仍然存在,这个问题令戈姆不安,那就是真实的伯利克里战略失败了,雅典得救是因为抛弃了伯利克里战略,而修昔底德告诉我们的,却正好相反。

这个问题使得一些学者认为,伯利克里实际上有两种不同的战略。看起来,是怀德-嘉利开创了这一解释路径。他在《牛津古典学辞典》(*Oxford Classical Dictionary*)中以精简概要的方式提出:

---

① 戈姆,《希腊历史与文学补论》,第93页。
② 戈姆,《希腊历史与文学补论》,第95页。

现在的学者们相信,伯利克里在构想了一个进攻型战争计划之后,失去了他的瞩目权势,首先是因为波提狄亚暴动,然后是因为瘟疫。于是,他被迫转向防御型战略,这种战略成了他的政治遗嘱。修昔底德不愿意正视失败这一事实,同时,他又接受了伯利克里的政治遗嘱,于是,他与失败主义的军官阶层站在一边,反对克里昂复兴的进攻型战略。这就是为何伯利克里耗费颇多对付埃皮道鲁斯,修昔底德却将之记载为一次微不足道的徒劳;这就是为何修昔底德没有记载佛缪第一次阿卡纳尼亚征战的时间;这就是为何我们对墨伽拉法令一无所知;这就是为何,当攻势战略最终取得了成效,而修昔底德却认为,夺下墨伽拉不是什么大事。①

为了方便论证,这种假说承认伯利克里的战略遗产完全是防御型战略,也承认修昔底德的记载造成了很多问题。然而,这种假说的核心论点面临的困难无法克服。第一个困难是,修昔底德没有提过双重战略。我们已经谈过,修昔底德的疏漏常常无法解释,但是,如果他知道伯利克里先前有一个战略、后来又因为他所描述的那些事件而被迫换成另一个战略的话,同时,如果他是刻意不记载这些事情的话,那么,修昔底德犯下的错误就不是疏漏,而是刻意扭曲事实,并且是最严重的那种。如果修昔底德真这么做,那么在我们看来,首先,这在其史书中绝无仅有,其次,这是毁灭性的,因为它不止摧毁了修昔底德判断的质量,也摧毁了修昔底德诚实的名声。说"我们仅仅依据修昔底德就得以还原这场战争中的伯利克里战略,这一事实本身就能够表明,修昔底德没有完全(-357,358-)误解事态变化",②这样说并没有什么用。我们也常常从麦考莱(Macaulay)《英格兰史》(*History of England*)十分偏颇的史述中,这样还原关于马尔博罗公爵和威廉三世(William III)的事实真相,

---

① 《牛津古典学辞典》,第1版,第904页;莫蒂默·张伯思(Mortimer Chambers)和拉斐尔·西里保留意见,有所更改,但都大致采信了这一解释。莫蒂默·张伯思,《哈佛古典语文学研究》,第62卷,1957年,第79页及以下;拉斐尔·西里,《希腊政治文选》,第75页及以下,特别是第94—99页。
② 张伯思,《哈佛古典语文学研究》,第62卷,1957年,第86页。

但是这并不意味着麦考莱的史述没有严重的事实扭曲。

阻止我们采信这一假说更为严重的阻碍在于这样一个事实:在战争第一年,在雅典的资源接近巅峰、瘟疫也尚未袭来的时候,伯利克里没有采取任何攻势。波提狄亚的暴动和顽强抵抗并不能解释这个事实。在430年远征之前,波提狄亚并没有占用雅典很多人力和舰船。财政困难再大,也未曾妨碍设防派娄斯和夺下叙铁拉这样的行动;在431年春季,财政困难就更加不算严重了。要说拖延不决的波提狄亚围歼战真的对伯利克里的战略产生了影响的话,那他也应该被迫尽快采取攻势,在钱花光之前取得速胜。我们已经指出过,这就是430年伯利克里将哈格浓派去波提狄亚的动机之一。总而言之,在可能存在证据的地方,没有证据能够证明,这样一个攻势战略曾经存在过;而实际的事件进程也表明,曾经存在过一个攻势战略,这种假说是不成立的。① 对于 B·X·德·威特(B. X. de Wet)的看法,我们不仅同样要拒绝,而且需要更坚决地拒绝。威特仔细考察修昔底德的叙述后发现,伯利克里战略主要是进攻性的,唯一的防御性成分仅仅适用于雅典自己周边的领土。我们同样没有理由在这种看法上耽搁太久。② 这样,我们就回到了(-358,359-)原来的结论:伯利克里在战争开始的时候所采取的战略,本质上是防御性的,该战略经过周详谋划,目的是向有影响的斯巴达人表明,对雅典开战是徒劳无益的。他指望这些斯巴达人将会在战前状态的基础上请求缔结和约,他期待和约这一次能够持续

---

① 在其论文中,怀德-嘉利并未陈述他怀有这一假说的理据,但是在张伯思提到相关理据的时候,我们可以看到,张伯思理据的前身是怀德-嘉利以前的一个观点:在445年以后,伯利克里仍然在东西两线继续采取激进扩张的政策(参见怀德-嘉利,《希腊历史文集》[*Essays in Greek History*],第239—270页)。我们已经花了不少篇幅在其他地方论证过,伯利克里在445年以后的政策并不是扩张性的。参见卡根,《伯罗奔尼撒战争的爆发》,第154—192页(原书页码)。

② B·X·德·威特,《古典学报》,第12卷,1969年,第103—119页。威特的论证没什么有分量的内容,其中最无法令人信服的,或许是他力图证明,Thuc. 2.65.7 中的"保持安静"(*ἡσυχάζοντάς*)一词指的是"围绕雅典自身的战略的特别要求,但是因为该词也出现在对伯利克里政策的总体评价中,所以一直被误读了,'保持安静'被认为是指伯利克里(-358,359-)的总体战略"(第117页)。"保持安静"这一建议,确实是对伯利克里战略的总结的一部分,这个建议没有以任何方式被修饰、被限制。如果没有确凿证据,我们不能对这一建议进行修饰或者限定,但德·威特没有提供任何证据。

下去，因为这时斯巴达人已经全然意识到雅典是不可战胜的。第一年，麻烦已经有迹可循。斯巴达人没有任何迹象会放弃，而波提狄亚还在顽强抵抗，消耗着雅典金库，程度超过了预计，侵蚀伯利克里的容错余地，十分危险。第二年，瘟疫几乎带来灭顶之灾。但早在瘟疫袭来之前，伯利克里就已经决定，要通过攻打埃皮道鲁斯来施压。这并不意味着政策转型，而仅仅是对原有战略进行强化，试图让伯罗奔尼撒人更早领会雅典不可战胜的这一事实。伯利克里有可能确实意在夺下并占据埃皮道鲁斯，我们不能完全排除这个可能性；但这将意味着战略已经发生转向，转为了后来德摩斯梯尼和克里昂采取的那种战略。如果说伯利克里战略发生过任何改变的话，那也仅此一处，而总的来说，证据仍然不支持这种看法。① 哈格浓率领大军攻打波提狄亚并不是要背离伯利克里的战略，而是一次不顾一切的尝试，目的是要尽早结束对雅典资金的无尽消耗。伯利克里死后，他"留下的政治遗嘱是一场防御型战争"。②

如果战事逐渐推进、伯利克里的期待逐渐磨灭，他或许不会墨守原有战略。他是个有理性、有资源的领袖，没有理由质疑他会审时度势，及时更张。他的错误尽管严重，但却如我们已经说过的，是很常见的。他指望，敌人在遭到教训之后、在认识到继续战斗徒劳无功之后，就能明白道理。在当今时代，基于空袭、火力优势以及制海权的战略也会失败，这表明，敌人不会因为这些因素而(-359,360-)从心理上被击垮，他们往往还随着教训不断升级而更加坚决抵抗。在公元前5世纪，决策者不是孤高的贵族职业外交官，而是这样一个城邦的公民——在这个城邦里，公众意见是一股力量，对敌人的激情和痛恨常常冲击着对城邦自身利益的理性思考——，在这种情况下，上述这一点就尤为突出。很明显，斯巴达与雅典都属于这种城邦。在20世纪，我们仍然能见证到撮尔小国不够审慎地对抗着实力远超自己的庞然大敌；在雅典和斯巴达之间的这场战争中，双方势均力敌，双方就更有可能选择坚决抵抗

---

① 参见本书上文，第73—77页（原书页码）。
② 张伯思，《哈佛古典语文学研究》，第62卷，1957年，第86页。

和继续牺牲。

一旦伯利克里寻求的速胜无法实现——430年,斯巴达人拒绝议和的时候,这一点已经很明显了——除了更加进取,雅典别无选择。从430年到425年,尼基阿斯以及和他差不多的人不情不愿地逐渐背离了伯利克里的计划。他们一方面保留了伯利克里希望在没有胜利的情况下谈判议和的希望,另一方面在攻势上拓展可能。这种妥协并不明智,因为为了和平共处而缔结一个可靠和约的基础,已经因为战争的延长和激化、因为随之而来的仇恨而消失了。德摩斯梯尼和克里昂对此情此景看得更加清楚。对于雅典来说,这场战争的唯一安全结局要么是摧毁斯巴达权势、使之无法危害雅典,要么是雅典取得战略要地的控制权、使雅典自身坚不可摧。第一个战略路线不现实,因为斯巴达军事力量十分强大,雅典不能冒险与斯巴达展开大规模陆上战役;同时,只有忒拜人371年在琉珂察(Leuctra)取得的那种胜利,才有可能动摇斯巴达的权势。因为克里昂与德摩斯梯尼有勇有谋,同时还加上一点机运的眷顾,雅典才得到了派娄斯,在斯伐刻帖里亚俘虏了斯巴达人,从伯罗奔尼撒人的入侵当中得到喘息。有了克里昂包括提高贡赋额度在内的强硬帝国政策——虽然大胆,但是必要——,雅典才可能再次开始考虑攻势行动。斯巴达人心烦意乱:雅典人从派娄斯和叙铁拉不断侵袭;黑劳士不断逃亡,斯巴达人担心这会引发又一次大规模的黑劳士暴动,而一旦黑劳士大规模暴动,克里昂和德摩斯梯尼就可放手推进为雅典取得胜利和安全的第二条战略路线。425年,克里昂据理力争,反对接受斯巴达的议和提议,他是有道理的。正如戈姆(-360, 361-)所说,"斯巴达的议和提议是一纸空文:他们遭遇失败,退入死角;他们请求议和;而他们能给的,只有对友好的承诺……(雅典人)拒绝这样的一纸空文,斯巴达人给的提议——我们几乎可以肯定地说——是毫无价值的;他们遵循的军事准则是正确的:乘胜追击"。①

要使雅典坚不可摧,关键在于墨伽拉和彼欧提亚。雅典人对墨伽拉的攻打,构想完备,执行不错,失败只是因为运气极端不好。叛国的

---

① 戈姆,《希腊历史与文学补论》,第105—107页。

墨伽拉民主党人未能完成他们在这场政变中的任务；但若非伯拉西达碰巧在附近为色雷斯远征募兵，这原本也并非致命错误。如果伯拉西达不是碰巧在附近而得以保卫墨伽拉，那么墨伽拉很有可能沦陷，落入雅典人之手，那样的话，雅典将不用再面对来自伯罗奔尼撒半岛的军事威胁。攻打彼欧提亚、迫使其从这场战争中退出，这一计划更加艰巨，更加危险。这次征战失败，是因为计划过于复杂，因为秘密行动时间过长，当然，同时也是因为执行失误。但我们不必认为，彼欧提亚行动是注定要失败的。即便行动方案的其他部分全部失败，但是只要德里昂的要塞能够建起来，只要没有随后的那次大败，这就已经足够对彼欧提亚人形成威胁，妨碍他们进犯亚狄珈了。我们必须抗拒既成事实的诱惑。行动方案中的这两个部分，都有可能取得一定程度的成功，而这种程度的成功已经可以保障雅典人免受侵害。一旦情势如此变化，再从派娄斯和叙铁拉发动袭击，斯巴达就很难不被削弱，很难不灰心到以雅典的条件缔结和约的程度。这样一些目标，完全值得克里昂和德摩斯梯尼如此冒险一试。在伯利克里的战略失败以后，克里昂和德摩斯梯尼的战略是正确的，尼基阿斯的战略是错误的。

我们也完全可以认为，伯利克里是会赞同他们的；他不止一次审时度势，改弦更张。伯利克里在政治上的天赋和在政策方面的稳健，应该更容易使新战略成功。即便如此，我们仍然不能肯定，如果伯利克里料到战争将持续10年，将耗费这么多人力和金钱，那么，他还会不会发动这场战争。或许，伯利克里会把(-361,362-)自己的傲慢强压下去，撤销墨伽拉法令，就其他分歧谈判，以期在艰难时刻继续维持和平。然而，对于自豪又强大的一个城邦来说，对于自豪又能干的一位领袖来说，即便天才如伯利克里，要清楚地洞见未来，要在骄傲与权势受到挑战的时候及时罢手，却总是很难。

附录 A　伯利克里与雅典收入

伯利克里并没有指望依靠直接战争税,或者依靠提高盟邦贡赋额度来增加雅典的收入。战争爆发前夕,他在对雅典人的演说中(Thuc. 2.13),没有提到这一点。这很合理,因为他这篇演说的目的是鼓励雅典人,赢得他们对他的政策的支持。不仅如此,事实上,直接战争税从未进入过他的考虑之中。有可能,从来就没有过直接战争税这一税种,428年伯利克里死后,雅典才第一次引入直接战争税。修昔底德的措辞暗示的肯定就是这个意思:ἐσενεγκόντες τότε πρῶτον ἐσφορὰν διακόσια τάλαντα,(Thuc. 3. 19. 1)。鲁迪·汤森认为修昔底德的意思是说,428年,雅典人是第一次征收了200塔伦特直接战争税(《直接战争税》,哥本哈根,1964年,第145—146页)。早先,史蒂文森暗示说,修昔底德的意思是"自提洛同盟成立以来第一次"(G. H. Stevenson,《希腊研究期刊》,第44卷,1924年,第1页及以下),而戈姆则认为"是这场战争发生以来第一次"(《修昔底德历史评注》,第2卷,第278页)。此处存在困难,是因为《卡利阿财政法令》中曾经提到过直接战争税,而《卡利阿法令》的时间通常被推断为434年:(ἐς ἄλλ) ο δὲ μεδὲν χρεσ (ϑ) α (ι τοῖς χρέμασιν ἐὰμ μὲ τ) ἐν ἄδειαν φσεφ (ίσεται) ὁ δεμος καθάπερ ἐ (ἀμ φσεφίσεται περὶ ἐσφ) ορᾶς(《希腊历史铭文选辑》,第58则铭文)。如果补充的文本符合法令原文,那么这里的措辞就是在强烈暗示,雅典人在434年之前一段时间已经开始推行一项直接战争税,同时,在那个时候,因为这项措施极不寻常,所以公民大会(-363,

364-)必须在需要使用它之前，就豁免权单独进行一次投票。马丁理（Mattingly）试图将这些法令的日期推断为 422/421 年（《希腊研究通讯》，第 92 卷，1968 年，第 450—485 页；同时参见佛纳瓦，《希腊罗马拜占庭研究》，第 11 卷，1970 年，第 185—196 页）。如果这些法令的日期是 422/421 年，那么困难就迎刃而解了，但是绝大部分碑铭学家仍然将这则铭文的日期推断为 434 年。或许最好是假定戈姆的看法是对的（密格斯和刘易斯也支持他的看法：《希腊历史铭文选辑》，第 161 页），也就是说，修昔底德的意思是，428 年征收直接战争税，是雅典人在伯罗奔尼撒战争期间第一次征收该税。不管怎么说，没有学者会相信，雅典自 478 年以来就一直在征收一项直接战争税，即便在第一次伯罗奔尼撒战争的高压期间也没有，所以要说雅典是因为伯利克里的力促才第一次征收直接战争税，那么此举会吓到有产阶层，并遭到他们的排斥（布索特，《希腊历史》，第 3 卷，第 2 册，第 878 页）。此外，依据交通上限来推算，428 年征得的税金也不会改变伯利克里面临的财政问题。因此，如果伯利克里不惜削弱雅典对自己的支持，也要坚持推行不得人心、且无助于解决问题的一项税种，那么，这样做是愚蠢的。

同样很明显的是，伯利克里也没有计划要提高盟邦贡赋。对于公元前 50 年代和前 40 年代镇压过的盟邦叛乱，伯利克里仍记忆犹新。446 年，优卑亚暴动迫使他与斯巴达议和。萨摩司暴动引发了拜占庭的暴动，还很有可能在其他地区也引发了暴动。伯利克里因此不得不前往爱琴海地区，而这差一点使得伯罗奔尼撒人趁机破坏和约。伯利克里清楚，他一直面临着暴动盟邦、波斯大王，还有伯罗奔尼撒同盟的死亡结盟（参见卡根，《伯罗奔尼撒战争的爆发》，第 173 页［原书页码］）。他也不会忘记，433 年的波提狄亚叛乱就发生在这个城邦的贡赋额度被提高之后（卡根，《伯罗奔尼撒战争的爆发》，第 274—275 页［原书页码］）。伯利克里不可能想通过那样的办法征收资金。当然，最好的证据就是，在他主导雅典政策那些年中，他没有使用这两项权宜之计中的任何一项。

附录 B　伯利克里的最后演说

　　Thuc. 2.60.7；伯利克里的最后演说，是真实性最遭质疑的一篇。例如，德·桑悌(《伯利克里》，第 263 页)说，"此处这篇演说就修昔底德和伯利克里而言，都是合适的，但是这并不是伯利克里在公民大会真实发表的那篇。战争的后续进程及其给修昔底德造成的影响，都明显地体现在这篇演说中了"。爱德华·梅耶的观点(《古代史研究》，第 2 卷，第 389 页及以下)影响最大。梅耶认为，伯利克里不可能在修昔底德所记载那个时候，作出修昔底德所记载的这样一番演说。伯利克里或许说过这样一些内容，但是如果是真的，那也肯定是在先前的集会上，在大家讨论是否要派出使节前往斯巴达的时候。梅耶说，修昔底德的这篇演说是在向更年轻的一代人发言，也就是在 404 年及不久之后，因为雅典的灾祸而批评伯利克里、批评雅典帝国主义的那一代人。"是修昔底德在对我们发言；然而，要说雅典的覆亡还仅仅是一种假设，要说这些话在 26 年前确实被说过，这种想象是很难继续站得住脚的。但是，将这些话放在伯利克里口中却是正当的，修昔底德可以让他这样发言，因为这些思想是伯利克里观念的必然产物，也因为这些话完美贴合了伯利克里的思考方式，一言以蔽之，不是因为伯利克里曾经这样说过，而是因为伯利克里曾经有可能会这样说——ὡς ἂν ἐδόκει ἐμοὶ τὰ δέοντα μάλιστ' εἰπεῖν，"(伯利克里)说出我认为(那)个场合所要求他说出的话语"(Thuc. 1.22.1；谢德风译本，第 17 页；原文与译文均有改动)——即如果他能预先知道整个情势的话，在此也就是说，如果伯利克里能预先知道迄至 404 年的(-365,366-)事态发展的话,他那时就有可能会这样发言。"梅耶得到了舒瓦茨(E. Schwartz,《修昔底德的历史著作》[*Das Geschichtswerk des Thukydides*])以及德·萝蜜莉女史(《修昔底德与雅典帝国主义》,第 147—155 页)的支持。其中,德·萝蜜莉的论证更加精细微妙。梅耶的解释具有这一类看法的典型特征,那就是完全无视修昔底德关于演说辞性质的关键声明的第二部分:ἐχομένῳ ὅτι ἐγγύτατα τῆς ξυμπάσης γνώμης τῶν ἀληθῶς λεχθέντων, οὕτως εἴρηται,"尽量保持实际上所讲的话的大意"(谢德风译本,第 17 页)。在我看来,这个分句表明,修昔底德不可能将一篇演说辞从一个语境挪到另一个语境,更不可能去捏造一篇演说辞。演说辞问题很微妙,但是如果我们还认为修昔底德意在讲述事实的话,那么我们就必须对解释的范围设置一定的限度。在我看来,我们必须相信,在雅典的议和使团遭到拒绝之后,伯利克里确实召集了一次公民大会,他的发言也确实十分接近修昔底德所记载的。修昔底德所发挥的作用在于演说辞的组织结构和具体的措辞选择。我相信,为了令读者清楚理解一些重要内容,修昔底德甚至可能自行添加与该演说密切相关的话题。比如,我同意戈姆关于 Thuc. 2.60.5—6 的如下看法:"然而,我感觉到,这两个段落是修昔底德所写的演说辞中穿凿痕迹最重的一处,与实情相去最远的一处,明显是修昔底德自己想出来的,而非'伯利克里说出那个场合所要求他说出的话语'"(《修昔底德历史评注》,第 2 卷,第 167 页)。然而,我同样赞同戈姆对这样两个段落的审慎结论:这两个段落以抽象风格处理,具有国务家所需的特点。"然而,我们或许在这个方面被误导了。这个时候的雅典人,在修辞中确实十分喜爱使用普遍化,虽然我们很难欣赏。这种普遍化最常见于幼里披底,同样常见于安提丰,'老寡头'则有其自己的使用方式,在他的作品中也很常见。对仗是适于表达普遍化的修辞工具。"修昔底德所能发挥的最重要作用,不在于他会去随意捏造一篇演说辞——我已经排除了这种可能性——而在于他在诸多可记载的演说中作出的选择。是这种选择令修昔底德能够自如地达到他的写作目的,而在关于他的目的这方面,我赞同梅耶:修昔底德是在对后代发言,是在传达长存的真相。(-366,367-)为什么修昔底德选择记载伯利克里的最后演说,而不去记载——像梅耶所说——伯利克里先前就议和使团进行辩论时肯定作过的那篇演说?为什么修昔底德不记载在这个问题上持反对意见的人的演说?如果我们能够知道这些问题的答案,那么我们确实能够更好地理解修昔底德。但我们决不能由于没被记载的这些演说没有造成什么后果,就认为这些演说辞在历史上无关紧要,像梅耶一样。对于修昔底德确实记载了的演说也是一样,因为尽管修昔底德记载演说,但伯利克里仍然遭到了处罚,这篇演说并未达成其目标。此外,修昔底德还完整记载了425年前来求和的斯巴达使节的发言(Thuc. 4.17—21),而他们同样无功而返。修昔底德记载这样一些演说,而不记载那样一些演说,如果能够知道他为何这么做,当然很有价值,但这将是另外一本书的主题。伯利克里的最后演说,尽管是在对未来世代发言,就像修昔底德的所有其他演说辞一样,但我对这篇演说的分析,却是为了考察这篇演说在430年的事件中的位置,为了考察这篇演说在那个时候的听众当中的反响。

译者跋语

依已经出版的第一、三、四卷例,译者跋语包括翻译法则说明及相关索引、对照等附表。

1. 翻译方法说明:正文

第一,关于除英语外的其他现代西方语言引述。除古希腊文的拉丁转写之外的其他现代西方语言引述,处理法则与英语相同,翻译而不保留任何原文。

第二,古希腊文引述的翻译原则如下:能够直接援引现有中译本的,援引之并给出中译本页码;现有中译本未尽贴切的,译法存在争议的,由译者根据原作英文或原作所引古希腊文译出。关于使用现有中译本,译者辩解一二,说明并非出于疏懒。第一,未尽贴切的,译法存在争议的,已经由译者根据英文或古希腊文重新翻译,不会使用现有中译本。第二,使用现有中译本的一个重要目的,是为了争取做到同引同译,即对于同样一段引文,无论在何处引用,都将给出完全相同的译文。

本书所使用的中译本包括:

"谢德风译本":[古希腊]修昔底德,《伯罗奔尼撒战争史》,谢德风译,商务印书馆1985年。

阿里斯托芬《阿卡奈人》《骑士》的"罗念生译本":[古希腊]阿里斯托芬著,罗念生译,《阿卡奈人 骑士》,上海人民出版社2006年。

阿里斯托芬《云》的"罗念生译本":[古希腊]阿里斯托芬,《云 马蜂》,罗念生译,上海人民出版社2006年。

阿里斯托芬《和平》的"张竹明译本"：[古希腊]阿里斯托芬，《阿里斯托芬喜剧》（上），张竹明译，收于[古希腊]埃斯库罗斯等，《古希腊悲剧喜剧全集》（全8册），译林出版社2007年。

普鲁塔克《尼基阿斯传》的"黄开来译本"：[古希腊]普鲁塔克，《希腊罗马名人传》（上册），黄宏煦主编，陆永庭、吴彭鹏等译，商务印书馆1990年。

普鲁塔克《伯利克里传》的"水建馥译本"：[古希腊]普鲁塔克，《希腊罗马名人传》（上册），黄宏煦主编，陆永庭、吴彭鹏等译，商务印书馆1990年。

"日知、力野译本"：[古希腊]亚里士多德，《雅典政制》，日知、力野译，商务印书馆1999年。

第三，古希腊文引述的引用及复制原则如下。遇古希腊文引述，保留原文；根据其他3卷经验，书中古希腊文引述偶有笔误，所以中译本古希腊原文均复制自 Thesaurus Linguae Graecae 所提供的校勘本，铭文除外。

2. 翻译方法说明：译名对照表与索引

译名对照表基于原书英文索引，但译名对照表内容略多于英文索引，原因如下。首先，相对于英文索引，译名对照表增加了现代外语的专有名词译名对照。其次，英文索引没有收入所引用的古代作家，译名对照表增补之。再次，相对于英文索引，增补了游移于古代语言和现代语言之间的一些词汇。例如，重装步兵"hoplite"一词，原书索引作者似乎认为该词已经属于现代英语，无需索引；但是对于中文读者而言，译者假定，该词的英文和中文都并非不言自明的，因此增补。最后，译名对照表增补遗漏项和遗漏页码，并作个别修订。

3. 根据上述翻译原则与处理方法，本书提供如下附表：

附表1　专有词汇译名对照表（基于原书 General Index 制作）

附表2.1　古代文献引述格式举例

附表2.2　近现代古典学家所编古代文献辑丛引述格式举例

附表2.3　古代作家及铭文引用索引（即原书 Index of Ancient Authors and Inscriptions）

附表3.1　近现代古典学家姓名及著述名对照表

附表3.2　古典学期刊刊名缩写与译名对照表

附表3.3　近现代古典学家引用索引(即原书 Index of Modern Authors)

附表3.4　参考文献(即原书 Bibliography)

表2系列提供古代文献索引及译名对照。其中,附表2.1、2.2为引述格式举例,并非本卷实际所引用。具体引用情况,请根据附表2.1和2.2的格式举例说明,检索附表2.3。

表3系列提供现当代研究文献索引及译名对照。依从第4卷例,附表3.1给出本书引用到的所有古典学家姓名及专著著述名,论文著述所载期刊缩写及译名请参阅附表3.2,具体引用页码请检索附表3.3,全部著述原文信息请参阅附表3.4。

其余处理原则与已经出版的其他3卷相同,不一一赘述。

与其他3卷一样,译者希望通过跋语对翻译原则和相关问题予以勉力说明。译者驽钝,请求博学多识的读者指出错误,帮助改进。

李隽旸

2020年1月1日初稿

2020年3月10日修订

附表1　专有词汇译名对照表

拉丁转写	英译,别称	中　译	原书页码
Abdera		阿布德拉	63
the Academy		学园	115
Acanthus		阿㙟苏	伯拉西达在阿㙟苏:291,293,296,316; 重归雅典:347; 自雅典之下叛乱:310,343,344
Acarnania		阿卡纳尼亚	33—35,68,73,115,138,209,216,220,280—281,257; 与雅典结盟:25; 雅典的阿卡纳尼亚征战:59,62; 攻打安纳沱里坞:256; 德摩斯梯尼远征得到阿卡纳尼亚协助:201,202,356; 德摩斯梯尼的埃托利亚征战没有得到阿卡纳尼亚协助:122; 佛缪远征:122; 遭到斯巴达攻打:107—109,210—214
Achaea; Achaeans		亚该亚;亚该亚人	19,110,185,235,344
Acharnae; Acharnaians; *Acharnaians*		阿卡奈德谟;阿卡奈人;《阿卡奈人》	51,52,53,82,96,193,257,339
	Dean Acheson	迪安·艾奇逊	159
the Acropolis		卫城	27,36,53,57,178,191,239,313
Acte(Argolis)	Argolic Acte	阿尔戈里德半岛沿海地区	73,74
Acte(Chalcidice)	the Acte Peninsula	亚克忒半岛	302
Mt. Aegalius		埃岬琉山	49
the Aegean		爱琴海,爱琴海地区	17,21,29,115,150,156,180,187,199,256,257,278,292,302,264

（续 表）

拉丁转写	英译，别称	中 译	原书页码
Aegina；Aeginetans		埃基纳	40, 58, 82, 83, 85, 97, 157, 193, 232；被雅典占据：64, 69；人口被雅典人驱逐：62；人口定居于苔黎亚堤：63, 264
Aegitium		埃基荻坞	204, 205
Aegospotami, battle of Aegospotami		羊河口，羊河口战役	82
Aenos		埃诺司	241
Aeolia		伊奥里亚	149
Aeschines		埃斯基涅	26
Aeschylus		埃斯库罗斯	353
Aetolia		埃托利亚	245, 268, 289, 356；被德摩斯梯尼攻打：202—209；威胁诺帕克都港：201
Agathias		阿迦遐思	167
Agis, son of Archidamus		斯巴达国王阿奇达慕斯之子阿吉斯	147, 193, 219, 223, 224
agora	the market-place	公民市集	330, 340
Agraea		阿格籁崖	214, 215, 217, 281
Alcibiades, son of Cleinias(II)		克雷尼亚(二世)之子阿尔喀比亚德	91, 125, 238, 286, 301, 342, 356
Alcidas		阿尔西达	斯巴达海军主将：146, 147, 148, 150, 151, 153, 171, 175, 180, 197, 199
Alcmaeonid		阿克美翁岱家族	125
Alexander of Macedon		马其顿的亚历山大	283
	El Alamein	阿拉曼	238
Ambracia；Ambriotes; the Amracian Gulf		安布罗西亚；安布罗西亚人；安布罗西亚湾	121, 201；与斯巴达结盟：19；攻打安斐罗库的阿尔戈：94, 96；加入斯巴达的柯西拉远征：180；

(续 表)

拉丁转写	英译,别称	中 译	原书页码
			煽动斯巴达攻打阿卡纳尼亚:107—108;煽动斯巴达在希腊西北地区的第二次行动:210—217
Ameinias		阿美尼亚斯	314
Amphilochia		安斐罗库	83,210,215,216
Amphilochian Argos		安斐罗库的阿尔戈	94,96,108,210,211,212
Amphipolis;Amphipolitans		安菲玻里;安菲玻里人	185,303,310,315,316,319,333,336,338,341;伯拉西达攻打:291—300;游刻勒斯和修昔底德守卫:290;克里昂试图收复:321—330;哈格浓建城:55,121;斯巴达承诺归还雅典:342,346,348;战略价值:288
Amyntas		阿闵塔	119
Anactorium	Anactorion	安纳沱里坞	19,108,256,342,348
Anaea		阿奈亚	278
Andocides		安多基德斯	26,92
Andros;Andrians		安德罗斯;安德罗斯人	252,293
Androtion		安德罗提昂	19
Aneristus		阿内利斯图	94
	Queen Anne	安妮女王	92
Antandrus,Antandrians	Antandros	暗滩渚;暗滩渚人	278
Antiphon		安提丰	164,366
Antirrhion;Antirrhium;Molycrian Rhium		对黎坞岬;陌吕珂黎瀹黎坞	109,113

(续表)

拉丁转写	英译,别称	中 译	原书页码
Antissa		安提撒	133,142
	aparché, first fruit	初获	250
Apodoti		阿波多提	203
Apollo		阿波罗	53,279,342 佩提亚的阿波罗(德尔斐):53,342
Apollonia		阿波罗尼亚	108,256
apragmonsyne, *apragmones*	inactiveness	"对政治漠不关心","对政治冷淡"	88—90
Archestratus son of Lycomedes		吕珂墨得之子阿奇斯特拉图斯	433/432年出任雅典将军:38,318
Archidamus; the Archidamian War		阿奇达慕斯;阿奇达慕斯战争	斯巴达国王:20,24,40,67,70,74,84,99,107,331,352; 指挥入侵亚狄珈:48,49,50,51,52,56,57; 指挥第二次入侵亚狄珈:70,71,77; 去世:147; 率军攻打普拉提阿:103,104,105; 战略路线:94
archon; archontes		执政官	316
Argilus; Argilians	Argilos	阿吉庐;阿吉庐人	323,343,347
Arginusae		阿吉努赛群岛;阿吉努赛战役	163
Argolid; the Argolid Peninsula; Argolid Acte		阿尔戈里德;阿尔戈里德半岛	63,73

(续 表)

拉丁转写	英译,别称	中译	原书页码
Argos, Argives		阿尔戈斯;阿尔戈斯人	19,63,72,73,76,94,255,264,339; 与雅典:334; 城邦内派别:253; 与斯巴达:253,334,335,347
Aristeus son of Adimantus		阿狄满图之子亚里斯忒乌	94,95
Aristeus		阿里斯特乌斯	314
Aristides; Aristeides		阿里斯提德	128,251,343
Aristides son of Archippus		阿奇普之子阿里斯提德斯	425/425年出任雅典将军:218,219
Areopagus; Areopagite constitution; Areopagite		战神山议会;战神山议会政体;战神山议员	90,125
Aristonymus		阿里斯托宁木	309
Aristophanes		阿里斯托芬	125,324,325
Aristoteles son of Timocrates		特莫科拉提之子阿里斯托特勒	426/425年出任雅典将军:210
Aristotle		亚里士多德	70,90,125,126,127,135
Arrhabaeus		阿尔哈巴乌	林柯司人的国王:289,292,310,311,314
Artaxerxes I		阿尔塔薛西斯一世	波斯大王:258
Artemisium; Battle of Artemisium		月神岬;月神岬战役	109
Asia Minor	Asia	小亚细亚	23,29,148,150,151,338
Asine		崖辛	263
Asopius son of Phormio		佛缪之子阿索皮尤	428/427年出任雅典将军:126,130,139
the Asopus River (Boeotia)		阿索普河(彼欧提亚)	47

(续 表)

拉丁转写	英译,别称	中 译	原书页码
Aspasia		阿斯帕西娅	118,126,131
Astacus		崖司塔枯	59,73
Atalante		阿塔兰特	58,62,67,68,73,306,344
Athena		雅典娜	27
Athenaeus		雅典纳乌	309
The Treasury of Athena		雅典娜金库;雅典娜神庙金库	37,336,337
Athens		雅典	卫城:27,53,57; 与埃基纳:264; 与安布罗西亚的条约:217; 战神山议会:90,125; 与阿尔戈斯:334 —与彼欧提亚:43; 　424年攻打彼欧提亚:278—287; 　在彼欧提亚的战略:279—280 制陶区:330 攻打卡尔息狄斯:106 军事殖民地:157,158,164,165,167 政体:124,125 与柯西拉:175,179,181,219,255及以下 远征克里特:111,112,113 攻打叙铁拉:261—263 雅典帝国:20,21,22,25,35,36,83,86,87,97,122,128,140,144,149,157,158,160,161,172,185,196,250,251,257,258,287,322,331,333,338,343,345,346,347,351,353,364 帝国被称为僭政:87,88,89 帝国是否得人心:161,162 与优卑亚:197 财政:26,36—40,57,68,71,75,77,97,100,107,112,122,123,140,142,143,144,145,146,149,153,164,165,166,

(续 表)

拉丁转写	英译,别称	中 译	原书页码
			185,217,249—251,312,336,337,353,354,363,364
			战争爆发时所拥有的兵力:19,25
			要塞:39
			与哈烈崖:306
			与林地尼:181
			与列斯堡暴动:135 及以下
			攻打琉卡斯:201
			长墙:20,27,53,54,82
			与墨伽拉:270—273
			与弥罗斯:197,198
			与蒙岱:310
			密提林辩论:153 及以下
			海军:20,23,25,26,28—30,32,35,38,40,57,58,71,82,86,109—111,113—115,117,136,141,142,229
			攻打沛耳狄喀:119,120,122
			与波斯:257,258
			瘟疫:34,70,71,76,78—80,84—86,89,100,102,107,112,122,140,153,171,172,352,359
Athens(conti.)		雅典	瘟疫第二次爆发:186
			远征帕勒涅半岛:311 及以下
			与普拉提阿:47,48,174
			政治特征:96
			政治状况:69,78—80,84—91,95,96,98,100—102,105,124—128,131,145,146,158,159,168—170,174,181—185,187,188,218,219,236,250,251,260,305,317,338,348
			与司基昂:309
			在西西里的战略:188,265 及以下
			427 年在西西里:193
			在息拓耳奇宫廷的使节:95
			—与斯巴达:
			提议和谈:80—83,159

(续表)

拉丁转写	英译,别称	中译	原书页码
			425年斯巴达提议和谈:232及以下 停火:305及以下 —与斯伐刻帖里亚:239—242 战略:24,28,29,31,32,34,35,36,41,42,112,121,122,153,154,170,171,181,199,200,222,252,258—261,284,287,352—362 与叙拉古:268 与色雷斯地区:302 与帖撒利:289 攻打苔黎亚堤:264 424年审判将军:268,269 与托洛湊:306 战争目标:24,25
Attica		亚狄珈	20—22,24,27—31,34,36,38,39,41,44,47—50,52,53,56—58,64—67,69—73,76—78,80,83,84,92,99,102,129,132,135,139—141,146—148,165,166,184,193,200,207,208,219,223,224,248,258,270,272,277,333,335,342,344,350,351,353,361
	auctoritas	威望	56
Autocles		奥托克勒	425/424年及424/423年出任雅典将军:218,260,261,307
autonomy		自治	埃基纳:83 开俄斯:157,257 希腊人:83 列斯堡:134,164 密提林:157,166 伯拉西达向阿墈苏许诺自治:293
autourgoi	men who farm their own lands	自耕农	36

(续　表)

拉丁转写	英译,别称	中　译	原书页码
Black Sea		黑海	91,135,278
Boeotarchs		彼欧提亚邦联将军	44,283
Boeotia, Boeotians		彼欧提亚,彼欧提亚人	57,187,208,233,237,238,259,289,339,342,345,361 与斯巴达结盟:19 德摩斯梯尼与希波克拉底斯攻打:279—287 煽动列斯堡暴动:134,136,139 内部派别:279 与墨伽拉:275,276,278 尼基阿斯攻打:198,200,202 奥奈之于其的重要性:50 与巴那克敦:342 423年拒绝接受停火:308 忒拜与彼欧提亚:43
the Boeotian League; antifederalist		彼欧提亚同盟;反彼欧提亚邦联主义	43,44,280
Bormiscus		泊觅司枯	294
the Bosporus		博斯普鲁斯海峡	288
Bottiaea		波堤埃	289
Bottice		波堤喀	106
Brasidas		伯拉西达	131,196,308—319,322,327,332,348,361 与阿塬苏:292及以下 与安菲玻里:294及以下,323及以下,326 性格刻画:331 与克里昂:324 阵亡:328 葬礼:330 与赫拉克利亚:289 与墨伽拉:275—277 与蒙岱:310 与梅所涅:59,73,74 与沛耳狄喀:291,310—311 未能夺下波提狄亚:317

(续表)

拉丁转写	英译,别称	中 译	原书页码
			与司基昂:308 战略:303 与色雷斯,远征色雷斯:287 及以下 与坨落埚:302,311 在柯西拉作为阿尔西达的参谋:180 作为克涅莫斯的参谋:111
boulé	the council, Athens	议事会,贵族议会	98,145,177,242
	Admiral Byng	海军上将拜恩	270
Byzantium; Byzantines		拜占庭;拜占庭人	37,158,160,364
Callias son of Calliades; Callias Decrees	Callias the Financier	卡里亚德斯之子卡利阿,《卡利阿财政法令》	432/431 年出任雅典将军:38,54,55,318,363
Callias son of Hipponicus	Callias the Treaty-Maker	希波尼库斯之子卡利阿斯	127,169
Camarina		卡马林纳	19,181,190,265,266,268
	Canning	坎宁	186
Carcinus		喀齐努	432/431 年与 431/430 年出任雅典将军:55,58
Caria		卡里亚	25,97,128,144,251
Carthage		迦太基	125,184,268
Carystos		卡里斯图	252
Catana		卡塔纳	191
Cenchreae		耕格勒港	253,254
Cephallenia		塞法伦尼亚岛	62,67,68,107,201
Cerameicus		制陶区	330
Cerdylium; Ano Kerdylion; Kato Kerdylion		柯地里坞;上柯地里坞;下柯地里坞	323
Chaeroneia	Charonea	开榕尼崖	279,281,282

(续 表)

拉丁转写	英译,别称	中 译	原书页码
Chalcidice; Chalcidians; the Chalcidic peninsula; Chalcidic League		卡尔息狄斯;卡尔息狄斯人;卡尔息狄斯半岛;卡尔息狄斯同盟	67,93,98,106,290—294,302,315,338 哈格浓率雅典人前往:78—80,91,318,358,359 与尼基阿斯和约:343,347 瘟疫侵袭在卡尔息狄斯的雅典军队:78—80,95 叛离雅典:63,68,289 息拓耳奇攻打:119—122
Chalcis; Chalcidians		喀耳基司	165
Chaonia		开俄尼亚	107
Charinus; the Charinus Decree		喀里努斯;《喀里努斯法令》	63
	le Charivari	《喧声报》	325
Charoeades		喀洛阿德	427/426年出任雅典将军:182,183,190,269
Chios		开俄斯	25,26,71,134,148,157,229,257,311
choregus	chorus bringer	歌队赞助人	130,353
Chromon		柯罗蒙	205
	Winston Churchill	温斯顿·丘吉尔	206—208,212,238
Cimon	Kimon	客蒙	90,128,129,342,353
Mt. Cithaeron		启垰垒	50
	Clausewitz	克劳塞维茨	287
Clazomenae		科拉佐门奈	144
Cleanetus		克廉内图	130
Cleandridas		克廉追达	92
Clearchus; Monetary Decree of Clearchus		柯烈库;《柯烈库货币法令》	157

(续 表)

拉丁转写	英译,别称	中 译	原书页码
Clearidas		刻列力奔	316,323,326—329
Cleinias（Ⅱ）；Cleinias Decree	Kleinias	克雷尼亚（二世）；《克雷尼亚法令》	157,251
Cleippides		科耒披底	429/428年出任雅典将军：136,137
Cleisthenes；Cleisthenic democracy		克里斯提尼	127
Cleomenes		科辽门内斯	替代斯巴达国王普雷斯托阿纳克斯的摄政：49,147
Cleon son of Cleaenetus	Kleon	克廉内图之子克里昂	96,98,101,168,169,182,219,236,311,318,333,338,348,357,359—361 领受在斯伐刻帖里亚的指挥任务：241 被认为出任过提洛同盟财政官：170 与阿尔戈斯：253,255,334 性格刻画：332 修昔底德对他的性格刻画：156 对其将才的批评：321 阵亡：301,328 425年提出的要求：32 与德摩斯梯尼：242,324 与狄奥多图斯：126,127,159,160,179 与直接战争税：145,146 与攸里梅登：183 远征卡尔息狄斯与安菲玻里：317及以下 424/423年出任雅典将军：260,307 422/421年出任雅典将军：317 帝国政策：158,162,181,250,251,310 对财政事务的兴趣：250 与蒙岱：314

(续表)

拉丁转写	英译,别称	中 译	原书页码
			密提林辩论:155 及以下 与尼基阿斯:129,130,131,242 与伯利克里:53,54,58,69,91,131,249 政策:130,186 动议远征司基昂:309 收复色雷斯地区城镇:322 因在派娄斯取胜受到嘉奖:248 与西西里:184—186 他所属的社会阶层:130 论与斯巴达谈判:235 论斯巴达的议和条件:234,239,240 关于密提林的演说:156 及以下 与斯伐刻帖里亚:242—248 战略:258,319 在安菲玻里的战略:322 夺下坨落坭:319 及以下 与修昔底德:299,302 与 425 年贡赋:250,251 战争目标:238 财产状况:129,130
Cleonymus		刻辽尼木	316
Cleophon		科辽丰	127
Cleopompus		科辽彭普	431/430 年与 430/429 年出任雅典将军:62,70,78,318
cleruchy		军事殖民地	157,158,164,165,167
Cnemus		克涅莫斯	斯巴达海军主将:93,108,109,111
	Coinage Decree	《铸币法令》	251
Colophon; Colophonians		柯罗丰	151
	communis opinio	共识	227
Comon		轲蒙	246,247
Constantinople		君士坦丁堡	207
Cophus		科孚港	319

(续 表)

拉丁转写	英译,别称	中 译	原书页码
Corcyra; **Corcyraeans**	Kerkyra	柯西拉;柯西拉人	62,68,77,85,131,132,155,169,183,261,351 与雅典:25,26,55,58,77,176,177,178,179,181,201,203,219,220—224,228,270 内乱:175及以下,220,255及以下 与科林斯:参见"科林斯"条
Corinth; **Corin-** **thians**	Korinth	科林斯;科林斯人	29,40,59,148,237,271,272,286,288,303,307,308,345,347,348 与埃托利亚:209 与安纳沱里坞:256 与阿波罗尼亚:256 与对阿卡纳尼亚的攻打:107,108 遭到雅典攻打:130,131,251及以下 殖民地:19,61,77 商业:30,68 与柯西拉:21,40,109,175,176,178,220,235 与琉卡斯:201 与墨伽拉:275 海军:21,109,116 与波提狄亚:235 向安布罗西亚派出驻军:217 与叙拉古:183,268 战略:22,23
Corinth, **Gulf of**		科林斯海湾	29,30,59,97,109,112,113,139,141,171,202,211,271,351
Corinth, **Isthmus of**		科林斯地峡	25,141,193,344
Coronea; Battle **of Coronea**		柯罗馁亚;柯罗馁亚战役	279
Coryphasium		柯离伐西坞	221,344

(续 表)

拉丁转写	英译,别称	中 译	原书页码
	credo quia impossibile(*est*)	因为不可能,所以我相信	267
Crenae		柯猎奈	210, 211
Crete		克里特	26, 111—113, 115, 130
the Crisaean Gulf		克利塞湾	97
Crocyleum		科洛叙勒坞	203
Crommyon		柯隆弥渰	253, 254
the Cyclades	the Cycladic islands	环形群岛	198
Cydonia		圩冬尼崖	111
Cyllene		圩林	111, 113, 148, 180
Cyme(Aeolia)		叙姆(伊奥里亚)	149
Cynuria		叙努里亚	264, 334
Cythera; Kytherodikes		叙铁拉岛;叙铁拉布政司	73, 264, 288, 303, 306, 315, 334, 339, 344, 356, 358, 361 被尼基阿斯夺下:130, 261—263
Cytinium		叙提泥坞	202, 209
	Danton	丹东	287
Daphne		达孚奈	51
Darius II		大流士二世	波斯国王;306
Decelea		德西利亚	50
Delos; the Delian League		提洛岛;提洛同盟	148, 198, 331, 363
Delium; Battle of Delium		德里昂;德里昂战役	279, 280—287, 300, 303, 308, 312, 338, 356, 361
Delphi		德尔斐	22, 23, 195, 209, 305, 306, 308, 336, 342
democracy		民主;民主政体;民主政权	阿尔戈斯:253, 334 雅典:54, 81, 101, 102, 124, 125, 129 彼欧提亚:43, 202, 279 柯西拉:175, 176

(续表)

拉丁转写	英译,别称	中译	原书页码
			埃利斯:335 墨伽拉:271 及以下 蒙岱:313 梅岫姆纳:134 密提林:152 普拉提阿:44 萨摩司:158
demagogos	popular leader; demagogue	民众煽动家	126,129,234,330,332
deme	deme;tribe	德谟	51,54,55,126,170
Demodocus		德谟多库	425/424 年出任雅典将军:218,219
demos	the People	民众;平民	95,152,154,161,175,216
Demosthenes		德摩斯梯尼	187,201,219,287,289,295,301,303,307,318,324,332,356,359,360,361 允许伯罗奔尼撒人逃亡:213—214 与阿卡纳尼亚:280—281 在埃托利亚行动中:202 及以下,205—209,268 与安布罗西亚:211 计划攻打彼欧提亚:202 424 年彼欧提亚行动:279 及以下 与克里昂:242 427/426 年出任雅典将军:169,170,183,185 426/425 年出任雅典将军:202 425/424 年出任雅典将军:218 424/423 年出任雅典将军:260,270,278—281 宜垛门馈战役:215 攻打墨伽拉:272—274 诺帕克都港防务:209 派娄斯:222 及以下,227 及以下,231 在斯伐刻帖里亚:241 及以下,246

(续 表)

拉丁转写	英译,别称	中 译	原书页码
Ps. Demosthens		"德墨司悌尼"	44,47,66,93,174,330
Dilesi		德里西村	282
Diodotus son of Eucrates		游科拉底之子狄奥多图斯	126,155,156,160—163,166,179,310
Dionysus, festival of		大酒神节	144,340,348
Dionysius of Halicarnassus		哈利卡纳苏斯的狄奥尼修斯	65
Dium; Dians		狄坞;狄坞人	290,302
Dicaepolis		狄忾珀里	339,340
Diodorus Siculus		西西里的狄奥多罗斯	23,27,37,48,57,59,80,90,91,120,126,135,162,182,188,197,210,264,299,330,332
Doris, Dorians		多利斯,多利安人	195,202,209
Doxander		铎科珊德	135
drachma		德拉克马	38,39,97,142
Dracontides		德拉孔提德	90
pass of Dryoscephalae		追鸥斯岐堡路	44
Dyme		岱米	110
dynasteia	close oligarchy	严格寡头政体	289
ecclesia	the assembly; ekklesia	公民大会	40,49,55,56,80,90,98,111,125,153—156,159,161,163,167,168,174,176,178,182,221,231,234,235,239—244,248—250,272,305,307,324,338,340,343,363,365,366
Egypt		埃及	261
Eion		爱昂	290,295,296,299,300,321—323,326,328
Eirene	Peace	《和平》;和平女神	236,340,348,349

(续表)

拉丁转写	英译,别称	中译	原书页码
eisphora	direct war tax	直接战争税	144, 145, 146, 337, 353, 363, 364
Elaphobolion		伊拉埗柏丽翁月	307
Eleusis		埃琉西斯	49, 50, 51, 53, 273, 274
Eleutherae		埃琉塔莱	44, 50
Elis; Eleans		埃利斯;埃利斯人	22, 59, 67, 111, 149, 272, 335, 339, 345
Enyalius		恩垭柳	273
Epaminondas		埃潘米农答	283
Ephesus		以弗所	150, 258
Ephialtes		埃斐亚提斯	90, 127, 128
ephor; ephorate		监察官;监察官委员会	40, 41, 229, 348
Ephorus		埃弗鲁斯	330
epibatae		舰载兵	175
Epidaurus; Epidaurians		埃皮道鲁斯	33, 38, 59, 77, 119, 254, 255, 307 遭到雅典攻打:31, 34, 72—76, 119, 312, 357, 359
Epimenides		厄庇墨尼德	130
Epirus; Epirotes		埃披庐;埃披庐人	201
epistrophe	a quarter-turn	直角转弯	328
Epitadas		埃披塔奄	227, 247
Erechtheus		《厄勒刻修斯》	340
Eresos	Eresus	埃列绪司	133, 142
Erythrae		埃吕忒莱	148
Euarchus		游阿库斯	崖司塔枯僭主:59
Euboea, Euboeans		优卑亚,优卑亚人	38, 52, 58, 62, 68, 157, 158, 196, 197, 364
Eucles		游刻勒斯	424/423年出任雅典将军:260, 290, 296, 297, 300, 301, 307, 321

（续　表）

拉丁转写	英译，别称	中译	原书页码
Eucrates		游科拉底	432/431 年出任雅典将军：55，126，127，129
Eupalium		优帕里坞	203
Eupolis		游波利司	325
Euripides		幼里披底	340，366
Europe		欧洲	287
Eurybiades		游里比亚德	斯巴达海军将领：109
Eurylochus		游里罗库	209—213
Eurymachus son of Leontiadas		列昂提达之子攸里玛库	47，48
Eurymedon son of Thucles		图刻勒之子攸里梅登	出任雅典将军：132，228，270 在柯西拉：180，181，183，220—222，224，255，256 427/426 年出任雅典将军：169，170 426/425 年出任雅典将军：187 425/424 年出任雅典将军：268 在派娄斯：222，229，245，255 在西西里：193，219，266，270 在斯伐刻帖里亚：265 在塔纳格拉：197，198，200 受审及受罚：269，301
(Euxeinos Pontos); the Pontus; Pontic	the Black Sea; Euxine	黑海；（攸客辛滂沱）；黑海地区	91，135，278
	Edward Everett	爱德华·埃弗里特	66
	fait accompli	既成事实	113，136，361
	Florence	佛罗伦萨	125
	Mr Fox	福克斯先生	325
	France; French Revolution	法国；法国大革命	287，325
	Frederick the Great	腓特烈大帝	33
	First Peloponnesian War	第一次伯罗奔尼撒战争	19，20，43，157，272，273，279，335，347，364

(续表)

拉丁转写	英译，别称	中 译	原书页码
Gale		岬垃	344
Galepsus		岬勒扑苏	302, 321, 322, 324, 329
Gallipoli	Gallipoli Peninsula	伽立波里半岛	206
Gela		革剌	266, 268, 269
	generalissimo	大元帅	56, 79, 211, 241
Geraneia	Gerannea	戈岚尼崖	272
Gerastius		格拉司休月	307
	Gettysburg Address	葛底斯堡演说	66
Gorgias of Leontini		林地尼的高尔吉亚	182
the district of Graïce		鸽籁岐区	56
Gytheum		句提昂	33, 263
Hagnon, son of Nicias		尼西阿斯之子哈格浓	430/429 年出任雅典将军:54, 70 出使息拓耳奇:120 安菲玻里建城者:55, 121, 331 率远征军前往卡尔息狄斯:78—80, 91, 318, 358, 359 与伯利克里:34, 54, 55, 70, 79, 90, 121, 358, 359
Halieis		哈烈崖	31, 32, 72, 73, 255, 306
harmost	governor; archontes	布政司	91, 153, 197, 316, 317, 319
Hellanis		荷腊妮	167
Hellenotamias		提洛同盟财政官	170
Hellespont	the Hellespont	海勒斯滂;海勒斯滂地区;海勒斯滂海峡	17, 26, 29, 144, 196, 288, 294, 303
helot	helot	黑劳士	173, 221, 227, 231, 239, 288, 303, 306, 334, 339, 360
Helus		河庐	263
Hera		赫拉	174, 179

(续 表)

拉丁转写	英译,别称	中 译	原书页码
Heraclea; Heracleotes		赫拉克利亚;赫拉克利亚人	195—197, 208, 209, 288—290, 331
Heracleides Ponticus		黑海的赫拉科拉得	91
Hermes		赫尔墨斯	348
Hermione		赫尔迈翁	33, 34, 59, 72, 73
Hermippus		赫米普斯	53, 54, 131, 203
Hermocrates son of Hermon		贺蒙之子赫墨克拉底	266—268, 270
Herodotus		希罗多德	44, 47
Histiaea; Histiaeans	Hestiaea	希斯提亚;希斯提亚人	157
Hestiodorus		赫休多鲁	430/429年出任雅典将军:97
Hieronphon son of Antimnestus		安替木涅斯图之子西耶罗丰	210
Himera		西磨垃	192
Hippagretas		西帕格雷塔	247
Hippocrates		希波克拉底斯	424/423年出任雅典将军:260 攻打彼欧提亚:278—281 攻打墨伽拉:272—274, 295 在德里昂:282—287, 312, 338 伯利克里的侄子:218, 307 提议雅典授予普拉提阿人公民权:174
Hipponicus son of Callias		卡利阿斯之子希波尼库	427/426年出任雅典将军:169, 197, 198, 200
Homer		荷马	221
hoplite	hoplites; hoplite status	重装步兵;重装步兵军籍	19, 20, 24, 27, 38, 39, 48, 51, 57—59, 63, 70, 71, 73, 75, 93, 104, 106—109, 113, 114, 141—143, 151, 152, 175, 179, 180, 197, 200, 201, 204, 205, 210, 212, 215, 217, 225, 227—229,

(续表)

拉丁转写	英译,别称	中 译	原书页码
			231, 243—246, 252, 254, 261, 262, 264, 273—277, 281—283, 286—288, 290, 310—312, 317, 318, 330, 331
Hybla		海埠列崖	191
hybris	wanton violence	无节制的暴力	156
Hyperbolus, son of Antiphanes		安缇芬尼斯之子海珀布鲁斯	127, 184, 185
Hypereides		海珀雷德	66
Icarus		伊卡鲁斯	148
Idomene		宜垛门馁	214—216, 245
Idomeneus		伊铎墨纽斯	91
Illyria; Illyrians		邑吕利亚	310, 311
Imbros; Imbrians		因布罗斯岛	241, 317, 318
	imperium	权力	56
Inessa		因内挈	191
Ionia; Ionians		爱奥尼亚;爱奥尼亚人	26, 149, 150, 151, 154, 156
Ionian Gulf; Ionian Sea		伊奥尼亚海湾;伊奥尼亚海	175, 201, 217
Isagoras		以撒革剌	127
Ischagoras		伊莎格拉	314—316
Isocrates		伊索克拉底	27, 37, 39, 66, 174
Mount Istome		伊斯托木山	220, 255
Italy; Italiote Greeks		意大利;定居意大利的希腊人	19, 181, 188, 201
Justin		查士丁	183
	Knights	《骑士》	98, 184, 238, 250
Lacedaemon; Lacedaemonians		拉栖代梦;拉栖代梦人	19, 80, 93, 247
Lacedaemonius		拉栖代梦尼乌斯	131

(续 表)

拉丁转写	英译,别称	中 译	原书页码
Laches		剌喀司	427/426 年与 426/425 年出任雅典将军:169,307 423 年提议停火:307 在西西里:182,183,189—193,269
Laconia		拉戈尼亚	59,63,68,72,139,221,261,280,290,334 拉戈尼亚海湾:263
Lacratides		拉卡拉提德	91
Lamachus son of Xenophanes		色诺芬尼斯之子拉马库斯	425/424 年与 424/423 年出任雅典将军:218,219,307,348
Lamaxis		腊玛茜	167
Lecythus		猎库涂	298
Lemnos; Lemnians		莱姆诺斯岛	241,317,318
the Lenaea	the Lenaean Festival	小酒神节	82,339
Leontiadas of Thebes		忒拜的列昂提达	攸里玛库的父亲:46
Leontiadas of Thebes		忒拜的列昂提达斯	攸里玛库的儿子:46
Leontini; Leontines		林地尼;林地尼人	25,181,182,188,191,192,265
Lepreum; Lepreans; Lepreates(ii)		勒浦雷坞;勒浦雷坞人	335
Lesbos		列斯堡岛	153,250,278,309 与雅典结盟:25,26,71 雅典在此驻军:165,166 叛离雅典:132 及以下,153,163,171,173,309
Leucas; Leucadians		琉卡斯岛;琉卡斯人	19,62,107,115,139,180,201,203,206,209,224

(续 表)

拉丁转写	英译，别称	中 译	原书页码
Leuctra；Battle of Leuctra		琉珂察；琉珂察战役	360
	Levantine regions	黎凡特地区	112
	Lincoln	林肯	66
Liparian Islands，Lipari		利帕里群岛	190
Locri		罗科里	19，181，191，192，219
Locris(Eastern)	Lokris	洛克里司	73，285 与斯巴达结盟：19 雅典攻打：38，62，67，130，198，200
Locris(Western)	Lokris	西洛克里司	202—205，209
logistai	accountants	调查员	39，217
Lycia		吕西亚	97
Lyncus；Lyncestians		林柯司；林柯司人	289，290，292，310
Lysander		莱山德	151
Lysicles		吕西克勒斯	428/427年出任雅典将军：126，127，129，131，144，145
Lysias		吕西阿斯	66，68，92，174
Macarius		玛卡利乌	213
	Macaulay	麦考莱	358
Macedon；Macedonia		马其顿	121，269，289，291，294，303，326 与雅典结盟：314，321 遭到息拓耳奇攻打：119，120 伯拉西达在马其顿：290，310，311
Magos		马戈	125
Malic Gulf		马里斯海湾	286
Mantinea；Mantinike		曼提尼亚；曼提尼亚平原；曼提尼亚战役。	213，272，334，335，339

(续表)

拉丁转写	英译,别称	中译	原书页码
Marathon		马拉松	141, 346
Marcellinus		马塞林努斯	299
	Marlborough	马尔博罗公爵	92, 358
	the Marshall Plan	马歇尔计划	160
Mecyberna		陌叙卑纳	343
	Medici	美第奇家族	125
Megalo Vuno		大乌傩	50
Megara; Megarians		墨伽拉;墨伽拉人;	19, 29, 32, 33, 40, 44, 50, 85, 116, 170, 171, 173, 235—238, 259, 275, 338, 339, 357, 361 遭到雅典攻打:31, 64, 67, 68, 270及以下, 272—274, 288, 293, 295, 302, 338 与彼欧提亚:286 城邦内派别:270及以下 与尼基阿斯和约:345, 348 与423年停火:307, 308
Megarian Decree		墨伽拉法令	83, 271, 273, 357, 362
Megara Hyblaea		海埠列崖的墨伽拉	189
the Megarid		墨迦里德	49, 63, 69 每年入侵:39 遭到雅典人踩躏:63, 64
Melesander		墨婪桑德	430/429年出任雅典将军:97
deme of Melite		梅里特德谟	55, 126
Melos		弥罗斯	26, 157 缴纳给雅典的贡赋额度核定:251 遭到雅典攻打:130, 197, 200, 201, 312 斯巴达:198
Mende		蒙岱	130, 308, 310—313, 315, 319
Menedaïus		梅内达义乌	213
Menexenus		《美诺科塞努篇》	66
Messina; Straits of Messina		梅西纳;梅西纳海峡	188, 190, 191, 192, 219, 265, 269 梅西纳海峡:188

(续表)

拉丁转写	英译，别称	中译	原书页码
Messenia; Messenians		美塞尼亚	25, 33, 34, 68, 220—222, 231, 263
Methana		梅瑟纳	32, 254, 255, 261, 306, 344
Methone		梅所涅	59, 67, 68, 74
Methymna		梅岫姆纳	134, 135, 137, 138, 142, 143, 163
metics	resident aliens	外邦居留民；居留异邦人	I, II, V, IX
Metropolis		梅苗波里	VII
	Midway Island	中途岛	VIII
Miletus; the Regulations for Miletus; Milesians		米利都；《米利都条例》；米利都人	135, 252, 261, 262
Miltiades		米太亚德	127
minae		米纳	164, 165
Minoa		觅诺崖	32, 130, 170, 171, 232, 271, 274, 306
	Mirabeau	米拉波	325
	Monroe Doctrine	门罗主义	267
Molycrian Rhium		陌吕珂黎瀹的黎坞	113
Morgantina		莫干堤纳	191, 268
Mycale		米迦列	331
Myconus		迈康渌	148
Mylae		迈濑崖	191
Myrcinus; Myrcinians		麦辛怒；麦辛怒人	302, 328, 329
Mytilene; Mytilenian Debate		密提林；密提林辩论	130, 133, 163, 164, 166, 170, 175, 179, 183, 278, 351 与斯巴达结盟：141 城邦内派别：152—155, 161 暴动的动机：135 惩罚措施：162—167 暴动：133 及以下, 162, 167

(续表)

拉丁转写	英译,别称	中译	原书页码
	Napoleon; Napoleonic Wars	拿破仑;拿破仑战争	287
Nauclides		瑙克里德	44
Naupactus		诺帕克都港	29, 99, 107, 121, 139, 179, 228, 256, 261, 280 雅典海军在此:30, 35, 38, 40, 97, 110, 112—115, 139, 216, 229, 280 遭到斯巴达攻打:202—205, 211 来自诺帕克都港的美塞尼亚人:25, 59, 75, 114, 180, 201, 204, 211, 212, 215, 221, 248
navarch, navarchy	admiral	海军主将;海军主将职位	92, 107, 111, 147, 197, 224
	Bay of Navarino	纳瓦里诺海湾	225
Naxos; Naxians		纳克苏斯;纳克苏斯人	191, 265
Nicias of Gortys		歌提斯的尼西亚斯	111
Nicias son of Niceratus	Nikias	尼基拉图之子尼基阿斯	126, 127, 129, 183, 184, 187, 240, 241, 242, 253, 254, 301, 307, 312—314, 318, 322, 338, 341, 342, 345, 360, 361 与克里昂:129, 130, 131, 242 攻打彼欧提亚:197, 200, 202 攻打科林斯领土:251 及以下 攻打叙铁拉:261 攻打洛克罗斯:197, 200 攻打弥罗斯:197, 199 攻打觅诺崖:170 出任将军:130—132, 145 427/426 年出任雅典将军:169 425/424 年出任雅典将军:218, 219 424/423 年出任雅典将军:260

(续 表)

拉丁转写	英译，别称	中 译	原书页码
			423/422年出任雅典将军：305 与剌咯司：183 在梅瑟纳驻军：255 与帕勒涅远征：311及以下 在克里昂死后推动和平进程：333及以下 与伯利克里：127，131，170 政策：130 所属社会阶层：129 与斯巴达：236及以下，341 与斯伐刻帖里亚：243，244 与423年停火：307 财产状况：129
Peace of Nicias		《尼基阿斯和约》	7，17，173，235，237，263，337，342及以下，345，347，348，354
Nicolaus		尼革劳	94
Nicostratus		尼各司忒拉图	427/426年、425/4年、423/422年出任雅典将军：132，169，179，180，181，218，260，261，305，307，313
Nisaea		尼赛亚	116，117，171，185，234，271，273，274，275—278，286，295，306，342，345，346，348
Notium	Notion	诺提昂	151
Nymphodorus of Abdera		阿布德拉的宁斐多卢	63
obol		鸥帛	38
Odomanti；Odomantians		俄朵曼提；俄朵曼提人	322
Oeneon		澳尼瀚	203
Oeniadae		澳泥亚岱	139，201，281
Oenoe	Oinoe	奥奈	49，50
Oenophyta；Battle of Oenophyta		奥诺斐塔；奥诺斐塔战役	279

(续表)

拉丁转写	英译,别称	中译	原书页码
Oesyne		坳虚涅	302
Oetea; Oetaeans		澳帖;澳帖人	195
oikist, οἰκιστής	city-founder	建城者	55, 121, 197, 331
	The Old Oligarch	老寡头	26, 366
Oligarchy		寡头;寡头政体;寡头政权	在阿尔戈斯:94 在彼欧提亚:279 在墨伽拉:271 及以下 在蒙岱:312 在密提林:134, 151, 152
Olpae		岙迩帕	210, 211, 213—215
Olympia; an Olympian		奥林匹亚;奥林匹亚神	22, 134, 139, 335
the Olympic festival; the Olympic court		奥林匹克赛会;奥林匹克委员会	139, 335
Mount Olympus		奥林普斯山	290
Olynthus; Olythians		奥林索斯	106, 343, 344
Ophioneis		奥否馁司	203, 204
Orchomenus		奥尔科门内	285
Oropus		欧若普司	197, 200, 282, 283, 285
	Osman-Aga	澳斯曼-阿岬潟湖	227
ostracism		陶片放逐(法)	128
Paches		帕其斯	428/427 年出任雅典将军:131, 132, 145, 168 指挥列斯堡远征:143, 149—156, 162—164 受审:167, 170
Pagondas son of Aeolidas		伊奥利达之子帕贡达斯	283, 285—287
Pallene		帕勒涅半岛	308, 310—312
Panactum		巴那克敦	342, 346, 348

(续 表)

拉丁转写	英译,别称	中译	原书页码
Panathenaic festival	Panathenaic Games	泛雅典娜赛会	144
Panormus		帕诺木	113,115
Paphlagonia, Paphlagon		帕弗拉贡尼崖;帕弗拉贡人	238
Paralia		帕拉里亚	67
Paralus son of Pericles		伯利克里之子帕拉卢	117
the Parnes	the Parnes mountain	帕尔奈斯山	50,56,285
Parrhasia	Parrasia	帕拉西亚	334
Pasitelidas		帕斯忒力达	319,320,321
Patmos		帕特莫	151,153
Patrae		帕陲崖	109,110
Pausanias		泡萨尼阿斯	斯巴达国王;103
Pausanias son of Pleistoanax		普雷斯托阿纳克斯之子泡珊尼阿斯	49,147
Pausanias		保塞尼亚斯	117,329,330
Pegae		佩岬	185,234,271,272,275
Peisistratus; Peisistratids		庇西斯特拉图;庇西斯特拉图统治	124,127
Peithias		沛西阿斯	177,178
Pelargikon		皮拉斯基人的土地	53
Pellene		佩林	19
Peloponnesian League		伯罗奔尼撒同盟	参见斯巴达同盟条目:31,40,69,139,272,276,339,345,364
Peloponnesians		伯罗奔尼撒人	战争开始时的兵力:19 财政资源:21,22 海军:22,23,62,107,109,110,111,113—115,121,123,146—150,151,153,155,171,180,220,224,227,229,239,256

(续 表)

拉丁转写	英译,别称	中 译	原书页码
Peloponnesus		伯罗奔尼撒半岛	遭到来自海上的攻打:28,30,67,68,71,75,84
peltasts	light infantry	轻装步兵	63,106,212,215,241,245,246,283,310,311,328,329
Pentelicus		彭特里库斯山	56
Perdiccas		沛耳狄喀(二世)	马其顿国王:63,67,106,119—122,314,319,321,322,333 与雅典人:63,108,314 伯拉西达:303,310—311 邀请斯巴达进入色雷斯:289,290,292 加入斯巴达一方:108 与帖撒利:314
Pericles	Pericles	伯利克里	86,172,312,325,332,338,339,343,345—348,351,363—67 评估伯罗奔尼撒人:36 作为埃斯库罗斯《波斯人》的歌队赞助人:353 与客蒙:128 在政体中的地位:56 去世:102,117—119,124 430/429年当选为雅典将军:70 429/428年当选为雅典将军:93,101,270 评估雅典资源:27 葬礼演说:64,65,66,86 墓地:115 帝国政策:157,158,160,162,179,310 最后演说:86—89,119 指挥对伯罗奔尼撒半岛的攻打:72 指挥入侵墨迦里德:63 遭到政治攻击:53,58,80,85,90,91 政治地位:54,55,81 与斯巴达入侵:49

拉丁转写	英译,别称	中 译	原书页码
			(续 表)
			431年演说:24 战略:24, 25, 27—36, 40—42, 54, 56—58, 64, 66—69, 72—80, 84, 85, 99, 104, 117, 119, 121, 131, 155, 169, 183—186, 200, 222, 232, 258, 261, 276, 282, 287, 356—362 继任者:126—129 受审:91—93 战争目标:237, 345, 346
Pericles the younger		小伯利克里	伯利克里与阿斯帕西娅之子:118
perioikos, perioikoi, perioici/ perioeci	a non-Spartan Laconian; non-Spartan Laconians	毗辽士	197, 224, 263
Persia		波斯	23, 57, 99, 109, 149—151, 257, 258, 306, 331, 364 希波战争:43, 94, 128, 172
phalanx	rectangular military formation	重装步兵方阵	19, 24, 57, 205, 212, 246, 277, 283, 284, 318
Phanomachus		法诺玛库	430/429年出任雅典将军:97
Pharsalus		珐赛卢	290
Pheia		斐崖	59, 75, 76
Philip of Macedon		马其顿的腓力	283
Philistus		菲利斯图	188
Philochorus		斐洛克茹司	236
Phlius; Phliasians		弗立坞;弗立坞人	275
Phocis, Phocians		佛基斯,佛基斯人	19, 202, 279, 281, 308
Phoenicia, Phoenicians		腓尼基,腓尼基人	112
Phormio	Phormion	佛缪	432/431年、431/430年、430/429年、429/428年出任雅典将军:38,

(续 表)

拉丁转写	英译,别称	中 译	原书页码
			54,63,70,96,108—115,117,122,123,138,142,202,351,357
Phyle		斐涞	44
Pindar		品达	283
the Piraeus		比雷埃夫斯,比雷埃夫斯港	20,27,53,62,82,116,117,121,171
Pissuthnes		庇苏司涅	149,151
Plataea;Plataeans		普拉提阿	25,43,49,50,175,232,236,237,271,273,274,276,331,342,346 与雅典结盟:44,104,105 城邦内派别:44,46 命运:173,174 关于普拉提阿的誓言:103 与斯巴达:173 遭到斯巴达攻打:102—105,154 战略价值:44 投降:171,172 遭到忒拜攻打:17,44,46—48,64,74
Plato		柏拉图	66,90
Pleistoanax		普雷斯托阿纳克斯	49,83,147,193,331,335,336
Plutarch		普鲁塔克	19,38,54,63,64,74,76,77,90,91,92,101,102,118,170,237,238,264,339,340,344
Pnyx; the Bema on the Pnyx	Pnyx beside the Acropolis	庇尼刻斯;庇尼刻斯的讲席	136,168,340
Polles		波勒斯	俄朵曼提人的国王:321,322
Pollis of Argos		阿尔戈斯的波利斯	94
Polydamidas		波吕达米达	310,312,313
Poseidon; Poseidon Hippios		波塞冬;骑马的波塞冬	203

(续 表)

拉丁转写	英译,别称	中 译	原书页码
Potidaea；Potidaeans		波提狄亚；波提狄亚人	77,83,85,146,195,235,308,312,318,319,358,359 遭到雅典攻打,哈格浓率军:55,78—80,91,121,358 被伯拉西达攻打:317 遭到雅典围歼:38—40,63,67,68,77,95,359 落入雅典手中:97—100,106,122,158
Potidania		波提旦泥崖	203
Prasiae		浦拉西崖	72—74,77
Procles		扑罗科勒	427/426年出任雅典将军:201,205
prodosia	betrayal	背叛;叛国	299
prostates tou demou	gardians of the people	人民领袖	127
Prote		扑罗堤	229
Proteas son of Epicles of Aexone		埃松德谟的埃庇克勒之子普罗夏	54,55,58
proxenoi；proxenos/proxenus		在邦领事	63,111,136,137,156,176,341
prytany, prytanies		议事会主席团;任期;成员	56,70,90,156,307
Prytaneum		城邦会堂	249
Pteleum		浦忒勒坞	344
Ptychia		扑丢洽岛	255
	the Punch	《笨拙杂志》	325
Pylos；Pylians		派娄斯	73,130,131,169,219,221,227,234,236,238—241,243—245,251,253,256,257,261,263,265,281,288,303,306,315,318,334,338,339,344,351,356,358,361 雅典舰队在此停留:222,228

(续　表)

拉丁转写	英译,别称	中译	原书页码
			德摩斯梯尼守卫派娄斯:228,229 雅典人在此设防:223,256 再次遭到斯巴达攻打:239—241
Pyrrha		庇耳剌	133,142
Pythian Games		佩提亚赛会	317
Pythodorus of Anaphlystus		安纳斐里斯图德谟的派所多鲁斯	426/425年与425/424年出任雅典将军:193,218,219,269,270,301
	quid pro quo	以桃换李	232
Ramphias		婪斐亚斯	333
	Realpolitik	权力政治	162,173
Rhegium; Rhegians		垒集坞;垒集坞人	25,188,190,191,219,265
Rhium (III); Rhion (II)		黎坞	109,113
Sadocus of Thrace		色雷斯的萨多库	95,122
Salaethus		萨籁修斯	146,151,153,154
Salamis, Salaminioi; battle of Salamis		萨拉米斯,萨拉米斯人;萨拉米斯海战	116,117,141,273
Salynthius		萨林修斯	214,217,281
Samos		萨摩司	37,135,146,148—151,158,160,164,278,364 萨摩司战争:37,55
Sane		撒涅	302,343,344
satrap		节度使	149
Satyr		羊人	53
Saronic Gulf		撒罗尼海湾	62,68,116,119,141,271
Scandeia		斯坎岱崖	262
Scione; Scioneans		司基昂;司基昂人	131,157,158,308,310—312,314,315,319,321,343

(续 表)

拉丁转写	英译,别称	中 译	原书页码
Segesta	Egesta	塞结司塔；埃结司塔	38
Seuthes of Thrace		色雷斯的塞乌提斯	122
	Seven Years' War	七年战争	33
Sicels		西西耳人	190—192, 265, 269
Sicily, Sicilians; Sikeliot; Secilian Expedition		西西里,西西里人；西西里远征	19, 23, 107, 169, 201, 218, 219, 220, 228, 233, 255, 256, 258, 263, 265 及以下, 300, 301 427 年雅典远征西西里:181 及以下, 188 415 年雅典远征西西里:7, 17, 72, 131, 183, 356 内部派别:265, 270
Sicyon; Sicyonians		西叙昂	29, 34, 275, 307
Simmias		西美亚斯	91
Singos		辛歌司	343
Siphae		西扉	279—281, 287
Sitalces of Thrace		色雷斯的息拓耳奇	63, 67, 95, 97, 106, 119—122
the Sithonia Peninsula		斯沱泥崖半岛	302
Socrates		苏格拉底	286, 325
Socrates son of Antigenes of Anagyros		岸纳居庐德谟的安替格尼之子苏革剌底	432/431 年和 431/430 年出任雅典将军:54, 55, 58
Sollium		娑里坞	59, 67, 68, 73, 342, 348
Solon		梭伦	127
Solygeia		娑吕陔崖	253, 254
Sophocles		索福克勒斯	305
Sophcles		索福克勒	426/425 年和 425/424 年出任雅典将军:218, 228, 229

(续 表)

拉丁转写	英译,别称	中 译	原书页码
			与柯西拉:220—222,224,255,256 在派娄斯:228,229,255 在西西里:193,219,220,266,270 在斯伐刻帖里亚:265 受审及受罚:269,301
sophrones	sensible men	聪明人	241,244,324,332
Sparta		斯巴达	与阿卡纳尼亚,攻打阿卡纳尼亚:107,108 与埃托利亚:209 与安布罗西亚:209 与阿尔戈斯:264,334,347 —与雅典: 　431年集结军队攻打:48 拒绝议和提议:159 与之停火:305及以下 与彼欧提亚:202,208,235,280 与伯拉西达:303,314,317 在希腊西北地区征战:211及以下 与柯西拉:180,220,222,224 与科林斯:235 与克里特:112 与叙铁拉:261,263 与埃利斯:335 城邦内派别:41,69,94,99,147,148,172,180,193,194,259,303,315 在伯拉西达阵亡后倾向议和:333及以下 黑劳士:221,227,239,248,288,306 列斯堡暴动:136 与墨伽拉:235,271,278 与弥罗斯:198 与密提林:137—139,141,143,146,147,148,151,153 攻打诺帕克都港:209及以下 议和条件:82,83,85,231及以下,248

(续 表)

拉丁转写	英译,别称	中 译	原书页码
			被认为在 426 年曾提议议和:194 与波斯:94,95,99,257,258 攻打比雷埃夫斯港:116—117 攻打普拉提阿:102,103,104,105,171,172 战前政策:40,41 与派娄斯:225—227,230 与西西里:183,190 士兵在斯伐刻帖里亚投降被俘:247 战略:19—21,23,24,36,57,84,93,94,99,148,195,196,233,288,303,333,350—352 与叙拉古:183,268 与帖撒利:290 与色雷斯:302,331,343 威胁要在亚狄珈建造永久防事:342 战争目标:18,172 "参谋":111
Spartan alliance		斯巴达同盟	参见伯罗奔尼撒同盟条目:19,25,235,236,307,334 忒拜在斯巴达同盟中:103
Spartiate	full Spartan citizen	斯巴达完全公民	230,247,288
Spartolus		斯巴陀庐	108,120,343
Sphacteria; Battle of Sphacteria		斯伐刻帖里亚;斯伐刻帖里亚战役	36,83,166,185,200,209,222,223,227,229,230,231,234,236,238,239,242,245,247,249,258,261,263—265,315,318,324,329,332,333,335,345,350,354,360
stadia		斯塔迪亚	230,247,288
Stagirus		斯塔吉庐	293,321,322,342,347
	Stalingrad	斯大林格勒	238
stasis		内乱	271
	status quo ante bellum	战前状态	96,172,342,359

(续表)

拉丁转写	英译,别称	中译	原书页码
Sthenelaidas		司森涅莱达	331
Stolus		司陀庐	343
Strabo		斯特拉波	263
strategia	board of generals	将军委员会	55, 56, 154, 168, 170, 181, 187, 188, 218, 241, 260, 307, 317
Stratus		斯特垃涂	108, 109, 111
River Strymon		司跩梦河	288, 294, 295, 298, 300, 302, 325 司跩梦河湾:292
Styphon		司替风	247
Susa		苏撒	23, 94
Sybota		墟波塔	墟波塔战役:21, 26, 109, 175
symmachia	alliance	完全攻守同盟	177, 181, 231, 235, 314
Syracuse; Syracusians		叙拉古	19, 181, 183, 185, 188, 190, 191, 219, 266, 268—270
talent	talent	塔伦特	26, 27, 35, 37, 37—40, 67, 68, 90—92, 97, 100, 120, 123, 142—144, 165—167, 176, 217, 250, 251, 262, 312, 335—337, 353, 363
Tanagra	Tanagra, Battle of Tanagra	塔纳格拉,塔纳格拉战役	130, 197, 198, 200, 282, 285
Tantalus		坦塔卢	264
Taras; Taratines		塔剌思;塔剌思人	19
taxiarch	brigadier; a regimental commander of a tribal contingent; tribal commander	舰队副将	223
Tegea; Tegeans		铁该亚;铁该亚人	94, 334
Teichium		铁秋坞	203
Teles		特勒斯	54
Tenedos		铁纳铎岛	135, 153

(续表)

拉丁转写	英译,别称	中 译	原书页码
Teutiaplus of Elis		埃利斯的透夏蒲卢	149
Thasos		塔索斯岛	147, 295, 296, 298, 300, 301
Thebes, Thebans		忒拜;忒拜人	19, 41, 43, 50, 103, 235, 283, 285, 342, 360 与斯巴达结盟:17 与彼欧提亚:279 在塔纳格拉附近被尼基阿斯打败:198 城邦施行寡头制:44 与普拉提阿:103, 104, 172—174 431年攻打普拉提阿:44, 46—48 在希波战争中背叛希腊:172
Themistocles		地米斯托克利	127, 128
Theophrastus		迢弗拉司忒	91, 92
Theopompus of Chios		开俄斯的迢彭浦斯	145
Theopompus of Athens		提奥朋普	55, 79
Thera		塞垃	26, 198
Theramenes, son of Hagnon		塞剌墨涅斯	127
Therme		热城	63
Thermopylae		温泉关	46, 121, 197
Thespiae		忒司彼崖	279, 285
Thessalonike		塞萨洛尼基	322
Thessaly; Thessalians		帖撒利;帖撒利人	25, 51, 57, 71, 196, 197, 288—290, 303, 314, 315, 331, 333
thetes		日佣级公民	141—143, 175, 205
	Thirty Years' Peace of 445	445年《三十年和约》	17, 18, 20, 87, 347
Thrace; Thraceward region		色雷斯;色雷斯地区	26, 63, 95, 107, 121, 122, 196, 197, 278, 287—289, 302, 304, 308, 310, 315, 319, 322, 325—327, 331—333, 338, 343

(续 表)

拉丁转写	英译,别称	中 译	原书页码
Thrasymelidas		忒剌绪墨里答	斯巴达海军主将:224
the Thriasian plain; Thria		瑟利西亚平原	50,51,53
Thronium		涩罗泥坞	58,62,67,68,73
Thucydides, son of Melesias		美莱西亚斯之子修昔底德斯,修昔底德斯	87,88,127
Thucydides, son of Olorus		奥洛罗斯之子修昔底德,修昔底德	伯罗奔尼撒战争史家:297,300,301,307 论阿奇达慕斯的战略:52 与伯拉西达:328 与偶然性:223,224,231 与克里昂:234,237,318,324,328—330 在色雷斯指挥雅典舰队:295—296 有可能与德摩斯梯尼在西北地区共同作战:216 在爱昂:298 424/423年出任雅典将军:260 对于派娄斯和斯伐刻帖里亚地理的知识:226,227 在色雷斯地区的财产:121 论斯巴达人:151 史书中的演说辞:65,89,134,141,267,298,365—367 在瘟疫中患病:71 在塔索斯:295 在色雷斯:290 受审及被流放:299及以下
Thudippus		图底浦司	249,251
Thyreatis; Thyrea		苔黎亚堤	63,264
Timaeus		第迈欧	266
Timagoras of Tegea		铁该亚的蒂玛革剌	94
timiai	dispenser	司库	336
Timophanes		提谟芬尼	136

(续 表)

拉丁转写	英译,别称	中译	原书页码
Timotheus		提摩塞乌斯	37
Torone		坨落坭	157, 158, 298, 302, 309—311, 316, 319, 320, 321, 324, 329, 343
Trachis, Trachinians		忒拉咯斯,忒拉咯斯人	195, 208
	Treason	叛国	在安菲玻里:295 在安纳沱里坞:256 在阿尔戈斯:253 在彼欧提亚:279 在墨伽拉:272 及以下
Tripodiscus		楔坡狄司枯	275
triremes	triremes	三列桨战舰	21, 26, 29, 38, 57, 71, 93, 97, 116, 156, 163, 178, 227, 229, 230
Troezen		托洛溱	31—34, 72, 73, 185, 235, 237, 254, 255, 306
	Harry Truman	哈里·杜鲁门	159
Trygaeus		揣该乌斯	340, 341, 348
	Turkey	土耳其	207
	uti possidetis	占领地保有原则	306
Villia		维利亚	49
	Voltaire	伏尔泰	270
	Sir Robert Walpole	罗伯特·沃波尔爵士	325
	William III	威廉三世	358
Xanthippus		刻桑提普	128
Xanthippus son of Pericles		伯利克里之子刻桑提普斯	117
Xenophon		色诺芬	26, 91, 157
Xenophon son of Euripides of Melite		梅里特德谟的欧利披底之子薛诺芬	430/429 年出任雅典将军:55, 70, 97, 98, 106

(续表)

拉丁转写	英译,别称	中译	原书页码
Xerxes I	the first Xerxes	薛西斯一世	53,94
xymbouloi; symbouloi(ii)	xumbouloi; advisors sent to watch king	参谋;参谋团	111,180
Zacynthus; Zacynthians		扎金索斯;扎金索斯人	25,93,94,96,107,201,224,229,261
Zeus; Olympian Zeus		宙斯;奥林匹亚宙斯	52,139,174,177,335

附表 2.1　古代文献引述格式举例

引述样本	作者/作品	样本定位信息
Aeschin. *De Falsa Legatione* 76. 或作 Aeschin. 2.76.	Aeschines. *Speeches. On the Embassy.* 埃斯基涅，《演说集》，第2篇"使团辞"	第2篇"使团辞"，第76节。
Agathias, *Anth. Pal.* vii. 614	Agathias in *Anthalogia Palatina*. 《选帝侯诗选》所录阿迦遐思诗铭。	第7卷，第614首。
And. 1.27. 或作 And. *De Myst.* 27	Andocides. *Speeches. On the Mysteries.* 安多基德斯，《演说集》，第1篇"论密仪"。	第1篇"论密仪"，第27节。
And. *On the Peace*. 或作 And. 3.8.	Andocides. *Speeches. On the Peace with Sparta.* 安多基德斯，《演说集》，第3篇"论与斯巴达议和"	第3篇"论与斯巴达议和"，第8节。
Anonymous, *Life of Thucydides*, 3.	Anonymous. *Life of Thucydides*. 佚名《修昔底德传》	第3节。
Antiph. *Murder of Herodes* 77.	Antiphon. *Speeches.* *On the Murder of Herodes.* 安提丰，《演说集》，第5篇"西罗德斯谋杀案"，第77节。	第5篇演说辞"论西罗德斯谋杀案"，第77节。
Aristoph. *Acharn.* 61 *ff.*	Aristophanes. *Acharnaians*. 阿里斯托芬，《阿卡奈人》	第61行及以下。
Aristoph. *Clouds* 859.	Aristophanes. *Clouds*. 阿里斯托芬，《云》	第859行。
Aristoph. *Knights.* 128—137.	Aristophanes. *Knights*. 阿里斯托芬，《骑士》	第128—137行。
Aristoph. *Peace* 679 ff.	Aristophanes. *Peace*. 阿里斯托芬，《和平》	第679行及以下。
Aristoph. *Plutus* 1193.	Aristophanes. *Plutus*. 阿里斯托芬，《财神》	第1193行。
Arist. *Ath. Pol.* 1.3.4.	Aristotle. *Athenaion Politeia*. 亚里士多德，《雅典政制》	第1章，第3节，第4句。

(续 表)

引述样本	作者/作品	样本定位信息
Arist. *Pol.* 1298*b*.	Aristotle. *Politica.* 亚里士多德,《政治学》	贝克页码(Bekker page)第1298页,b栏。
Arist. *Rhet. iii.* 10, 1411 *a* 15.	Aristotle. *Rhetoric.* 亚里士多德,《修辞学》	第3卷,第10章,贝克页码第1411页,a栏,第15行。
Ps-Dem. 26. 6	Ps-Demosthenes. *Second Speech Against Aristogiton.* "德墨司悌尼",《驳阿里斯托戈同第二演说辞》	第6节。
Ps-Dem. *Second Speech against Boeotus* 25. 或作 Ps-Dem. 40. 25	Ps-Demosthenes. *Second Speech against Boeotus.* "德墨司悌尼",《驳庇欧图斯第二演说辞》	第25节。
Ps-Dem. *Against Neaera* 94—99. 或作:Ps-Dem. 59. 94—99.	Ps-Demosthenes. *Against Neaera.* "德墨司悌尼",《驳聂阿剌》	第94—99节。
Diod. 13. 69. 1.	Diodorus. *Bibliotheca Historica.* 狄奥多罗斯,《历史辑丛》	第13卷,第69节,第1句。
Dion. Hal. p. 843.	哈利卡纳苏斯的狄奥尼索斯	
Hell. *Oxy.* XII. 3.	*Hellenica Oxyrhynchia.* 奥克西林库斯纸草作者,《奥克西林库斯希腊志》	第12卷,第3节。
Hermippus. frg. 46	Hermippus. *Fates.* 赫米普斯,《命运》	残篇第46则。
Hdt. 7. 143.	Herodotus. *Histories.* 希罗多德,《历史》	第7卷,第143节。
Isoc. 15. 234	Isocrates. *Antidosis.* 伊索克拉底,《论财产交换》	第234节。
Isoc. *De Pace* 30.	Isocrates. *De Pace.* 伊索克拉底,《论和平》	第30节。

(续 表)

引述样本	作者/作品	样本定位信息
Isoc. *Panath.* 67.	Isocrates. *Panathenaicus*. 伊索克拉底,《泛雅典娜赛会演说辞》	第67节。
Isoc. *Paneg.* 72.	Isocrates. *Panegyricus*. 伊索克拉底,《泛希腊集会辞》	第72节。
Justin 5. 2. 5.	Marcus Junianus Justinus. *Epitome of the* Philipic History of Pompeius Trogus. V. Alcibiades, Lysander, and the expedition of Cyrus. 查士丁,《庞培思·忒罗古〈腓力史〉概要》	第5卷"阿尔喀比亚德、莱山德及小居鲁士远征",第2节,第5句。
Lys. 7. 6.	Lysias. *Speeches*. 7 *On the Olive Stump*. 吕西阿斯,《演说集》,"论橄榄树桩"	第7篇演说辞"论橄榄树桩",第6节。
Lys. 23. 2.	Lysias. *Speeches*. 23 Against *Pancleon*. 吕西阿斯,《演说集》,第23篇演说辞"驳潘科里昂"	第23篇"驳潘科里昂",第2节。
Lys. 30. 2.	Lysias. *Speeches*. 30 Against Nicomachus. 吕西阿斯,《演说集》,第30篇"驳尼各马可"	第30篇"驳尼各马可",第2节。
Marcellinus, *Life of Thucydides*, A 23, B 46.	Marcellinus. *Life of Thucydides*. 马塞林努斯,《修昔底德传》	第一部分"生平",第23节;第二部分"风格",第46节。
Nepos, *Timotheus* 1.	Nepos. *Vitae*. *Timotheus*. 奈波斯,《外族名将传》,"提摩塞乌斯传"	"提摩塞乌斯传",第1节。
Paus. 3. 8. 6.	Pausanias. *Description of Greece*. V. Laconia. 保塞尼亚斯,《希腊游记》	第3卷,拉戈尼亚,第8章,第6节。

(续　表)

引述样本	作者/作品	样本定位信息
Pl. *Gorgias* 516 a	Plato. *Gorgias*. 柏拉图,《高尔吉亚篇》	
Plut. *Alc*. 14. 2.	Plutarch. *Lives. Alcibiades*. 普鲁塔克,《平行列传》,"阿尔喀比亚德传"。	"阿尔喀比亚德传",第14节,第2句。
Plut. *Arist*. 26.	Plutarch. *Lives. Aristeides*. 普鲁塔克,《平行列传》,"阿里斯提德传"。	"阿里斯提德传",第26节。
Plut. *Cim*. 14.	Plutarch. *Lives. Cimon*. 普鲁塔克,《平行列传》,"客蒙传"	"客蒙传",第14节。
Plut. *Nic*. 9. 7.	Plutarch. *Lives. Nicias*. 普鲁塔克,《平行列传》,"尼基阿斯传"	"尼基阿斯传",第9节,第7句。
Plut. *Per*. 22—23.	Plutarch. *Lives. Pericles*. 普鲁塔克,《平行列传》,"伯利克里传"	"伯利克里传",第22—23节。
Thuc. 7. 19. 1—2.	Thucydides. *The Histories*. 修昔底德,《伯罗奔尼撒战争史》	第7卷,第19节,第1—2句。
Pseudo-Xenophon, *Athenaion Politeia* 1. 1, 3.	Pseudo-Xenophon (Old Oligarch). *Athenaion Politeia*. "色诺芬"(老寡头),《雅典政制》	第1卷,第1节,第3节。
Xen. *Anab*. 1. 1. 3.	Xenophon. *Anabasis*. 色诺芬,《远征记》	第1卷,第1节,第3句。
Xen. *Hell*. 1. 1. 6.	Xenophon. *Hellenica*. 色诺芬,《希腊志》	第1卷,第1节,第6句。

附表 2.2　近现代古典学家所编古代文献辑丛引述格式举例

引述样本	原　文	中　文
ATL III, 366.	B. D. Meritt, H. T. Wade-Gery, and M. F. McGregor, *Athenian Tribute Lists*	《雅典贡赋表》，第 3 卷，第 366 页。
CIA IV, 179b, p. 161.	*Corpus Inscriptionum Atticarum.* IV	《亚狄珈铭文集成》，第 4 卷，第 179b 条，第 161 页。
IG II² 8	*Inscriptiones Graecae*	《希腊铭文集成》，第 2 卷，第 8 条铭文。
FGrH	F. Jacoby, *Die Fragmente der griechischen Historiker*	雅各比:《希腊史撰残编》
Philistus, FGrH 3B, 577	Philistus.	菲利斯图,《希腊史撰残编》，残片第 577 号，收录于第 3 卷，下册。
Philochorus, FGrH III, 328, Fr. 121.	Philochorus, *Atthis*.	斐洛克茹司,《亚狄珈史》(《希腊史撰残编》第 328 号作者)，残片第 121 号，收录于第 3 卷。
Timaeus, FGrH 566 F 22.	Timaeus.	第迈欧(《希腊史撰残编》第 566 号作者)，残片第 22 则。
GHI	R. Meiggs and D. Lewis, *A Selection of Greek Historical Inscriptions*	R·密格斯、D·刘易斯:《希腊历史铭文选辑》。
IG I²		《希腊铭文集成》
PW	A. Pauly, G. Wissowa, and W. Kroll, *Realenzyklopädie der klassischen Altertumswissenschaft.*	A·保理、G·威梭瓦、W·克罗尔:《古典科学百科全书》;另,中国出版的版本作《保利古典学百科全书》
SEG X, 48.	A. Chaniotis, T. Corsten, N. Papazarkadas and R. A. Tybout eds. *Supplementum Epigraphicum Graecum.*	《希腊铭文补遗》，第 10 卷，第 48 条铭文。

(续　表)

引述样本	原　文	中　文
SIG 61	W. Dittenberger. *Sylloge Inscriptionum Graecarum*. Number 61.	W·递滕贝格,《希腊铭文辑佚》,第 61 条。
Tod 63	Marcus Niebuhr Tod. *A Selection of Greek Historical Inscriptions*. Number 63.	马科斯·尼布尔·托德,《希腊铭文选辑》,第 63 条。

附表 2.3　古代作家及铭文引用索引

Aeschines 2.175: 26
Agathias, *Anth. Pal.* vii.614: 167
Andocides
　De Myst. 74: 92
　On the Peace 9: 26
Anonymous, *Life of Thucydides* 3: 299
Antiphon, *Murder of Herodes* 77: 164
Aristophanes
　Acharnians
　　26-39: 340
　　65f: 257
　　180: 51
　　221-236: 52, 68
　　544: 26
　　646-654: 82, 193
　Clouds
　　581f.: 260
　　859: 92
　Knights
　　128-137: 126
　　173-174: 184
　　280: 249
　　312: 250
　　438: 98
　　465: 253
　　465-466: 334
　　702: 249
　　709: 249
　　766: 249
　　774: 250
　　797: 238
　　925: 250
　　1071: 250
　　1302-1305: 184
　　1404: 249

Peace
　301-308: 349
　466: 348
　473-477: 348
　481-483: 348
　571-581: 341
　665: 236
　887-908: 341
Plutus
　11193: 27
Aristotle
　Athenaion Politeia
　　16: 125
　　17: 273
　　28: 127
　　43: 56, 90
　　44: 70
　Politics, 1304a: 135
　Rhetoric 1411a15: 62

CIA IV 179b: 170

Demosthenes, *Against Neaera*
　94-99: 44
　99-100: 47
　104: 174
Diodorus
　11.18-3: 279
　12.28: 37
　12.40: 27
　12.41: 23
　12.42: 47, 57
　12.43: 59
　12.45: 81, 90, 91
　12.46: 99

Diodorus (*cont.*)
 12.50-51: 120
 12.53: 181, 182
 12.54: 188, 191
 12.55: 135
 12.59: 197
 12.60: 210
 12.64: 258
 12.65: 264
 12.68: 299
 12.69: 281
 12.74: 330
Dionysius of Halicarnassus 843: 81

GHI
 55: 37
 58: 363
 63: 182
 64: 182
 65: 29
 67: 199
 69: 249, 250, 251
 72: 39, 217

Hellenica Oxyrhynchia XII 3: 43
Herodotus
 6.108: 44
 7.131-137: 94
 7.133: 46
 7.233: 47
 8.11: 109

IG
 i^2
  57: 29
  60: 164, 166
  63: 249
  87: 306
  293: 37
  296: 126
  297: 170
 ii 2318: 130, 353
Isocrates
 Antidosis
  113: 39
  234: 27
 On the Peace 69: 27
 Panathenaicus 94: 174

Justin 43: 183

Lysias
 Against Nichomachus 30: 92
 Against Pancleon 2: 174
 Before the Areopagus: Defence in the Matter of the Olive-stump
  6: 68

Marcellinus, *Life of Thucydides* A23-B46: 299

Nepos, *Timotheus* 1: 37

Pausanias 1.29: 115, 329, 330
Philistus frg. 577 (*FGrH*): 188, 190
Philochorus frg. 128 (*FGrH*): 236
Plato, *Gorgias* 516a: 90
Plutarch
 Alcibiades 14: 341, 342
 Aristides 26: 167
 Cimon 14: 269
 Nicias
  2: 170, 242
  3: 341
  4: 127
  6: 167, 264
  7: 237
  8: 239
  9: 340-342, 344
 Pericles
  2: 131
  11: 38
  11-12: 88
  22: 92
  22-23: 49
  23: 92
  29: 131
  30: 64, 273
  32: 90
  33: 19, 54, 131
  35: 74, 76, 77, 90, 91
  36: 117
  37: 101, 118
  38: 102, 118
Pseudo-Demosthenes, *Second Speech against Boeotia*
 25: 330
 26: 93
Pseudo-Xenophon (Old Oligarch) *Athenaion Politeia* 3.4: 26

SEG X 229: 170

Thucydides
 1.19: 134
 1.22: 330
 1.23: 18
 1.31: 21
 1.40: 347
 1.49: 21

Thucydides (cont.)
1.55: 175
1.59: 109
1.82: 21, 50, 94
1.85: 21
1.88: 23
1.102: 20, 25
1.108: 279
1.114: 273
1.118: 18, 350
1.121: 107
1.121.1: 22
1.121-122: 22
1.122.1: 22
1.125-139: 43
1.139: 83, 128
1.139.3: 18
1.139.4: 54
1.140-144: 86
1.141: 20, 22, 36, 99, 141
1.142: 28, 36
1.143: 54
1.144: 24, 73
2.1-3: 46
2.2: 46
2.2-5: 47
2.7: 23, 251
2.8: 18
2.9: 19, 25, 26, 134, 198
2.13: 19, 24, 26, 27, 39, 86, 160
2.16: 53, 166, 341
2.17: 63
2.18: 50
2.20: 51
2.21: 53
2.22: 25, 55, 57
2.23: 58
2.24: 37, 57
2.25: 38, 59, 75, 176
2.26: 38, 62
2.27: 62
2.29: 63
2.30: 62
2.31: 39, 63
2.32: 62
2.47-54: 71
2.52: 78
2.55: 71
2.56: 72, 74, 77
2.57: 71, 318
2.58: 79, 318
2.59: 78, 80
2.60: 66, 119, 365, 366
2.61: 86
2.62: 87

2.63: 87, 88
2.64: 48, 89
2.65: 24, 28, 42, 54, 66, 73, 81, 87, 90, 91, 93, 101, 117, 124, 354, 356
2.66: 93, 94
2.67: 94, 95, 257
2.68: 94
2.69: 30, 97
2.70: 39, 97, 98, 99, 318
2.71: 102, 103
2.72: 104
2.73: 174
2.74: 105
2.75-77: 105
2.78: 105
2.79: 106
2.80: 107, 108
2.80-82: 210
2.81-82: 108
2.83: 109
2.84: 110
2.85: 111, 113
2.86: 113
2.93: 116
2.94: 116, 117
2.95-101: 120
2.102-103: 122
3.2: 134, 135, 136
3.3: 137, 173
3.4: 137
3.5: 137
3.6: 138
3.7: 131, 139
3.8: 134
3.9-12: 135
3.13: 134, 140
3.15: 141
3.16: 141, 142, 146
3.17: 38
3.18: 143
3.19: 128, 144, 278
3.21: 150
3.25: 146
3.26: 148
3.27: 152
3.28: 152, 153, 154
3.29: 148
3.30: 149
3.32: 150
3.32: 278
3.33: 150, 151
3.34: 151
3.35: 153
3.36: 154, 156, 159
3.39: 157, 158, 161

399

译者跋语

Thucydides (*cont.*)
3.46: 160, 161
3.47: 161, 162
3.48: 160, 162
3.49: 159, 163
3.50: 162, 163, 164
3.51: 31, 130
3.52: 171, 172, 333
3.53-59: 173
3.55: 44
3.68: 104, 173, 174, 271
3.69: 180
3.70: 176, 177, 178
3.71: 178
3.72-73: 179
3.75: 132, 179, 180
3.80: 180
3.81-84: 181
3.85: 220
3.86: 19, 181, 182, 185, 188, 265
3.87: 71, 186
3.88: 188, 191
3.89: 193
3.90: 188, 190, 191
3.91: 130, 198, 201
3.92: 195, 196, 197
3.93: 197
3.94: 201, 202
3.95: 202
3.96: 204
3.97: 204
3.98: 205
3.99: 188
3.102: 210
3.103: 188, 191, 192
3.105: 210, 211
3.107: 211, 213
3.108-109: 213
3.110: 215
3.111: 214
3.112: 215
3.113: 215-216
3.115: 188, 191, 192, 193, 221, 269
4.1: 188, 192, 219
4.2: 219-221
4.3: 169, 222, 231, 321
4.5: 223, 231
4.6: 223
4.8: 222, 224, 225, 227
4.9: 228, 231
4.10: 229, 281
4.12-14: 229
4.15-22: 83
4.16: 230
4.17: 231, 233, 234
4.17-21: 367
4.18: 233
4.21: 32, 185, 233-235
4.22: 235
4.23: 239
4.24: 265
4.24-25: 188
4.25: 265, 266
4.26: 239
4.27: 130, 236, 240
4.28: 240, 241, 242, 243
4.29-30: 242, 244, 245
4.30: 209
4.31: 245
4.32-35: 246
4.36: 247
4.38-39: 247
4.40: 248
4.41: 248
4.42: 130, 252-254, 256
4.43-44: 254
4.45: 31, 255, 306
4.48: 266
4.49: 256
4.50: 257, 258
4.51: 257
4.52: 165, 278
4.53: 261, 262
4.53-54: 130
4.54: 262, 263
4.55-57: 264
4.58-65: 188
4.64: 267
4.65: 268, 269
4.66: 271, 272
4.66-74: 31
4.67: 273, 274
4.68: 274, 275
4.69: 275
4.70: 288
4.71-72: 276
4.73: 277
4.74: 278
4.75: 278
4.76: 279, 280
4.77: 281
4.78: 71, 288-290
4.79: 289
4.80: 288
4.81: 289
4.82: 290
4.83: 292
4.84: 292, 293
4.85: 293
4.88: 293

Thucydides (*cont.*)
4.89: 281
4.90: 282
4.91: 283
4.93: 283, 284
4.94: 282
4.95: 284
4.96: 284, 285
4.100: 286
4.101: 286
4.102: 293
4.103: 294, 295
4.104: 295, 296, 298, 299
4.105: 288, 296, 297
4.106: 294, 297, 298
4.107: 299, 302
4.108: 294, 296, 302, 303
4.109: 302
4.110-116: 302
4.117: 194, 305
4.118: 31, 306, 307
4.119: 194, 307
4.120: 308
4.121: 308
4.122: 158, 309
4.123: 310
4.124: 310
4.125-128: 311
4.129: 311, 312, 318
4.129-131: 131
4.130: 313
4.131: 313
4.132: 314, 315
4.133: 314
4.134: 334
4.135: 317
5.1: 317
5.1-2: 305
5.2: 319
5.3: 158, 320, 321, 342
5.4-5: 188
5.6: 319, 321, 323
5.7: 323, 325

5.8: 323, 326
5.10: 327, 328, 329
5.11: 331
5.12: 31
5.13: 333
5.14: 20, 334, 338, 341
5.15: 335
5.16: 194, 330-332, 338
5.17: 171, 174, 336, 342, 348
5.18: 263, 342, 343, 345
5.19: 194, 315
5.21: 315
5.24: 315
5.26: 299
5.28: 334
5.30: 256, 342
5.31: 334, 335
5.33: 334
5.35: 348
5.43: 341
5.84: 198
5.89: 198
6.11: 20
6.15: 238
6.29: 202
6.31: 38, 72
6.34: 19, 268
6.44: 19
6.90: 238
6.104: 19
7.28: 21, 40
7.57: 263
8.26: 268
8.96: 151, 350
8.98: 50
Timaeus frg. 22 (*FGrH*): 266

Xenophon
  Anabasis 7.1: 26
  Hellenica
    2.2: 82, 157
    5.2: 46

附表 3.1　近现代古典学家姓名及著述名对照表

姓名原文	姓名译文	著述原文	著述译文
F. E. Adcock	F·E·埃德科	*Thucydides and his History.*	《修昔底德及其史书》
		Mélanges Glotz. I	《格罗茨纪念文集》，第 1 卷
M. Amit	M·阿密特		
J. K. Anderson	J·K·安德森		
Antony Andrewes	安东尼·安德鲁斯	*An Historical Commentary on Thucydides.* vol. IV. = HCT IV.	《修昔底德历史评注》，第 4 卷
E. Badian	E·巴笛安	*Ancient Societies and Institutions. ASI.*	《古代社会与机制》
B. Baldwin	B·鲍德温		
Barrows	巴罗斯		
R. A. Bauman	R·A·鲍曼		
R. L. Beaumont	R·L·波芒特		
K. Julius Beloch	K·尤里乌斯·贝洛赫	*Die Attische Politik seit Perikles. -AP.*	《伯利克里以降的亚狄珈政策》
		Griechische Geschichte, 2d ed. *-GG²*.	《希腊历史》，第 2 版
		Die Bevölkerung der griechisch-römischen Welt.	《希腊-罗马世界的人口》
Hermann Bengtson	赫尔曼·本岑	*Griechische Geschichte*, **2nd** ed.	《希腊历史》，第 2 版
		Die Staatsverträge der griechisch-römischen Welt von 700 bis 338 v. Chr. II	《希腊罗马世界的国际条约：从公元前 700 年到公元前 338 年》，第 2 卷
Y. Béquignon	Y·贝奎因浓		
A. Boeckh	A. 柏柯	*Die Staatshaushaltung der Athener.* 3d. ed.	《雅典财政》
D. W. Bradeen	D·W·布拉丁		
I. A. F. Bruce	I·A·F·布鲁斯		

(续 表)

姓名原文	姓名译文	著述原文	著述译文
Peter A. Brunt	彼得·A·布伦特		
Georg Busolt	格奥尔格·布索特	*Griechische Geschichte. - GG* III:2	《希腊历史》,第3卷,第2册
E. Cavaignac	E·加崴邑		
G. L. Cawkwell	G·L·考克韦尔		
Mortimer H. Chambers	莫蒂默·H·张伯思		
Winston S. Churchill	温斯顿·S·丘吉尔	*The World Crisis II*, **1915**.	《世界危机(第2卷):1915年》
J. Classen	J·克拉森	*Thucydides Book I*.	《修昔底德史书》,第1卷
R. Cohen	R·柯恩		
W. R. Connor	W·R·康纳	*The New Politicians of Fifth-Century Athens*.	《公元前5世纪雅典的新政客》
		Theopompus and Fifth-Century Athens.	《迢彭浦斯与公元前5世纪的雅典》
F. M. Cornford	F·M·柯恩福	*Thucydides Mythistoricus*.	《修昔底德在历史与神话之间》
Richard Crawley	理查德·克劳利	*Thucydides' Peloponnesian War*.	《修昔底德著伯罗奔尼撒战争史》(克劳利英译本)
Hans Delbrück	汉斯·德尔布吕克	*Die Strategie des Perikles*.	《伯利克里的战略》
		Geschichte der Kriegskunst. I. *Das Altertum*.	《战争艺术史(第1卷):古代》
K. J. Dover	K·J·多佛		
M. W. Duncker	M·W·敦柯	*Geschichte des Altertums*.	《古代历史》
W. Eberhardt	W·艾伯哈特		
S. K. Eddy	S·K·埃第		
J. M. Edmonds	J·M·爱德蒙兹	*The Fragments of Attic Comedy*.	《亚狄珈喜剧残编》

(续 表)

姓名原文	姓名译文	著述原文	著述译文
Victor Ehrenberg	维克多·厄霖博格	The People of Aristophanes.	《阿里斯托芬笔下的民众》
John H. Finley Jr.	约翰·J·芬力	Thucydides.	《修昔底德》
Hellmut Flashar	赫尔穆特·弗莱舍		
C. W. Fornara	C·W·佛纳瓦	The Athenian Board of Generals.	《雅典将军委员会》
J. G. Frazer	J·G·弗雷泽		
E. A. Freeman	E·A·弗里曼	History of Sicily III.	《西西里史》
A. French	A·法兰奇	The Growth of the Athenian Economy.	《雅典的经济发展》
A. Fuks	A·福克斯		
P. Gauthier	P·高缇叶		
Gustav Gilbert	古斯塔夫·吉尔伯特	Beiträge zur innern geschichte Athens im zeitalter des peloponnesischen Krieges	《伯罗奔尼撒战争期间雅典城邦内幕考》
Daniel Gillis	丹尼尔·基历		
G. Glotz	G·格罗茨	Histoire grecque. II - HG. II	《希腊历史》,第2卷
A. W. Gomme	A·W·戈姆	A Historical Commentary on Thucydides, I. II. III. IV	《修昔底德历史评注》,第1卷 《修昔底德历史评注》,第2卷 《修昔底德历史评注》,第3卷 《修昔底德历史评注》,第4卷
		More Essays in Greek History and Literature.	《希腊历史与文学补论》
George Grote	乔治·格罗特	A History of Greece. IV. V. VI. VII.	《希腊历史》,第4卷 《希腊历史》,第5卷 《希腊历史》,第6卷 《希腊历史》,第7卷

(续 表)

姓名原文	姓名译文	著述原文	著述译文
G. B. Grundy	G·B·古伦第	Thucydides and the History of His Age. I²	《修昔底德及他那个时代的史学》,第2版,第1卷
		The Topography of the Battle of Plataea.	《普拉提阿战役地形学》
John R. Hale	约翰·R·黑尔		
N. G. L. Hammond	N·G·L·哈蒙德	History of Greece.	《希腊历史》
B. W. Henderson	B·W·亨德松	The Great War between Athens and Sparta.	《雅典与斯巴达之间的大战》
Ludwig Ferdinand Herbst	路德维希·费迪南德·赫伯斯特		
W. Herbst	W·贺柏司忒	Der Abfall Mytilenes.	《密提林变节》
C. Hignett	C·伊涅特	A History of the Athenian Constitution. - HAC.	《雅典政制史》
Karl Hude	卡尔·胡德		
A. H. M. Jones	A·H·M·琼斯	Athenian Democracy.	《雅典的民主》
Henry Stuart Jones	亨利·斯图亚特·琼斯		修昔底德史书牛津古典文本。
Donald Kagan	唐纳德·卡根	The Outbreak of the Peloponnesian War. - Outbreak.	《伯罗奔尼撒战争的爆发》(《史论》,第1卷)
Ulrich Kahrstedt	乌里奇·喀施戴特	Untersuchungen zur Magistratur in Athen.	《雅典官吏研究》
A. Kirchhoff	A·科什霍夫	Thukydides und sein Urkundenmaterial.	《修昔底德及其档案材料》
Johannes Kirchner	约翰内斯·柯仕纳	Prosopographia Attica.	《亚狄珈群英传》
E. Lange	E·朗格		

（续　表）

姓名原文	姓名译文	著述原文	著述译文
Ronald P. Legon	罗纳德·P·勒贡	Demos and Stasis: Studies in the Factional Politics of Classical Greece.	《民众与内乱：古典时代的希腊党争》
David M. Lewis	戴维·M·刘易斯		
H. B. Mattingly	H·B·马丁理		
M. F. McGregor	M·F·麦格雷戈		
Russell Meiggs	罗素·密格斯	The Athenian Empire.	《雅典帝国》
B. D. Meritt	B·D·梅里特	Athenian Financial Documents.	《雅典财政文献》
B. D. Meritt	B·D·梅里特	The Athenian Assessment of 425 B. C.	《公元前425年雅典的贡赋核定》（艾伦·B·韦司特合著）
Eduard Meyer	爱德华·梅耶	Forschungen zur alter Geschichte. - Forsch. II	《古代史研究》，第1卷
Eduard Meyer	爱德华·梅耶	Geschichte des Altertums. - GdA.	《古代历史》
Ernst Meyer	欧内斯特·梅耶	Realenzyklopädie der klassischen Altertumswissenschaft - PW. XVI	《保-威古典学百科全书》，第15卷，条目"墨伽拉"
A. Milchoefer	A·米尔肖佛	Karten von Attika, Heft VII—VIII.	《亚狄珈地图》，第7—8卷
Franz Miltner	弗兰茨·密特讷	PW XIX, 754, s. v. "Perikles".	《保-威古典学百科全书》，第19卷，条目"伯利克里"。
W. Oncken	W·翁肯		
J. Papastavrou	J·帕帕斯塔夫鲁	Amphipolis. Klio Beiheft XXXVII	《安菲玻里》（作为《克丽娥学刊》增刊，第37卷出版）

(续表)

姓名原文	姓名译文	著述原文	著述译文
Bernadotte Perrin	B·佩林	*Lives*. With an English translation by Bernadotte Perrin.	普鲁塔克,《平行列传》佩林译本(娄卜版)
J. von Pflugk-Hartung	J·冯·蒲夫戈-哈敦	*Perikles als Feldherr*.	《伯利克里作为将军》
John Enoch Powell	约翰·以诺·鲍威尔		修昔底德史书牛津古典文本。
W. K. Pritchett	W·K·普利切特	*Studies in Ancient Greek Topography*. Part I Part II "Battlefields"	《古希腊地形学研究:第1卷》 《古希腊地形学研究:第2卷"战场"》
T. J. Quinn	T·J·奎恩		
A. E. Raubitschek	A·E·劳彼茨切克		
B. B. Rogers	B·B·罗杰斯	*Acharnians*. *Peace*.	《阿卡奈人》译本 《和平》译本
Jacqueline de Romilly	杰奎琳·德·萝蜜莉	*La guerre du Péloponnèse*, II, III, VIII.	《伯罗奔尼撒战争史》,第2卷 《伯罗奔尼撒战争史》,第3卷 《伯罗奔尼撒战争史》,第8卷(布岱法译本,the Budé edition)
		Thucydides and the Athenian Imperialism. tr. Philip Trody	《修昔底德与雅典帝国主义》 (菲利普·特罗蒂英译)
Gaetano De Sanctis	贾他诺·德·桑悌	*Storia dei Greci*. SdG. *Pericle*.	《希腊历史》 《伯利克里》
W. Schmid-O. Stählin	W·施密德-O·施塔林	*Geschichte der Griechischen Literatur*. V:2	《希腊文学史》,第5卷,第2册
Eduard Schwartz	爱德华·舒瓦茨	*Das Geschichtswerk des Thukydides*.	《修昔底德的历史著作》
Raphael Sealey	拉斐尔·西里	*Essays in Greek Politics*.	《希腊政治文选》
C. Forster Smith	C·福斯特·史密斯	*History of the Peloponnesian War*	《伯罗奔尼撒战争史》(娄卜英译本)

(续　表)

姓名原文	姓名译文	著述原文	著述译文
Hans-Peter Stahl	汉斯-彼得·施塔尔	*Thukydides, Die Stellung des Menschen im geschichtlichen Prozess.*	《修昔底德：历史进程中个人之地位》
G. E. M. de Ste. Croix	G·E·M·德·圣·克洛瓦	*The Origins of the Peloponnesian War.*	《伯罗奔尼撒战争的起源》
Julius Steup	尤里乌斯·史度普	*Thucydides Book I.*	《修昔底德史书》，第1卷
G. H. Stevenson	G·H·史蒂文森		
W. E. Thompson	W·E·汤普森		
Rudi Thomsen	鲁迪·汤森	*Eisphora*	《直接战争税》
Marcus Niebuhr Tod	马科斯·尼布尔·托德	*A Selection of Greek Inscriptions.*	《希腊铭文选辑》
Max Treu	马克思·托伊		
George Macaulay Trevelyan	乔治·麦考莱·屈勒味林	*England under Queen Anne* vol III: *the Peace and the Protestant Succession.*	《安妮女王治下的英格兰（第3卷）：和约与新教王位继承》
Wilhelm Vischer	威廉·斐舍	*Kleine Schriften* I	《选集》，第1卷
Henry Theodore Wade-Gery	H·T·怀德-嘉利	*Essays in Greek History.*	《希腊历史文集》
E. M. Walker	E·M·沃尔克	*Oxford Classical Dictionary. First Edition.*	《牛津古典学辞典》，第1版
F. M. Wasserman	F·M·华士曼		
H. Wentker	H·文柯	*Sizilien und Athen.*	《西西里与雅典》
Allen B. West	艾伦·B·韦司特	*The Athenian Assessment of 425 B. C.*	《公元前425年雅典的贡赋核定》（与B·D·梅里特合著）
H. D. Westlake	H·D·韦斯特莱克	*Essays on the Greek Historians and Greek History.*	《希腊史家与希腊历史论丛》

(续 表)

姓名原文	姓名译文	著述原文	著述译文
B. X. de Wet	B·X·德·威特		
U. von Wilamowitz-Moellendorf	U·冯·维拉莫维茨-默伦多夫		
Eduard Will	爱德华·维尔	*Le monde grec et l'orient*, vol. 1, Le Ve siècle(510—403).	《希腊世界与东方:第1卷,5世纪(510——403)》
E. C. Woodcock	E·C·伍德科		
A. G. Woodhead	A·G·伍德海德	*Thucydides on the Nature of Power*.	《修昔底德论权力本质》

附表3.2 古典学期刊刊名缩写与译名对照表

刊名缩写	刊　　名	译　　名
A Class	Acta Classica	古典学报
AJA	American Journal of Archeology	美国考古学期刊
AJP	American Journal of Philology	美国古典语文学期刊
	Athenaeum	雅典娜神庙期刊
BCH	Bulletin de correspondance hellénique	希腊研究通讯
BSA	Proceedings of the British School at Athens	雅典不列颠学校辑刊
	Klio	克丽娥学刊
CP	Classical Philology	古典语文学
CQ	Classical Quarterly	古典学季刊
CQ N. S.	Classical Quarterly New Series	古典学季刊新编
CR	Classical Review	古典评论
Hellenika	Ἑλληνικά	希腊语学刊
GRBS	Greek, Roman, and Byzantine Studies	希腊罗马拜占庭研究
	Gymnasium	体育学刊
Hermes	Hermes	赫尔墨斯学刊
Historia	Historia	历史学刊
HSCP	Harvard Studies in Classical Philology	哈佛古典语文学研究
JHS	Journal of Hellenic Studies	希腊研究期刊
	Mnemosyne	涅默叙涅期刊
	Philologus	语文学家
PACA	Proceedings of the African Classical Association	非洲古典学会会刊
	Proceedings of the American Philosophical Society	美国哲学学会会刊
Phoenix	Phoenix	凤凰学刊
REG	Revue des études grecques	希腊研究评论
	Revue Historique	历史评论
	Sitzungsberichte der Heidelberger Akademie der Wissenschaften	海德堡科学院纪要
SBAk. Berlin	Sitzungsberichte der Königlich Preussischen Akademie der Wissenschaften zu Berlin	柏林科学院纪要
TAPA	Transactions of the American Philological Association	美国古典语文学会通讯

附表 3.3 近现代古典学家引用索引

ATL (Meritt, B. D., Wade-Gery, H. T., and McGregor, M. F.) 26, 27, 40, 97, 100, 123, 143, 144, 164, 166, 198, 217, 312, 314, 322, 336, 337, 344
Adcock, F. E., 19, 31, 35, 36, 71, 72, 83, 103, 121, 167, 193, 194, 199, 206, 208, 232, 249, 253, 278, 322, 329, 351, 356
Amit, M., 199
Anderson, J. K., 329
Andrewes, A., 8, 38, 156, 159, 200, 257

Baldwin, B., 321, 322, 323, 330
Bauman, R. E., 293, 296, 297, 298, 300
Beloch, K. J., 8, 19, 28, 31, 32, 44, 54, 64, 66, 70, 73, 74, 76, 79, 80, 83, 90, 101, 122, 124, 132, 163, 168, 169, 170, 181, 182, 187, 193, 195, 197, 206, 210, 218, 219, 232, 233, 245, 260, 268, 286, 317, 345, 355
Bengtson, H., 19, 29, 32, 71, 124, 249, 287, 306, 314
Boeckh, A., 38, 164
Bruce, I. A. F., 175, 176
Brunt, P. A., 18, 22, 23, 25, 26, 67, 68, 94, 164, 166, 175, 176, 196, 288, 289, 350, 351
Busolt, G., 8, 17, 19, 21, 23, 26, 29, 30, 32, 36, 37, 44, 50, 51, 56, 57, 64, 67, 70, 72, 78, 83, 90, 93, 98, 101, 103, 121, 123, 124, 125, 126, 127, 132, 134, 143, 148, 162, 163, 167, 168, 169, 170, 172, 174, 175, 181, 183, 184, 187, 190, 195, 196, 202, 205, 208, 210, 211, 218, 219, 221, 224, 230, 232, 235, 237, 242, 244, 249, 251, 253, 260-262, 265, 269, 277, 285, 286, 288, 293, 296, 299, 300, 315, 318, 319, 329, 334, 341, 345, 356, 364

Cawkwell, G. L., 64
Chambers, M. H., 357, 358, 359
Churchill, W., 206
Classen, J., 174, 203, 213, 262, 355
Cohen, R., 145
Connor, W. R., 64, 127, 130, 145
Cornford, F. M., 222
Crawley, R., 213, 320, 355

Delbrück, H., 31, 32, 33, 34, 35, 72, 74, 79, 296, 300, 356
Dover, K. J., 8, 38, 56
Duncker, M. W., 19, 32, 37, 74, 103

Eddy, S. K., 38
Edmunds, J. M., 203
Ehrenberg, V., 341

Finley, J. H., Jr., 159, 232, 300, 355
Flashar, H., 65
Fornara, C. W., 54, 56, 70, 132, 188, 218, 260, 305, 364
Frazer, J. G., 329
Freeman, E. A., 188, 265, 266, 267
French, A., 26, 251
Fuks, A., 181

Gilbert, G., 54, 55, 127, 145
Gillis, D., 133, 152
Glotz, G., 145
Gomme, A. W., 8, 19, 23, 25-27, 38, 44, 51, 53, 56-58, 65, 70, 83, 88, 99, 109, 122, 113, 115, 116, 132, 138, 139, 141, 143, 144, 148, 153, 160, 164, 166, 167, 173-177, 192, 194, 196, 197, 200,

Gomme (*cont.*)
203, 209-213, 219, 221, 222, 224, 225, 227-229, 232, 239, 240, 242, 243, 245, 246, 249, 253, 257, 260-264, 267, 273-276, 278, 279, 281, 282, 283, 286, 289, 290, 292, 294, 296, 298, 299, 301, 305-307, 310, 314-317, 320-323, 327, 329, 332-337, 341-345, 353, 355, 360, 363, 364, 366
Grote, G., 65, 67, 70, 80, 112, 120, 164, 165, 167, 175, 202, 205, 235-237, 242, 316, 318, 324, 325, 332, 355
Grundy, G. B., 29, 44, 105, 227, 355

Hale, J., 109
Hammond, N. G. L., 19, 30, 49, 211, 212
Henderson, B. W., 19, 28, 44, 66, 112, 203, 211, 212, 284-287, 356
Herbst, W., 132, 306
Hignett, C., 56, 102
Hude, K., 316

Jones, A. H. M., 125
Jones, H. S., 355

Kagan, D., 40, 41, 43, 49, 53, 55, 63, 83, 88, 94, 103, 126-128, 131, 134, 135, 151, 157, 158, 182, 203, 253, 293, 294, 347, 358, 364
Kahrstedt, U., 56
Kirchoff, A., 305

Lange, E., 65
Legon, R. P., 8, 133, 134, 137, 152, 154, 155, 161, 175, 176, 271, 272, 273, 275
Lewis, D. M., 8, 188, 249, 250, 364

Mattingly, H. B., 363
McGregor, M. F., 8, 249
Meiggs, R., 8, 249, 250, 364
Meritt, B. D., 8, 102, 144, 164, 166, 249, 322
Meyer, E., 8, 19, 26, 30, 70, 81, 84, 95, 125, 183, 205, 232, 237, 249, 271, 336, 337, 345, 355, 365-367

Milchoefer, A., 49
Miltner, F., 26, 29, 72, 76, 80, 93, 355

Oncken, W., 300

Papastavrou, J., 323
Pflugk-Hartung, J. von, 32, 57, 79
Powell, J. E., 355
Pritchett, W. K., 227, 282, 284, 294, 323, 327, 328

Quinn, T. J., 154, 155, 164

Romilly, J. de, 65, 88, 213, 222, 232, 241, 327, 355, 366

Sanctis, G. De, 19, 28, 31, 71, 76, 78, 79, 358, 359
Schmid, W., 301
Schwartz, E., 365
Sealey, R., 188, 305, 357
Smith, C. F., 213, 320, 355
Stahl, H.-P., 48, 117, 316
Ste. Croix, G. E. M. de, 133
Steup, J., 174, 213, 300, 305, 306, 316, 355
Stevenson, G. H., 363

Thompson, W. E., 306
Thomsen, R., 145, 363
Tod, M. N., 164
Treu, Max, 198, 202

Vischer, W., 277

Wade-Gery, H. T., 8, 249, 357, 358
Walker, E. M., 43, 279
Wentker, H., 191
West, A. B., 126, 132, 145, 168, 169, 170, 187, 193, 218, 219, 260, 322, 344
Westlake, H. D., 29, 31, 35, 73, 182-184, 193, 266, 267, 269, 296, 300, 302, 305, 355
Wet, B. X. de, 358, 359
Wilamowitz-Möllendorf, U. von, 224
Will, E., 41
Woodcock, E. C., 202
Woodhead, A. G., 232, 234, 238, 249, 321-325

附表 3.4 参考文献

Adcock, F. E. "Alcidas ἀργυρολόγος," *Melanges Gustave Glotz* I, 1–6. Paris, 1932.

———. "The Archidamian War, B.C. 431–421," *CAH* V (1940), 193–253.

———. "ΕΠΙΤΕΙΧΙΣΜΟΣ in the Archidamian War, *CR* LXI (1947), 2–7.

Amit, M. "The Melian Dialogue and History," *Athenaeum* XLVI (1968), 216–235.

Anderson, J. K. "Cleon's Orders at Amphipolis," *JHS* LXXXV (1965), 1–4.

Andrewes, A. "Thucydides and the Persians," *Historia* X (1961), 1–18.

———. "The Mytilene Debate: Thucydides 3.36–49," *Phoenix* XVI (1962), 64–85.

Aristophanes. *Acharnians*, ed. and tr. B. B. Rogers. London, 1910.

———. *Peace*, ed. and tr. B. B. Rogers. London, 1866.

Badian, E., ed. *Ancient Societies and Institutions, Studies Presented to Victor Ehrenberg on his 75th birthday*. Oxford, 1966.

Baldwin, B. "Cleon's Strategy at Amphipolis," *AClass* XI (1968), 211–214.

Bauman, R. E. "A Message from Amphipolis," *AClass* XI (1968), 170–181.

Beaumont, R. L. "Corinth, Ambracia, Apollonia," *JHS* LXXII (1952), 62–73.

Beloch, K. J. *Die Attische Politik seit Perikles*. Leipzig, 1884.

———. *Die Bevölkerung der griechisch-römischen Welt*. Leipzig, 1886.

———. "Griechische Aufgebote," *Klio* V (1905), 341–374; VI (1906), 34–78.

———. *Griechische Geschichte*. 2d ed. Strassburg, Berlin, and Leipzig, 1912–1927.
Bengtson, H. *Die Staatsverträge der griechisch-römischen Welt von 700 bis 338 v. Chr.* II. Munich and Berlin, 1962.
Bengtson, H. *Griechische Geschichte*. 3d ed. Munich, 1965.
Béquignon, Y. and E. Will. "Observations sur le décret de 425 relatif à la taxation du tribut (IG I²63)," *Revue archeologique* XXXV (1950), 5–34.
Boeckh, A. *Die Staatshaushaltung der Athener*. 3d ed. Berlin, 1886.
Bradeen, D. W. "The Popularity of the Athenian Empire," *Historia* IX (1960), 257–269.
Bruce, I. A. F. "The Corcyraean Civil War of 427 B.C.," *Phoenix* XXV (1971), 108–117.
Brunt, P. A. "Spartan Policy and Strategy in the Archidamian War," *Phoenix* XIX (1965), 255–280.
———. "Athenian Settlements Abroad in the Fifth Century B.C.," *ASI*, 71–92.
Busolt, G. "Nachtrag zu C.I.A. IV 179B.," *Hermes* XXV (1890), 640–645.
———. *Griechische Geschichte*. 3 vols. Gotha, 1893–1904.
Cavaignac, E. "L'augmentation du tribut des alliés d'Athènes en 425, *REG* XLVIII (1935), 245–249.
Cawkwell, G. L. "Anthemocritus and the Megarians and the Decree of Charinus," *REG* LXXXII (1969), 327–335.
Chambers, M. H. "Thucydides and Pericles," *HSCP* LXII (1957), 79–92.
Cohen, R. "Quelques mots sur Nicias," *Melanges Gustave Glotz*. I, 227–239. Paris, 1932.
Connor, W. R. "Charinus' Megarian Decree," *AJP* LXXXIII (1962), 225–246.
———. *Theopompus and Fifth Century Athens*. Cambridge, Mass., 1968.
———. "Charinus' Decree Again," *REG* LXXXIII (1970), 305–308.
———. *The New Politicians of Fifth Century Athens*, Princeton, 1971.
Cornford, F. M. *Thucydides Mythistoricus*. London, 1907, reprinted, 1965.
Delbrück, H. *Die Strategie des Perikles*. Berlin, 1890.
———. *Geschichte der Kriegskunst*. I, *Das Altertum*. Berlin, 1920, reprinted 1964.
De Sanctis, G. "La τάξις φόρου del 425 a.C.," *Rivista di Filologia* XIII (1935), 52–60.

———. *Pericle*. Milan and Messina, 1944.
———. *Storia dei Greci*. 2 vols. Florence, 1963.
Dittenberger, W. *Sylloge Inscriptionum Graecarum*. 4 vols. 4th ed. Leipzig, 1915, reprinted Hildesheim, 1960.
Dover, K. J. "ΔΕΚΑΤΟΣ ΑΥΤΟΣ," *JHS*, LXXX (1960), 61–77.
Duncker, M. W. *Geschichte des Altertums*. 9 vols. Leipzig, 1878–1886.
Eberhardt, W. "Der Melierdialog und die inschriften ATL A9 (IG 1² 63 +) und IG 1² 97 +," *Historia* VIII (1959), 284–314.
Eddy, S. K. "Athens' Peacetime Navy in the Age of Perikles," *GRBS* IX (1968), 141–155.
Edmonds, J. M. *The Fragments of Attic Comedy*. Leiden, 1957–1961.
Ehrenberg, V. "Pericles and His Colleagues between 441 and 429 B.C.," *AJP* LXVI (1945), 113–134.
———. *The People of Aristophanes*. Oxford, 1951.
Finley, J. H. *Thucydides*. Cambridge, Mass., 1942.
Flashar, Hellmut. "Der Epitaphios des Perikles," *Sitzungberichte der Heidelberger Akademie der Wissenschaften*. Heidelberg, 1969.
Fornara, C. "The Date of the Callias Decrees," *GRBS* XI (1970), 185–196.
———. *The Athenian Board of Generals*. Wiesbaden, 1971.
Forrest, W. G. "Aristophanes' Acharnians," *Phoenix* XVII (1963), 1–12.
Freeman, E. A. *A History of Sicily*. 4 vols. Oxford, 1891–1894.
French, A. *The Growth of the Athenian Economy*. London, 1964.
———. "The Tribute of the Allies," *Historia* XXI (1972), 1–20.
Fuks, A. "Thucydides and the Stasis in Corcyra: Thuc., III, 82–3 versus [Thuc.], III, 84," *AJP* XCII (1971), 48–55.
Gauthier, P. "Les clérouques de Lesbos et la colonisation athénienne au Ve siècle," *REG* LXXIX (1966), 64–88.
Gilbert, G. *Beiträge zur innern geschichte Athens im zeitalter des peloponnesischen Krieges*. Leipzig, 1877.
Gillis, D. "The Revolt at Mytilene," *AJP* XCII (1971), 38–47.
Glotz, G. and Robert Cohen. *Histoire grecque*. II, Paris, 1929.
Gomme, A. W. "The Athenian Hoplite Force in 431 B.C.," *CQ* XXI (1927), 142–150.
———. *A Historical Commentary on Thucydides*. I–III. Oxford, 1950–1956.
———. "Four Passages in Thucydides," *JHS* LXXI (1951), 70–80.
———. "Thucydides ii 13, 3," *Historia* II (1953), 1–21.

———. "Thucydides and Cleon, The Second Battle of Amphipolis," Ἑλληνικά XIII (1954), 1–10.
———. *More Essays in Greek History and Literature*. Oxford, 1962.
———. A. Andrewes, and K. J. Dover. *A Historical Commentary on Thucydides*. IV. Oxford, 1970.
Grote, G. *A History of Greece*. 4th ed. London, 1872.
Grundy, G. B. *The Topography of the Battle of Plataea*. London, 1894.
———. *Thucydides and the History of His Age*. 2d ed. Oxford, 1948.
Hammond, N. G. L. "The Campaigns in Amphilochia During the Archidamian War," *BSA* XXXVII (1936–1937), 128–140.
———. "The Main Road from Boeotia to the Peloponnese through the Northern Megarid," *BSA* XLIX (1954), 103–122.
———. *A History of Greece to 322 B.C.* Oxford, 1959.
Henderson, B. W. *The Great War between Athens and Sparta*. London, 1927.
Herbst, W. *Der Abfall Mytilenes*. Cologne, 1861.
Hignett, C. *A History of the Athenian Constitution*. Oxford, 1952.
Hiller von Gaertringen, F. *Inscriptiones Graecae*. I, *editio minor, Inscriptiones Atticae Euclidis anno anteriores*. Berlin, 1924.
Jacoby, F. *Die Fragmente der griechischen Historiker*. 3 vols.: I–II, Berlin, 1923–1930; III, Leyden, 1940.
Jones, A. H. M. *Athenian Democracy*. Oxford, 1957.
Kagan, D. "Argive Politics and Policy after the Peace of Nicias," *CP*, LVII (1962), 209–218.
———. *The Outbreak of the Peloponnesian War*. Ithaca, 1969.
Kahrstedt, U. *Untersuchungen zur Magistratur in Athens*. Berlin, 1936.
Kirchhoff, A. *Thukydides und sein Urkundenmaterial*. Berlin, 1895.
Kirchner, J. E. *Prosopographia Attica*. 2 vols. Berlin, 1901, reprinted 1966.
Lange, E. "Thukydides und die Parteien," *Philologus* LII (1894), 616–651.
Legon, R. P. "Demos and Stasis: Studies in the Factional Politics of Classical Greece." Unpublished Ph.D. dissertation, Cornell University, Ithaca, N.Y., 1966.
———. "Megara and Mytilene," *Phoenix* XXII (1968), 200–225.
Lewis, D. M. "Double Representation in the *Strategia*," *JHS* LXXXI (1961), 118–123.
Mattingly, H. B. "Athenian Finance in the Peloponnesian War," *BCH* XCII (1968), 460–485.

McGregor, M. F. "Kleon, Nikias and the Trebling of the Tribute," *TAPA* LXVI (1935), 146–164.
Meiggs, R. *The Athenian Empire*. Oxford, 1972.
——, and D. Lewis. *A Selection of Greek Historical Inscriptions to the End of the Fifth Century* B.C. Oxford, 1969.
Meritt, B. D. *Athenian Financial Documents*. Ann Arbor, 1932.
——. "Athenian Covenant with Mytilene," *AJP* LXXV (1954), 359–368.
——. "The Chronology of the Peloponnesian War," *Proceedings of the American Philosophical Society*, CXV (1971), 97–124.
—— and M. F. McGregor. "The Athenian Quota-List of 421/0 B.C.," *Phoenix* XXI (1967), 85–91.
—— and H. T. Wade-Gery. "Pylos and the Assessment of Tribute," *AJP* LVII (1936), 377–394.
——, H. T. Wade-Gery, and M. F. McGregor. *The Athenian Tribute Lists*. 4 vols.: I, Cambridge, Mass., 1939; II–IV, Princeton, 1949–1953.
—— and A. B. West. *The Athenian Assessment of 425* B.C. Ann Arbor, 1934.
Meyer, E. *Forschungen zur alten Geschichte*. II, Halle, 1899.
——. *Geschichte des Altertums*. 5th ed., reprinted in 1954 and 1956, Basel.
Milchoefer, A. *Karten von Attika*. Heft VII–VIII, Berlin, 1895.
Miltner, F. "Perikles," *PW*, XIX (1937), 748–790.
Papastavrou, J. *Amphipolis, Klio*. Beiheft XXXVI, Berlin, 1936.
Pflugk-Hartung, J. von. *Perikles als Feldherr*. Stuttgart, 1884.
Pritchett, W. K. *Studies in Ancient Greek Topography*. 2 vols., Berkeley and Los Angeles, 1965 and 1969.
Quinn, T. J. "Thucydides and the Unpopularity of the Athenian Empire," *Historia* XIII (1964), 257–266.
——. "Political Groups in Lesbos during the Peloponnesian War," *Historia* XX (1971), 405–417.
Raubitschek, A. E. "War Melos tributpflichtig?" *Historia* XII (1963), 78–83.
Romilly, Jacqueline de. *Thucydides and Athenian Imperialism*, tr. Philip Thody. Oxford, 1963.
——. "Thucydides and the Cities of the Athenian Empire," *Bulletin of the Institute of Classical Studies of the University of London* XIII (1966), 1–12.
Ste. Croix, G. E. M. de. "The Character of the Athenian Empire," *Historia* III (1954), 1–41.

———. *The Origins of the Peloponnesian War*. London and Ithaca, 1972.
Schmid, W., and O. Stählin, *Geschichte der Griechische Literatur*. V:2. Munich, 1948.
Schwartz, E. *Das Geschichtswerk der Thukydides*. Hildesheim, 1960, reprinted from edition of 1929.
Sealey, R. "Athens and the Archidamian War," *PACA* I (1958), 61–87.
———. *Essays in Greek Politics*. New York, 1967.
Stahl, Hans-Peter. *Thukydides*. Munich, 1966.
Stevenson, G. H. "The Financial Administration of Pericles," *JHS* XLIV (1924), 1–9.
Thomsen, R. *Eisphora*. Copenhagen, 1964.
Thompson, W. E. "The Athenian Treaties with Haliai and Dareios the Bastard," *Klio* LIII (1971), 119–124.
Thucydides. Text and translation by Charles Forster Smith. I–IV (Loeb). London and Cambridge, Mass., 1919–1923.
Thucydidis Historiae. H. S. Jones and J. E. Powell. Oxford, 1942.
Thucydide, La guerre du péloponnèse. Texte établit et traduit par J. de Romilly, Livres I² et II, III par Raymond Weil et J. de Romilly, IV–V par J. de Romilly (Budé). Paris, 1958, 1962, 1967.
Thucydidis Historiae. Post Carolum Hude edidit Otto Luschnat, (Teubner). Leipzig, 1960.
Thukydides. J. Classen, bearbeitet von J. Steup mit einem nachwort und bibliographischen nachträgen von Rudolf Stark; 5th ed. Nachdruck, Berlin, 1963.
Treu, M. "Athen und Melos und der Melierdialog des Thukydides," *Historia* II (1952/3), 253–273.
———. "Der Stratege Demosthenes," *Historia* V (1956), 420–447.
Vischer, W. *Kleine Schriften*. I. Leipzig, 1877.
Wade-Gery, H. T. "Two Notes on Theopompos, *Philippika*, X; I: Kleon and the Assessment," *AJP* LIX (1938), 129–131.
———. *Essays in Greek History*. Oxford, 1958.
Walker, E. M. "Athens and the Greek Powers, 462–445 B.C.," *CAH* V (1940), 68–97.
Wasserman, F. M. "Post-Periclean Democracy in Action: The Mytilenean Debate (Thuc. III 37–48)," *TAPA* LXXXVII (1956), 27–41.
Wentker, H. *Sizilien und Athen*. Heidelberg, 1956.
West, A. B. "Notes on Certain Athenian Generals of the Year 424–3 B.C.," *AJP* XLV (1924), 141–160.

——. "Pericles' Political Heirs," *CP* XIX (1924), 124–146, 201–228.
——. and B. D. Meritt. "Cleon's Amphipolitan Campaign and the Assessment List of 421," *AJA* XXIX (1925), 54–69.
——. "Thucydides, V, 18, 6. Sane or Gale," *AJP* LVIII (1937), 166–173.
Westlake, H. D. *Essays on the Greek Historians and Greek History*. Manchester, 1969.
——. *Individuals in Thucydides*. Cambridge, 1968.
Wet, B. X. de. "The So-called Defensive Policy of Pericles," *AClass* XII (1969), 103–119.
Wilamowitz-Möllendorf, U. von. "Sphakteria," *SB Ak. Berlin*, 1921, 306–318.
Will, E. "Histoire grecque," *Révue historique*, CCXLV (1971), 85–150.
——. *Le Monde grec et l'Orient, I, Le Ve siècle (510–403)*. Paris, 1972.
Woodcock, E. C. "Demosthenes, Son of Alcisthenes," *HSCP* XXXIX (1928), 93–108.
Woodhead, A. G. "Thucydides' Portrait of Cleon," *Mnemosyne* XIII (1960), 289–317.
——. *Thucydides on the Nature of Power*. Cambridge, Mass., 1970.

图书在版编目(CIP)数据

阿奇达慕斯战争 /(美)唐纳德·卡根(Donald Kagan);李隽旸 译. --上海:华东师范大学出版社,2020
ISBN 978 - 7 - 5760 - 0723 - 7

Ⅰ.①阿… Ⅱ.①唐…②李… Ⅲ.①伯罗奔尼撒战争—战争史 Ⅳ.①K125

中国版本图书馆 CIP 数据核字(2020)第 167489 号
审图号 GS(2020)4135 号

华东师范大学出版社六点分社
企划人 倪为国

The Archidamian War
by Donald Kagan, originally published by Cornell University Press
Copyright © 1974 by Cornell University
This edition is a translation authorized by the original publisher.
Simplified Chinese Translation Copyright © 2020 by East China Normal University Press Ltd.
ALL RIGHTS RESERVED.
上海市版权局著作权合同登记 图字:09 - 2015 - 1087 号

阿奇达慕斯战争

著 者	(美)唐纳德·卡根
译 者	李隽旸
责任编辑	徐海晴
责任校对	王 旭
封面设计	吴元瑛
出版发行	华东师范大学出版社
社 址	上海市中山北路 3663 号 邮编 200062
网 址	www.ecnupress.com.cn
电 话	021 - 60821666 行政传真 021 - 62572105
客服电话	021 - 62865537
门市(邮购)电话	021 - 62869887
地 址	上海市中山北路 3663 号华东师范大学校内先锋路口
网 店	http://hdsdcbs.tmall.com
印 刷 者	上海盛隆印务有限公司
开 本	700×1000 1/16
印 张	27.25
字 数	320 千字
版 次	2020 年 11 月第 1 版
印 次	2020 年 11 月第 1 次
书 号	ISBN 978 - 7 - 5760 - 0723 - 7
定 价	118.00 元
出 版 人	王 焰

(如发现本版图书有印订质量问题,请寄回本社客服中心调换或电话 021 - 62865537 联系)